—————— 考古与艺术史 ——————
译 丛

丛书顾问

罗　泰（Lothar von Falkenhausen）　李　零

丛书主编

来国龙　缪　哲

本书审校

夏洞奇

考古与艺术史
译 丛

考古与艺术史
译丛

Rome and the Sword
How Warriors and Weapons Shaped Roman History

罗马与剑
战士和武器如何塑造罗马历史

[英] 西蒙·詹姆斯 —— 著　　洪泓 —— 译

郑州大学出版社

图书在版编目（CIP）数据

罗马与剑 : 战士和武器如何塑造罗马历史 /（英）西蒙·詹姆斯（Simon James）著 ; 洪泓译 . -- 郑州 : 郑州大学出版社，2024.12
ISBN 978-7-5773-0172-3

Ⅰ . ①罗… Ⅱ . ①西… ②洪… Ⅲ . ①古罗马 – 历史 Ⅳ . ① K126

中国国家版本馆 CIP 数据核字（2024）第 035243 号

备案号：豫著许可备字-2024-A-0021

Published by arrangement with Thames & Hudson Ltd, London,
Rome and the Sword © 2011 Thames & Hudson Ltd,London
This edition first published in China in 2023 by Beijing Han Tang Zhi Dao Book Distribution Co., Ltd, Beijing
Chinese Edition © 2023 Beijing Han Tang Zhi Dao Book Distribution Co.,Ltd, Beijing

罗马与剑 : 战士和武器如何塑造罗马历史
LUOMA YU JIAN : ZHANSHI HE WUQI RUHE SUZAO LUOMA LISHI

策划编辑	郜　毅	封面设计	陆红强
责任编辑	胡佩佩	版式制作	九章文化
责任校对	魏　彬	责任监制	朱亚君

出版发行	郑州大学出版社（http://www.zzup.cn）
地　　址	郑州市大学路 40 号（450052）
出 版 人	卢纪富
发行电话	0371-66966070
经　　销	全国新华书店
印　　刷	鸿博昊天科技有限公司
开　　本	889 mm×1 194 mm　1/32
印　　张	18.5
字　　数	402 千字
版　　次	2024 年 12 月第 1 版
印　　次	2024 年 12 月第 1 次印刷

书　　号	ISBN 978-7-5773-0172-3	定　价	128.00 元

本书如有印装质量问题，请与本社联系调换。

考古与艺术史译丛
总序

我们探究遥远的古代，从来不只是为学问而学问。其实，对古代的研究反映了我们当下的自我认识：它犹如一面镜子，把当今的"文明"社会与远古相对照，让我们有机会反思我们对当今社会本质的假设，也提醒我们别把现代的社会福祉视为理所当然。尤其是以研究物质遗存为主的考古学，它能在时间深度上比文献研究更加深入，并且通过年代精准的考古学文化序列，为世界各地的历史发展提供具体可见的物质形态。不仅考古发现的过程本身在智力上令人振奋，如果运用得当，考古学还可以在认识论上提供一套全新的、独立于历史文献的观点（尽管考古与文献也有可能是互补的）。最重要的是，考古学——无论是研究远古的史前考古，还是后来有文字记载的历史时期考古——都能设法还原"劳动群众"的主观意志，而他们的生活和经历往往为历史文献所无意或有意地忽略。

尽管考古发掘已经取得辉煌的成就，而且这些发现已经成为艺术史的经典和艺术史讨论的基础，但考古学家的任务不是挖宝。印第安纳·琼斯（Indiana Jones）不是一个好榜样。尽管有人会这么认为，但考古学不是抱残守缺的书呆子的领地。恰恰相反，考古学是一门充分利用现代技术成果的现代科学。在将现代科技应用于考古学的需要时，考古学者发挥了巨大的创造力。其中的关键是研究设计。特别是在过去 75 年里，伴随着考古发掘和分析技术的巨大改进，考古学家做出了巨大努力，创造了越来越成熟、旨在涵盖考古材料中所包含的全部历史经验的解释体系。总而言之，考古不仅是研究人类历史的一种手段，而且考古学史作为一门学科，也可以成为历史研究的对象。此外，在科学考古学正式开始之前，已经有学者对过去的历史材料进行了几个世纪的认真研究。今天，这一古老的研究传统——通常被称为古物学——正与科学考古学并肩前行，但有时也令人不安。这在中国尤其如此。科学考古学在中国的发展相对比较短暂——仅有 100 年的历史，而在欧洲部分地区则已经超过 200 年。中国古物学（金石学）的历史，至少始于公元 11 世纪，几乎是复兴时期兴起的欧洲古物学的两倍长的时间。最近的研究也显示，欧洲以外其他地区的古物传统中，在现代学术知识模式普遍开始传播之前，对古代的物质遗产的研究也是一个普遍关注的问题。

与所有学术研究一样，考古学者的观点受制于他们工作的历史环境，这反映在不断变化的学术风格、取向和兴趣上。近年来，考古学受人文和社会科学中自我反思转向的影响，让研究者更加深切地认识到，历史偶然性和偏见是如何在整个考古学史上塑造或影响了我们的研究。因此，考古学目前正在经历一个"去殖民化"的过程，旨在遏制顽固的种族主义的暗流，纠正历史上对各种弱势群体的排斥。由此产生的考古学，经过彻底的自我净化，必将对考古研究及其在社会中的地位产生持久的影响。同时，公众对考古材料本身产生了浓厚的兴趣，由于国际休闲旅游的扩展，他们有前所未有的机会直接参观和体验考古学的成果。因此，考古学者的一个任务就是提供关于考古学及其各个领域最新的、最可靠的研究状况和说明。

考古与艺术史译丛的设计旨在兼顾对考古发现本身的呈现和对考古思维方式及其时代变迁的探究，总体目标是邀请公众参与到考古学的研究中来。阿兰·施纳普（Alain Schnapp）的《征服过去：考古学的起源》是真正的学术经典。作者以无与伦比的精湛技艺，在其广泛的知识背景下追溯了欧洲现代早期从古物学到考古学的演变。扬尼斯·哈米拉基斯（Yannis Hamilakis）在《国家及其废墟：希腊的古代、考古学与民族想象》一书中，举例说明了在作者的祖国，考古学是如何为更广泛的政治目标服务的。在《定居地球》一书中，克莱夫·甘布尔（Clive Gamble）对考古学中最古老、最具争议的辩论进行了最新的总结：人类是如何（以及何时）扩展到地球上所有五个洲的。大卫·刘易斯－威廉斯（David Lewis-Williams）的《洞穴中的心智：意识和艺术的起源》同样关注人类的早期历史，探讨了人类尝试视觉表现的最早阶段——旧石器时代的洞穴艺术。米歇尔·罗尔布朗谢（Michel Lorblanchet）和保罗·巴恩（Paul Bahn）在《远古艺术家：追溯人类最原始的艺术》中，从不同的角度探讨了同一主题。文字作为一种记录语言的手段，是人类符号制作的后期发展的成果，这是莫里斯·波普（Maurice Pope）的《破译的故事：从埃及圣书文字到玛雅文字》和迈克尔·D. 科（Michael D. Coe）著名的《破解玛雅文字》的主题；这两本书主要讨论了现代学者是如何努力把已被遗忘许多世纪的早期文字破译出来的。同样，克里斯·农顿（Chris Naunton）的《寻找埃及失踪的古墓》和西蒙·詹姆斯（Simon

James）的《罗马与剑：战士和武器如何塑造罗马历史》探讨了各自文化区域内历史文化考古学的重要主题。后续将会有更多的译著。在此我谨向为翻译这些重要著作而努力的译者表示敬意，希望他们的译著能得到读者的欢迎！

罗泰（Lothar von Falkenhausen）
2022 年 12 月 31 日　于伊克塞勒

（来国龙　译）

谨以此书献给吉尔和汤姆，

并纪念我的祖父

欧内斯特·辛克莱尔·詹姆斯

（Ernest Sinclair James，1894—1969），

他为自己是一名"可鄙的老家伙"[1]而感到骄傲。

英国杜伦轻步兵团一线八营一等兵 E.S. 詹姆斯，编号 88907
原效力于英国皇家后勤部队第 17 野战烘焙队，编号 S/32334

---

[1]　德皇威廉二世曾称 1914 年的英国远征军为"英国那支可鄙的小军队"，这一嘲称后来演变成以弱抗强的英国远征军老兵们自豪的自称。——编者注（此后若无特殊说明，本书脚注均为译者注。）

前　言

这本书的起源要追溯到法国的埃纳河谷。那是 1980 年，还是一名研究生的我参加了一次夏季考古发掘活动，我们想要挖掘的是早期日耳曼定居者在砾石河阶地上建造的建筑遗迹；这些日耳曼人在公元 5 世纪时将高卢从罗马的统治下夺走。但更近的一次"日耳曼人占领"所留下的痕迹对这里的遗迹造成了破坏；这里布满了炮弹孔，而且被第一次世界大战留下的战壕所分割——在"一战"大部分时间里，这片区域属于德国前线。仅仅几年后，一个诡异的巧合促使我发现，埃纳河谷那充斥着战乱的历史中较近的一段还与我个人有着非常密切的联系。不过在当时，作为一名事业刚刚起步的军事考古研究人员，我发现这处挖掘地点同时还是一处战场，其年代还要早于 5 世纪，这让我产生了极大的兴趣。

这里如今是穆尚普（Mauchamp）。在公元前 57 年的某个早上，尤利乌斯·恺撒（Julius Caesar）和他的军团在此地与一支庞大的军队对垒，这些比利时高卢战士们意图杀死或驱逐罗马入侵者。[1]恺撒加固了营地，挖掘了壕沟，以确保人数远远小于敌人的罗马军团不至被包抄。做此准备之后，恺撒的士兵们列队发起挑战，让对方发动袭击。随即爆发的埃纳河之战只是标志着征服高卢的一系列重大冲突中的一次战役。像这样的战役在罗马帝国强权的历史上间或发生了数百次，除了这些宏大场面之外，还曾有数以千计的小规模突袭、冲突和讨伐行动，以及百万数量级的其他事件——在那些事件里，处于战争或军事占领中的罗马士兵或出于司法惩罚之目的，或出于一己私欲，对他人施加伤害，或造成其死亡。

所谓"罗马军"（the Roman Army）始终令人着迷，其卓越的组织和取得的令人惊叹的连胜战绩，在整个古代西方都没有军队可与之比肩。[2]罗马军队常常被看成现代西方军队的原型。而罗马也给予我们许多具有重要历史意义的概念、术语和价值观，包括"宪法"和"共和国"。英语中的"爱国主义"（patriotism）一词来自拉丁语中的单词"祖国"（patria）。而"军队"（army）来自拉丁语的动词"拿起武器"（armare），"军事"（military）则来自描述"与士兵有关的"（militaris）这一拉丁语形容词。至于"士兵"，在拉丁语中是"milites"，英文中的"士兵"（soldier）则是中世纪词汇，源于一种专门为了支付军饷而铸造的罗马金币（solidus）。[3]

罗马的军队不仅是帝国征服领地的工具：在共和国时代，军队通过夺取战利品成为驱动经济的引擎（特别是从公元前3世纪开始）；而在帝国时代的罗马，当扩张放缓时（大约在公元前30年），军队又成为税收和资源的最大消费者。罗马军队是古代西方世界中规模最大的单一组织。本书主要关注的时代是从公元前300年后不久到5世纪，也就是从罗马崛起为世界强国到西罗马帝国崩溃后的余波；在这段时期内大约有一千万人在罗马军队中服役。当然，这些士兵也影响了不计其数的其他人的生活。那些人或是战争、奴役或军事占领的直接受害者，或只是牢骚满腹的纳税人，抑或依靠士兵维持生计的家庭。士兵们的军事行动，以及他们的存在本身，不仅深刻地塑造了政治和战争，同时也塑造了罗马时代的社会和经济。如果说士兵们以在战斗中取得辉煌胜利为最大野心，那么军队产生的实际影响，无论是在暴力还是在其他方面，都远远超出了军事行动的范围，甚至超越战争事务本身。

因此，人们如此频繁地将"罗马军"与罗马社会的其他部分或其敌人隔离开来做讨论，这简直毫无道理。他们的敌人包括迦太基人和凯尔特伊比利亚人（Celtiberians）、希腊人和马其顿人、凯尔特高卢人（Celtic Gauls）、不列颠人和早期日耳曼人、萨尔马提亚（Sarmatian）游牧民族、帕提亚人（Parthians）和萨珊人（Sasanians），还有很重要的古犹太人。正如现代军队一样，罗马的军事组织、装备和行动方式都是在与特定敌人的互动中形成的。如果不考虑这些互动，就不可能恰当理解这一切。

因此，想要理解具有深远重要影响的罗马时代军事，我们必须进行全面的思考，因为这是一个牵一发而动全身的系统。例如，几乎没有历史学家会认为，即便没有恺撒独一无二的将才，罗马也仍然能够在公元前1世纪50年代以惊人的速度征服高卢。不过他们也会承认，促使恺撒在军事上进行大胆冒险的，正是走向衰亡的罗马共和国的环境，正是人们为荣誉、财富和权力而残酷竞争的氛围。同样地，恺撒与之结交或交战的各个高卢社会群体及领导者，他们的天性和他们做出的反应也深刻地塑造了恺撒征服高卢的过程。学者们会同意这样的说法：尽管恺撒个人才华出众，但只有依靠可供他调度的人力、物力资源，以及罗马的军事积淀，他才有可能在高卢取得胜利。以上这一切为他提供了一支军队和维持这支军队的手段，一种由斗志高昂的凶猛士兵组成的强大武装力量，在战术兵法方面的卓越专长和精良的装备——其中尤为值得一提的便是以致命性著称的剑。事实证明，即使对于拥有庞大人力和强大军事力量的高卢人而言，这多重组合的威力也是难以承受的。

对罗马崇尚武力的那一面，我们的了解首先来自留存至今的古代文学文本。然而，这些文献大多聚焦于军官和指挥官，普通士兵通常被当成不具名的大众，而敌对的"蛮族"则多以剑靶子的刻板形象出现。古代作家往往是一些安坐在远离边境之地的贵胄；而对于他们自上而下的写作视角的局限性，研究古代世界的现代历史学者并没有一直坚持努力去克服。当然，对罗马军人所留铭文的研究，以及对罗马帝国边境系统的考古探索，均为我们理解罗马军事增添了重要的维度。然而大部分这类研究似乎都经过了耐人寻味的净化：研究者们一心推敲军队组织与结构的细节，却鲜少着眼于古代士兵生活的残酷现实。即使是对武器和设备的考古研究，也大多集中在武器的类型和年代上，而非其用法。直到最近，一些古代史研究者才将注意力转向了战斗机制。不少颇受欢迎的论述借鉴了这部分学术传统和发展动态，提出了一些关于罗马军队的见解，而这些见解大多都有这样的倾向——用居高临下的视角，错误地按照现代军队的模板来描述罗马军队。

对于罗马人所称的"军队事务"（*res militaris*），我们需要一种与众不同的全新研究角度。我不会再采用人们早已熟悉的视角，即从罗马社会的顶点，即西庇阿·阿非利加努斯（Scipio Africanus）、恺撒、图拉真（Trajan）以及与他们身份相近的贵族们入手，而是关注真正意义上的罗马权力边缘：实际的士兵暴力行为、他们施暴时所使用的武器和挥舞那些武器的手。我想要探讨的是承托起整个军队等级制度的塔基——士兵（soldiers）和战士（warriors）。我想要这样做的理由很简单。与机械化、匿名化的现代远距离大规模屠杀全然不同，古代军事暴力只能依靠人来亲手实施，由个体使用以肌肉驱动的武器，将暴力加诸他人身体——而这些武器中最首要的就是剑。战斗、战役、战争和帝国统治的成果是无数次个人实施的暴力伤害行为累积而成的结果。剑、士兵及其受害者是我研究的核心，而不是次要或边缘的细节。当他们被置于前景之中，一幅与我们所熟悉的"战争中的罗马军"截然不同的图景便被描绘出来。焦点也由此从罗马的内部动态（而这一问题在以往讨论罗马的军事时，往往也被孤立地看待）转移到了罗马人与其他人的互动上，转移到罗马与其他政体的边界上所发生的事情，以及征服者与被征服者之间所发生的事情上。

对剑的关注也再次强调了军事的内核——那是致命暴力带来的痛苦、杀戮以及对暴力的美化；而罗马人自己却在胜利游行中对此加以庆祝，[4] 并通过竞技场上以准戏剧形式进行的仪式化屠杀来再现它。它展现出人类在建立和维持帝国过程中的直接经历，展现出其中的恐怖残忍之处。这种自下而上的视角比起传统论述还有一个独特的优势：它更接近于大多数罗马人对这些事物的真正看法。

我从这种非传统的视角重新对罗马与剑的历史进行勾勒；我的目的在于探讨新的课题，从不同的角度去探索已为人所熟知的主题，通过新的或鲜为人知的，特别是来自考古学的实例，尽可能深入地去进行这种探索。除了罗马人自己，那个时代几乎没有其他社群为我们留下文字记载，但他们中的大多数都留下了考古遗迹。这帮助我们将罗马的对手、盟友和属国纳入图景，（从某种意义上）给予他们表达的机会，也让我们能将他们视为罗马故事中的要素。《罗马与剑》一书让我将自己考古研究工作中的许多线索编织在一起。本书会涉及物质遗存（特别是我长期研究的那些供人随身携带的古老物品，比如剑和马鞍、衣服和硬币）能告诉我们的，关于尚无文字记录的时代及早期历史的信息。除了研究古代的武者文化，我长久以来也一直对群体身份认同的本质很感兴趣，比如"罗马人""凯尔特人""日耳曼人"和"帕提亚人"。无论过去还是现在，身份认同问题关注的都是内部人与外部人、边界和（发生频率相当骇人的）暴力冲突。文化和暴力是密切相关的，这两者制造了那些发动战争的专用制品，而这些制品往往也有助于构建身份认同。

历史的可视化呈现则是另一个重要方面。很多古代物品和场所要通过图片才能获得最好的理解，而我们所拥有的有关过去的证据大多来自古代人亲手留下的形象。这本书的大部分插图是我自己绘制的白描图、计算机图表，以及古代制品、造型艺术作品和遗址的照片。这一切又在文字叙述的基础之上进一步拓展，构成了额外的信息与解释的维度。同时，我也希望这些视觉手段能够让我力图传达的信息显得更加生动充实——那就是罗马时代的真实样貌，以及它逐步演变的过程。

这不是一本关于罗马剑的专著，也不是对罗马军队的详细剖析；由于篇幅所限，我不会重复讲述其他研究已经妥善展现过的内容。[5]我也不会过多讨论"罗马军"研究著作中的另一块支柱内容——兵营和边境系统。[6]同样，我不得不在很大程度上忽略罗马的海战（这是一个迷人的领域，但对比陆地冲突时却几乎永远处于次要和从属地位）、其将领的才能以及情报工作等主题，[7]关于这些主题均有其他专著可供参考。确切地说，我力图呈现的是宏观层面的罗马时代社会图景与微观层面的人，还有人们在日常生活及戏剧性事件中所使用的物品，这两方面是如何密不可分地结合在一起的。我也希望通过这种方式促使军事研究方向进一步回归古代研究论述的主流。为了使尾注保持在合理范围内，我列具了主要的古代文献和关键性综述，并挑选了一系列本书中使用过且较难找到的近期学术研究作品。

关于"罗马军"的常规研究作品往往会对古代罗马尚武的这一面进行美化，或是以赞美的态度来讲述它。本研究力求避免这两种做法，并试图直面暴力的现实。暴力已经成为文明讨论中的禁忌，或许在欧洲尤其如此——就像性在维多利亚时代一样。虽然有些人（尤其是年轻男性）求之若渴，但其他人（尤其是学者）却对这类研究怀有十分慎重的保留态度，而且他们很可能会对研究者的动机心存怀疑，也很可能会去揣摩他们研究的价值及其背后暗含的意义。除了满足那些对军队充满幻想的现代人的猎奇之心以外，研究暴力还有其他意义吗？其实从学术角度来证明这种研究的正当性是很简单的。学术研究将所有人类经验纳入其研究领域，而且很少有人会否认战争和武装暴力已经构成了人类历史的重要主题之一。试图理解军事暴力并不意味着纵容暴力，正如法医病理学研究并不等同于认可谋杀。

我应该解释一下自己是如何，又是为何会选择这样的视角，以便读者能够更好地对本书提出的观点与结论进行判断。我自童年起就对罗马人着迷，长大后便成为一名考古学者，专注于通过武器、设备及古代战场遗迹来研究古时候的战斗人员，包括罗马人及其同时代的人。1980年，我已经成为罗马军事领域的专门研究人员。在我到埃纳河谷进行考古发掘时，给我留下最深刻印象的并不是那附近的恺撒战场。事实上，证据显示在那里发生的交战相对缺乏决定性意义。高卢人的进攻没有取得结果，他们随即耗尽了物资，陷入饥饿并溃散。恺撒紧追不舍，很快在桑布尔河畔（Sambre River）展开了一场决定性意义远高于前者的战役。[8] 令我产生更大兴趣的是那些横跨考古发掘工作区域的、清晰的德军战壕遗迹，因为我非常清楚地知道祖父曾在"一战"中的西线战场服役。随后我了解到，他们的战斗就是在埃纳河谷达到了高潮。

我于 1997 年再次来到埃纳河，协助考察大约为恺撒时代的高卢遗址。那次工作令我惊讶地发现，我上次的发掘地点距离 1918 年祖父险些丧命的地方只有一个小时的脚程。一战的前线曲折地穿过埃纳河流域，折线上有两处烙印于一代法国人心中的地方：贵妇小径（Le Chemin des Dames）和被毁的克拉奥讷村（the village of Craonne）。在 1918 年春季德军的最后一次进攻中，英军被安排接受法国指挥，并被派往埃纳河的前线提供支援。这其中包括英国杜伦轻步兵团队一线八营，而一等兵厄尼·詹姆斯[1]彼时刚被调入该营。他战前是一名普通的后勤兵，也是"英国那支可鄙的小军队"——1914 年那支最初的英国远征军——的少数幸存者之一。而此时他发现自己就处于克拉奥讷村废墟东边的前线上。1918 年 5 月 27 日，他很走运地从战争中最凶猛的一次轰炸中幸存下来。随后，当他在战壕内的射击踏台上射击时，他的好运更进一步——杜伦团遭到了包抄，一个大块头德军士兵用刺刀偷袭了他，却未能将他刺死。他被人用头盔带子抬出了战壕并关了起来。在 1918 至 1919 年的冬天，他在监禁中熬过了一台没

---

[1] 即本书献词中提到的作者的祖父，厄尼（Ernie）即欧内斯特（Ernest）。——编者注

有麻醉剂的手术，还险些被饿死。

从祖父在我童年时讲述的故事中，我强烈地感受到行伍生涯与战争的双面性——恰如罗马人的双面神雅努斯。一面充满荣光，放射出一种出自本能的吸引力——它来自军装、闪闪发光的武器、鼓舞人心的军乐和惊险的演习，其魅力在英国皇家阅兵仪式这样的军事表演中体现得尤为具体。书籍和电影则会讲述英雄主义和自我牺牲的故事，讲述军队这一特殊社群中的同志情谊，以及战士的精神。另一面是一副阴森的面孔，它也一直存在于我们全家的记忆中：痛苦、死亡、破坏、忧惧、恐怖和匮乏穷困，而这一 11 切——尽管是以修饰弱化过的面貌——也在阵亡将士纪念日那阴沉而又饱含崇敬的气氛中得到了承认。这些最初的印象在我心中留下了对军人的向往，但也留下了对他们深深的矛盾心理；而这种感受，想来便是在这本书的纷繁根系中扎得最深的那一根。

在我迈入易受影响的青少年阶段时，我的祖父去世了，当时恰有两场冲突正在发生。出现在越南的，是游击战的混乱局面和对妇女儿童的屠戮——这些场面每天都能在电视里上演，让人们心中那最后一点有关"好人与坏人""纯粹的军人荣誉"的浅显幻想也彻底破灭。此时的美国士兵不再总是被描绘为英雄，而是更多地被视为被创伤后应激障碍击垮的受害者，或像在越南美莱村那样被视为屠夫。而他们作为社会守护者的身份，也因1970年军队在俄亥俄州的肯特州立大学（Kent State University）向学生开枪的事件，被彻底击碎。

在北爱尔兰，"北爱问题"爆发了，共和军和保皇派恐怖分子、准军事警察和英国军队互相争夺控制权。殴打、爆炸和枪击事件让我愈发清晰地意识到，军人职责的界限和战争的界限都是很模糊的，而这一点从有关两次世界大战的描述中并没有直接显露出来。一个人的解放战争对另一个人来说却是暴力犯罪。后来，在1972年的"血色星期日"，英国军队向英国公民开枪。在家乡吉尔福德市，我在未到法定年龄的情况下出去喝酒，我看到酒吧外有来自附近的军镇奥尔德肖特的士兵在与本地人斗殴，也彼此互殴。无论是否在执勤，"我们的阿兵哥"都可能是危险的。在1974年，临时爱尔兰共和军（Provisional Irish Republican Army，Provisional IRA）来到了吉尔福德，轰炸了两个士兵酒馆，"马和马夫"酒馆成了废墟，人的血肉溅到了酒馆对面的公共图书馆外墙上。战争已经逼近我的家。随后四个无辜的爱尔兰人因这桩暴行在监狱里待了好几年；武装冲突也破坏了司法公正。

这些亲身经历和印象，塑造了我后来对古代军人、战士和战争进行研究时会提出的问题类型。它们使我倾向于探寻士兵及其受害者的观点，而非将军和政治家的观点；它们让我倾向于认为，用"军队和战争"来描述这一主题是不充分的：军人的所作所为从古至今都远远超出战争的范围。

致　谢

本书最初的大部分写作工作是我在为期两个学期的休假中完成的：第一个学期的研究休假是在 2006 至 2007 年，由莱斯特大学（University of Leicester）批准；而第二个学期的休假由英国艺术与人文研究委员会（the Arts and Humanities Research Council）资助。我对上述两个机构表示感谢。

任何像这样的综述性写作，都得益于许多由他人经年累积的著作、专业知识和激励灵感。马克·哈索尔（Mark Hassall）最早培养了我对罗马军队的兴趣，约翰·威尔克斯（John Wilkes）和已故的玛格丽特·罗克珊（Margaret Roxan）则最早让我了解到德国式学术研究的方法和严谨性，而理查德·里斯（Richard Reece）教会了我不要害怕提出有关古代的尴尬问题。大约与我同属一代的马丁·米利特（Martin Millett）始终给予我鼓励、建议和支持，这对我无比重要和珍贵。

我在目前的成书中汲取了罗马军事研究者群体的工作成果。其中我要特别感谢的有伊恩·海恩斯（Ian Haynes）和阿德里安·戈兹沃西（Adrian Goldsworthy），他们帮助并启发了我，让我对罗马军队产生了新的认识；而特德·伦登（Ted Lendon）的著作尤其让我的认识变得更加充实。我也仰赖着其他研究武器与盔甲的同行们的成果，特别是迈克·毕晓普（Mike Bishop）、乔恩·库尔斯顿（Jon Coulston）和彼得·康诺利（Peter Connolly），他们在已故的 H. 拉塞尔·罗宾逊（H. Russell Robinson）所奠定的学术基础上取得了巨大的进展。在此我还应当向克里斯·海恩斯（Chris Haines）及英国白鼬大道护卫队（Ermine Street Guard）中的其他朋友表达感激之情，他们对罗马武器装备和军事操演的再现对于我这样的专业研究者来说极具价值。

本书也同样仰赖于罗马军事研究领域以外的学者观点，其中一些人的研究范围与我有所重合。尤为值得一提的是尼古拉·泰雷纳托（Nicola Terrenato），他让我对早期罗马的真实状态产生了颠覆性的全新认识，与我在大学学到的完全不同。其他学者则属于和我完全不同的研究领域，从史前史到中世纪史，再到早期现代考古学。J. D. 希尔（J. D. Hill）、科林·哈兹尔格罗夫（Colin Haselgrove）和彼得·韦尔斯（Peter Wells）等学者改变了我对于昔日在欧洲与罗马打交道的那些民族的认识。以下这几位学者则对我有极大的恩情——马修·约翰逊（Matthew Johnson），让我在考古学理论方面增长了许多见识；我曾经在杜伦大学（Durham University）的几位同事，萨姆·露西（Sam Lucy）、帕姆·格雷夫斯（Pam Graves）和玛格丽塔·迪亚斯·安德鲁（Margarita Diaz Andreu）帮助我理解考古中的身份鉴别。同样，我目前在莱斯特大学的同事们也给予了我难以估量的宝贵支持和鼓励，特别是戴维·马丁利（David Mattingly）。

我对曾在大英博物馆共事过的拉尔夫·杰克逊（Ralph Jackson）、保罗·罗伯茨（Paul Roberts）和杜弗里·威廉姆斯（Dyfri Williams）心怀感激，他们让我有机会接触到若干有代表意义的罗马剑实物，并与我就这些样品进行了具有启发性的讨论。我也要感谢珍妮特·兰格（Janet Lang）提供的关于罗马剑刃制造的专业知识。弗雷泽·亨特（Fraser Hunter）慷慨地提供了纽斯特德（Newstead）剑的相关信息。我还想要向鲍勃·萨维奇

（Bob Savage）和他在利兹市皇家军械博物馆（Royal Armouries Museum）的同事们致谢，他们让我参观了馆藏中的"庞贝"古剑，还与我就广泛意义上的带刃武器进行了非常有价值的讨论。我还要特别感谢保罗·宾斯（Paul Binns），他向我演示了锤击锻焊的方法，还与我讨论了图案焊接的技术。还有其他许多人以各种方式帮助了我，他们向我提供信息和参考资料，在图片搜集方面提供协助，或是回答我的问题，我要在此感谢他们：科林·亚当斯（Colin Adams）、林赛·阿拉森－琼斯（Lindsay Allison-Jones）、克劳斯·冯·卡纳普－伯恩海姆（Claus von Carnap-Bornheim）、艾丽·考恩（Elly Cowan）、西蒙·埃斯蒙德·克利里（Simon Esmonde Cleary）、梅根·多恩（Megan Doyon）、卡罗尔·范·德里尔－默里（Carol Van Driel-Murray）、伊恩·费里斯（Iain Ferris）、彼得·希瑟（Peter Heather）、约根·伊尔克亚尔（Jørgen Ilkjær）、彼得·约翰逊（Peter Johnsson）、西蒙·凯伊（Simon Keay）、恩斯特·昆茨尔（Ernst Künzl）、安迪·梅里尔斯（Andy Merrills，特别感谢他提醒我多多注意隐喻的使用）、奥布里·纽曼（Aubrey Newman）、丽贝卡·雷德芬（Rebecca Redfern）、阿希姆·罗斯特（Achim Rost）和苏珊娜·威尔伯斯－罗斯特（Susanne Wilbers-Rost）、格雷厄姆·希普利（Graham Shipley），以及盖伊·斯蒂贝尔（Guy Stiebel）。我也很感激那些在出版商邀请下对早期的一版书稿提出建设性意见的匿名读者们。在与泰晤士和哈德逊出版社合作时，我又从科林·瑞德勒（Colin Ridler）的经验中受益匪浅，他温和而开朗地引导我完成了整本书的长期创作；我非常想要感谢弗雷德·伯索尔（Fred Birdsall）和西莉亚·法尔科纳（Celia Falconer），尤为感激卡罗琳·琼斯（Carolyn Jones）

在编辑审稿和随后的印刷制作阶段中展现出的高效。我对可能因不慎而造成的忽略表示歉意。我还必须增加一条常规的免责声明：对于我从以上这些人的思想中汲取灵感而写出的内容，他们中的任何人都不负有责任。

我的妻子吉尔和儿子汤姆在本书漫长的酝酿过程中给予了我支持和宽容，对此我格外感激，无以为报。我衷心地希望，我的儿子以及他的孩子们，永远不必通过比书籍和新闻媒体更直接的方式来接触我所写的内容。我将此书献给吉尔和汤姆，并以此纪念我的祖父欧内斯特·詹姆斯。

就算我们碰不到合意的事情，也至少可以换换新鲜。

——伏尔泰《赣第德》（*Candide*）第十七章

目录

第三章 "我们的武器与盔甲" | 公元前30—

第四章 致命的拥抱 | 167—269年：帝国中期 265

导语　剑与兵

无法逃避的剑

我要说的是战争和一个人的故事，这个人被命运驱赶，

第一个离开特洛伊的海岸，

来到了意大利拉维尼乌姆之滨。

因为天神不容他，残忍的朱诺不忘前仇，

使他一路上无论陆路水路都历尽了颠簸。

他还必须经受战争的痛苦，才能建立城邦，

把故国的神祇安放到拉丁姆，

从此才有拉丁族、阿尔巴的君王和罗马巍峨的城墙。[1]

——维吉尔《埃涅阿斯纪》（*Aeneid*）1.1–7[1]

---

[1]　维吉尔的拉丁语原文如下：

Arma virumque cano, Troiae qui primus ab oris

Italiam, fato profugus, Laviniaque venit

litora, multum ille et terris iactatus et alto

vi superum saevae memorem Iunonis ob iram;

multa quoque et bello passus, dum conderet urbem,

inferretque deos Latio, genus unde Latinum,

Albanique patres, atque altae moenia Romae.

作者在此使用的是约翰·德莱顿（John Dryden）的英语译本，中译本中涉及《埃涅阿斯纪》的部分均参考杨周翰的译本，地名和神名译法有调整。

这就是《埃涅阿斯纪》的开头，它讲述的是埃涅阿斯（Aeneas）的故事，他是维纳斯的儿子，特洛伊的王子。他在家乡熊熊燃烧的废墟中躲过了希腊人的复仇，并开始了冥冥之中有神明引导的漫游之旅。最后他来到了意大利海岸，他将会在拉丁地区建立起一条血脉，罗马创始人罗慕路斯（Romulus）未来将会出现在这条血脉上（故事见图1）。这部罗马帝国民族史诗原文中的第一个词是"arma"，即武器和盔甲。而维吉尔的这首伟大诗作也是在一场决斗中达到了高潮，致命的一剑刺出，决定了那场决斗的胜负。那把剑——通常被称为格拉迪乌斯短剑（gladius），在人们的概念中是早期帝国军团士兵所使用的短小刺击类武器。它是罗马的原型性象征，也成为罗马权力的核心隐喻。

15　　在长达几个世纪的时间里，罗马统治着被地中海冲刷着的三个大洲上的土地，如今这些土地分属三十多个不同的民族国家；而远在这个范围之外的比斯开湾、北海、波罗的海、黑海和里海、波斯湾和苏丹的许多民族也受到罗马的直接影响。就字面意义和

图1.埃涅阿斯背着他年迈的父亲安奇塞斯（Anchises），携带一尊古老的雅典娜雕像逃离了特洛伊，来到未来将会建立罗马的土地上。这是一枚恺撒时期的第纳尔银币（denarius），恺撒声称自己是埃涅阿斯及其母维纳斯的后裔。

象征意义而言，辽阔帝国的开拓从根本上依靠的是利剑。

西方人至今仍常常对罗马抱有很强的认同感，因此人们要么往往以强烈的积极眼光去看待罗马尚武的那一面，要么则颇为矛盾地以同样强烈的急切态度去淡化它的存在。在许多通俗性创作及一些学术著作中，罗马的军队都被称颂为古代西方最伟大的力量。马其顿的亚历山大大大帝（Alexander the Great）或许以更快的速度征服了更多的领土，但事实却证明罗马的武威要持久得多。今天的人们往往将罗马军团，而不是亚历山大的马其顿方阵（见边码第87页），视为现代军队的灵感来源。在这种观点中，几乎不可战胜的"罗马军"（The Roman Army，至少要含蓄地将首字母大写来强调这个词的分量）军团构成了一架闪闪发光的"战争机器"，它拥有史所未见的超高效率。这个军事巨无霸进行了一系列十分血腥的战争，征服了地中海世界和西欧的大部分地区，然后便建立起确定的边界。它犹如一名连眼睛都不眨的哨兵一般守卫着这道边界，保护着已经去军事化的行省，使其免受蛮族的威胁。

大众流行读物和电视节目或许会对罗马战争的本质津津乐道，但几乎没有当代学术著作直接讨论战争的真实状态。征服的惨剧总是被匆匆略过，好让讨论推进到让人更自在的行省发展和"罗马化"（Romanization）的话题。于是只要讨论到军事问题，人们强调的总是它建立了"罗马和平"（pax Romana）的功绩，强调它为帝国最伟大的成就——古希腊-罗马城市文明在各行省内的灿烂绽放——创造了环境；罗马时代就有一些人为此吹捧，[2]吉本（Edward Gibbon）更是将它称颂为罗马衰亡前的巅峰。

对罗马的这种看法在现代西方仍然根深蒂固。在初期的征战之后，除了角斗场这个带着恐怖吸引力的特殊场合之外，任何形式的暴力都很少作为行省生活的构成元素而出现在讨论中。人们将讨论重心放在壮大帝国这一事业的协作型工作本质上；发展帝国需要创建城市，建立通信和国际贸易，而这一切要靠各行省统治阶级的同化来驱动，他们拥有相同的古希腊－罗马文明的价值观和物质外表的。[3] 在罗马和平时期，军事暴力尤其被视为应该放逐到边疆的事物，偶尔出现的叛乱或军队间的内战不过是特例。根据这种观点，军事是一个外围的保护罩，在所有意义上它都只处于罗马文明"真正"历史的边缘。然而，其他人——有犹太教传统的人、早期基督教作家、曾是帝国一部分的现代阿拉伯国家的人民，以及对所谓蛮族怀有更强身份认同感的现代欧洲人——则对罗马军队持有更强烈的敌对立场；他们将罗马军队的行动视为作恶，而非功绩。[4] 从这个角度来看，支撑着权力阶层和特权阶层相融合的，正是对军团的恐惧以及大多数人所遭受的暴力胁制、压迫或奴役。罗马成了一个痴迷于统治和征服世界其余部分的社会。她的军队摧毁了耶路撒冷和第二圣殿（the Second Temple），屠杀了可能有一百万犹太人，[5] 然后（据称）将余下的人逐出犹太行省，而犹太行省被哈德良皇帝（Hadrian）更名为"巴勒斯坦"。这些行为的残响一直持续到今日。罗马士兵将耶稣钉在十字架上，他们逮捕、拷打和处决早期的基督教殉道者和圣徒。罗马军队摧毁了绿洲城邦巴尔米拉，而后者被许多叙利亚人视为早期的、前伊斯兰时代的阿拉伯文明之花。罗马军队还反复蹂躏现在作为伊拉克的地区，但始终无法维持占领。在昔日罗马帝国领土的另一端，一些人则指责罗马人在欧洲大陆的大部分地区及后来成为英格兰的区

16

域内摧毁了"凯尔特"[6]文明。

从这些视角出发，罗马军队又成了外来的征服者，一支压迫性的占领军，本土文化的破坏者，有时甚至是亡族灭种的工具。此时人们关注的重心则主要在于军事强权和帝国主义的血腥现实：城市在燃烧，而冷酷无情的外国士兵在城市的街道上残忍地折磨和屠杀手无寸铁的平民，恰如已被考古学证实的庞培（Pompey）的士兵在巴伦西亚的所作所为（见边码第100页）。能够做出这等事情的人往往被贴上毫无人性的标签，人们很容易将他们看作安装在没有灵魂的战争机器上的没有思想的残忍齿轮。

我们将在后文检视"罗马战争机器"这一反复出现的意象。罗马人和许多同时代的人无疑在战争中使用过机械，甚至懂得自动装置，而且在古代不少战争装备都会被用到象征和比喻中。剑，就是尤为重要的一个，从古至今皆是如此。

作为艺术品和隐喻的剑

高卢人……举起了他的盾牌……迎接来自对手的猛击，他向下挥出威力极大的一剑。[曼里乌斯（Manlius）]避开了这一击，以手中盾牌推了高卢人盾牌的底部，从盾牌下方逼近高卢人身前。此时他离高卢人太近，无法用剑攻击他。于是他便调转剑尖朝上，快速连续刺了两下，刺中了高卢人的腹部和腹股沟，敌人扑倒在地……他没有剥去倒下的敌人的盔甲衣物，只除去了对方的项环；虽然项环沾着血，但他还是将它佩戴在自己的脖子上。

公元前360年，提图斯·曼里乌斯赢得了"托奎图斯"这个绰号。[1]

——李维（Livy）《自建城以来》7.10[7]

在本书中，罗马剑既是一种实体的暴力工具，也是探讨罗马时代武装人员行为时的一种喻体，它的这两重含义我都会加以研究。[8]对于这些讨论，特别是在谈及战士和士兵的自我定位时，战争和战斗本身，尤其是战斗，无疑是重中之重。但罗马剑的意义远非这样简单。

数百万人曾在罗马时代的军队中服役，数十万人战死沙场。一些人勇敢地死去，以生命的高昂代价换取个人荣誉，捍卫自己的家园与家人；一些人则在乞怜求饶时遭到屠杀。罗马人就像高卢人及其他民族一样，相较于弓箭或其他远程武器而言更喜欢近距离的杀戮，尤其喜欢用剑：许多人倒在他们的剑下，其中既有参战的人，也有像阿基米德那样手无寸铁之人——他在叙拉古（Syracuse）被攻陷时死于一名罗马军团士兵之手。[9]处于战争中的人有时也会将暴力的矛头调转向自己。埃杰克斯（Ajax）用自己的剑自戮而亡，这是特洛伊战争中一个著名事件。用剑自杀，以剑尖穿过肋骨直刺心脏以求速死，这对那些在内战中落败的罗马将军来说是有尊严的退场方式。不过马克·安东尼（Mark Antony）这样做的时候搞砸了，他是在克娄巴特拉怀中慢慢死去的，此事亦十分出名。[10]有证据表明，作为不顾一切的最后反抗和逃避战败屈辱的手段，集体自杀也曾发生。最著名的例子很可

---

[1] "托奎图斯"（Torquatus）来自 torque 一词，意为项环。

能是第一次犹太战争中的最后一个据点马萨达要塞（Masada）的守卫者们。[11] 罗马士兵也曾这样做，被高卢的厄勃隆尼斯部落（Eburones）打败的幸存罗马士兵选择了自杀而非投降。[12]

不过，战斗人员的暴力绝不仅局限于战争这一场合。特别是罗马士兵，他们会用剑来镇压平民骚乱，也会被派遣去处决罪犯。他们还在职责范围之外自作主张地对平民实施了许多暴力：敌方的非战斗人员，还有罗马的属民、盟友，乃至罗马同胞。事实上，罗马士兵在战场外造成的伤残和死亡可能比在战场上还多。

广义的"军事暴力"（martial violence）一词最能涵盖所有这些残忍的行为。"军事"（martial）一词在此处有双重的恰当性，一则它源自罗马战神的名字，二则它既能指代士兵也能指代战士；而"军队"（military）一词则往往只用于指称正规军。"军事暴力"同时也将士兵和战士的行为与其他形式的武装暴力伤害区分开来；因为其他许多群体（而且并不仅仅是角斗士）也使用武器，无论合法还是非法——这一点会在后文中讲到。此外，"武装暴力"（armed violence）一词并不能涵盖士兵犯下的所有暴行，其中相当多的部分都是通过除却战争武器以外的手段实施的。在英语中，"暴力"（violence）[13] 一词保留了其拉丁语词根"*vis*"所包含的贬义，意思是过度的，尤其是得不到社会认可的武力。无论在今时还是昔日，本书中讨论的大部分行为都被视为消极的、不合法的或应受谴责的，而且持有这种看法的并非仅有暴行的目标受害者。因此，比起听上去更具有潜在积极意义的"武力、力量"（force）一词，我更倾向于在这里使用"暴力"的说法。

除了以杀害为目标的攻击外，士兵们实施的许多暴力行为并没有致人死命的意图，无论这些暴力行为是官方的（如司法处罚）

还是非官方的（如粗暴对待平民），不过许多受害者还是因此丧命。这类暴力的实施工具是拳头（且罗马士兵手上戴着金属指环）、鞋底带平头钉的靴子，以及各种棍棒，致使受害者脑震荡、骨折、失明或牙齿脱落。[14] 有一种鞭梢上带着金属的、能撕裂人血肉的罗马鞭（flagellum），[15] 而那还远远够不上极端的酷刑。光是过度劳累和蓄意忽视就导致了许多战俘的痛苦与死亡。而阳具也是相当重要的暴力工具：在与士兵群体打交道时，强奸过去是、现在也是常见现象。非致死型战术的生效并不仅仅依靠造成他人身体的痛苦，也可以依靠羞辱和恐吓。

事实上，在罗马时代，军事暴力的作用范围远远不止其直接受害者，无疑也包括在目击者中引起的恐惧，而这种恐惧也不会随着口口相传而减弱。[16] 罗马尤其高调地实施野蛮的行为，其残忍程度即使按照古代的标准也颇令人震惊；他们此举的目的既在于惩罚"不法分子"，也有震慑之意。罗马士兵和其他战斗人员在佩剑时虽然将剑装在鞘中，却刻意要让他人都能看到，这构成了一种致命的威胁和持久的恐惧源泉。要保持这种威胁的可信度，他们就必须时不时真的把剑拔出来。

剑（所象征的）……恐怖和威严比所有其他武器都要大。正是因为这一点，当一个王国被武力征服时，人们会说它被利剑所征服。

——法赫尔·穆达比尔（Fakhr–I–Mudabbir），节选自一本 13 世纪的印度军事手册[17]

在罗马时代之前，剑在东方和西方的许多文化中都具有特殊的象征性价值。今日的机械化部队仍然使用交叉的剑作为徽章上的图案。[18] 隐喻有效性的强弱，取决于一个概念在被用以表达另一个概念时的力量强弱。喻体需要携带强有力的含义，使其本身就足以提供能够唤起强烈反应的形象。为什么起到这种作用的通常是剑，而非其他武器？剑并非在所有时间所有地方都是军事力量的最高象征。对于古代中亚民族而言，骑射才是主要的军事技能，既展示了骑术，又表现出对武器的精通。弓象征着战士的高超武艺，而它对匈人来说还象征着王室的权威（见边码第 267 页）。不过，帕提亚人虽对弓骑兵有所偏好，但也会使用重甲骑兵（以长矛为武器、披戴铠甲的冲击骑兵）；而匈人既会用剑，也会用弓。至于罗马士兵，虽然他们同样会全面使用各类投射武器和长矛，但剑仍是短兵相接时的首选武器。当时的许多社群都有类似的偏好，比如高卢人。

在冷兵器时代的进攻武器中，诸如战斧、长矛、标枪、弓箭或投石器等武器，要么最早起源于工具或狩猎设备，要么本身仍旧具有这类用途。剑则不同。从青铜时代剑被发明出来开始，它就是一种专门用于杀人的工具。[19] 此外，其他一些武器虽然在杀伤力方面可以与剑匹敌——比如强力复合弓，它射出的箭带有铁制箭尖，但剑要求持剑者接近敌人，它是拳头的狠辣延伸，同时又使持剑者进入同样手持武器的对手的攻击范围内。剑最出众的地方在于它既代表着攻击性，又传递出勇气。而且它代表了一种具有强烈个人性的威慑来源，与遥远的、半匿名的弓箭手所代表的危险全然不同。这是因为，不同于箭带来的相对较小（尽管可能也会致命）的穿刺伤，剑带来的威胁是头颅被劈裂、躯体被割裂或内脏被剖出，这比其他大多数手持武器所造成的伤害更具破坏性，看上去也更加丑恶可怖。在所有常见武器中，剑最有可能立即杀死敌人或受害者，或至少造成其残疾。[20]

剑之所以受到重视，还有一个原因：在冷兵器时代所有五花八门的各式武器之中，[21] 除了复合弓之外，剑在制造技术上要求最高；而对制造技术的要求必然带来在材料、专业人员和时间上的花费。在刺或砍的过程中，剑身必须能够承受巨大的机械应力，发生一定程度的弯曲却不出现弯折或崩断的状况，同时剑刃还保持锋利。相比之下，矛作为一种相当有威慑力的武器，生产起来却既简单又便宜。

与弓或矛相比，剑还有另一个重要优势：它可以成为、也确实成了常规装束。剑鞘、剑柄和剑带均在引人瞩目的位置提供了装饰性的个人展示空间，[22] 它们能展现出佩带者的品位、财富，最重要的是其个人自主性、勇气，或者更高权威对佩剑者公开携带致命武器的批准。佩剑是警告、挑战或威胁，它象征着地位、级别或战斗人员这一特定职业。至此，我们超越了单纯对功能性的考虑，进入剑的象征价值和意义。剑是受人高度珍视的物质客体，在物理和象征层面上均能发挥强大的力量。在古代欧洲，剑被广为选作宗教祭祀品（这也是当今博物馆中藏剑众多的关键原因）。[23] 尤其是，由于受到亚瑟王石中剑传说的启发，这些剑往往被放置在有水的地方。[24] 因此在古代，特别是对于崇军尚武的罗马人来说，剑被广泛地用于象征和隐喻也就不足为奇了。

✝

在罗马的文字作品中，剑的首要隐喻义是不同民族之间的战事、征伐以及广义上的军事力量。实体的剑象征军事征服的著名实例，就出现在公元前 387 年高卢的塞农部落（Senones）劫掠罗马的故事中，那场灾难给罗马人留下了长期的"高卢恐怖"（即对高卢人的恐惧，*terror Gallicus*）。当时罗马人同意赔款给塞农人以换取平安，但在罗马人抱怨用来称量金条的砝码有问题时，高卢人的首领布伦努斯（Brennus）把自己的剑扔在天平上，大声宣布："败者遭殃（*vae victis*）！" [25] 其他人也会使用剑的隐喻，犹太人和早期基督徒也在其中。包括《新约》在内，《圣经》提到剑超过 500 次，大多是在比喻战争。[26]

20

剑的意象也被用于比喻对社会和政权内部秩序的威胁。剑同时作为物质客体和喻体的另一个广为人知的例子，是著名演说家西塞罗（Cicero）用拉丁语复述的一个希腊故事。他描述了在公元前 4 世纪，叙拉古的强大暴君狄奥尼修斯一世（Dionysius I）与他的王室人员用餐时的情形：

> 当他的奉承者之一，一个名叫达摩克利斯（Damocles）的人在谈话中大谈特谈他的武力、他的财富、他极高的权力、他享受的荣华富贵、他宏伟的王宫，并坚称没有人比他更幸福时，（狄奥尼修斯问他：）"达摩克利斯，既然这种生活让你愉悦，那么你是否有意愿也亲自尝试，感受一下降临在我身上的这番好运气？"

达摩克利斯被安排坐在一张覆盖着黄金与绣品的长榻上，周围满是金银器皿和随时准备为他效劳的英俊青年。

……达摩克利斯感到自己非常幸福。在所有这些布置之中，狄奥尼修斯又命人从天花板上吊下一把闪闪发亮的剑（*fulgentem gladium*），这把剑就用一根马鬃挂着，悬在那个快乐之人的头顶。这之后，达摩克利斯既不看那些英俊的侍者，也不瞥一眼精工细作的金银器，更不再碰任何食物……最后他恳求暴君允许他离开，因为现在他已对幸福再无渴望。

——西塞罗，《图斯库路姆论辩集》（*Tusculan Disputations*）5.20.60–62[27]

在这个寓言中，带有致命危险的艺术品悬挂在有权有势者的头顶，极为形象地体现出他们所面临的横死于战争或暗杀的威胁。

剑也被形象地用来表达国家维护秩序和法治的权力，或者至少是国家执行统治者之意志的权力——无论是赤裸裸的还是打着正义的幌子。罗马世界因十字架刑等骇人听闻的处决方式而臭名昭著，而用剑斩首（*damnatio ad gladium*）的判罚则是体面的极刑。[28] 宣判他人极刑的权力在当时的法律术语中叫作"剑之正义"（*ius gladii*）或"剑之权力"（*potestas gladii*）。这种决定他人生死的司法权力只掌握在拥有"统治权"（*imperium*，即最高的执行权威）的人手中，比如共和国执政官或后来的皇帝们，以及被皇帝们任命并授予此权力的行省总督和军队指挥官。[29] 剑也成为皇权授予的实体象征：69 年维特里乌斯（Vitellius）称帝时，曾手持一把据称旧时属于恺撒的剑四处巡游，这是从附近供奉着这柄剑的一座寺庙中取来的。[30]

此外，剑还象征着未获得社会认可的个人或团体所发动的，而国家试图镇压的其他形式的武装暴力。这些暴力行为包括武装

21

暴力犯罪（*vis*）或按照武装暴力犯罪来处理的活动，对后者中的一些我们可以描述为罗马政权内部的武装斗争，比如共和国后期的派系斗争，或对皇权的政治抵抗。在整个罗马时代，甚至也包括盛名卓著的罗马和平时期，武装抢劫、谋杀、强盗和土匪活动都极为普遍。有时候这类活动规模之大，令国家不得不将其当作战争来对待，被迫以正式的军事行动予以镇压。拉丁语中的"剑"（*gladius*）也可以用来表示危险的武装分子［就好像现代英语中的"雇佣枪手"（a hired gun）］；与此同时，角斗士（*gladiator*）这个词的字面意思就是"剑士"。[31]

到了帝国时代，像角斗士表演这样精心策划的精彩场面，本身已经演变成某种军队和司法权力的寓言。角斗士的类型以败于罗马的国家命名［"萨莫奈角斗士"（Samnites）、"高卢角斗士"（Gauls）］；而角斗士们的打斗——其中一些就是完整规模的战役——将遥远的战争，以真实血腥的表演方式带到了罗马的中心。这些"竞技游戏"也象征着罗马法律和秩序的胜利：角斗士和其他竞技场的受害者大多是战俘或被判刑的罪犯，他们的死亡以一种让每个观看者都感到安心的方式重新肯定了宇宙的秩序。即便是最贫穷的观者，也会感到自己比死在自己注视下的这些外来者和边缘人要优越。[32]

此外，在一个几乎对性与暴力不做区分的世界里，[33] 剑也毫不意外地成为代指阴茎的俚语。在普劳图斯（Plautus）的喜剧作品《伪装者》（*Pseudolus*）中，希腊语中的剑（*machaera*）和拉丁语中的剑鞘（*vagina*）在性暗示中分别用来表示阴茎和男性肛门。[34]（更晚些时候，"*vagina*"的词义才在医学术语中发生扩延，成为表示女性性器官的术语。）相应地，帝国中期刀剑上镶嵌图案的方向表明（和本书及其他现代出版物中呈现的剑尖向下的样子正相反），罗马人所设想的拿在手中的剑，其尖端应该像阳具一样朝向上方和外侧，而还剑入鞘时则要倒转剑的方向。

对于如何去思考各自的世界，罗马人和我们都有各自的理解方式。两者间的相似性以及尤为显著的差异性，在罗马人对剑这一形象的使用中体现出来。在现代人对罗马军队的理解和罗马人心中的军队概念之间，这种差异表现得尤为突出。

"罗马军：战争机器"？

在今日，罗马的军事力量通常被表述为一个实体，叫作"罗马军"。其传达的含义是，它是一个本质上类似于现代美国军队或英国军队的单一大型国家机构。在运作中，它还经常被描绘为"战争机器"。荒谬的是，人们会在各种迥异的见解中用到同一个"战争机器"的比喻，然而这些见解往往在其他方面又对罗马帝国主义有着截然相反的说法。人们可能会因为"机器"的力量和显而易见的效率赞赏它，也可能由于认为它没有思想、残酷无情、不达目标誓不罢休而对它投以恐惧的目光。它不出意料地成了许多畅销书和电视节目最喜欢使用的形象。[35] 然而无论说罗马军队是庞大的单一组织还是机器，都是对人们的严重误导，甚至是极为有害的、脱离其原本时代的错误认识。[36] 将"罗马军"等同于"战争机器"的说法忽略甚至彻底违背了罗马人对自己军队的看法；正如我们将会了解到的，这种说法是对罗马军队实际运作的严重扭曲。事实证明，罗马人首先是从人的角度思考问题，而不是从机构的角度，更不是从机器的角度。令人吃惊的是，罗马人的语言中根本没有相当于我们所说的"罗马军"的术语，因为这样的实体或概念根本不曾存在。

我们想到的是由国家创建的中央集权的军队，拥有倒树形的统一等级制度，由包括军、师、旅、团、营、连、排，直至班这样的下属分支构成，士兵被编入这个嵌套结构中，这种自上而下的概念强调的是指挥和组织结构。而罗马人对自己军队的观念却正好与此相反，这套观念起源于共和国时期，但到了帝国时期它仍是人们思维的基础：它是自下而上的；起点是存在于公民团体内部的一批自由人，这些人在受到征召时能够且愿意作为士兵（单数写作 miles，复数写作 milites）[37] 为国家服兵役（militia）。在共和国时期，当战争迫近，就从这批自由人中选出具备条件的男性编入军团（单数写作 legio，复数写作 legiones），军团再与同盟者派来的分遣队一起被编入各军（单数写作 exercitus，复数写作 exercitūs）。[38] 而军队几乎总是有不止一支，以应对国家在当前的特定需求。到了帝国时期，已经职业化的军人继续被编入多支军队，而此时分地区驻扎的常备军则固定于特定的行省。[39] 于是叙利亚总督所支配的罗马部队构成了叙利亚军（exercitus Syriacae，图 2）。

共和国时期和帝国时期的罗马人在描述其武装力量时，通常谈到的是"各军"（exercitūs）或"各军团"，总是使用这些词的复数形式。[40] 值得注意的是，正如美国人在谈话中往往说的是复数的"我们的部队"（our troops），而非单数的"陆军"（the Army）或"海军陆战队"（Marine Corps），罗马人通常用的词也是"士兵们"（milites），而不是使用机构性的集体来指称。

无论是罗马共和国时期还是帝国时期，都不存在某种凌驾于

图 2. 哈德良时代为纪念各支军队而铸造的塞斯特提铜币，左为布列塔尼军队（*exercitus Britannicus*），右为叙利亚军队。

这些军队之上的单一中央军事指挥机构，并没有类似于现代的总参谋部或"国防部"这样的机构。这些独立的军队指挥官在罗马历史的大部分时间里都是兼职军人而非职业军人，他们本身是高层政治家，直属罗马元老院，后来则直属皇帝。帝国晚期出现了更加统一和更加中心化的指挥层次体系，但这些体系仍然几乎一直保持着多个并存的状态，因为在这个分为许多个区域的帝国中总是有多名皇帝和多支军队。

到了帝国时期，即便拥有固定团编的常备职业部队已然制度化，多支军队并存的现实仍然继续存在。至于"士兵"作为一种特定人群的概念，甚至可能已经变得更加强烈，因为此时的罗马士兵已成为一种独特的、自我意识愈发强烈的身份群体。当着重强调不同的**人群**时，罗马人对自己军队的理解反映出士兵在社会上和政治上都举足轻重的现实。这突出了罗马军队内部根本上的独特之处，其独特性既在于实际操作层面，也在于意识形态层面。

军队一方面是国家建立的组织机构，由统治者和贵族控制（在各单位、各军队和指挥层面皆如此）；另一方面则是在其中服役的士兵，正如我们会了解到的，他们在帝国时代演变成了一个具有自我认知和鲜明观点的群体，一个"想象的社群"。所谓"想象的社群"，就是成员们虽彼此远离，但在他们心中却真实存在的身份群体，尽管他们只与一部分同伴有过接触。[41]

以这种方式，通过罗马人而非现代人的眼光来看待罗马军队，就会很容易发现，今天广泛存在于人们想象中的"罗马军"其实并不存在。既然如此，在本书中我将不再去谈"罗马军"，而是按照罗马的术语和概念把"士兵"作为一种人群去书写，写一写各种军队单位和并存的多支军队；而为了完整涵盖从机构系统到行伍兵士等各项罗马军队事务，我则会就"罗马军队"（the Roman military）进行书写。[42]

✝

罗马的军队在同时代人的眼中为自己精心树立起所向披靡的无敌形象。探讨罗马军队时，我们会自然而然地倾向于使用那些常见于我们时代的隐喻来表达他们的品质，包括（上文提到的）常常被用于形容纳粹国防军或苏联红军的"军队就是战争机器"这一现代概念。"战争机器"形象的感染力，来源于把"现代高科技军队的组织构造"及"它所使用的军用机械"放在一起的类比，这种比喻极具感染力。军用交通工具及其子系统非常适合用来比喻人们概念中作为一个自上而下的单一整体的现代军队。从顶端（将军、坦克指挥官、飞行员）发出指令，而命令或电子脉冲被向下传送，继电器、伺服装置和传动装置自动服从，继而引擎轰鸣，武器开火。士兵们可以被看成战争机器中的齿轮；作战团队就像一盘规模巨大的棋局，而士兵就如同其中的棋子。现代理念中对军人的期待就是不容置疑的服从、严格的纪律和精确的阅兵演习，这些期待都使士兵作为自动机器人的形象得到了强化。[43]然而这形象虽然很生动，对阐释罗马的军队而言，却是个很糟糕的模型。

诚然，罗马人擅长在围攻战中使用早期战争机器；一些骑兵也的确戴着没有表情的面罩，这使他们在现代人眼中就像机器人。早在古典时代，第一个真正的自动机就出现了。[44]至于在将人非人化的方面，罗马人比其他任何同时代的人都有过之而无不及；他们在文章中将农业奴隶当成走来走去的工具，可以使用也可以丢弃。[45]然而面对这些所谓消极被动的"所有物"时，罗马人又感到恐惧，因为这戳破了他们所用修辞中的谎言。再者，罗马人根本不可能以非人化的眼光去看待"士兵们"，因为他们将军队看成由"**我们中的一些人**"组成的集体。对古罗马时代的人来说，与戴着面具的骑兵相似的并不是机器，而是英雄的雕像（见边码第 224 页）。机器人和棋子可不会因士气低落、疲惫、疾病或恐慌而失去战斗力。然而罗马士兵除了会表现得冰冷无情以外，也可能被感性彻底占据，[46]还可能被彗星或突袭吓破胆。在人数少于敌人时，他们有时会逃跑。此外，齿轮是不会故意不服从指挥的；人们却经常十分震惊地发现罗马士兵竟然如此难以管教。士兵是积极主动、有自我意识的人，不是机械呆板的国家工具——而且正如我们将看到的，从最贫穷的奴隶一直到皇帝，所有罗马人都对此深谙于心。[47]

鹰或狼？罗马的双刃剑

（罗马人）以往针对其他国家的一切敌意和纷争之心，现在都转而针对他们自己；群狼对彼此的激愤狂怒蒙蔽了他们的双眼……

——李维《自建城以来》3.66[48]

罗马人将许多象征和力量与自己的国家和军队联系在一起。翱翔的帝国之鹰（*aquila*）便是其中相当重要的一个，它是天空中最威严从容的掠食者，是最伟大的众神之王、国家的主神朱庇特的象征。到了共和国晚期，鹰与军队形成了密切的联系。贵金属打制的、造型为一只抓住雷电的鹰的雕像尤其加强了这种联系。鹰像不仅是所有军团的标志，还是军团的圣物和灵魂，是具有非凡价值和影响力的手工制品。[49]（图3）帝国军团成员们追随着朱庇特之鹰，用鹰的翅膀和雷电作为自己盾牌的纹章图案。失去军团之鹰是最大的耻辱。公元前55年，仅仅是对鹰旗的担心就足以驱使恺撒的军团士兵从船上跳入海浪之中，追随着他们的鹰旗旗手登上海滩，去迎战等待他们的不列颠人。[50]

与士兵有着特殊关联的另一位重要神祇自然是战神玛尔斯，他的图腾是狼。传说中的母狼（*Lupa*）和朱庇特的鹰与雷电一起构成了罗马的核心象征。母狼的乳汁哺育了玛尔斯的半神双胞胎儿子罗慕路斯和雷穆斯（Remus），没有让他们死在台伯河（Tiber River）里，罗马这才最终得以建立。因此，母狼和双胞胎的形象代表了罗马民族的神授起源。这只狼出现在为支付军饷而铸造的硬币上（图 4），还曾经是早期军团的标志，而且直到帝国晚期它仍然是士兵装备上的装饰图案。共和国时代的一些少年兵（*velites*，年轻的轻武装军团士兵）穿的也是狼皮。[51]

狼象征着力量、速度、权力和凶暴性情，与士兵的意识形态十分契合，人们也正是用它来表达这些含义。[52]然而与鹰相比，狼的形象更为矛盾。翱翔的鹰很遥远，它庄严英伟，对人类社会没有直接威胁；狼对于古代的意大利社群则构成了真正意义上的危害，对于那些生活在文明边缘的山林中人，狼是一种持续存在的危险因素，特别是在饥荒的冬季时节，而且还不仅仅是对人，狼有时会把同类也撕成碎片。

26　　　罗马人并非没有注意到以战神之狼比喻士兵的潜在矛盾意义。另一种传统观点认为，给罗慕路斯和雷穆斯喂奶的母狼并不是什么被神施以魔法的四足动物，而是一种更世俗的存在："母狼"（*lupa*）一词在俚语中也有妓女的意思。[53]在罗马的整个历史

图 3. 公元前 82 年的第纳尔银币，是已知最早的出现军团之鹰形象的物品。

图 4. 共和国时期的第纳尔银币，画面是母狼以乳汁喂养半神血统的双胞胎罗慕路斯和雷穆斯。

上，罗马人始终敏锐地意识到，在外敌带来的威胁之外，他们自己的士兵对社会福祉也构成了潜在的致命威胁，特别是那些成群结队、无人管束的士兵。传说，罗马建立的标志性事件便是罗慕路斯杀害自己的孪生兄弟。在这样一个以兄弟相残为起点建立的社会中，对内部冲突的恐惧一直存在于人们心中。[54] 没有人能够确知士兵何时会化身为恶狼或是其他什么更糟糕的东西。佩特罗尼乌斯（Petronius）就在《萨蒂利孔》（*Satyricon*）中描写了在某城镇外的墓地里，一个士兵在夜晚变成了狼人，让他的同伴大为惊骇。[55] 罗马的第二任皇帝提比略（Tiberius）曾有个很出名的说法，他形容统治国家就像是"揪住狼的耳朵"，他在说这话时想到的是其他贵族和手下士兵对自己的致命威胁。[56] 作为一名老将的他深知此言不虚，在14年登基时，他就曾因兵役规定方面的问题而面临重大军事暴动。

当代观念中理想化的士兵或者说人们幻想中的士兵，是不会质询只会服从的机器人；然而和其他古代战士、士兵一样，[57] 罗马士兵与这种形象相去甚远。尽管罗马士兵无疑是训练严格且纪律严明的，他们却也极为桀骜不驯，从共和国时期到帝国时期皆是如此——这恰恰是他们最被忽视、最令人惊讶的特点，也最能明显地体现出他们根本不像齿轮。罗马文化非常鼓励竞争，在战场上最是如此。与现代军队的团队精神形成鲜明对比，罗马士兵们力争在武艺战绩上超越彼此。[58] 这些易受激惹的战士可不会沉默老实地站在队伍里，他们经常对自己的指挥官大叫大嚷，以示赞同或愤慨。[59] 他们还总有哗变暴动的倾向。从共和国时期开始，士兵之间就不时爆发冲突；而到了帝国时期，他们还偶尔杀害将军、官员乃至皇帝。他们往往会虐待和杀害平民（包括其他罗马人），有时是奉命而行，有时却是在明令禁止的情况下。指挥官要迫使罗马士兵遵从命令，但与此同时他们也不得不使出规劝、恳求和奉承的手段，有时甚至得通过激起士兵的愧疚之心来获得他们的服从。"我们的阿兵哥"收获的更多是崇拜，[60] 然而罗马人对罗马士兵却是恐惧和鄙视多过钦佩和赞美。这样看来，老鹰可以用来比喻这些人为国家服役、听从指挥；而狼则可以用来比喻他们对彼此、对上司以及对更广泛的社会所构成的持续威胁。

鹰和狼是罗马军事力量的两面，彼此对立而又不可分割，就像双面神雅努斯（Janus）同时注视着相反方向的两张脸（图5）。他是掌管大门与状态变化的神，而首要的就是和平与战争之间的状态切换。当国家任何地方有战事时，罗马广场上的雅努斯神庙大门便是敞开的。[61] 而门的关闭则象征着罗马领土全境的和平，那样的稀罕情景值得以铸造硬币的方式来庆祝（图6）。雅努斯的双面在本书中也可以象征我们所讨论主题的二元本质：其中的对

图5. 一枚罗马共和国时期的银币，上面有双面神雅努斯的图案。

图6. 尼禄时期铜币上的雅努斯神庙。它的大门紧闭，表明罗马领土全境都处于和平状态——这种情况非常罕见，值得纪念。

比与矛盾，以及各种对立的视角。事实证明，综合考量以上这些因素，往往比从单一视角来研究问题更有收获。

例如，我们往往倾向于把那些我们认为是社会中"积极"的方面，特别是互助、友谊和爱，与那些我们认为是最消极的方面，如暴力、杀戮和施害分割开来，并将这两者视为不可调和的对立面。然而在现实中它们却可能是密不可分的，特别是在战神玛尔斯主宰的领域。因为有一些最宏大、令人投入最多情感的人类合作事业，每次出现必然是成双结对的，我们称之为战争。在个人层面上，很多当过兵的人都表示，没有什么比曾经并肩作战、生死与共的人之间的友爱更亲密或更强烈的情感联结了。这些都是需要我们牢记在心的事实，它们非常重要却又往往让人很不舒服。

还有另一个浅显却经常被忽视的真相：一个巴掌拍不响。即使我们只想了解罗马军队，我们仍然必须考虑他们的敌人，以及双方在战争中的互动。[62] 对于帝国军队的内部架构和哈德良长城等边境系统的细节，人们已经倾注了太多关注；然而对于这套架构和系统的主要设计目的，对于它们所要防范的社群，许多研究者的求知欲却仍然少得出奇。人们依旧主要将罗马军队的成功归结于其内部特质，无论这特质是真实存在的还是想象出来的。一部分原因可能是罗马的对手留下的可供我们研究的痕迹较少，但这往往也是因为我们从未像研究罗马这一方那样认真地研究过他们。罗马的军队形态、士兵使用的装备，以及在队伍中的具体的人，既是她自身固有历史产生的结果，同时也是罗马所面对的其他民族的秉性与特征所塑造的结果，他们也是整个图景的重要构成部分。

罗马军队与雅努斯的另一个相似之处在于，帝国边境上的军队既向外注视着外来者，也向内注视着帝国，因为剑的基本功能之一就是恐吓和镇压行省人民，然而就连这项功能也充满矛盾性。罗马的行省是靠暴力威胁来维持的，但将它们有效黏合在一起的"胶水"，也就是那些积极性的、会聚性的、一体化的力量，也同样重要。而其中最强大有效的就是兵役。在帝国鼎盛时期，大约一半的罗马士兵本身就是行省人，他们通过服役获得罗马公民身份。这令军队成了帝国一体化的主要引擎，并且创造了一种能够被强烈感知、具有军事色彩、以边疆前线为焦点的，且由迥然相异的多元民族天性熔铸一体而来的"罗马性"（Romanness）。

前文也提到过另一重深刻的矛盾心理，那就是罗马对本国士兵的态度。在古代社会，人们普遍认为军事暴力至少也是必要而不可避免的，而且往往对其抱有积极态度，认为它是权力、财富和荣耀的来源。罗马人则认为战争是社会维持健康和活力的必要条件。然而从共和国初期开始，罗马人就采取非常手段避免武力干涉政治。因为他们从未忘记剑有双刃：一侧可以劈砍敌人，使国家、元老和士兵变得富裕和强大，另一侧却总是对着罗马社会自身。罗马剑和大多数当时的剑都是字面意义上的双刃剑，而这个词也被赋予引申义，例如在《启示录》1.16 中："他右手拿着七星，从他口中出来一把两刃的利剑（*rhomphaia distomos*）……"[63]想要加深对罗马军队的理解，则我们也必须对剑的双刃特征进行研究。

钢铁利器：剑之为剑

在成百上千的考古发现中，属于罗马人、其盟友与敌人的许多种类的剑都得到了确认，而流传下来的古代文本也对各种各样的剑进行了描述。[64] 剑可以通过调整变得更适于劈砍或更适于刺击，不过正如我们会在后文中看到的，即便使用者可能有所偏好，大多数罗马时代的武器是兼容这两种用法的。几乎所有的剑都应该是单手武器，因为它们通常是和盾牌配合使用的。罗马时代基本没出现过类似近几个世纪这样较为狭窄的剑身设计，只有少量可能在铁器时代早期用于仪式决斗的欧洲武器除外。大多数已知种类的剑都是直剑，剑身对称且扁平，两侧开刃，譬如中世纪的阔剑就是从这种常规剑型演变而来的。也有一些例外，比如从西班牙到中东地区的人们使用的不对称单刃剑，希腊人似乎称之为马凯勒单刃弯剑（*machaera*）或科皮斯反曲刃（*kopis*）。我说"似乎"，是因为尽管在古典文献中有数百处关于罗马剑和其他剑的记载，将文字术语与考古发现的武器类型正确对应起来却是个大问题，其中尤其困难的就是罗马剑。

我们今天通常将"剑"（*gladius*）这个拉丁语词汇理解为帝国早期那种典型的双刃短刺剑。麻烦的是，在流传下来的文本（其中很多都是文学作品而非军事或技术文本）中，罗马人对"剑"一词的用法并不统一（其实其他军事术语也有这个问题）。因此，瓦罗（Varro）从"屠杀"（*clades*）一词引申而来的"剑"被广泛用来指代所有种类的剑。[65] 特定类型的剑可以用限定语来配合描述，例如"西班牙（或伊斯帕尼亚）短剑"（*gladius Hispaniensis*）。其他一些外来剑在拉丁语中保留了它们的本名，例如希腊语的马凯勒单刃弯剑。拉丁语的"剑"一词也可以单独出现，用于更具体地指称特定剑型，或至少指称具有相同特征的特定门类的剑。

塔西佗（Tacitus）的《编年史》（*Annals*）中有一段文字似乎提供了有关罗马剑的不同类型及对应的使用者的重要信息。它描述的是在 51 年的不列颠，反叛的卡拉塔库斯（Caratacus）的部队如何遭到了"军团的格拉迪乌斯短剑（*gladii*，拉丁语中'剑'一词的复数形式）与标枪，以及辅助部队的斯帕塔长剑（单数形式 *spatha*，复数形式 *spathae*）和刺矛的两面夹击"[66]。这段话里一刀切的分类表述不是技术性描述，而是精心雕琢的文学对比手法。[67]不过至少它证明了在塔西佗写作时（约 100 年），罗马人已经把剑分为两种门类；而且"斯帕塔长剑"这一术语的意义已经充分确立，作者无须对此加以解释，这意味着该术语已经被广泛使用一段时间了。顺便提一下，这段文字是已知最早使用"斯帕塔长剑"来指称特定武器类型的文本。作此意时，"斯帕塔长剑"通常被理解为"劈砍用的长剑"，人们一般将它与帝国早期的辅助骑兵联系在一起。这最初是一个拉丁化的希腊语单词，意为"平坦的搅拌器"。[68]有证据表明，到了 1 世纪后期，人们已经开始以这个词来描述罗马人使用的新式武器，最初是作为俚语（可能是以嚯称来表达对这种武器的长度和主要使用方式的轻蔑态度，因为它用起来就像是在"搅拌"空气，而这与"男子气概十足的罗马式刺击"形成了鲜明反差）。诚然，塔西佗对"斯帕塔长剑"一词的应用并不能证明武器本身及其名称早在 1 世纪 50 年代就已广为使用。然而无论骑兵使用的是何种武器，1 世纪辅助**步兵**的墓碑却显示他们使用的是短剑，也就是塔西佗提到的另一种剑——"格拉迪乌斯短剑"，而非他笔下辅助部队用的"斯帕塔长剑"。这个墓碑表明，塔西佗在写作中对武器做出的使用区分是他有意为之的。

在2世纪，"格拉迪乌斯短剑"和"斯帕塔长剑"这两个词之间的关系显然发生了变化。这或许是因为，我们所认为的主要用于刺戳的短剑已不再被广泛使用。"格拉迪乌斯短剑"，也就是拉丁语的"剑"一词，仍旧作为剑的通用术语，但可能此时所有军用武器都已经用"斯帕塔长剑"来指称了。于是，阿普列尤斯（Apuleius）在他2世纪后半叶创作的小说《金驴记》（*The Golden Ass*）中曾写到一名士兵（兵种不明）佩带着一柄"斯帕塔长剑"。但他又在小说的另一处写到了一柄区别于前文的剑，一把"极为锋利的骑兵斯帕塔长剑"（*equestrem spatham praeacutam*）；"骑兵"这一限定语可能在强调这是一把特别长的剑，此处用剑之人是一名街头表演者。[69]那么这也就暗示着当时还有给步兵用的较短的"斯帕塔剑"，至少出身高贵的作家们是这样表述的。

甚至对于罗马士兵在使用技术术语时会在多大程度上保持精确和一致，我们也无从知道。2世纪初，出生于埃及的军人特伦提安努斯（Terentianus）在给父亲的信中请求对方提供各种物品，其中包括一把"战斗用剑"（*gladius pugnatorius*）。据推测，他可能想强调自己要的不是双倍重量的训练剑，但除此之外并没有做更具体的说明。[70]出土于卡莱尔市（Carlisle）的一块1世纪晚期的军用写字板提到了"规定用剑"（*gladia instituta*），但没有说明那是什么意思。[71]有趣的是，此处的"*gladius*"指的是骑兵使用的剑，而相应年代的骑兵使用的剑按理应是长剑，称为"斯帕塔长剑"。或许在这个文本中"*gladius*"是作为"剑"的广泛意义；又或许当时的骑兵对他们所使用的"斯帕塔长剑"都讹称

"*gladius*"，于是这已经形成了官方默认的用法……

陷入混乱了吗？这就是为什么军事装备专家们倾向于避开这些用法不一致、词义不停变化或根本难以理解的拉丁语术语［比如，韦格蒂乌斯（Vegetius）提到的"斯帕塔长剑"和"改短的斯帕塔长剑/半长剑"（*semispatha*）之间有什么区别，他所谈的又是哪个年代？］。[72] 有时人们也会使用更侧重于描述效果的替代性术语（如"阔剑"或"迅捷剑"），这些术语能更清晰地表述武器的形状，但却是借自其他年代晚得多、种类也全然不同的武器；而且这种做法很可能造成误导，使人们对武器的使用方式做出错误的预判（比如，所谓"罗马短刺剑"其实斩击效果也很好）。有一类术语来自古罗马时代的真实古剑样本，意义更加清晰明确，专家们通常采用此类术语来描述剑的种类。其中一些可以顾名思义，例如"环首剑"（*Ringknaufschwert*，见边码第 186 页）。但大多数考古学命名来源于该类型物品首次获得明确描述的发掘地点，例如"美因茨式"（Mainz type）、"庞贝式"（Pompeii type）或"施特劳宾－尼达姆式"（Straubing–Nydam）和"劳瑞艾克姆－赫罗莫卡式"（Lauriacum–Hromówka）。这样的命名方式更为精确，却也十分成功地使名字变得拗口麻烦且难以记忆。最差命名奖或许应该颁给令人眼花缭乱、无比迷惑的"'斯帕塔'式格拉迪乌斯短剑之'施特劳宾'变体"（'spatha'–type *gladius*，'Straubing' variant）。这一切都让人非常头疼。

人们在不久前对数百件已知的罗马剑考古样本进行了编目，有关这些武器如何演变发展的详细讨论贯穿于本书各处。[73] 不过笔者在此处仍有必要对演变过程做个简要的介绍。因为，就像罗马军队和更大范围的罗马社会整体一样，罗马剑随着时间的推移也发生了重大变化（图7），而且往往在任何特定时期都有多种类型的罗马剑同时存在。

我们现在已经了解到，罗马士兵在古罗马共和国后半叶征服地中海地区时所使用的武器，与长期为人们所熟悉的、据说是典型的罗马短剑在形制上存在明显不同。后者现在被归类为帝国早期的美因茨式和庞贝式（见下文），由共和国时代的罗马剑发展而来，只在帝国时代早期出现过。西庇阿和恺撒的军团携带的武器相较而言明显更长（见边码第 80 页），人们所知的真正的西班牙短剑应当就是这种武器了。然而即使是这种剑，也是在意大利统一后才被引入作为罗马军用武器。几乎可以肯定，军队在共和国头两百年中使用的是希腊重装步兵携带的那种西弗斯希腊短剑（*xiphos*）。这是一种中部收窄的双刃武器，长度不一，拥有一31个非常明显的剑尖（见边码第 48 页）。

美因茨式剑整体较短且通常剑身偏宽、剑尖较长，它在公元前最后几十年中被引入罗马（见边码第 122 页）。历经大约相当于一个人寿命的时间后，美因茨式剑被通常剑身稍窄、两刃平行、剑尖较短的庞贝式取代（见边码第 150 页）。现在看来，在这种变化发生的同时，还有一种新的长剑开始被罗马军队采纳，其样本出土于苏格兰纽斯特德。人们最初（相当合理地）推测它是一33种骑兵使用的武器（见边码第 151 页），而这可能就是塔西佗所写到的"斯帕塔长剑"。

在 2 世纪中叶，罗马剑家族进一步发生重大变化，关于这一点我们已经开始有所了解。剑的种类和制造技术出现根本性的变

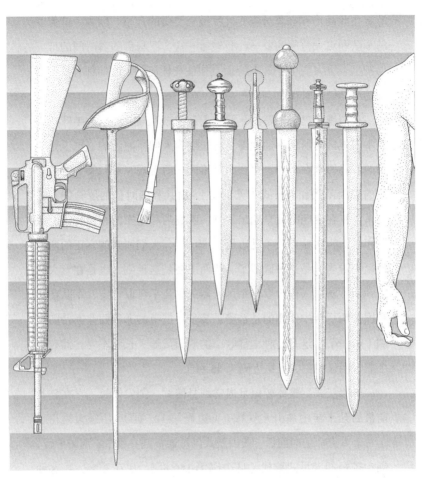

图 7. 按统一比例（1:10）再现的一系列罗马剑。为方便比较，在图中加上了几个参照物——左一是美国现代 M16 步枪（它的长度恰好为 1000 毫米，作为参照物非常方便）；左二是英军 1908 式骑兵剑，人们普遍认为它在象征意义上可称得上终极的英国骑兵剑，而从字面意义上说，它也的确是"最后的"英国骑兵剑；右一是能够挥舞这些武器的人类手臂，根据波留克列特斯（Polykleitos）所规定的人体比例绘制。罗马剑（从左三到右二）依次是：共和国时期的西班牙短剑；早期帝国时期的美因茨式和庞贝式；2 世纪的图案焊接剑；3 世纪的施特劳宾 – 尼达姆式；以及 4 世纪的伊勒河上游 – 威尔式。背景为等分成 100 毫米宽的横条。

化。在 2 世纪后期，带有全铁剑柄组件的剑短暂地流行开来，这种剑带有一个条形护手和一个环形剑首，因外观特点而获得了今天的名称（环首剑）。环首剑曾短暂地为罗马人所使用，而其他时间里人们普遍使用的还是传统类型的罗马剑——其剑首接近球形，护手多为卵型，包裹弧度较大。这些武器之中的一部分（见边码第 186 页）的剑身大小和比例与"庞贝式"一样。不过在 2 世纪时人们已经不再使用庞贝式剑，尽管还有一些人在打造小型剑——有时还小到惊人，但"短刺剑"的时代即将结束。从 2 世纪开始，罗马剑的平均长度开始明显增加（图 8）。

从那以后，许多剑的剑身上都出现了浅浅的凹槽，也叫剑槽（fuller）；剑槽在德语中拥有一个耸人听闻的名字——血槽（*Blutrinnen*）。有人推测，这样的设计是为了减少伤口对武器的负压吸力，使武器易于从伤口拔出；[74] 不过可以肯定的是，剑槽能够增加剑身强度并减轻其重量。到了 200 年，"图案焊接"这一复杂精致的制刃新技术开始广泛流行（见边码第 184 页）。整体上说，此时剑身明显变长，"斯帕塔长剑"逐渐成为步兵和骑兵的标配。新类型的剑包括剑身相对较宽的"阔剑"和较长、较细的"迅捷剑"。其中大多数都保留着可用的剑尖，因而斩击和刺击两种用法皆为可能。从此，直至进入 5 世纪，较长的剑一直在罗马占主导地位，时间跨度远超"短刺剑"称霸的时间。

古罗马世界里还存在其他类型的剑。在人们的描绘中，皇帝们的武器带有鹰头造型剑柄（图 82），有一柄已知的古剑真品能够证明这一点。[75] 士兵们也会使用木剑训练。[76] 角斗士的装备则包括专门的剑和类似剑的武器；而当他们的奴隶身份被解除时，则要用到一把有象征意义的木剑。[77]

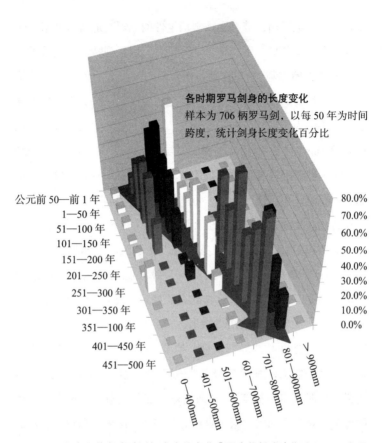

各时期罗马剑身的长度变化
样本为 706 柄罗马剑，以每 50 年为时间
跨度，统计剑身长度变化百分比

图 8. 罗马剑身平均长度随时间发生的变化［图表根据米克斯（C. Miks）于 2007 年发表的研究绘制］。武器长度随时间推移持续增加，这一明显趋势在图中一目了然。本图整理了来自考古发现的测量数据（样本容量：706）。图中以 100 毫米作为剑身长度变化的尺度，以 50 年作为时间推移的尺度，将剑身长度不同的样本在不同时间段内所占的百分比标在图中；以相关样本数据足够丰富、可以进行有效比较的年代（也就是在罗马共和国转型为帝国的时期）作为表格绘制的时间起点，以当前数据耗尽的年代（约在西罗马帝国灭亡时）作为终点。

✝

直到 2 世纪之前，大多数罗马士兵都像高卢人一样在身体右侧佩剑，这与后来的罗马及更晚的西方习惯正相反（图 51）。虽然在现代人看来很奇怪，但事实上即使在右侧佩带相当长的武器，拔剑时也很轻松：佩剑者可以反手将剑向上或向前从剑鞘中抽出。目前人们尚不清楚罗马人和高卢人为何将剑佩在右边。或许这是因为，如果士兵将剑佩在左边，剑鞘就很容易撞到当时的罗马全身盾——这种盾牌曲面弧度很大。即便右侧佩剑一度有过实用层面的原因，到了帝国时期它可能也只是一种被神化的传统了。百夫长们一直都是在左侧佩剑的，而到了 200 年，所有士兵也都这样做了。

我们无法像了解文艺复兴时期的剑术那样还原罗马时代的剑斗技术细节，但我们可以从有关对战（特别是步战）的描述、图画及武器本身看出一些端倪。罗马的剑术与后中世纪时期的剑术风格截然不同，因为罗马人通常需要配合盾牌用剑。后来欧洲的无盾剑客或击剑手会以武器为主导，右腿前伸；但如果使用盾牌，则先行的就应该是左臂和左腿，剑留在后面准备刺击或斩击。[78] 罗马盾牌内侧中央装有单握柄，而外侧有金属质地的盾帽包裹着握柄所在的位置。使用者不仅能用盾抵挡敌人的击打，还能以盾攻击，使敌人失去平衡或将敌方盾牌推到一边，让敌人暴露在自己剑下。如果不得不在没有盾牌的情况下作战，罗马人会用他们的斗篷作为左手的临时防御。[79]

武器本身也可以为罗马剑术的基本特征提供一些参考信息。像各个时代大多数的剑一样，罗马人的剑也不是很重。庞贝式的剑身重约 0.5 千克，后来的罗马长剑剑身也少有达到 1 千克的。

在用剑进行刺击和斩击时，能量主要来自肌肉的主动运动，由肌肉驱动相对较轻的剑身；用斧或镐挥击时就不一样了，这时能量主要依靠的是这些头重脚轻的武器的重量和击打时的动量。不过，罗马剑的结构和形状也决定着它在战斗中的表现与年代更晚的欧洲剑并不相同。

有些罗马剑的握柄看上去特别短，令武器紧紧卡在使用者手中。军用武器有时会模仿角斗士的做法，用腕链或绳子来防止武器脱手。剑首虽然通常较大，适合实施反手攻击；但剑首与剑柄组件的其他部分一样，通常使用有机材料制作，因而给武器增加的重量很小。这就与许多装配着沉重金属剑首的中世纪武器完全不同，那种重量大的剑首能够部分抵消剑身的重量，令使用者可以更好地用腕部控制剑。至于罗马剑——尽管人们为金属材料在剑身上的分布问题耗费了极大的心力（例如，将许多偏长的"斯帕塔长剑"的剑身轮廓设计成逐渐缩窄的形状，同时又不让剑身变薄），但罗马剑的平衡性还是较差，因此使用起来可能比后来的许多武器都更需要技巧。

从波利比乌斯（Polybius）到韦格蒂乌斯，再到当代作家们，大家在讨论剑术时都会就斩击和刺击的相对优势发表不同意见。斩击动作可以是伸直手臂状态下的简单斧头式劈砍；但或许更有杀伤力的做法是用剑削砍，也就是在手腕角度稍向自身倾斜的状态下做出削割的动作。不过，这也会缩短攻击范围（图9）。最有力的斩击是举剑过顶再向下劈，但这样容易使右侧腋下暴露于敌人的刺击之下。[80] 比起刺杀，斩击也会给敌人提供更多预警；刺击在突破敌人的第一道防线，即感官（尤其是视觉）的防线上更有优势。一个人挥剑划砍时，需要避开盾牌，因而动作冗长缓慢，剑划出的长长轨迹会横贯敌人视野；相比起来，从盾牌后面奔跑袭来的刺击要迅捷得多，也让敌人更加难以预判。公元前48年，为了对抗庞培手下一些战斗表现尤其出众的骑兵，恺撒命令手下士兵用剑对着敌人的脸和眼睛刺戳，此举成功地迫使敌人撤退。[81] 人们普遍认为罗马人在剑术上的观点很明确——他们对刺击的偏好明显要高于斩击。

在希腊－罗马文学的一些段落中，罗马人的刺击战术被拿来与高卢人或其他野蛮人的长刃斩击进行对比；其中罗马人主要偏重对躯干或腹股沟发起刺击，而高卢人及其他蛮族则对挥砍头部有着特别的偏好。按照希腊－罗马作家们的说法，这种区别在公元前4世纪就已存在，从李维对提图斯·曼里乌斯·托奎图斯在公元前360年左右进行的决斗的描述中就能看出（见边码第16页）。哈利卡纳苏斯的狄奥尼修斯（Dionysius of Halicarnassus）也留下了类似的记载。他写道：公元前387年，当高卢人——

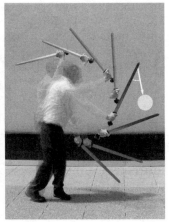

图9. 剑的斩击：类似使用斧头的劈砍动作（左）和削砍动作（右）。

······还高举着自己的剑，[卡米卢斯（Camillus）麾下的罗马人]就会闪躲到敌人双臂下方，举起自己的盾牌，然后弯腰弓背地保持蹲伏。这样一来，瞄准位置过高的敌人使出的攻击就变得全然徒劳无功。而罗马人自己则正手握剑指向前方，刺向对手的腹股沟，刺穿他们的腰肋，然后举剑刺向敌人胸口，直攻命脉。（图 10）

——哈利卡纳苏斯的狄奥尼修斯 14.10.17–18[82]

古人留下的这些记录深深地影响了现代人的看法，然而它们都是在所述事件发生几个世纪之后才写成的。真的不是作者隔着遥远时空的虚构写作吗？不是文学的固定套路？不是一种敏捷的

图 10. 公元前 41 年的第纳尔银币，其铸造是为了纪念元老院先辈 C. 努莫尼乌斯（C. Numonius）的一件险些被历史遗忘的战功，他对敌方营地防御工事壕堑（vallum）[1] 发起的那次进攻为自己和后代赢得了"瓦拉"[2] 这一姓氏。请注意硬币上他蹲下的姿势，以及他在高举的盾牌下从低处刺出的剑。

---

[1] 壕堑是一种古罗马时代常见的防御工事，最初由壕沟和挖掘壕沟时堆起的土墙构成，后来在此基础上又增加了其他防御强化装置。

[2] 姓氏瓦拉，拉丁语中最初写作 Vaala，后衍变为 Vala，意为健康，活力十足。

罗马人对战笨拙蛮族的老套主题吗？考古学已经证实，它们最多也不过是些年代错乱的描写：公元前4世纪，高卢人的剑还不是特别长，而且也拥有用于刺击的明显剑尖。尽管如此，作家们的描述还是合理地反映出共和国晚期及帝国早期的罗马人所学习的对抗高卢人长剑的方法，而考古研究也证实这种高卢长剑在公元前1世纪很常见，而其中一些的确没有剑尖（图31）。

关于对共和国中期的罗马剑术，希腊军人兼历史学家波利比乌斯留下了更有说服力的叙述。他描写了公元前225年罗马人与高卢人在泰拉蒙（Telamon）的战斗，当时活着的人还对这场战斗保有记忆。波利比乌斯指出，高卢人是以极大的勇气作战的：

> 无论是个人对战还是整体对战，高卢人在武器方面都不如罗马人。事实证明，罗马人的盾牌和剑在防御和攻击两方面都有明显优势……（因为高卢人的剑）只能允许使用者向下砍出有效的一剑，一击之后武器就会严重卷刃，剑身也弯得厉害；除非高卢人有时间在地面上将剑重新踩直，否则就无法进行第二次攻击……他们的剑也没有剑尖。

而在另一边，"罗马人的剑拥有极为出色的剑尖，因此他们**不是用剑来砍而是用剑去刺**……"[83] 然而，波利比乌斯的叙述是对事实的简单化和刻板化。例如，对高卢剑的金相检验研究证实，有些高卢剑确实很软，以至于会像波利比乌斯描述的那样动不动就出现弯曲——但大多数剑的制作工艺较好，而且其实许多高卢剑都带有用于刺击的剑尖（图11）。[84] 还有一点也非常重要，波利比乌斯在其他地方强调罗马剑在斩击和刺击两方面都很出色，这表示它是一种全能武器，而非专门用于刺击的剑。[85] 更准确地说，罗马人显然是在面对使用长剑的敌人时做出了以刺击为核心的战术选择——而这可能也就发展为一种文化上的偏好（见边码第 49 页）。与此同时，有证据显示，同样的武器在罗马骑兵手中则被用于斩击，而这一做法的攻击效果非常可怖（见边码第 38 页）。

使用方式不一定与剑的形状或长度有严格的联系。劈砍不一定需要长的武器，刺击也不一定需要短的武器。一些早期的现代快剑从用法上说主要算刺剑，其剑身长度却超过 1 米。无论如何，即使罗马人确实在实操或文化上对用剑刺击有压倒性的偏好，也并不等于他们一定需要特别短的武器。

共和国时期的罗马人或许确实偏爱短剑，其实际层面的原因可能是相对更长的

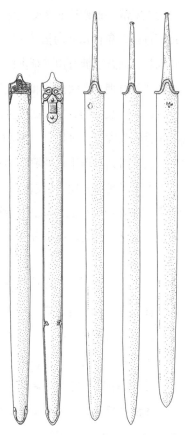

图 11. 公元前 3 世纪后期的高卢剑，出土于瑞士纳沙泰尔湖（Neuchâtel）的拉坦诺（La Tène）遗址。左图展现了其剑鞘的正反面，背面带有典型的高卢式悬挂环。这些实物表明，虽然有些高卢人的剑没有剑尖——像古典时代作家描述的那样，但还是有其他为刺击而设计的高卢剑。（比例 1∶8）

剑存在弯曲的风险，而帝国时代的技术发展减少了这种风险。然而正如后文所论述的那样，帝国时代早期的那些"经典"短剑类型的出现，很可能是战术实用性和军事意识形态相结合的结果。它也可能是当时的罗马步兵剑和骑兵剑开始出现专门化的结果。前者的假想场景是步战，但骑乘状态下的剑术另有一套节奏动态。坐骑为骑兵增添了冲击力，但在混战中躲避击打的灵活性较差：针对此情况，骑兵装备对肢体的保护性能被强化，还增添了面罩。

有一种特殊的罗马（或意大利）式刺击技巧，它需要较短的剑刃。在对大约发生于公元前 300 年至公元 2 世纪后期的军事暴力场面的刻画中，这种技巧反复出现。到了 2 世纪后期，这类短剑逐渐式微（图 52）。这是一种类似于处决或致命一击式（*coup-de-grâce*）的刺杀方式，用于杀死毫无反抗能力的受害者；杀人者将剑反握在右手中，像用匕首一样向下插入受害者的喉咙和锁骨之间，刺入心脏。[86]

✝

对回望历史的我们来说，罗马士兵和他们手中大名鼎鼎的利剑已经是西方历史中耳熟能详又经久不衰的情节。然而在当年，罗马一跃成为以军事力量主宰整个已知世界的霸主时，并没有人能预见到她崛起的迅猛步伐。对地中海东部的希腊城邦，特别是那些了不起的希腊王国（亚历山大大帝的马其顿帝国的继承国，他们认为自己才是那个时代的超级大国）而言，作为后起之秀的罗马在世界舞台的震撼登场是极为令人震惊的。

序章　震慑人心 | 意料之外的罗马崛起

公元前 146 年，罗马士兵洗劫并摧毁了当时世界最著名的两个城市。在绝望的巷战中，罗马军团占领了地中海西部强大的贸易型海事帝国的中心——伟大的北非腓尼基殖民城邦迦太基。他们彻底将这个"古代威尼斯"夷为平地，在其土地上撒盐。就这样，两国之间延续一个世纪的可怕战争结束了。第一次布匿战争[1]（公元前 264—前 241 年）让罗马获得了第一批海外领土，但也导致了第二次布匿战争（公元前 218—前 201 年）——势不可挡的迦太基统帅汉尼拔横扫意大利，造成了极大的苦难。他最终被击败了，但在罗马充满复仇渴望的多疑妄想下，元气大伤的迦太基被迫发动了与罗马的第三次冲突，而这场自杀式的挑战以公元前 146 年的大屠杀结尾。同年，另一支罗马大军在另一块大陆上攻占了昔日极为强大的、位于旧希腊中心的科林斯（Corinth），夺其财富，杀其男子，余下的人充作奴隶。罗马对这座伟大古典城市的洗劫是一场精心谋划的恐怖行动，目的是让爱琴海地区这些桀骜不驯的希腊人彻底明白现在到底是谁说了算。[2]

意大利城邦罗马摇身一变，成为超级大国，这本已让地中海世界感到震惊；而这极具象征意义的双重暴行更是让他们惊愕不已。这段危急的时期大约从公元前 270 年持续到前 190 年，其中包括第一次布匿战争、与汉尼拔的争斗及其余波。这场冲突使罗马与亚历山大大帝的马其顿帝国的继承国，也就是当时主宰已知世界东半边的希腊诸城邦之间发生交锋。在那几十年间，罗马人掌握了海战技术。当时的希腊与马其顿对亚历山大征服波斯时的兵法进行完善，形成了最新的理念；而面对那些依据最新理念进行武装、训练并受其指挥的军人，罗马也学会了如何击败他们。公元前197年，数支罗马军队击败了由密集长枪兵组成的大名鼎鼎的马其顿方阵，并于公元前168年在彼得那（Pydna）彻底将他们击溃。那时，其他希腊城邦、埃及的托勒密王国和亚洲的塞琉西王国也已向罗马屈服。也就是说，大约只用了相当于一个人寿命的时间，罗马便从区区意大利的头号大国上升为在三大洲都有驻军的超级大国，同时代没有任何一个国家可与之匹敌。

突如其来的无敌军事霸权助长了罗马惊人的傲慢。在彼得那战役之后不久，盖乌斯·波皮利乌斯·拉埃纳斯（G. Popillius Laenas）就展示了这份傲慢：当时罗马要求塞琉西国王安条克四世（Antiochus Ⅳ）撤出埃及，于是波皮利乌斯在沙地上绕着塞 ₃₉琉西国王画了一个圈，令其对罗马的要求做出答复，否则就不能踏出这个圈。³罗马成了地中海地区的裁决者，而同时代的人也没有忘记迦太基和科林斯的命运。公元前133年，帕加马王国的阿塔罗斯三世（Attalus Ⅲ of Pergamon）留下遗嘱将自己的整个王国赠予罗马，希望能以此让其人民免遭罗马的暴力蹂躏和掠夺。

公元前2世纪，希腊人的世界被颠覆了，困惑的他们自问这种局面是如何造成的。罗马强权的秘密是什么？为什么罗马会如此成功？从那时候起，这些问题就一直吸引着人们去思考。不出意料的是，人们大多将关注点聚焦于罗马的士兵、军队和战争的性质和特点上。⁴

在很大程度上，公元前200年前后的罗马在军事方面取得的成功，并非依靠杰出的将领，元老院的精英们对那些才华出众的人其实心存怀疑。罗马的第一位世界顶级将领、打败汉尼拔的胜者西庇阿·阿非利加努斯就是在流亡中去世的。罗马在战略和战术方面的指挥能力已经变得娴熟、可靠，而在其他方面的管理能力则堪称卓越。特别值得一提的就是，他们能够获取和维持庞大的资源基础，并巧妙地加以利用。而这依靠的是高明的后勤保障能力——他们会让人员和物资持续流动，为罗马和盟友在战场上的多支大型复合军队提供补给。[5]

然而最能让希腊人铭记的还是物质和士气方面的因素。罗马似乎有取之不尽、用之不竭的士兵，他们的数量有多大，素质也就有多高。同样令人印象深刻的还有罗马士兵的坚定意志和咄咄逼人的气势，以及罗马武器的杀伤力。在罗马士兵手持"西班牙短剑"犯下的罪行中，这份气势与威力被同时体现出来。公元前200年，当罗马把注意力从战败的汉尼拔转向他的马其顿盟友时，马其顿的腓力五世（Philip V of Macedon）第一次见识到了罗马陆战的本领；那一次骑兵的交战本来应该不分胜负，然而最终的结果却是腓力五世的手下从战场上找回战友的尸体：

> 腓力（的士兵）见过标枪和弓箭造成的伤口，偶尔也见过长矛穿刺的创口，因为他们习惯于同希腊人和伊利里亚人作战。（但）当他们看到人的躯体在西班牙短剑下被砍成碎片，手臂从身体上被扯下，看到肩膀、身体的其他部位或是头与躯干分离……或是看到重要的脏器被剖开，以及其他种种可怖的伤口时，他们统统陷入了恐慌。他们意识到自己所

面对的究竟是怎样的武器和怎样的敌人。恐惧也攫住了这位国王，他过去从未在有组织的战斗中遇到过罗马人。

——李维《自建城以来》31.34.4 – 5⁶

在那个年代，罗马军队倒也并不是每场战斗都能取得胜利，但他们却确立起了凶残、无情、不屈不挠的名声；而且同样重要的是，他们还拥有支持着以上这一切并能确保罗马获得最终胜利的雄厚资源。他们是如何做到的？是罗马人从一开始就拥有的那些特征注定了他们的统治地位吗？

在尝试解释罗马共和国为何能够崛起的过程中，我们似乎有理由认为她具有某种内在的特别之处。毕竟，大约从公元前300年开始，主宰意大利的不是伊特鲁里亚人（Etruscan）的卡普阿（Capua）或希腊人的那不勒斯（Naples），也不是任何雄心勃勃想要建立帝国的外来者，比如伊庇鲁斯（Epirus）的皮洛士（Pyrrhus，他曾这样尝试过），也不是由马其顿的一位国王来征服意大利——正如当时刚刚在东方发生的那样，而是罗马。罗马的秘诀仅仅是剑吗？人们很容易将它的崛起简单地看成一段暴力侵略的历史，将一切首先归结于其军事方面的特长。⁷

比那更早几个世纪的时候，曾有一个城市遭遇厄运，那看上去正是迦太基和科林斯劫数的预兆。它就是罗马的邻邦、伊特鲁里亚人的主要城市维爱（Veii），该城于公元前396年被毁，居民数量骤降。以当时意大利战争的标准来看，那是一项令人震惊的军功，也是相当罕见的事件：当时地位重要的城市很少会被敌人占领，遭到彻底摧毁的情况就更少见了。后来的罗马人将维爱的毁灭视为罗马崛起、迈向伟大的象征性开端，是其军事才能的一种早期预兆——两个世纪后的罗马会凭借这份才能压倒其他所有地中海强国，建立起一个屹立不倒的帝国。

事实上，帝国时代的罗马人很愿意相信他们帝国的命运从一开始就获得了神授，而且主要是依靠剑的力量来实现的。李维笔下的罗慕路斯这样说道：

> 去……告诉罗马人，上天的旨意就是让我的罗马成为全世界的领袖。让他们从现在开始修习战争之术，让他们确凿无疑地明白，并将这一认识传递给后人：任何凡人的力量都不可能抵挡罗马的武器。[8]

然而，如果诸神真的从一开始就打算让罗马来主宰已知世界，那么罗马实在是花了很长时间才找到步调。到公元前 6 世纪末，当罗马的最后一个国王遭到驱逐，而它成为一个贵族共和国时，它已经是亚平宁半岛上最大的城邦之一——然而在军事上却暂未展现任何明显突出的能力。事实上，零散的历史记录表明：公元前 5 世纪时，希腊人正在痛击波斯，而雅典民主制度正处于顶峰；此时的罗马却处于挣扎之中，一边勉力支持以对抗北方强大的邻国伊特鲁里亚，一边在南方较小的拉丁城邦中争取优势。直到公元前 338 年亚历山大大帝在位前，它才最终实现了后者。而上述这一切则使得维爱的毁灭看上去更加震撼，或者说更加反常。

尽管维爱的遭遇的确标志着罗马可观的实力，但它究竟是不是罗马卓越军事才能的早期预兆，我们其实还是有理由去怀疑的。

如果罗马真的已经如此精于战事，那么随后发生的惨败就很难解释。当时罗马向四处劫掠的高卢塞农部落挑起了战争，那是它第一次迎战非意大利的"蛮族"。在阿里亚（Allia）之战（公元前390年）中，罗马士兵一看到高卢军队便惊慌失措，四处逃窜。高卢军队洗劫了罗马，而罗马不得不动用钱财请他们离去，这一事件使罗马人对高卢人产生了持久的恐惧。罗马挺过了那段屈辱
的时光，但其力量与威信还是过了一段时间才得以恢复。

事实上，维爱被毁一事并非表面看来那样简单。正如意大利考古学家尼古拉·泰雷纳托所说，[9]那可能更像一次枪口下的被迫结合，而不是一起刺杀。其实这两个重要的城市只不过是距离太近，而该地区的资源并不足以同时维持两城。此外，与罗马对待迦太基或科林斯的做法截然不同，罗马与维爱之战的结果是两城在一定程度上进行了合并，而非一方征服另外一方。别有意味的是，维爱崇拜的朱诺女神被纳入罗马城邦的三主神行列。[10]再后来一些维爱家族重新现身时，身份已经成了罗马人。胜利的一方甚至讨论过将罗马迁往维爱的所在地。维爱的例子以及其他许多证据都表明，促使罗马军事力量在公元前2世纪达到超凡水平的种种进程，其实比人们通常描述的更复杂，也更微妙，而且影响因素并非只有军事行动。

在李维和其他早期历史学家的叙述中，罗马的崛起历程就是一本大事件簿，上面的战争、胜利和征服似乎永远列不完。剑无疑处于核心地位，但它又明显只是画面的一部分，希腊军人和政治家波利比乌斯清楚地明白这一点。他目睹了罗马人如何突然闯入希腊世界，他曾与他们交手，随后还作为罗马的人质兼客人度过了许多年，并亲眼见证了罗马在西班牙的战争，迦太基被毁时

序章 震慑人心 | 意料之外的罗马崛起 45

他也在现场。[11] 他写下了《通史》（Histories）一书，以此向自己的希腊同胞解释罗马的崛起。[12] 他采用了全局性的分析视角，将罗马的成功归功于各种因素的结合，包括罗马剑的设计、手握罗马剑的士兵的素质、他们和将领的内在动力，以及罗马这个国家的特殊品质。遵循波利比乌斯所采取的广阔视角是非常明智的做法；实际上，我们应该比他通常所用的思路更进一步，尤其是要将罗马的盟友和敌人都看成等式中的关键系数，而不能仅仅将他们视为"为骑士扛矛的无名小卒"和"人形剑靶"。

因此，纯粹依靠强大的军事力量不足以充分解释罗马惊人的崛起，也无法解释这种状态的长期延续。只凭借武力和恐惧来统治的政权鲜少能长久维持。在罗马与迦太基的伟大斗争中，即使在汉尼拔向罗马的大多数属民与盟友提供了推翻罗马权力的真正机会时，他们也还是选择了支持罗马，这证明他们的忠诚不仅仅源自对剑的恐惧，罗马显然也拥有吸引他们的积极特质。[13] 正如我们将会了解到的，罗马之所以能成功，是因为它发展出了一套军事侵略与政治谈判手段相结合的策略：既有大棒也有胡萝卜，也可以称之为"一边举起利剑，一边伸出开放接纳的手"。[14]

探讨罗马共和国如何在公元前 3 世纪做好了跻身超级大国行列的准备，我们会以它即将向帝国转型的时间为起点。那时的罗马正在成为有史以来第一个统一意大利各民族的大国。同时，它还即将发现自己正要与希腊化时代地中海的世界顶级军队，以及超级海军大国迦太基产生直接的冲突。

第一章　锻造罗马之剑

公元前 270 年以前的共和国

处于上升期的罗马：森提努姆战役

公元前 295 年在翁布里亚（Umbria）的森提努姆（Sentinum），一支由罗马人及其意大利盟友组成的军队正要迎战一个危险的敌对联盟。这群敌人联合起来，决心阻止罗马实现对整个意大利的统治。李维对随后发生的冲突进行了令人难忘的描写，那是在最后一次萨莫奈战争中具有决定性的一战。[1] 为了制服萨莫奈人——一群来自未被城市化的意大利南部山地的顽强战士，罗马进行了三次艰苦卓绝的战争（公元前 343—前 290 年）。尽管在卡夫丁峡谷（Caudine Forks）遭遇过屈辱的失败（公元前 321 年），但罗马还是逐渐用军事殖民地将萨莫奈人围困起来。公元前 295 年，罗马人同时与北面的伊特鲁里亚人和南面的萨莫奈人作战。而这些民族又与来自波河（Po）流域[2]的翁布里亚人和高卢人携手，为维持其自治权的最后一道防线而并肩作战。

萨莫奈人、伊特鲁里亚人和高卢人派出的军队在翁布里亚集结。为了迎击敌人，罗马人派出了一支"联邦"大军，其中包括四个公民军团——这在当时是军队核心的标准配置，以及一支强大的罗马骑兵部队；共同行动的还有一千坎帕尼亚骑兵，以及盟国和拉丁人共同组成的步兵编队，这部分人数比军团还多。

这支军队由贵族执政官 Q. 法比乌斯·马克西姆斯·鲁利安努斯
（Q. Fabius Maximus Rullianus）和他的平民执政官同僚 P. 德西乌斯·穆斯（P. Decius Mus）共同指挥。[3] 罗马还派出了两支规模较小的军队驻扎在罗马附近，面向伊特鲁里亚；这两支部队可能各自以单个军团为基础，而他们无疑像以往一样拥有数量相当的盟军部队作为后援。此外，另有以第二和第四军团为核心组成的第四支军队在一位执政官级总督的领导下在萨莫奈开展行动。[4]

执政官率领的主力部队在森提努姆附近与敌人相遇，该地位于现在的萨索费拉托镇（Sassoferrato）以南，罗马以北 170 公里处。军队在彼此相距 6 公里的地方扎营。罗马的敌人各自结营，他们内部商定，萨莫奈人应与高卢人一起行动，伊特鲁里亚人应与翁布里亚人一起行动。萨莫奈人和高卢人将直接对罗马人发起进攻，而伊特鲁里亚人和翁布里亚人则攻向敌方营地。[5] 然而，弃战而去的伊特鲁里亚人背弃了这一计划。罗马人着手分割这个联盟，打算将敌人逐个击破。他们毁坏了伊特鲁里亚人和翁布里亚人的土地，以此将这部分敌人引走，趁其离开前线时对高卢人和萨莫奈人发动战斗。到了第三天，小规模冲突终于导致两军拉开架势准备开战，恰如李维的描述：

> 当两军列队准备战斗时，一只雌鹿被一只狼追逐着从山上跑了下来，躲避着追击跑过了平原，跑到两军之间。两只动物随即分别朝着相反的方向转身，雌鹿朝向高卢人，狼朝向罗马人。罗马人在队伍中为狼让开了一条通道，然而雌鹿却被高卢人杀死了。这时罗马方的一名前排士兵喊道："如此这般，脱逃与屠杀的命运已有天数。正如你们亲眼所见，月

神戴安娜的圣兽已遭杀害，倒在此处；而在这一边，战神之狼毫发无伤，安然无恙，它让我们心中记起战神之民的血统和罗马的建立者。"[6]

高卢人面对的是由德西乌斯率领的第五和第六军团组成的罗马军左侧翼，而萨莫奈人面对的是由法比乌斯领导的第一和第三军团组成的罗马军右侧翼（图 12）。

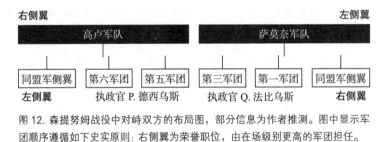

图 12. 森提努姆战役中对峙双方的布局图，部分信息为作者推测。图中显示军团顺序遵循如下史实原则：右侧翼为荣誉职位，由在场级别更高的军团担任。

李维没有提到拉丁人和盟国的主力步兵、骑兵分遣队如何部署，但推测他们应该是组成了"侧翼"（*alae sociorum*），并按照当时的惯常做法被部署在罗马军团的两侧。起初这场战斗胜负难分；李维记述道，当时若是伊特鲁里亚人和翁布里亚人也在战场上，罗马人就会被压倒：

　　不过，虽然直至此时这仍然是一场难以预料结果的战斗，虽然命运之神也并未表明她打算将神力赐予哪一方，但右侧翼的战局与左翼截然不同。法比乌斯麾下的罗马士兵与其说是在进攻，倒不如说是在自保；他们试图拖延战局，将这一天的战斗拖得越晚越好。这是因为他们的将军深信，萨莫奈人和高卢人在交战之初极为骁勇，罗马人在这种时候只需要抵挡住攻势。当战斗拖长时，萨莫奈人的精神就会一点点消退，而最不能忍受高温和劳累的高卢人的体能也会变得衰弱。于是，他们在战斗的前期虽然拥有非凡的勇猛，到了最后却比女人还不如。因此，在敌人按此规律出现颓势的时刻到来之前，法比乌斯要尽一切努力保留手下士兵的体力。但比起他来，德西乌斯则更为年轻气盛且急躁冲动，他在双方第一次交锋时就耗尽了自己所能调集的全部力量。而由于步兵的战斗似乎并未取得进展，他便号召骑兵进攻。他自己跟在最勇敢的那支骑兵队伍身旁，恳请年轻的贵族们与他一起冲锋。他说，如果胜利先在左翼部队和骑兵头上降临，那么他们将获得双重荣耀。他们两次迫使高卢骑兵退了回去。第二次逼退敌人时，罗马军队乘胜追击，深入敌军，很快便发现自己身处敌军步兵连队中间。这时，他们遭到了新的可怕攻击。全副武装的敌人直立在战车和马车上，随着强有力的铿锵马蹄和隆隆车轮直冲向罗马人；对方操着陌生的语言咆哮怒吼，惊吓罗马人的马匹。原本胜出的罗马骑兵们就这样被打散了，仿佛一阵令人恐慌的疯狂风暴突然袭来，驱逐着他们四散，马匹和骑手都被掀翻在地。混乱从他们这里一直传到了军团旗帜飘扬的地方，随着马匹和战车横扫罗马的阵列，许多第一线的士兵都遭到踩踏。一发现罗马人陷入了混乱，高卢步兵便立刻发起冲锋，连片刻恢复和喘息的机会都不留给对方。

德西乌斯朝他们大喊，问他们打算逃到哪里去，又以为自己能有几分逃脱的希望。他竭力阻拦四散奔逃的士兵，呼喊他们回来。当竭尽全力也显然不能阻止士兵的溃逃时，他大声呼唤父亲普布利乌斯·德西乌斯［P.（ublius）Decius］的名字。他问道："我为什么还要再去推迟我们家族命定的不幸？我们应该为了扭转国家所遭遇的凶险威胁而牺牲自己，这是我们家族的荣耀。现在我将自己与敌人的军团一同作为祭品供奉于剑下，我们会成为献给大地和阴间诸善灵（the *Manes*）的牺牲。"

在德西乌斯进入战场时，他曾命令大祭司（*pontifex*）马库斯·李维［M.（arcus）Livius］守在他左右。这时他命令此人在自己面前背诵牺牲的宣言，宣告他自愿将自己与敌方军团奉献给身为奎里特人（*Quirites*）的罗马人民。在拉丁战争中，他的父亲普布利乌斯·德西乌斯就曾在维苏威火山下（Veseris）自我献祭；[7]而德西乌斯此时也采用了其父献身时曾命人使用的祷词和步骤。他还在常规的祷词之外增加了如下话语：他要驱驰恐惧和惊惶、鲜血和屠杀，还有天堂与地狱中诸神之怒火；他要以诅咒毁去敌人的军旗、武器和盔甲，他还要让自己死去的地方也成为高卢人和萨莫奈人的殒命之处……他策马冲向高卢人防线上敌人最密集的地方，直朝着敌人的武器冲去，冲向了自己的死亡。

从那一刻起，这场战斗似乎不再取决于凡人的力量。失去将领本应让士兵们感到恐惧，然而此刻面对将军之死的罗马士兵却不再逃跑，而是试图挽回战局。高卢人，特别是执政官尸首旁边的一大群人仿佛被夺去了理智，他们漫无目的地投掷手中的标枪，而没有造成任何伤害；还有一些人则陷入迷迷糊糊的状态中，既不能战斗，也无法逃跑。然而在另一方，大祭司李维接管了德西乌斯的扈从，并受命行使代行政长官的职权。李维大声喊道，罗马人已经赢得胜利，执政官做出的牺牲会护佑他们免遭一切危险。他还说，高卢人和萨莫奈人都已被交到大地之母和阴间死灵手中；德西乌斯正将敌人献祭的牺牲都召集到自己身后，使其加入他这一方，而敌人一方只剩下疯狂与绝望。正当罗马人恢复战斗时，卢基乌斯·科尔内利乌斯·西庇阿［L.（ucius）Cornelius Scipio］和盖乌斯·马修斯［G.（aius）Marcius］来了。执政官昆图斯·法比乌斯此前命令他俩将处于战线最后方的后备部队带走，前去支援他的执政官同僚。两人于是获知了德西乌斯的死讯，这一消息大大刺激了他们，让他们敢于为共和国冒一切危险。就这样，尽管高卢人紧紧簇拥在一起，他们的盾牌交错着挡在自己身前，尽管短兵相接的战斗看上去十分艰难，但副将们（legatus，复数 legati）还是命令手下士兵从敌人队伍之间的地面上收集起散落的标枪，并投向构成敌人龟甲阵（testudo）的盾牌。尽管有不少标枪牢牢插在了盾牌上，但不时也有一支枪穿透敌兵的身体。就这样，敌人的阵型被破坏了——不少人虽没受伤，却倒了下去，就好像被击昏了。罗马左侧翼部队的运数就此扭转。[8]

同时，在右侧翼的萨莫奈人攻击力刚有所减弱时，法比乌斯便派出骑兵袭击敌方侧翼，军团同时向前压进。萨莫奈人溃败了，并且：

> ……在混乱中逃跑，兀自穿过了高卢人的防线，在战斗还在进行时就抛下了战友，逃回自己的营地寻求庇护。高卢

人组成了一个龟甲阵，阵中士兵紧密排列。此时得知同僚已死的法比乌斯下令，让大约500名手执长矛的坎帕尼亚骑兵从战线上撤下，迂回着向后方的高卢步兵发起攻击。第三军团的壮年兵（*principes*），也就是三线阵中的第二线士兵也紧跟骑兵，只要看到敌军队形有被骑兵冲锋扰乱之处，他们便趁敌人慌乱的时机上前制造混乱。法比乌斯本人向胜利者朱庇特发誓，要为他建立一座神庙，并将敌人的战利品献给他。然后他便继续向萨莫奈人的营地前进，众多惊恐万状的敌人正被赶向那里……[9]

营地陷落，高卢人被打败了：

　　那天有两万五千名敌人被杀，八千人被俘。但这并非一场兵不血刃的胜利；德西乌斯的军队有七千人阵亡，法比乌斯的军队则有一千七百人阵亡。法比乌斯派人去寻找自己同僚的尸体，并把敌人的战利品堆在一起焚烧，作为献给胜利者朱庇特的祭品……

李维说，在战斗结束后：

　　昆图斯·法比乌斯把德西乌斯率领的军队留在伊特鲁里亚守卫，率领自己的军团返回罗马，为战胜高卢人、伊特鲁里亚人和萨莫奈人而举行了凯旋式。士兵们跟随着凯旋战车，唱起粗犷的歌称赞法比乌斯的胜利，更赞颂普布利乌斯·德西乌斯的光荣之死……每个士兵都从战利品中获得了八十二阿斯的铜币，此外还有斗篷和丘尼卡短袍，这在当时是不可小看的兵役犒赏。[10]

这段描写颇为生动，但其中有多少内容是可信的呢？充满象征意味的狼和雌鹿的角色就不可靠，而除此之外还有许多细节都可能是后人的编造。文中没有提到任何诸如河流或山丘之类的地形特征。[11]对这些发生在若干世纪前的事件，李维在写作时也有参考文献，而他自己也指出了其中存在的重大差异、彻底的事实矛盾，以及夸大和歪曲之处。[12]特别是，据称公元前340年在维苏威火山附近进行的一场与拉丁人的战斗中，德西乌斯·穆斯的父亲也曾"献身"，而相关叙述很可能是因含混误解而把同一事件误记成了两件事。[13]

不过随后发生的历史证明，就先行战略、战斗结果及其后果而言，这段记叙从整体上说是正确的。从当时的常规做法和我们对相应时期的推测来看，战斗的许多细节也是基本合理的。

虽然这段"战争纪事"是带有惩恶警示目的的文学固定套路，[14]但与其他许多作品一样，它确实描绘出了罗马人长期以来对战争的理解——他们认为战争的结果取决于人们能否同时做好许多事情：士兵装备足够精良，且训练有素、士气高昂；称职的指挥；有效的后勤保障；比敌人更好的战略；高超的外交和政治技巧，其中尤其重要的是维护由盟友与附属国构成的强大关系网的能力；还有重要程度毫不逊于以上的一点——确保诸神对自己青睐有加。

首先就是武器的问题。森提努姆战役中的参战者们究竟配有
哪些装备？虽然我们在战场上（目前）尚无收获，但意大利为那
个时代的武器提供了丰富的考古学资料；此外还有大量差不多同
时代的绘画和雕塑作品得以留存下来，这些作品展现了当时的战
士和战斗场面（虽然是决斗，而非战场上的打斗，图 13）。这部
分物证几乎都来自伊特鲁里亚人、希腊人和萨莫奈人，而非罗马
人。罗马人并不会将武器与死者一起埋葬，这与他们的一些敌人
的做法不同。罗马人倒是为凯旋式和墓穴创作了反映战争场面的
绘画作品，并将其献给神庙，但由于后来他们对城市建筑进行无
休无止的改建，这些作品几乎没有保存下来。

不过按照常例，彼时罗马一半的战斗力是由其他意大利民族

图 13. 意大利南部帕埃斯图姆（Paestum）的一座坟墓中发现的描绘两位战士
决斗的绘画。葬礼竞技中的这种一对一搏斗似乎就是角斗士表演的起源。

（如森提努姆战役中的坎帕尼亚人）构成的，因此罗马军队应该配备过各式各样曾在意大利流行过的装备。但罗马人自己的情况是什么样呢？

据记载，罗马人刻意让自己全身上下的装备不像其他一些民族那样华丽，比如萨莫奈人就会为花哨的盔甲投入大量资金。的确，后来的罗马士兵认为，朴素的着装与他们为国家付出辛劳与汗水的意愿是联系在一起的，在尘土飞扬的道路上行军也好，挖掘壕沟也好。他们认为外族的装备俗艳而又女性化，罗马装备则与之截然不同，在他们看来这份朴素恰是罗马式果敢阳刚之勇德（*virtus*）的区别化体现。文本资料显示，到公元前 295 年，大多数军团成员都已开始佩戴头盔，而且显然也已拥有了巨大的全身盾牌，还穿着当年常见的金属护胸。然而证据表明，罗马军人在成功主宰意大利时，尚未拥有如今被公认为罗马标志性装备中的其他几件关键物品。当时的他们还没有获得锁甲，证据显示这一装备是高卢人在森提努姆战役之前的几十年中发明的，那场战斗中的高卢人很可能就穿着锁甲。那时候罗马人对军团投枪（*pilum*，一种重型标枪）的使用也还很有限；重型扭力投射武器（扭簧投石机）也刚刚才被希腊化世界的希腊人研发出来；最重要的是，罗马军团的士兵们尚未拥有著名的西班牙短剑。

当然，罗马人这时已经开始采用外来装备：军团成员普遍佩戴源自高卢的"蒙特福尔迪诺"式头盔（'Montefortino'–type，简称蒙式头盔，图 14）。虽然改造他人装备为己所用的做法已经成为罗马人的特点，但其实是从某种长期普遍存在的意大利传统发展而来的。在意大利，人们一直有着采纳外来的（特别是希腊式）武器和盔甲样式的习惯，并会为了适应本地需求而加以改造。

48

图 14. 一名坎帕尼亚骑兵，戴着高卢风格的青铜质蒙式头盔，头盔上增加了意大利风格的护腮板。"角形"冠饰（推测以薄板制成）使佩戴者的身高得以夸大。位于意大利诺拉（Nola）的墓穴绘画作品，公元前4世纪末。

在罗马共和国时期，有一种剑正是通过这种方式在意大利流行起来。它起先是希腊重装步兵佩带的一种双刃剑，通常被称为西弗斯短剑。有证据显示罗马士兵直到3世纪还在使用改造版本的西弗斯短剑（图15）。[15] 它的护柄很有特点，剑身呈叶状，靠近剑末端的地方更重，不过剑尖还是非常完善实用，因而用来斩击或刺击都很适合。来自意大利和希腊的已知考古实例的年代分布于公元前6世纪到公元前3世纪晚期，这些样品在长度和宽度上差别很大，剑身长度（不包括柄脚）[16] 从350毫米到650毫米不等，大多数长度约在400毫米到550毫米（图16）。最长的西弗斯短剑实例可能是骑兵专用剑的变体。

49

　　如果罗马军队确实在使用上文中提到的这种武器，并配合以大而笨重的全身盾牌（图28），那么他们很可能已经形成了对特定打斗方式的偏好，即从盾牌左右两侧或上下两侧将剑刺出的打法。

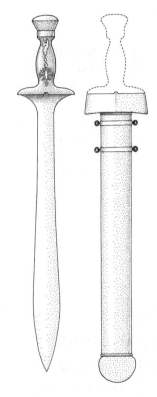

图 15. 一柄出土于希腊韦里亚（Beroia）的西弗斯短剑精品的修复图，这类剑在希腊相当常见。不同寻常的是，它的剑鞘带有挂环，而这一设计也为罗马人所吸收。（比例 1∶8）

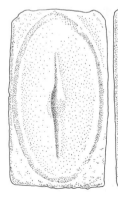

图 16. 约公元前 300 年的长方形罗马早期钱币（被称作印记铜，*aes signatum*），币上图案分别为一个椭圆形大盾牌的正面图、希腊风格的西弗斯短剑、与其配套的剑鞘，中央的盾帽背后是盾的单柄。

也正因此，后来的罗马军队一接触到西班牙短剑，就立刻产生了采用这种武器的想法（见边码第79页）。事实上，意大利人作为一个整体可能不仅对剑斗有着特别的偏好[17]，而且从文化角度上也更偏爱刺击而不是斩击。在位于武尔奇（Vulci）的弗朗索瓦墓葬中，公元前4世纪后期的伊特鲁里亚绘画展现了《伊利亚特》（*Iliad*）和罗马－伊特鲁里亚神话史中的事件，画中人物手中持有当时的武器，也包括西弗斯短剑。[18] 其中一把武器被用来切割囚犯身上的束缚；另外四把则被用来杀戮，用法都是将剑刺向胸腔或颈部（其中一把剑是被反握在手中向下刺，图17）。

在森提努姆战役的时代之后，罗马人才终于在与迦太基的冲突过程中引入了西班牙短剑（根据波利比乌斯的说法，这直到公

图17. 公元前4世纪末伊特鲁里亚绘画的局部，来自武尔奇的弗朗索瓦墓葬。画中主人公们使用的是西弗斯短剑，分别采用直刺（左）和反手下刺（中），图右则是刺穿青铜胸甲的一剑。

元前 3 世纪末才发生）；同一时期他们还从高卢人那里获得了锁甲。这些变化标志着罗马人的武器装备在进攻和防御方面均有很大提高，新式的剑尤其放大了凶恶勇猛的罗马士兵的冲击力。然而即便在没有这些装备的时候，罗马人也已对抗并击败过所有的意大利民族，抵抗住了伊庇鲁斯的皮洛士所率领的最先进的希腊化军队（见边码第 66 页），并在第一次布匿战争中击败了迦太基。也就是说，罗马的武器到公元前 300 年时就显然已经相当好用；由于它们与其他意大利民族的武器装备之间并不存在太大差别，因而在功能上也不存在明显的劣势或优势。在森提努姆这样的战役中，合乎需要的武器和恰当的战斗技巧固然是罗马取得胜利的先决条件，但在交战的各民族装备大体相似且熟悉彼此战斗风格的情况下，装备和技巧并不具有决定性意义。那么，为什么罗马能够在森提努姆之战中获胜呢？

✝

就欧洲的"蛮族"，特别是伊比利亚各民族和高卢人而言，其武器制造的技术成熟度至少与罗马一样先进。而高卢人的锁甲和铁头盔还处于领先地位。我们尚不了解他们如何组织工业生产。其工业制作的大部分要素都具备较强的机动性，所需的制造设备也很简单，而专业技术知识才是其中的关键。熟练的铁匠几乎无论身在何处，都可以较为轻松地制作出诸如青铜马具配件这样的制品，即便是带有精美珐琅装饰的配件也是一样。[19]

在城市化的地中海世界中，武器制造是大多数城市里铁匠工作的既定部分，而并不仅限于专门的军械工匠；不过最精良的剑刃可能还是出自专事刀剑制作的匠人之手。在战争时期，最出色的工匠可能会被雇佣或强征，另外再加上那些技术熟练或不太熟练的工人，一起快速生产出足以武装或重整一支战斗部队的装备。迦太基和罗马在西班牙长期对垒时，双方都是这样做的。[20]在罗马共和国后期，罗马也是以上述方式或通过委托承制来获取所需武器装备的。[21]证据表明，在4世纪之前没有出现过任何大规模集中组织的武器制造工厂或与之类似的机构。至少除了罗马控制下的高卢地区的大规模陶器生产作坊和海军造船厂之外，古代世界中并不存在规模上与现代工厂相近的生产活动。

还有一件特别重要的军用品——虽然所有军队都拥有它，但罗马将它开发得比其他任何军队都要好，而它无疑也成了罗马成功秘诀的一部分。那就是军队在战场上的夜间宿营。罗马人将宿营发展成一个极为细致严谨的系统，其成熟和复杂程度甚至连希腊化军队也无法与之相比："行军营"（marching camp），通常配有一圈带有若干道大门的防御性城墙（如果战斗迫在眉睫，则可能会对城墙进行加固），城墙围绕着构成标准布局的街道、成列设置的帐篷、指挥所、马厩和后勤设施。行军营的街道网络结构与许多城市都很相似，后经完善成了更大、更牢固的攻城营地和冬季营地。而后者最终演变成了帝国时代为人熟知的永久军事基地。我们还不清楚罗马人究竟在何时开发了行军营，不过在布匿战争时期它们就已经投入使用了，而且可能早在森提努姆战役很久之前就已开始演变。[22]

行军营逐渐成了罗马战争的重要配备，这种变化是在实用层面不知不觉地发生的。在敌方领土作战时，行军营让大多数士兵可以较有安全感地睡在自己的帐篷里。帐篷四周是一大片开阔地，围绕着这片开阔地的城墙始终有人巡逻，使士兵不会遭遇突袭或是从天而降的投掷物。此外，这座令人生畏的"移动城市"也会对观望的敌人产生威吓作用，令其心生气馁。[23]波利比乌斯对行军营赞叹不已，并对其进行了详细的描述。[24]在战斗中，周全完备的后方营地为许多处于高压下的罗马军队提供了避难所，使他们不会被彻底击溃。即便在营地位置每天都要移动数英里的情况下，营地那固定不变的熟悉布局也能使人安心。它的规律有序是对军队秩序和纪律的实体化展现，这既影响着敌人的心态，也影响着己方士兵的心态。因此，行军营对鼓舞士气有着很好的作用。但同样，它们对监视和控制士兵也很有作用。那时的罗马经常派出多民族部队，其中包含许多由非罗马人士兵组成的分遣队，而此时行军营在监控方面的作用就尤为重要。行军营还使士兵更不容易落伍，更难以弃战而逃，煽动性的集会也无处可藏。事实上，在推动行军营发展的过程中，对军纪管理需求的考量与迎击敌人时的作用可能至少是同等重要的。

我们有一定的理由认为，罗马在这一时期的部分优势在于其优越的战术，至少在这一点上强于意大利境内的一些主要作战对手。罗马的制度诚然存在其弱点：由两名执政官共同掌权的做法可能会在战场上导致灾难性的指挥分歧。[25]然而如果森提努姆战役的故事为实，如果当时部队的一个侧翼的确将另一翼从溃败中成功拯救出来，随即还使整个战局得到扭转，使罗马获得胜利，那么无论这一战绩是以何种方式实现的，它都意味着罗马军队拥有这样一种能力：在战斗正在进行时，他们能够将分遣队转移到战场的不同区域，以此来对危机和战机做出反应。然而罗马的敌人显然还是只会排起队列冲锋，他们不具备罗马的战术灵活性。森提努姆战役发生一个世纪后，罗马人无疑还在使用类似的战术性部署调整。此时罗马军团以小规模的次级单位（大约 120 人的中队，称作 maniples，有"一小撮、一小把"之意）为组织形式，并且很可能已经开始采用一种在后来的时代中变得举足轻重的战术策略，那就是"战场轮替休息"法（battlefield reliefs）——周期性地将阵前与敌人近身搏斗的分队撤到后方，再以体力充沛的士兵来对抗疲惫的敌人。罗马人深刻地意识到体力是战斗要素之一，"战场轮替休息"的做法和士兵的训练强度都证明了他们拥有这种认识——至少在稍晚的时代是如此。罗马人也公然将耐力作为对付高卢人的武器；他们通过长期经验了解到，高卢人的第一波进攻往往非常凶猛，但又很少能长时间维持攻势。[26]关于法比乌斯的故事是合理可信的，他确实可能做出这样的决策——让麾下的士兵采取防守姿态，等待敌方耗尽体力，以此来击败高卢人。不过，法比乌斯能做到这一点，反过来也说明他的士兵士气高昂、训练有素且坚定不移，并且证明指挥官和士兵是彼此信任的。

那么，罗马在森提努姆取胜依靠的是罗马人高涨的士气和超群的战斗精神吗？其实在森提努姆战役中，一些罗马士兵像萨莫奈人一样陷入崩溃并逃跑了，而罗马的盟友对胜利做出了巨大贡献。这些事实都表明，现实中的参战各方在作战精神方面并不存在巨大差异。所有意大利的战士都看重声誉和荣耀，并会为了赢取名望而竞争。

话说回来，罗马人能够在森提努姆战役中实施复杂的策略，而他们的敌人却显然做不到这一点；这意味着罗马在纪律和训练上是高于意大利常规水平的。罗马还懂得如何协调规模可观且构成人员复杂的联合军队，而这一点在不久之后也得到了证明，那是他们与一支希腊化专业军队间的战争，而最终取得胜利的是罗马（见边码第 69 页）。

森提努姆战役的准备工作也凸显了罗马在战略层面的远见卓识和出色能力。在这次战役中，罗马成功组织了四支独立的军队，将它们派到三条战线上作战，一边分化和降低主要敌人构成的威胁，一边遏制住其他敌人。通过袭击翁布里亚人和伊特鲁里亚人的家乡，罗马成功地将他们引走，使与自己对垒的军队只剩一半，大大提高了罗马在森提努姆的胜算。

罗马人有能力同时维持若干支分散的军队，这一事实证明他们拥有成熟的后勤管理能力，也展现出罗马能够从自己和盟友领土上调取的士兵与物资的资源规模。在森提努姆战役中，罗马的拉丁盟友和其他意大利盟友提供了一半以上的兵力。这些盟友来自外围地区，在战斗中充当罗马军队的侧翼，因而往往遭到忽略或被视为边缘人，但他们对罗马的成功却绝对是至关重要的。

在森提努姆之战中，对战双方都能调动大量人力储备，这反映了那个时代意大利人口的普遍增长，这随后也成为罗马军事力量的基础。然而，除却单纯的人数问题，以及森提努姆战役两方都是同盟军的事实之外，双方之间也存在着显而易见的差异。

罗马分裂敌军的战略很成功，它利用了反罗马联盟的弱点。敌军联盟各支部队各自为营的做法就是这种弱点的征兆，这或许纯粹是因为他们人数太多，但也可能是由于他们彼此之间的信任很有限，也缺乏共同协作的经验。罗马领导的军队在整体化方面则做得好得多，他们共用一个营地，拥有统一的指挥体系（只要两位共同负责指挥的执政官能够和睦协作）。这既在政治上也在军事上显示出双方的差距。罗马的联盟关系网更有凝聚力，有明确的领导层来提供协调统一的战略，而战略也能获得坚持不懈的执行。事实证明，公元前295年，罗马的敌人在各自的国土面临危险的情况下，是无法维持联合军事行动并打败罗马的。在森提努姆之战中，罗马成功将他们分化瓦解，逐个击破。罗马在自己面临危机时则不会暴露出这样的弱点；他们在森提努姆战役几十年之后证明了这一点——在汉尼拔兵临城下之际，罗马却能将军队派到西班牙作战。

这就是罗马在公元前3世纪初所取得的地位，当时它即将第一次与意大利之外的强权伊庇鲁斯国王皮洛士发生直接军事冲突。皮洛士是希腊化时期众多雄才大略的希腊军事型领袖之一，一定程度上类似于意大利文艺复兴时期的佣兵团首领（condottieri）。彼时的罗马已经有了与自己融合良好的忠诚盟友，比如森提努姆战役中的坎帕尼亚人。在接下来的几个世纪里，罗马还成功地吸纳了在战场上与自己交战过的民族，后来连萨莫奈人，甚至所谓"蛮族"高卢人也包括在内，罗马终于把他们都变成了自己的士兵。为了理解这种事情如何成为可能，我们有必要首先把目光投向更久远的过去，投向公元前1000年之初尚处于历史之黎明的意大利。

尚武的罗马，在尚武的意大利

在罗马建立（传统上认为是公元前753年）不久之后，意大利也走进了历史的曙光，[27] 首先是出现在希腊人的著作中。而这个时代的希腊人正在向亚平宁半岛南岸殖民。他们之所以在此定居，是因为意大利的肥沃土地与自然资源能够带来更多的经济产出，比爱琴海的土地能养活更多人口。

彼时意大利的文化和政治地图很复杂，有各式各样的语言群体和许多民族在此生活。意大利的人口被纵贯半岛的山脉所分割，并被细分入以部落或氏族为核心的社群。许多人已经处于贵族的统治之下，这些贵族的权势地位在很大程度上源于所谓"英雄"战争。这些战事后来往往以传说故事的形式为世人所铭记，例如关于埃涅阿斯的故事。

好战的希腊人发现，即使按照他们自己的标准，这些意大利"蛮族"也算是相当好斗的。这种倾向从何而来？考古学和神话都认为，意大利广泛参与了整个欧洲青铜时代晚期的发展进程；在这一时期，专门用于格斗的武器出现了，然后战斗用盔甲也出现了，于是"战士"（warrior）这一概念显然也随之形成（图18）。[28] 我们尚不知道为什么古代意大利社群对军事暴力产生并保持着强烈的倾向性。这一问题超出了本书的研究范围，然而若是想要理解罗马的崛起，相关背景又构成了关键的认识起点。

这样说来，罗马便诞生于一个由氏族和战士组成的长期处于不安全状态的世界之中。在前国家时代，我们所理

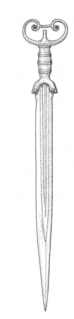

图18. 出土于意大利费尔莫（Fermo）的触角式首青铜剑，在罗马发展壮大的几个世纪中，这种武器一度很流行。（比例1∶8）

解的广泛"和平"是不存在的，"和平"是一种需要维持和强制实施的状态。从决斗和劫掠到季节性的小规模战争，武装暴力在那个年代已成痼疾。[29] 自由男性要去获取珍贵财产并对其保持占有——他们的财富和声望就取决于这份能力，而这些财产中的大部分都是动产：牛、马匹、武器和精美的艺术品。通过武装暴力来获取它们、抢夺妇女和奴隶都是光荣体面之事，而荣誉也要求人们用同样的暴力手段来保护抢夺而来的一切。首先，自由的成年男性（妇女、年少者、年老者和奴仆都依靠他们）不得不随身携带武器来确保自己的安全和生存。我们谈的可是棘手而敏感的"荣誉文化"问题，年代更晚的人们也在地中海地区见识过类似的"荣誉文化"。[30] 在罗马诞生的时代，荷马将这一点展现得淋漓尽致：特洛伊战争就是为争取荣誉和夺得海伦而进行的。那是个饱受暴力滋扰的世界，但那暴力不是毫无节制的屠杀，毕竟战士的阳刚之气只有在不毁灭社会和自身的情况下才能蓬勃发展。武器和盔甲的核心目的，大摇大摆地炫耀武艺的核心目的，就是对他人的挑战做出威慑遏制，或是让敌人心生畏惧以至逃跑。然而，威慑的效果依赖于威胁的可信度。这就需要人们不时地也许是经常地使用暴力。在那样一个世界里，真实的伤害很重要，但相互威胁和彼此恐惧也很重要。

这从来都不是托马斯·霍布斯（Thomas Hobbes）所说的"所有人（指个体）对所有人的战争"［war of all（individuals）against all］。当所有人都为荣誉你争我夺时，那些有可能遭到攻击的人也可以寻求亲属关系网络的帮助。但这样的求助在荣誉社会中一直是一把双刃剑。将家族或更广泛的氏族牵涉进来可以扩大威慑效应，但也可能导致冲突升级，因为这就是家族世仇产生的基础。[31]

就意大利（其实希腊和其他地区也是如此）而言，这里存在着一种长期发展的普遍趋势——随着族群凝聚成规模更大的政体，族群内克制暴力的手段也会变得越来越有效，与亲族有关的暴力正是这种趋势的开端。随着这种趋势的进行，暴力伤害或许会普遍减少。然而一旦爆发，武装暴力的规模则会达到前所未有的水平，破坏性也越来越强。因为劫掠和仇杀变成了战争，先是在氏族之间，[32] 然后是国家之间，之后变为联盟之间，直至发展为帝国之间的战争。

社群纷纷发展出其他手段，来调节因荣誉准则而产生的潜在冲突伤害。在搏斗中造成轻伤，有人流一点血，双方或许便可以达成共识——"荣誉已然得到捍卫"。这种做法在19世纪德国的决斗俱乐部里获得了仪式一般的重要地位。可是在铁器时代的意大利，几乎没有任何迹象表明人们会采用这种"冲突解决"的思路。我们的证据显示，在彼时的意大利只要涉及剑斗，赌注就一定很大：等待失败者的是死亡或奴役，而胜利者会获得荣耀与失败者的武器。

因而在古代意大利，实施武装暴力的能力对自由男性这一概念至关重要。在那样一个世界里，特别擅长战斗、善于领导其他战士的人能够积累财富、吸引追随者并增长权力。这些人会成为贵族，弱者可以把自己置于他们可疑而又专横的保护之下，而这会进一步发展成自愿性更低的"保护费制度"。对于新兴贵族来说，军事行动、炫耀与成功是他们身份认知的核心部分。在罗马和其他城邦建立之前，处于这些新兴贵族势力之下的有产阶级自由人的氏族所构成的"部落"实体已经出现。

在公元前7世纪和前6世纪，许多这样的多氏族部落政体发展为城邦。这在一定程度上是一种内部"冲突解决"的手段，因为新的城邦会拓展空间，建立制度、仪式和程序。通过它们，氏族可以在避免自相残杀的情况下进行竞争和谈判，同时又能更好地抵御外来者。[33] 尽管如此，以氏族为基础的旧有武士体系中有大量内容也嵌入了新的城邦制度。至少在一定程度上，公民群体和贵族群体的定义是以拥有武器和代表国家使用武器的权利或义务为依据的。

这个演变过程所受到的部分影响，既包括南部沿海地区的希腊新殖民地对其附近区域的作用，也包括与有腓尼基人等其他城市社群的接触。这个过程对一些民族（如伊特鲁里亚人和拉丁人，罗马就是在他们的共同边界上发展起来的）的影响相对更大一些。值得注意的是，亚平宁半岛南部的萨莫奈人仍然保留着他们基于氏族的早期社会组织。

当罗马在公元前 509 年成为共和国时，意大利的大部分地区已经成为由若干个互不相让、壁垒分明的独立城邦组成的大拼盘，罗马也已是其中最大的城邦之一。出于军事、宗教、婚姻、贸易和政治目的，城邦之间往往会形成以种族为基础的同盟（例如罗马所属的拉丁同盟）。但这种联结是相对松散的，而且就像不同种族的社群间会爆发战斗一样，各社群内部也会出现冲突。各个政治体之间的默认状态是"冷战"：误跨边界的人有可能面临死亡或奴役，而越过边境去掠夺牲畜或奴隶的做法可能相当普遍。处于这种城邦间关系长期不稳定的环境中，城邦之间的"热"战争必须有正式的宣战，而完全和平的友好关系则需要通过条约才能正式建立。因此，各种程度的军事暴力——从抢劫掠夺到城邦军队之间的激战——正是当时人们的日常生活经验，同时代的希腊城邦也是一样。

城邦虽已建立，但跨越式的突然转变并未随之出现——私人仇杀和小规模的氏族冲突并没有突然转变为国家对暴力调动的彻底垄断。中央集权式的政体之间彼此交战，而其内部维持和平稳定的局面也没有立即形成。实施武装暴力的权利此时尚未完成移交，它仅仅是从个体及其氏族部分地让渡到国家的双臂，即司法系统与军队手中，而且远远没有达到现代西方国家的水平。[34] 在古代意大利，个人权利和法律之间总是存在着一种紧张且可能不稳定的均势。男性自由民一心痴迷于自己的荣誉和身手，当他们为个人利益携带和使用武器的权利面临"过度"侵犯时，他们就会采取抵抗态度。人们要通过武装力量捍卫自己的荣誉、生命和财产，这样的需求和权利一直延续到了帝国时期。自卫和"自助"（例如涉及追踪、逮捕和起诉重罪犯时）仍然是常规做法。[35] 在罗马，国家机构只发展出了有限的治安、侦查和逮捕权力。而这主要是因为，如果国家拥有这些权力，就会被那些制定规则的有权有势的男性视为暴政。

在整个罗马共和国时代，拥有武器和运用武器的可靠水平仍然是男性气质的核心支柱，对此国家当然不会试图去根除。当社会中的常规做法是召集携带私人武器的自由公民来组成军队时，人们便会认为延续他们拥有武器的权利对集体安全、对国家的荣誉和威望至关重要。领导者们宁可设法控制他们对自己人刀剑相向的行为，并且让他们将剑锋对准国外。

因此，国家至少需要压制私人之间和氏族之间的战争，因为这类冲突会危及内部稳定；或者当这些争斗跨越边境时，还可能引发不必要的全面战争。这一目标随着意大利的统一和内部边界的消失得以逐步实现。而相当重要的实现手段，就是将许多在当时被认为是保护荣誉的做法重新定义为犯罪，比如以杀害及抢夺货物、妇女和牲畜为目的的袭击活动，被当作谋杀、偷窃、绑架和强盗行为来处置。[36]

在那个时代，暴力操控的权力只在有限程度上从个人让渡到了国家。这背后的一个特定原因就是贵族氏族对荣誉问题尤其敏感，而他们在许多新建城邦中占据着主导地位。大家族渴望保持自身的影响力和自治权，而国家则需要控制权来约束大家族的行为，这两者之间存在着深刻的矛盾。在建城伊始就处于大家族控制之下的罗马，此两者的制衡是通过相互监督和有效地分享所获名誉和荣耀来实现的——人们通过激烈但受控的竞争来争取政府文职和军队指挥机关中的职位，以这种方式服务国家并从中获得声望。然而这方面的管理体系从来都不完美，也并不完整。氏族和要人长期以来一直保持着个人发动暴力的倾向。据我们所知，共和国早期的一些贵族作为带领战团的佣兵团首领，行动多多少少是独立于国家之外的。[37] 其中特别有名的一例，就是法比乌斯氏族（Fabian clan，也称费边氏族）以类似"分包"的方式承担了代表罗马对抗维爱的任务，整个事件与私人战争几乎没有什么区别。[38] 罗马共和国一直力图控制大人物的自主权。然而到了共和国后期，在马略（Gaius Marius）、苏拉（Sulla）、庞培和恺撒等元老出身的军阀开始为一己私利而发动战争和制定外交政策，甚至转而反对自己的国家时，共和国的努力终于宣告失败。自从公元前 5 世纪初，被流放的科利奥兰纳斯（Coriolanus）率领着一支沃尔西（Volscian）军队回来攻打自己的城市，罗马人就一直为此而担惊受怕。[39]

个人的、犯罪团伙的，或（更糟糕的是）政治派别的滥用剑之暴力的可能性，始终是对社会内部和平与稳定的永久威胁。然而这些社会正是由携带武器的男性所主导的，领导他们的则是一群骄傲的贵族。这些贵族宣称自己是爱国的，但如果受到逼迫，他们往往会将个人和家庭的荣誉置于国家利益之上。在遍及各地的城邦战争之外，古代作家笔下的早期意大利众城邦还充满了频繁的内部斗争乃至内战。这些来自内部的威胁曾数次危及早期的共和国。本书将在后文讨论罗马人对这类威胁的重视程度，以及他们为遏制危机所采取的非凡措施。不过总的来说，罗马成功渡过了自身危机，在此过程中也学会了如何利用那些威胁着其他社会的危机。而这被证明是罗马崛起、走向霸权的关键。

58

军事暴力和全副武装的男子形象无疑是罗马文化的核心。战争的意识形态充斥着罗马公民的生活，胜利纪念碑高耸于罗马城中各处。罗马尚武至此，古典世界的其他地方无法与之比肩。不过这份尚武的精神虽然令他者相形见绌，却绝非独一无二。如果说罗马对剑的这份痴迷在程度上比邻邦更为突出，在性质上却并不特殊，反而是与其有着本质上的相似。[40] 因为无论是其他意大利民族，还是北方高卢人和希腊殖民者，没有一个是不堪一击的稻草剑靶。事实上，在侵略性和对暴力的喜好上，他们往往比罗马更胜一筹。对靠赤裸裸的侵略得来的战利品感到得意扬扬的，可不只有高卢战士（见边码第 20 页）。另外，角斗士的起源也证明了其他意大利民族的嗜血成性：人们通常认为角斗士是典型的罗马事物，但其实它的发明地是伊特鲁里亚人和萨莫奈人占领下的坎帕尼亚（图 13）。角斗士比赛源于大人物葬礼上的单人格斗竞技，而这一习俗本身可能由人体活祭发展而来。即便往往被误认为是爱好和平、与好战的罗马人不同的希腊人，在吞并"用长矛赢得的"土地时也丝毫不会犹疑抗拒。[41]

相比之下，共和国时期的罗马人在论及有关暴力的伦理问题时，态度看上去可以说是出人意料地谨慎。就许多民族而言，人们在战争发生时需要举行恰当的仪式来获得神灵的支持。而罗马人认为自己是最虔诚、最正义的民族，拥有一套与发动战争密切相关的繁复仪式。[42]为了获得神的认可，战争必须是"正义之战"（bellum iustum），也就是说这场战争必须至少从理论上是防御性的，即便不是为了保卫领土，也是为了保护国家利益。在面对外邦入侵时，要确立这一点就很简单。然而这往往意味着罗马巧计操纵了一个不幸的对象，让其逾越罗马对战争、和平及民族间关系的规则——不过这种逾越充其量也只是在仪式程序上罢了。这样一来，罗马人就可以期待着在神明护佑下向对方发起攻击，无论是真诚地以正义自居，还是至少拥有教条上的合法借口。[43]罗马人当然会操纵这个系统来帮助自己实施侵略，但它确实也能证明罗马比它的一些敌人表现出了更多的道德疑虑——后者保留了更简单的战士伦理。

特别是对早期的共和国来说，罗马人和其他意大利民族在尚武价值观上的相似性，无疑与罗马人的任何特有品质一样重要。其根本原因在于，罗马派出的士兵中有一半不是罗马人，而在森提努姆战役中罗马士兵则超过了一半。这也意味着，尽管罗马尚武的特质一直都是至关重要的，尽管这些特质不仅令人印象深刻，而且还与罗马相得益彰；但罗马得以异军突起，一跃称霸意大利，还依靠另一种同等重要却全然不同于军事能力的素质。这听上去仿佛是矛盾的谬论，但如果说罗马真的拥有一种能够解释其振兴的特殊品质，那并不是它独一无二的战术兵法，而是它在外交与政治方面的独到手腕。[44] 以下论述内容在很大程度上是从尼古拉·泰雷纳托的专业意见推衍而来的。[45]

✝

可以说，罗马跃升为意大利霸主的决定性时刻是拉丁战争（公元前 340—前 338 年）[1]，或者更确切地说是战争之后的处置清算。到了公元前 4 世纪 50 年代，有名无实的拉丁同盟中的那些规模较小的城邦已处于罗马的控制之下。这些城邦在公元前 340 年提出了要求，他们希望在一个结盟共和国中重新树立各城邦的平等地位。罗马的拒绝引发了战争，而诸拉丁城邦则在战争中落败。罗马强加给各城邦的处理方案对后来产生了巨大的影响。拉丁同盟被一个新的系统所取代，新系统中的每个拉丁国家都与罗马相关联，但彼此间却没有关系。这个由罗马控制的、呈辐射结构的新体系取代了曾经的联盟。但其他拉丁城邦并没有沦为罗马的属国。如果说战胜方对战败方的接纳往往是不完整且有条件的，那么罗马人所制定的解决方案中却包含着真正意义上的与战败者的融合，那并不是简单粗暴的武力支配。像图斯库卢姆（Tusculum）这样的一些社群被赋予了完整的罗马公民身份。余下的社群也获得了去除投票权后的不完整公民权［所谓"拉丁权"（Latin rights）］。这些城邦都不需要缴纳贡品，但都必须为罗马决定发动和领导的战争提供士兵。由此而看，罗马人并没有对战败者加以毁灭或凌辱，而是设法对其施以治理和管束，让他们即使

---

[1] 也被称作第二次拉丁战争。

在失去自主权的情况下仍可以保住尊严，甚至获得利益。向罗马提供军队的城邦有机会分沾其战利品和荣耀。罗马还有个开创性的做法——这些城邦可以凭借忠诚而完全融入不断扩大的罗马政治体。这一巧妙的安排成为罗马获取忠诚的强效激励手段，这种激励最初仅涉及与罗马有着长期密切关系的民族，不过随后便扩大到其他许多意大利城邦，帝国的模板也由此形成。

公元前 338 年之后，罗马对战败者的政策堪称新颖，而且事实证明这套策略在建立和维持罗马的权力方面取得了令人瞩目的成功。成功的秘诀既在于罗马与其他意大利民族的共同点，也在于罗马自身独有的特点，而其成功之处就源于这两者之间的相互作用。罗马的这些手段既依赖于它与其他城邦共同的好战精神，也依赖于彼此相似的政治文化。虽然一些希腊殖民城邦是民主政体，但包括罗马在内的大多数意大利城邦和社群还是寡头统治的国家。在这些国家里，贵族统治着全体公民，但又不能完全控制或忽视他们；尤其是贵族还指望着公民们在战争中拿起武器作战，而其中首要的便是广大的小土地所有者。

在许多地中海城邦中，贵族及其家族、氏族为了个人权力和荣誉而你争我夺，地位相似者彼此结盟、竞争和冲突，以争取获得政府中的行政文职，或争取带领其人民与（也是由贵族领导的）其他城邦的军队作战的军事指挥权。事实上，这些精英面临的最大威胁往往不在战场上，而是来自内部。所有贵族都会感受到来自敌对贵族派别和社会下层的潜在威胁，而后者就是广大的普通公民和奴隶。贵族派别之间或贵族与平民之间的内部冲突造成城邦分裂的情况是很常见的，其后果就是希腊人所说的内讧僵局（*stasis*），它可能意味着政变、暗杀，甚至内战。这种危机可能以

60

失败一方的逃遁流亡为结局。据称同时爆发的两起驱逐——塔克文家族（Tarquins）被逐出罗马，皮西特拉图家族（Pesistratids）被驱逐出雅典——就是这类危机的著名例子。

尽管贵族们在战争与和平中领导着自己的人民——其实在很大程度上正是出于这一点——贵族们的共同利益也意味着，即便跨越民族界限，贵族之间的共同点也多于他们与各自社会下层同胞的共同点。他们通过外交活动、通婚，或是作为外交人质定居他国而发展起来的交流交往，都有助于培养主要基于希腊贵族文化的共同"跨国"贵族文化。这可以与中世纪欧洲的贵族和王室所拥有的共同文化相类比——他们彼此争斗，但也互相通婚，并通过共通的骑士精神、法国歌曲或意大利时尚来模仿彼此的作风习惯。来自不同国家乃至跨越民族界限的贵族家庭彼此之间发生的个人层面交往，其关系完全独立于国家间的正式条约关系之外；他们会建立并维持友谊，结成实质上是私人性质的联盟。毫无疑问，这类关系在国家形成之前就已存在。在危急关头，当贵族们与敌对派别发生冲突或遭遇民众骚乱时，这类关系则尤为宝贵。它可能为贵族们带来向外邦请求援助的机会，比如被流放的最后一任罗马国王——傲慢者塔克文（Tarquin the Proud）就曾向克鲁西乌姆城邦（Clusium）的拉尔斯·波森纳（Lars Porsenna）求助。这个办法失败的话，这层联系也可能会为贵族提供一条逃亡的生路，他们可以暂时流亡海外，或者永久迁居到另一个国家，比如来自萨宾的整个克劳狄乌斯氏族（*gens Claudia*）迁到了罗马，而科利奥兰纳斯逃离罗马投奔了沃尔西人。[46]

诸如此类的事件为贵族阶层内的流动提供了鲜明的例证，尤其生动地展现出个人对名誉的追求可能会超越其对本土社群的忠诚。

虽然"爱国主义"这一概念取自罗马，但我们所理解的国家认同感在罗马却并未得到成熟发展。罗马和其他意大利城邦的大人物们将自己个人和所属阶级的利益置于祖国利益之上（无论他们是否在真正的动机上自欺欺人），这是当时历史上反复出现的现象。

遍及整个意大利的贵族私人友谊网络也可能对国家很有用，它能为国家创造非正式的外交渠道。这个关系网中当然也包括罗马的贵族家庭。因此，罗马元老院的贵族们早就开始与其他许多意大利城邦中对罗马态度友好的贵族派系维持着联系，即便该城邦的统治政权对罗马持敌对态度。[47]尼古拉·泰雷纳托认为，对统一意大利而言，事实证明这些关系所创造的外交沟通、个人密谋策划的渠道与军人们的剑一样重要。[48]

罗马共和国从成立伊始就十分强大，因此其他城邦的贵族特别渴望与罗马贵族家族保持和睦的关系也顺理成章。如果贵族们能够通过个人关系促成自己城邦与罗马之间的联盟，便可以大大确保自己在本国的个人安全。因为罗马可以派遣"联邦"军队支持自己的朋友，贵族便可以在面对其他贵族派系或人民起义时确保自己受到保护，正如公元前442年的阿尔代亚（Ardea）事件。[49]对那些野心勃勃的贵族来说，他们也可以在此后的扩张战争中加入罗马军队的盟军队伍，通过服役来争取"与罗马分一杯羹"的光辉前景。他们甚至可能本身就渴望成为罗马人。[50]

最后一点强调罗马的另一个真正与众不同的特征，而正是这一特征使罗马在增加盟友和保持其忠诚方面拥有切实的优势，那就是它在所有层面上对接纳外来者的惊人开放态度。其根源在于罗马民族的自我定位：他们从一开始就将自己定义为混合性社群，而不认为自己是一个"纯血统"出身的群体。按照罗马建城神话和早期历史传奇的说法，位于拉丁姆和伊特鲁里亚交界处的罗马，是由逃亡或迁徙的特洛伊人、拉丁人、萨宾人、伊特鲁里亚人和其他民族的人组成的。虽则美国可以被看成罗马的重要的现代翻版，然而罗马这种"混血儿"式的自我定位可能是独一无二的。它使得这样一种观念变得易于接受：在适当的情况下，几乎任何人都可以成为罗马人。这使罗马与其他地方形成了鲜明对比，比如希腊诸城邦——他们对分享公民身份的抗拒态度堪称臭名昭著，无论外来者多么有资格成为希腊公民，希腊人也不愿给予其机会。令希腊人惊恐万状的是，获得罗马公民身份的机会甚至延伸到了被释放的奴隶们头上。理所当然地，罗马也从很早以前就将这种机会提供给那些"资格充分的"亲罗马的意大利贵族，并逐渐扩展到整个半岛的精英阶层。走上统领意大利之位的之所以是罗马，而不是（比如说）卡普阿或其他主要城邦，其关键原因就在于罗马较为开放的公民权。

对我来说，尼古拉·泰雷纳托的观点构成了对罗马权力起源的重要研究视角；它使一些特定历程显得更为突出，而正如我们将在后文看到的，这些历程也能帮助我们理解随后的罗马帝国扩张阶段。清晰的证据始终表明，罗马在意大利的崛起依靠的不仅仅是利剑，虽然这一事实经常遭到忽视。罗马的一些主要盟友是通过两厢情愿的谈判，并基于共同或互补的利益而结成的。例如希腊城邦那不勒斯（Neapolis），它与罗马之间存在着平等条约（*foedus aequum*），这是一种在名义上平等的双方结成的盟约。还有一些国家则是出于两害相权取其轻的思路自愿加入罗马：坎帕尼亚人和卡普阿人在面临来自萨莫奈人的威胁时，向罗马发出了结盟和寻求保护的请求，萨莫奈战争就此爆发。[51] 由此来看，罗马获取盟友的手段相当多样，从利益共享到威慑再到制服。从长远来看，就连大多数战败方也被罗马当作从属型的盟友，而非属国，就像公元前338年的拉丁诸城一样。这些盟友需要做的不是向罗马进贡，而是为其之后的战争提供士兵，而这可是一项影响深远的义务。

泰雷纳托还指出，罗马尤其容易与希腊城邦塔兰托（Tarentum）这样的民主政体发生冲突；遇到这类政体时，它会用寡头统治取代民主制度。根据这种观点，一些与罗马扩张主义相关的战斗可能是隐蔽的亲罗马政权为挽回面子和荣誉而进行的象征性抵抗，或者是与亲罗马派精英敌对的势力（这些反对者可能是贵族，也可能是民主派）的最后一搏。不过，泰雷纳托的研究主要聚焦于精英阶层。他们或许举足轻重，却绝对不是场上仅有的竞技者。

其他城邦的贵族统治集团要与罗马保持和睦关系，最起码也需要获得非贵族群体，特别是公民—士兵阶层的默许。而这些人作为罗马盟军成员时通常也表现得相当勇敢，这表明与罗马保持良好关系对他们也有好处。因为这让他们能够继续做自幼受教之事——自由公民如此，贵族也是如此。他们可以继续为追逐心中的男子汉理想而战，为自己的城邦而战，作为不断扩张的胜利联盟的一分子为未来的个人利益而战，而不是作为属国的臣民向罗马进贡。盟军分遣队也会获得战利品。尽管他们会承受损失，会对不平等的负担发出抱怨，但好处（平均而言）还是比代价多。对占到罗马军队一半的大批盟军士兵来说，获得正式罗马公民身份的可能性最终也成了相当有诱惑力的长期愿景。到了共和国末期，实现这种完全融合的压力变得十分激烈。

事实证明，与罗马保持友善关系对许多意大利贵族和公民－

士兵而言是极具吸引力的。但即便如此,对他们所属的城邦来说,结盟仍旧是以服从罗马霸权和罗马政策为代价的,从罗马联盟体系的结构中就可以看出这一点。自拉丁战争以来,罗马联盟在名义上便不再是由相互支持的平等结约者所构成的关系网,而是严格的辐射型网络;罗马是关系网的中心枢纽,其盟友则被区隔开来,只有通过它才能产生关联。这已是一个帝国的原始形态。

罗马霸权下的意大利统一,无疑大体上是直接凭借利剑来实现的;对维爱和塔兰托这样的城市便是如此,对萨莫奈这样的民族也是如此(图19)。然而尼古拉·泰雷纳托仍然主张,如果我们抛开后来人的叙事,也抛那些基于罗马后来行为方式进行反推所得到的论点,那么诸如那不勒斯这样的例子证明,意大利的统一在很大程度上也是一个自愿联合的过程。话说回来,维爱或许既可以算是被吞并,也可以算是被毁灭,但战争的确是发生过的,标志着罗马崛起的不计其数的杀戮也并不完全是古代作家的编造。不可胜数的胜利正是大量流血事件的明证,萨莫奈战争尤甚。泰雷纳托自己也承认,对那些显然与彼时的"精英网络"没有密切联系的群体而言(例如城市化程度极低的萨莫奈人),或是对那些完全没有受到罗马融合的群体而言〔例如波河流域的高卢"蛮族"(在罗马共和国时代,人们不把该地区视为意大利的一部分)〕,"精英谈判"并不奏效。对这些民族,罗马主要还是通过武力将其吞并或摧毁。总而言之,武力征服与开放接纳相结合的手段成效惊人,而罗马最终正是这样统一了意大利。

63　　　这一切之所以成为可能,其根源在于古代意大利发展出的特

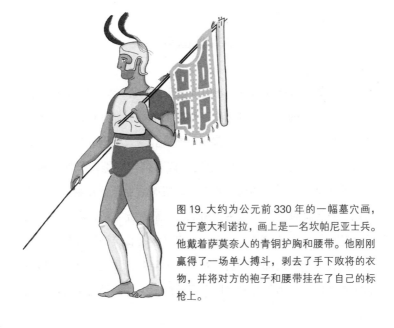

图 19. 大约为公元前 330 年的一幅墓穴画，位于意大利诺拉，画上是一名坎帕尼亚士兵。他戴着萨莫奈人的青铜护胸和腰带。他刚刚赢得了一场单人搏斗，剥去了手下败将的衣物，并将对方的袍子和腰带挂在了自己的标枪上。

殊社会和政治条件，而罗马本身及其独特的起源和价值观也正植根于此。就连罗马的建城神话本身也体现出它那威压与怀柔相结合的双面神雅努斯特质：罗慕路斯正是在标记罗马城神圣边界的过程中杀死了自己的孪生兄弟雷穆斯，并且通过强行绑架萨宾人的女儿们来和他们建立了联合体。在军事暴力的威胁之外，罗马的开放性，以及通过参与其发起的军事行动获取荣耀和利益的机会，造就了让这个急速发展的罗马"联邦"团结在一起的正面吸引力。这有助于解释为什么即使汉尼拔已经歼灭了若干支罗马意大利联合主力军队，并在罗马城前扎起大营，却鲜少有意大利盟友趁机背弃罗马。

共和国的剑

当时的许多城邦都遭受着内部矛盾的困扰，罗马也未能幸免。事实上，罗马的崛起给其国内秩序带来了极大的负担，它所面临的压力比当时其他任何社会都要更严重。令人纳闷的是，罗马直到统一意大利很久之后才在混乱中陷入崩溃。不管怎样，直到公元前2世纪后期，共和国才在帝国扭曲的重压下开始瓦解，直至民主政体最终被君主制帝国所取代。而在此之前，罗马一直成功地避免了严重政治暴力的发生，也并没有直接爆发内战。罗马是如何长期保持内部和平的？对于这个问题，我们具有做出解答的完善条件，因为作为最终胜利者的罗马拥有着异常详细的历史记录。

比起民主制雅典这样的希腊城邦，罗马往往在意识形态上显得不那么平等。然而等级森严的罗马社会并不是一个生活着一群乖顺工蜂的蜂巢。普通罗马人纵然可能对元老院家族的统治感到不满，有时还会用语言来表达心中的怨恨，但他们同时也已习以为常。无论面对的领导者是集会广场上的政务官还是军营里的指挥官，普通人都会期望对方遵循传统既定的相互义务。顺从尊敬的态度固然重要，但公民们也了解自己的权利。罗马内部的张力和双方谈判协商的过程，反映在保民官这一角色中，也可见于上位者讨好和镇压民众的行动中。这种局面是罗马经历早期危机的结果。

公元前6世纪的高层斗争导致国王遭到驱逐，而共和国得以建立。随后国家要职和军队指挥权便为封闭的古罗马旧贵族家族圈子所垄断，贵族的高压手段进一步导致被称为"阶级冲突"（Struggle of the Orders）的危机。这不是单纯发生在贵族和民众之间的冲突，因为这其中的"平民阶层"（plebeians）还包含着元老院中的一些有钱有势的家族，这些家族感到贵族氏族的排他性使自己处于劣势。贵族已垄断了罗马的神圣生活，其中也包括与战争有关的事务——战斗来临前，只有贵族才有权主持鸟占，确保获得神的认可。他们利用自己的特权来主宰社会，而随之而来的紧张局势使罗马共和国面临着灾难性的破坏。其中许多极具戏剧性的事件都是因组建军队和组织作战而上演的。例如在公元前 5 世纪和之后发生的几次"平民撤离运动"（Secessions of the Plebs），即平民撤回到罗马城外圣山上的行动，其实就是平民通过拒服兵役来迫使贵族做出让步的大罢工或大规模哗变。这些行动带来了保民官制度的建立，这一职位从此便成了重要的高级行政职位。为了保护平民，在职的保民官本人是神圣不可侵犯的。[52]在这些事件中，平民发挥了自己作为士兵这一重要角色所拥有的政治力量，反抗了贵族指挥官通过战争警报和让他们作为士兵宣誓来控制他们的企图，这份誓言中的服从义务是可以用死刑手段来强迫履行的。[53]公元前 358 年，群情激奋的士兵们甚至杀死了自己的指挥官。[54]

在这些斗争中展现出勇德的绝非只有单一的一方，罗马士兵已经显露出狼性。公元前 342 年，在盟国卡普阿过冬的罗马士兵密谋占领这座富饶的城市。部队的指挥官却挫败了这些密谋者，并将他们遣散。然而这些士兵自己组成了一支非法军队，据传他们还开始向罗马进军，其目标和事件过程鲜有人知。根据李维的记录，他们构成的威胁相当严峻，促使罗马任命了一名战时独裁官，还组建另一支军队来对抗他们。不过他也指出，关于这一事件还有其他不同的说法。然而无论如何，这场危机以某种方式在未引发内战的情况下被化解了。[55]

如此说来，共和国早期的罗马人在政治上是相当活跃的，无论是作为士兵还是作为穿着长袍的公民，而他们武装起来便能够对政府构成威胁。贵族们理所当然地渴望控制住武装起来的人民，广大的罗马人则认为将武力排除在政治之外是符合自身利益的。然而随着罗马的财富和权力逐步增长，失败的代价也不断升高，这一目标又该如何实现呢？

双方对彼此的恐惧在此起到了核心作用，尤其是在约束贵族的行为方面。平民可以选择迫使一些人流放，他们也确实这样做过；此外，正如我们所看到的，平民偶尔还会诉诸暗杀手段。贵族之间也会互相监督。在竞争激烈的为国家服务的舞台上极力追求荣誉和荣耀（这也是贵族英雄主义的体现），与成为一个野心勃勃以致威胁现状（特别是通过煽动民众的手段）的强大个体之间，只存在一条非常细微的界限。等待这种人的命运是流放（如西庇阿·阿非利加努斯），更往后的年代里则可能是暗杀，以及具有一定合法性的处决，譬如格拉古兄弟（the Gracchi）和喀提林（Catline）的遭遇，还有最后的恺撒——他的被害导致了罗马共和国的倾覆。

罗马人对待武装暴力的态度就像对待潜在的传染病，或者应该说类似于西方人对核能的看法：他们认为武装暴力如果使用得当（最好用在很远的地方），就是一种潜在的利益之源；但它也可能在国内构成致命的危险。在共和国后期，法律越来越多地被用来控制"暴力"——未经批准的过度暴力，特别是被视为武装骚乱暴动的"公共暴力"（*vis publica*）。[56] 这些手段用于挫败狼子野心的贵族和武装团伙，以及更糟糕的——此二者的结合体。然而从很早开始，宗教信仰和仪式就一直发挥着将刀剑挡在城市之外的核心作用。在罗马人看来，武装暴力对国家和社会构成了十分严重的威胁，因而必须用一套极为精密复杂的制度——由以神意作支持的裁定、仪式和禁忌构成——加以限制。

如果说对剑的热爱是罗马男性及其国家意识形态中不可或缺的组成部分，那么对滥用武力的恐惧则深植于罗马城那充满象征性、神圣性和仪式感的地形之中。罗马人将世界划分为两个领域，并且意味深长地将它们称为"国内／城内"（*domi*）和"国外／战场"（*militiae*）。"国内／城内"这个词来自"家宅（家庭）"（*domus*），是罗马人安适自在的国内世界，这个世界由家庭、公民群体及平静祥和的内部公民生活构成。"国外／战场"则是武装起来的社群所处的、面向敌人的领域。值得注意的是，刀剑领域和公民社群领域之间的界限不仅仅是概念上的，这两者之间有一道仪典边界，即"城界"（*pomerium*）作为实体上的划分。"城界"是与城市防御线大体吻合的狭窄地带，偶尔也会随着城市及其领地的扩大而有所扩展。[57] 城界的存在不仅仅是为了约束战争，更是创造了一个神圣不可侵犯的空间，这个空间不受任何形式的武装暴力，特别是私人内战的侵袭。

在罗马共和国时期，这条界线在仪式上和实际层面上所拥有的重要意义，怎么形容都不为过。它所限定的不仅仅是剑之暴力，它还是一条象征性界线，区隔着城市的世界和在此之外的农业活动与荒野，区隔着"我们"和外国人，尤其还区隔着生者和死者，因为死者必须在城界范围之外下葬。在城内，次致命级的暴力并没有被禁止，人们可以在城市中责打下属；但杀害奴隶和实施国家下令的处决通常要在这条界线之外进行，刽子手和屠夫必须住在城外。不过城界的重要意义主要还是与战争和其他集体武装暴力明确相关，这些活动都实实在在地被明确置于公民社会的物理边界之外。

元老院讨论战争的会议，或是接待与罗马没有协定条约（因此在默认条件下还属于严格定义上的敌人）的外国政权特使的会议，都要在城界之外的战斗狂热女神贝罗娜（Bellona）的神庙中举行。[58] 祭司团神官（负责外交、和平谈判及战争事务的特殊祭司团成员之一）最初的宣战方式是靠近敌方的边界，对敌人进行仪式性的谴责，并将祭祀用的长矛投过边界。随着边境的退缩，这种做法变得不再具有可操作性。因此出于神圣目的，仪式所要求的肢体动作变更为将长矛投掷到一个城界之外的被指定为"敌方领土"的区域。

军事训练和士兵集结也是在城界之外进行的，地点是邻近城界的战神广场（campus martius）。罗马士兵带着武器穿越城界属于违法行为，除非是在正规凯旋式上经神明认可的特殊越界，但即便在那个时候他们也只能从一道特殊的大门通行。指挥官们通过穿越城界来接管和出让军队指挥权，在此过程中他们会换上相应的文职或军队的制服。如果一位在职将军越过城界进入城市，他的最高权威（imperium）就会自动消失。直至共和国终结前，这一规定一直在实践和政治两个层面上发挥着真实的影响。公元前60年，城界的制度迫使恺撒不得不从以下两者中选择其一：一场庆祝他得胜的凯旋式或者是得到执政官的职位。若是想获得凯旋式，他必须作为现役将军在城外停留到游行那一日；但如果他越过城界去竞选执政官，他的军事指挥权就会失效，举办凯旋式的机会也随之消失。（他选择了执政官的职位，因为他预期自己以后会拥有更多的凯旋式。）

为了防止军事暴力被反过来加诸罗马的全体人民头上，它被牢牢地控制在城界之外，暴力的剑锋也向外。然而，剑本身并没有从真正意义上被排除在城外。因为直至共和国后期国家开始发放武器之前，它们都是公民保存在家中的个人财产，因此人们一定会带着武器进出城界。国家对此也有神圣的规定，我们可以从净化武器和小号的特殊庆典中窥见一二：在征讨作战的季节开始之际，也就是作为战神之月的三月，人们会为武器和小号举办启用仪式；而在征战季节结束的十月，人们则会为它们举行停用仪式。[59]

皮洛士和罗马实力的证明

在马其顿的腓力二世（Philip II）令希腊疲于应付，而亚历山大大帝征服波斯时，罗马逐渐从台伯河河谷的主人上升为意大利的仲裁者。其军事和政治影响力迅速扩展到整个半岛，从亚平宁山脉的北部边缘，穿越伊特鲁里亚和坎帕尼亚，直抵南部海岸。尽管后来的人们在回顾时断言，这都是神授的命运，但最初的罗马很可能并没有超越地区范围的野心，它甚至连赢得下一场战争的简单信心都没有。然而，它从自己的成功和错误中逐步学习。进入公元前4世纪以后，罗马的统治阶级渐渐意识到，罗马对整个半岛的统治正逐步变为一项可行的抱负。在彻底击败南部高地强大的萨莫奈人，又通过联盟或武力在沿海地区的希腊大殖民地建立霸权后，罗马的崛起终于达到了顶点。而塔兰托这一希腊主要城邦的抵抗，使罗马陡然面临着与意大利以外的主要军事强国的第一次冲突：对手便是希腊化时代的佣兵首领兼国王皮洛士领导下的伊庇鲁斯。当时处于罗马威胁下的塔兰托人向皮洛士求助，皮洛士感觉到，效仿亚历山大大帝征服各地的继承国模式在意大利建立帝国的机会已经来临。于是在公元前280年，他率领着自己那支训练有素的强大军队渡海而来。

67

皮洛士以为与自己交手的会是一群蛮族，而实际情况让他大吃一惊。他麾下的部队是当时最先进的希腊化军队，拥有马其顿方阵和战象（图20），而领军的皮洛士本人则是那一代人中最优秀的将领。然而面对这一切的罗马人最终还是取得了胜利，他们没能在三场战役中完全击败皮洛士，但他们的军队（其中无疑也包括那些年轻时曾作为军团成员在森提努姆战斗过，此时已头发花白的百夫长们）使敌军在血腥的战斗中陷入停滞。尽管伤亡惨重，但罗马仍不断回击，让入侵者也承受了沉重的损失。值得注意的是，几乎没有其他意大利民族加入皮洛士一方。公元前279年皮洛士在阿斯库路姆（Ausculum）对罗马人取得了最明确的一次胜利，然而他也付出了巨大的代价——许多经验丰富的士兵和长官都在此一战中折损，以致从那以后我们便有了"皮洛士式的胜利"（Pyrrhic victory）这一说法。皮洛士战争中的第三场大战役发生在公元前275年的马尔文图姆（Malventum）。战场上的战斗并没有明确的结果，但罗马人还是取得了胜利，因为皮洛士承认自己在战略上的失败，退出了意大利。[60]这场战争最终确立了罗马人对亚平宁半岛的掌控，南部沿海的其余希腊城市也包括在内。

不久后的罗马在面对迦太基以及后来的希腊化世界时，展现

图 20. 出土于庞贝的赤陶模型,造型为驮着"作战塔楼"的战象,与皮洛士在意大利所使用的战象类似。

出了一些关键能力和特点,而罗马与皮洛士的斗争则表明,它早在此时就已经具备了上述特质。诚然,战场上的皮洛士令罗马在战术和将领能力上的局限性暴露出来,以希腊化世界的标准衡量,罗马军人并没有获得特别出色的领导,但他们仍旧展现出了极高的纪律性、强烈的勇气、凶猛的战斗力和更胜一筹的持久力,而这都是士兵们在意识形态引导下产生的内在动力的效果。此外,罗马人调度人力、物资和资金储备的手段,使其能够动用多支大军;与此同时,他们还拥有指挥和维持这些部队的组织才能。所有这一切结合在一起,让罗马在物质和精神层面均拥有充分的承受力,能化解巨大的损失,并在受创之后继续坚持战斗,比敌人支撑得更持久。罗马人击败一支重要的希腊化军队,即便不是依靠战术取胜,也是凭借战略占了上风。罗马已经从意大利的领头羊晋级为地中海级别的竞争者。

✝

　　　　……遇到皮洛士的时候，（罗马人）已经是战争中训练
有素的好手。

——波利比乌斯《通史》2.20[61]

　　罗马与皮洛士之间的冲突使共和国庞大的人力和绝对的勇猛
展露出来，而这也是日后希腊世界所要经受的。历史证明，这两
个优势是罗马军队长期以来的标志性特征。然而二者都是程度上
的优势，而非罗马独有的特质。皮洛士与之交锋时，这两种优势
可能实际上都是相当新的现象。它们代表的正是"挥舞利剑"和
"伸手接纳"这两项策略的相辅相成。

　　在公元前 3 世纪和前 2 世纪，罗马为实现对地中海的霸权统
治而部署的人力，在当时和后来都被评论者们称为"来自罗马
的"，然而那实际上是意大利民族和罗马人的等比组合，而且这
些罗马人中还有许多是新罗马人。从规模和构成上说，这些人员
大体上是罗马"伸手接纳"政策的成果。彼时，处于发展中的意
大利诸城邦都面临着一个两难困境：如何才能确保本国公民－士
兵的军事暴力不会让自己的国家走向分裂？罗马也遇到了同样的
问题，而且由于统一了整个意大利，它制造了一个可能更加棘手
的麻烦：如何才能避免数十万好斗的男子顺应自幼所受的教养，
在你争我斗中瓦解这个由罗马主导的联邦呢？对于公元前 3 世纪
的罗马人或其他意大利民族来说，去军事化简直是完全不可想象
的事，特别是在希腊和"蛮族"这样掠夺成性的势力还盘踞在附

近的西西里岛、北非、希腊和高卢地区的情况下。

事实上，罗马成功地让意大利内部变得越来越稳定了（虽然这种稳定状态是不完美且不时中断的）。而它所依靠的就是向整个联邦推广它此前在国内实施并在一定程度上取得了成功的政策，也是这套政策提升了罗马的军事实力。军事暴力背后的那些意识形态和习俗惯例并没有被压抑；恰恰相反，人们对此给予的鼓励和赞美比以往任何时候都更加热烈。正如我们所看到的，罗马并没有向其实质上的属国征收钱财税金，而是要求他们为战争提供关键的力量来源：士兵和他们的勇气。事实证明，就像罗马在国内的做法一样，诀窍在于让大家的军事能量步调一致，向外瞄准；让剑锋远离联邦自身，对准双方都认可的目标：发动对外战争。这样一来，意大利的贵族和士兵便都有机会展示自己的武艺，赢得荣誉和战利品。罗马促成和培养了意大利男性的暴力，并将其输送到国外；而与罗马的这一做法形成呼应的是，亚历山大大帝和他的继业者们在同一时代也以东方为马其顿和希腊军事能量的出口。从某种极为重要的意义上说，罗马在意大利的崛起是一次团结统一的过程，而不是一次压迫性的征服；对于盟友和属国尚武的骄傲之心，罗马没有去压抑，而是接纳和鼓励。

在意大利境外开展的战争还创造了其他的国内政治利益。罗马人和意大利人为了对抗共同的敌人而并肩作战，这让他们彼此建立了信任关系；双方因此进一步融合，于是意大利重新退回分裂状态就成了一件愈发难以想象的事。这种政策获得了极大的成功。到了共和国后期，盟友们的不满情绪不断增加，他们认为自己在罗马人发起的战争中承担了太多重担，却没有得到相应的回报，这最终导致了意大利本土的战争［"同盟者战争"（Social

War），即与盟国（*socii*）之间的战争（见边码第98页）〕。但此处存在着一个非常能说明问题的事实：除了一些死硬派的萨莫奈人之外，盟国的诉求不是独立，而是作为平等的罗马公民最终彻底融入罗马。盟国是为了进一步融入而战，而不是为了退出。

我们已经了解，服兵役，特别是在战场上展现勇气，是罗马人对勇德，也就是男子气概（强调身体层面的勇气）认知的核心。我们能够清晰地看到，罗马在整个共和国时期都保持着对这些传统男性价值观的强力灌输，而这在很大程度上解释了罗马人在森提努姆等战场上展现出的士气与勇猛。罗马的指挥官和士兵们均在意识形态上表现出对爱国主义深刻乃至狂热的信仰与投入，他们展示自己的勇德，气势汹汹地争夺荣耀（*gloria*）和声名（*laus*）。但是罗马之所以能够崛起并主宰地中海，并不是因为其他意大利民族在军事上处于弱势，而恰恰是因为他们也同样好战。穷兵黩武其实是那个时代意大利人的普遍特征。

罗马在森提努姆战役中的那些盟友和敌人彼此间的战斗不断升级，双方都遭受了同样的艰苦磨炼，而野蛮残暴的程度也水涨船高。在经历了几十年的斗争后，他们都怀着类似的动机——为男子气概而战，为国家而战。因此在战斗中，他们也表现得像罗马人一样凶狠。正如我们所看到的，罗马最终实现统治主要依靠的是其特殊的政治才华，而不是固有的武力优势。[62]如果说后来罗马意大利联军对折磨、残害和杀戮战俘、奴隶和罪犯的喜好令希腊世界震惊，[63]这也却非罗马人独有的做法。公元前300年左右，罗马为争夺意大利而与敌人发生的斗争到达了高潮阶段，双方的野蛮残酷变本加厉，那很可能就是罗马的凶残无情首次被铸就的标志。随后，罗马统治下的意大利与迦太基之间的生死搏斗则令这份凶残经受了进一步的淬炼。至于再后来，意大利与原本就十分好战的希腊强权发生的冲突，不过是将罗马的凶暴磨砺得愈加锋芒逼人罢了。

第二章 为胜利执迷

公元前270—前30年：帝国主义下的共和国

从意大利的仲裁者到唯一的超级大国（公元前270—前167年）

> 究竟是用了什么办法，有什么样的政体支持，才使得罗马这区区一座城市能够征服并统治世界上几乎所有人类居住的地方？——难道有人可以冷漠或怠惰至此，甚至连这个问题都不关心吗？
>
> ——波利比乌斯《通史》，1.1[1]

赶走皮洛士之后，罗马人巩固了对意大利的控制。在不到十年的时间里，他们以惊人的速度做出了种种决定；而这让他们卷入了一系列更大规模的战争，涉及范围远远超出意大利。公元前264年，罗马因西西里而与位于北非的腓尼基殖民地——迦太基发生冲突。迦太基是彼时最强大的海军大国和海上贸易大国，且与罗马一样是贵族统治的共和国；区别在于迦太基是一个以商业为主的共和国，很像后来的威尼斯。在公元前3世纪余下的时间里，第一次和第二次布匿（腓尼基）战争是最主要的军事事件，双方争战共计约四十年。罗马最终取得了这两次战争的胜利，这令其赢得了第一批海外领地，而迦太基则一蹶不振。然而，第二次布匿战争的广泛影响使罗马军队再次与希腊化世界的军队发生冲突，不过这一次的交战发生在希腊而非意大利的土地上。

从公元前 200 年到前 167 年，在短短一代人的时间里，罗马人便颠覆了旧希腊城邦和亚历山大继业者们的世界。希腊诸城邦长期以来一直习惯于将自己看成人类文明的巅峰，自视为最先进老练的军事强国。此时他们却惊觉自己已落败于意大利的"蛮族"暴发户。而更加令人震惊的是，在罗马开始冲击希腊化世界的几年前，它本身刚刚因汉尼拔而经历了一系列剧烈震荡，那些事件似乎令它自己对意大利本土的掌控都有所松动。这些打击中最严重的一次，便发生在坎尼（Cannae）的战场上。

与迦太基的两次决战（公元前 264—前 202 年）　⁷¹

公元前 218 年，汉尼拔开始了那次著名的进军。他从位于西班牙的大本营出发，越过阿尔卑斯山，进入波河流域，在特雷比亚河（River Trebbia）和特拉西梅诺湖（Lake Trasimene）粉碎了罗马的主要军队。他辗转向南，穿越意大利，试图迫使罗马的盟国和属国背弃它。公元前 216 年，虽已有数万名士兵阵亡或被俘，罗马的指挥官们仍决心再次与汉尼拔正面交锋。他们利用罗马自身和盟友的海量人力储备，又组建起一支庞大的军队。

汉尼拔率领着一支多达 4 万人的大军；罗马军队人数更多，可能有 5 万。汉尼拔在阿普利亚（Apulia）的坎尼发出了挑战。迦太基军队故意在此地摆出单薄的队形，罗马人以纵深阵形冲向敌军的中心，而迦太基士兵则奉命后撤，引诱着罗马人及其盟友深入，使其陷入更强大的迦太基步兵和骑兵侧翼部队的包围。就这样，人数较少的军队极为大胆地包围了人数更多的军队。结果，罗马军队打了最狼狈最丢脸的一次败仗。军团和盟军部队被驱赶到一起，陷入层层围困，无法战斗，只有被屠戮的份儿，几乎无人逃脱。汉尼拔彻底歼灭了罗马大军，自己却"只"损失了6000人。[2] 不过，汉尼拔到意大利来到底想做什么？这个问题的答案深藏在第一次布匿战争之中，藏在罗马赢下那场艰巨斗争的历程之中。

✝

迦太基是腓尼基人在北非的主要海上贸易殖民地，在地中海西部拥有广泛利益和大量财产，还有一支用来保护这些利益的强大舰队。值得注意的是，第一次布匿战争的爆发，正是因为罗马人在公元前264年代表一群叫作"马麦丁人"（Mamertines）的雇佣兵进行干预调停。彼时的西西里岛部分为迦太基所有，而马麦丁人占据了岛上与意大利隔海相望的墨西拿（Messana）。公元前3世纪80年代，一伙出身自多个国家的雇佣兵被安排到墨西拿驻扎。这群雇佣兵在希腊化时代得到了大量的工作机会，自称马麦丁人，来自马麦斯（Mamers），而这正是萨莫奈人对战神玛尔斯的称呼，这表明他们大多是南意大利人。这群人在墨西拿的行为并不光荣，他们为一己私利占领了这座城市，杀死男人，强夺女人，瓜分土地。[3] 当面临来自迦太基的威胁时，马麦丁人向罗马求助，罗马便以此为借口入侵了西西里岛。

罗马早期在陆地上取得的成功促使他们决定征服该岛，而这实际上意味着罗马人不得不第一次大规模出海。他们组建了一支舰队来对抗迦太基，并采用一种新式的带刺登船桥[1]，使军团得以

---

[1] *corvus*，被称为乌鸦式战船吊桥，又称接舷吊桥，据记载，这种吊桥两侧设有栏杆，凭借船头滑轮和帆杆升降，前端有形似鸟喙的重型铁钉。吊桥下落时经过强化的铁钉重重刺入敌船甲板，使两船牢牢固定在一起，方便罗马士兵登上敌船。

发挥自身技能，超越迦太基海军的作战实力。

　　为期二十年的战争随即在广阔的区域展开，其规模甚至令东方那些强大的希腊化王国感到惊愕。罗马和迦太基这两大强国建造了由大型战舰构成的庞大舰队，并为其配备了人员；而面对主要由风暴造成的巨大损失时，他们也有能力重新补上缺口：这些事实均反映出双方掌控着巨大的资源基础。这是古典时期最大的一次海上争端。据波利比乌斯计算，罗马人在这场战争中损失了 700 艘五层桨战舰（quinquireme，一种大型划桨战舰），而迦太基损失了 500 艘（图 21）。然而最终结果表明罗马的资源更为强大。它也展示了自己大胆的冒险精神——效仿五十年前叙拉古统治者的成功策略，罗马决定直接入侵非洲，直捣迦太基帝国的心脏。最初的辉煌成功却在公元前 255 年因一场惨败而终结。另一位希腊人，斯巴达雇佣军首领赞提帕斯（Xanthippus）带领着迦太基军队，以步兵将罗马人困在中心位置，再以骑兵将他们包围，可见后来汉尼拔在坎尼的战术也并

图 21. 罗马共和时期的硬币（一阿司），描绘了一艘战舰的船头，上面装有撞角。

非凭空创造。战事一直持续到公元前 241 年，直至罗马在西西里岛取得了最后的胜利。就像当初依靠战略击败皮洛士一样，罗马人这一次的成功在很大程度上依靠的是比敌人更持久的野望，以及意大利所提供的更庞大的战略资源和人力资源。罗马士兵为国家赢得了第一个海外行省。随后在迦太基与自己的雇佣军进行恶战时（这些雇佣军的残忍程度超过了罗马人），罗马又趁机夺取了撒丁岛和科西嘉岛。

为了复仇，一些迦太基人意识到他们应该模仿罗马的做法：到敌人的家门口去开战。迦太基必须摧毁罗马，或者至少也要通过瓦解它的联盟体系来削弱它。为此，迦太基需要一支主力陆军部队和与之配套的可观的人员和物资。通过迦太基在伊比利亚半岛（西班牙 / 葡萄牙）进行的殖民扩张，这两项条件都实现了。汉尼拔就出生于领导此次殖民行动的巴卡家族（Barcid）。这个家族因与罗马敌对而闻名，正是他们率军代表迦太基对抗罗马。大体上说，巴卡家族与拥有特定政治利益或战略利益的罗马元老院家族类似，比如涉及维爱事务的法比乌斯氏族。巴卡家族新组建了一支不可小觑的军队，着重利用了伊比利亚人和凯尔特伊比利亚人崇尚勇武的传统精神，这两个民族为他们提供了优秀的雇佣兵。

迦太基与罗马之间不可避免的新一轮斗争也是在伊比利亚爆发的，因为汉尼拔征服了罗马的"朋友"萨贡托（Saguntum）——罗马的政治网络此时已经延伸到西班牙和希腊。第二次布匿战争于公元前 218 年打响，这是共和国有史以来面临的最宏大也是最致命的对外战争。这次的战争从一开始就是地中海规模的纷争。

✝

罗马人计划在西班牙与汉尼拔交手，但汉尼拔打算模仿罗马人在第一次布匿战争中的做法：将战火引到敌人的心脏地带。他带着战象越过阿尔卑斯山，来到罗马在波河流域的新属地。在特雷比亚河战役中，罗马约4万人的军队损失了75%，当地的高卢人更是蜂拥到入侵者的行列。次年，另一支规模相仿的罗马军队在伊特鲁里亚的特拉西梅诺湖被歼灭。此时的罗马似乎已处于汉尼拔的股掌之中。"美中不足"的是，即便到了这种时候，意大利仍然完全忠于罗马，这一事实令人十分惊叹。[4]

于是汉尼拔无法获得大本营和补给来源，能调取的人力也有限，无法保证军队获得增援，因而他没有能力围困罗马。要赢得胜利，他必须策反一些罗马的附属国。他断定自己在南方的机会最大，那些对罗马怀有最大仇怨的对手最有可能被他策反，比如萨莫奈人。罗马人知道自己尚无力在战场上再次对抗汉尼拔，于是"拖延者"法比乌斯·马克西姆斯（Fabius Maximus "the Delayer"）对汉尼拔暗中盯梢，追踪并限制他的一举一动，而罗马则趁机召集了另一支由罗马人和盟友组成的庞大军队。公元前216年，罗马人一心想要靠人数的优势打垮汉尼拔。他们没有从之前的惨痛失利中吸取任何教训。

✝

坎尼会战的惨状对罗马来说是一记令人震惊的重创，是其在半个世纪内与迦太基进行的两场战争的谷底。"坎尼"成了军事灾难的代名词。雪上加霜的是，这叠加在罗马另两场灾难性的败 74

仕之上——特雷比亚河战役和特拉西梅诺湖战役。

坎尼战役似乎给汉尼拔带来了他所寻求的东西。罗马控制意大利的触手开始断裂。不出所料，罗马的一部分盟友认为这一系列冲击损害了罗马的威信，其霸权已经遭到致命的重创，于是摒弃了自己的忠诚，强大的卡普阿便是其中重要一例。这一切开始让人感觉到，罗马刚刚取得的意大利统治权、晋级地中海大国的首轮尝试，或许都只是昙花一现。尽管罗马陷入令人绝望的困境，但它的大多数盟友还保持着忠诚。鼓舞盟友的正是罗马人自己：只要外来侵略者还在意大利的土地上，他们就拒绝屈服，甚至拒绝和谈。

罗马人迎难而上，展现出非凡的乃至狂热的决心。尽管折损了三支大军，罗马内部却没有出现"求和派"。这是罗马最光荣的时刻，元老院和人民都展露出最勇敢的一面。到了公元前212年，罗马几乎把每个体格健全的人都投入了战场，派出了25个新军团。这种惊人的坚决态度和民族牺牲精神，成功地促使剩下的许多盟友保持忠诚并贡献士兵。与此相反的是，尽管汉尼拔有了新的本土基地，到头来却无法招募到大量意大利士兵；而罗马人又成功阻止了他从伊比利亚或波河流域的高卢人那里获得援军。

尽管出现了数量可观的变节，事实却证明罗马的联盟网络仍然十分强大，足以支持着它走出困境并最终夺得胜利。结果表明，罗马人及其意大利盟友能够做到以下这些事：挺过一系列足以令人信念粉碎的失败，承受住可能多达10万人的损失；将汉尼拔困在意大利并逐渐削弱其地位；阻止援军与汉尼拔会合；在公元前206年征服他在伊比利亚的大本营；保持海军优势；在西西里岛作战；在希腊本土发动战争，以阻止马其顿的腓力五世与汉尼拔在意大利形成合力；还有最后一件，再次入侵非洲。

迦太基先不安起来。为了保卫家乡，汉尼拔终于应召而返，带着 15 000 名老兵逃离了意大利。公元前 202 年在扎马（Zama）的决战中，被削弱的迦太基军队面对的是久经战火洗礼的罗马军队。而这一次获胜的是罗马骑兵，他们对迦太基的后方部队发起了冲击。就这样，西庇阿的士兵让汉尼拔的士兵尝到了"坎尼"的滋味，而他们的将军则赢得了"阿非利加努斯"（Africanus）的荣誉称号。迦太基陷入了可能遭到罗马人围城的险境，但西庇阿决定与他们谈判。议和条款剥夺了战败方的权力和财产，并强迫他们拿出大笔赔款。迦太基屈服了，从此一蹶不振。汉尼拔则流亡他乡。

特雷比亚河战役、特拉西梅诺湖战役，特别是坎尼战役，再次冷酷而直白地证实了罗马与皮洛士斗争中所暗示的事实：罗马和意大利士兵的精良武器、勇气和攻击性是令人生畏的，但仅凭这些还不足以打败入侵者。汉尼拔在军备方面无疑不具备任何明显优势，他迅速利用缴获的海量罗马武器装备重新武装了自己的士兵，这一点恰恰证明罗马才是在军备上占优的一方。[5]

在坎尼，罗马和盟军士兵败给了数量少却十分勇猛的敌人。敌人采用了更优越的、"更高层次的"战术，让不同的分遣队承担事先计划好的不同战场任务：拖住敌人、侧翼包抄和形成合围。[6]罗马人还败给了敌人更出色的军事训练，特别是在军队架构中的次级单位上：在战斗进行中，让军队的各大部分协同配合着在战场上移动，而不陷入混乱，这需要练习和技巧。这一点尤其体现

75

在迦太基骑兵的行动中。这些人肩负着双重任务：一是击败侧翼的罗马骑兵；二是当努米底亚骑兵追击着罗马/意大利骑兵离开战场时，汉尼拔麾下的凯尔特骑兵及伊比利亚骑兵必须脱离战斗，重整队形，绕回来袭击罗马军团的后方，完成对敌军的包围。

平均而言，罗马和意大利士兵在个人层面可能比他们所面对的非洲人、高卢人和伊比利亚人战斗力更强，耐力也更强。但汉尼拔部队在作战中展现出了很高的战术训练质量和行动纪律，他们在意大利取得了一系列胜利，歼灭了一支人数多于己方的罗马军队，这表明迦太基的士兵在当时才是更出色的士兵。迦太基之所以拥有这种优势，是因为双方的将领在素质和兵法上形成了鲜明对比，而且由此产生了训练和战术理念层面的差距。

踏上意大利的土地时，汉尼拔的士兵已经组成了一支成熟完善、身经百战的军队，兼有经验丰富、士气高昂的战士与精通复杂希腊式战略战术的优秀将领。汉尼拔和他的士兵互相了解，彼此表现出强烈的忠诚情感。士兵在这样一位极富魅力之人的麾下，持续接受连贯的领导指挥，这在兵将之间培养出了信任的羁绊。这些做法成就了古代最优秀的军队之一。加之汉尼拔的部队融合了来自各个民族的队伍，在组成上甚至比罗马/意大利的军队更加多元，也令这份成就更加惊人。

相比之下，罗马指挥官的任期通常要短得多，而且他们领导的罗马和意大利士兵实质上仍然只是定期应征参战的城市民兵，不像汉尼拔的士兵那样持续作为职业军人服役。国家的主力军通常由是年在任的两位执政官领导，这两个职位每年都要更换人选。如果两名执政官一起上战场，就会共同或轮流指挥。如若他们意见不一致，这套制度就会带来麻烦，而互为政治对手的执政官们大概率是意见相左的。元老院的竞争滋生了嫉妒和相互猜疑，而这会妨碍培养或提拔杰出的军事人才。才干出众的将军们想要崭露头角或是获得成功都是非常困难的。罗马贵族们相当注重传承祖先规矩，而且对腐败的东方权贵公开表示蔑视。因此，在作战的技巧手段和相应的士兵训练上，罗马的将军们没有跟上希腊化世界的军事发展，这并不奇怪。可它带来的结果却可能是灾难性的，罗马军队在战术上落后于敌人，情报工作也很失败：在特拉西梅诺湖战役中，敌方布下了超大规模的伏击，而罗马人对此毫无知觉。76

†

如果战场上的汉尼拔一再表现出这等优势，那他又为何会输掉这场战争？虽说个人的将才对夺取战争胜利至关重要，但它只是众多因素中的一个。一方想要胜利，必须具备所有取胜的条件，尤其在像第二次布匿战争这样的长期殊死斗争之中。

波利比乌斯认为，汉尼拔只有在罗马人没有可以与他匹敌的将军时，才能在与罗马交战时取胜。[7] 而那位日后将被赐姓"阿非利加努斯"的西庇阿现世时，罗马终于拥有了能与汉尼拔分庭抗礼的将才。不过，两位伟大的将军在扎马交手的时候，罗马几乎已经赢得了战争。它已摧毁了迦太基在西班牙建立的帝国，削弱了汉尼拔在意大利的力量，并通过入侵非洲逼迫他撤军，还迫使他带着一支战力大减的军队抵抗和战斗。西庇阿在扎马取得的胜利是了不起的成就，但要达成制胜一击，除了他的指挥才能之外，很大程度上还要依靠其他各种因素和手段的结合。

在罗马征服迦太基统治下的西班牙的行动中，西庇阿无疑是现场总指挥，但他同时也是在执行元老院的战略。参战双方都从之前的战争中吸取了教训，展现出宏大的战略眼光。他们将军队派往其他大陆，意图摧毁敌人的作战能力和战斗意志。然而就长期而言，事实证明罗马更有实力确保计划落地、目标实现。汉尼拔能够攻进意大利，但到头来迦太基却无力为他提供增援。罗马获得了对伊比利亚到意大利的海路和陆路的控制（阻止了汉尼拔从西班牙或波河平原获取增援），并攻克了迦太基在伊比利亚的资源基地，最终通过再次反攻非洲而迫使汉尼拔撤军。

　　罗马人之所以能够达成这些目标，是因为他们拥有出色的后勤保障能力，而这些能力又以庞大的资源库存为基础。在又一轮消耗战中，证据表明罗马人能够保护这份资源，迦太基人却做不到这一点。即使敌人已突破国门，肆无忌惮地横行在这片为罗马提供士兵和战争资源的土地上时，罗马也仍旧能让大多数盟友对自己保持忠诚，还能让他们向遥远的土地派遣军队。这种反差凸显了罗马人更加坚定的决心。正如体能训练令罗马人在战斗中拥有出众的身体耐力一样，密集的意识形态灌输也给了他们应对持久战的心理耐力，他们能够承受别人承受不了的挫折。波利比乌斯也谈到了罗马人那不可战胜的自信心，以及那份决心——一旦他们决定要做一件事，世界上就没有任何力量可以阻挡他们。这份品质常常给罗马人带来耀眼的成功，却也同样可能导致彻底的灾难。[8]

77

　　陷入与迦太基的争斗之前，罗马人不仅痴迷于战争，还痴迷于成功的战争——痴迷于胜利。"胜利"的拟人形象往往被描绘为一位手托胜者之月桂冠的女神，她正要将这桂冠送给下一位战胜外敌的元老阶层将军（图22）。在罗马共和国中期，人们

图 22. 公元前 211 年在西班牙铸造的罗马胜利女神像银币，上面的图案是胜利女神将月桂冠放在用缴获的敌方武器制成的胜利纪念碑上。

见证了无数次沿街展示战利品的凯旋式游行。这样的战利品随后会被用来装饰元老的私人宅邸和公共建筑物，比如舰首讲坛（rostra）——一座用于发表公共演讲的讲台，因上面安装着若干个喙形战船舰首而得名。更多的战利品则被用来资助"胜利纪念神庙"（'manubial' temple）的建造，那是人们因感激在战斗中获胜而奉献给神明的寺庙，它们如雨后春笋一般拔地而起。城市景观本身也成了祝贺罗马胜利的大型庆典。当汉尼拔在意大利猖狂放肆时，罗马人渴望战胜他的决心也益发坚定，简直到了狂热的程度。

罗马人——无论是元老还是普罗大众——都是拒绝承认失败的，战士们更是如此。有一个非常有名的事件能证明罗马人的坚定意志：在汉尼拔已然驻扎在罗马城下时（罗马城太大，他的军队无法将其围困），其兵营所占的那块土地竟然以和平时期的正常价格被购买了。[9] 不过，支撑着罗马人坚决态度的其实是一番充满恐惧的推理演算：他们不得不把赌注押在最终的胜利上，不得不始终保持反抗挑衅的态度，因为选择谈判就等于公开承认自己的软弱，罗马对意大利的掌控便会出现全面崩溃的危险，罗马城也几乎一定会随之毁灭。然而，在恐惧中保持决心恰恰是真正心怀勇气的表现。

汉尼拔失败的一部分原因在于，他无法迫使罗马人谈判，更不用说逼迫他们承认自己被打败了。拒绝承认战败是战争中公开的秘诀，罗马人在后来的几个世纪里始终敏锐地认识到这一点。汉尼拔也没能收服足够多的罗马盟友；至于那些确实被他"策反"的盟友，他又无法从其手中抽调足够的人马加入自己的作战队伍。考虑到意大利人本身怀有的强烈自尊心，他们中的大多数保持忠诚的一个重要原因可能是：他们对外国人侵行为的反感程度并不亚于他们对罗马人的恐惧或敬爱，而且他们渴望为己方的牺牲者复仇。

尽管在汉尼拔手下遭受了可怕的损失和屈辱的战术失利，但罗马人在战争和政治的所有其他领域均表现出了持续的优势：他们拥有凶猛的士兵，而士兵们手持精良的武器，掌握着极具适应性的战斗技术；他们还拥有更优越的后勤保障和宏大战略。在所有其他方面的条件都到位的情况下，罗马人能够在战争中坚持下去，直至己方出现一个世界级的将军——这位将军必须了解复杂的战术，并且能训练他的部队执行这些战术；他得带领士兵在战场上与汉尼拔和他的老练士兵对抗，并且得真正有望在这种情况下获得胜利。

78　　　在与罗马的斗争中，汉尼拔及其背后的巴卡家族和迦太基确实取得了伟大的成就。然而迦太基只有一个汉尼拔；罗马却只需要找到一个西庇阿，然后由他来领导不计其数的优秀罗马士兵即可。罗马迅速从坎尼的失败中恢复过来；迦太基却再也没能走出扎马的阴影。波利比乌斯认为，对于罗马在扎马取得的胜利，西庇阿和他的手下都有功劳，他将胜利归功于"部队稳固的阵形和优于敌人的武器"。[10]

第二次布匿战争的后果

扎马战役之后，战胜国罗马将自己的势力从意大利及周边岛屿扩展到西欧、北非、爱琴海和西亚。它一跃成为三大洲的主要强国，一个新兴的超级大国。或许最令人惊讶的是：罗马并没有立即摧毁迦太基，即便迦太基已经被罗马永久地削弱，其军事力量被捣毁，位于西班牙的帝国被罗马夺走，还背上了巨额的战争赔偿。

不过，若说罗马比以往任何时候都更加强大，那么它也在与汉尼拔的斗争中受到了损害并发生转变。虽然意大利通过从海外攫取财富而在物质上补偿了它所遭受的破坏，其人力损失也终将恢复；但长期遭受侵略让人们集体承受着惊惧，数以万计的死者让人们各自承受着悲痛，这些情绪对罗马人／意大利人的心理状态产生了重大影响。由于经历过汉尼拔的兵临城下（*Hannibal ad portas*），罗马人对胜利的欣喜在很大程度上其实是他们内心深处恐惧的一种反射。对外来者的恐惧长期以来一直支撑着罗马人的侵略行为（"先下手为强"），"高卢恐怖"就是这种恐惧心理的重要一例。扎马战役让迦太基成了一根风雨飘摇的芦苇，然而罗马在接下来的几十年里始终对布匿的魔鬼怀有深深的被害妄想。政治家老加图（Cato the Elder）在元老院演讲时反反复复念叨着"迦太基必须被摧毁"，就是这份偏执心理的集中体现。终于，罗马把自己的老对手逼向了第三次战争（公元前 149—前 146 年），而人们普遍认为这是一次可耻的战争。虽然当时的罗马已成为唯一的超级大国，但在迦太基的废墟上撒盐的做法仍不足以消除罗马人心中的疑虑与恐惧，尤其是在阿尔卑斯山的另一边还蛰伏着高卢人的情况下。

罗马人也会模仿迦太基人及其盟友的做法，并从中学到很多。其中最阴暗的是，布匿战争中的迦太基和罗马彼此"切磋精进"，将各自的残忍冷酷发展到了极致。1757年，英国海军上将乔治·宾因被指控有懦弱行为而遭枪决。[1]伏尔泰在讽刺这桩丑闻时尖锐严厉地评论道："在这个国家，不时地处死一名上将是有益的，这可以激励其他上将。"11迦太基人奉行的正是类似的政策，对那些被认为还不够拼命的将军们，迦太基会把他们钉在十字架上。罗马很可能是从迦太基学来了这种恐怖的司法处决。在"残忍暴行"这一领域，迦太基还为罗马提供了其他一些教程，虽然罗马在这方面已经不需要学习了。尤为严重的就是在无道战争（Truceless War，公元前241—前237年）期间出现的野蛮行为，那是在第一次布匿战争之后迦太基与其雇佣兵之间爆发的一场战争。

两国之间在军事领域有着相当深入的重要交流，远不止于西庇阿在战术上对汉尼拔的模仿。相互影响的最重要领域之一是武器装备。

军事技术和技巧的交流是双向的。汉尼拔的士兵采纳了罗马人的武器装备，不过事实证明，在那个时代更热衷于创新的还要数罗马人。他们仿制敌人的装备，对其进行调整，有时还加以改进。

---

[1] 遭到枪决的是约翰·宾（John Byng），而不是他的父亲乔治·宾（George Byng）。

波利比乌斯描述道，扎马战役后不久，在罗马人意识到希腊骑兵的长矛和盾牌更胜一筹时，他们就立刻仿制了这些装备。波利比乌斯指出："……罗马人会接纳其他民族的新风潮；在看到别人拥有的东西比自己的好时，他们就会加以复制模仿。在这方面，没有哪个国家能超过罗马。"[12] 值得注意的是，海战和复杂的攻城战是罗马士兵和指挥官在这一时期才掌握的全新领域的军事技术。

罗马在第一次布匿战争中意识到，在争夺西西里岛的统治权时将不得不对抗强大的迦太基舰队，然而她其实并没有海战的传统或经验。罗马固然可以从意大利沿海地区的盟友那里吸取专业知识，但这些盟友都没有五层桨战舰——那是迦太基和希腊化舰队使用的大型先进战舰。罗马人对这个问题的解决方式堪称大胆：战争中的好运带给了罗马人一艘搁浅的迦太基五层桨战舰，于是他们对其进行了研究，并迅速仿造了100艘这样的战舰。[13] 他们在改造中为战舰添加了乌鸦式战船吊桥（即登船桥），令其适应自己的作战风格。罗马人依靠着创造力在迦太基人自己的游戏中将其击败。

第二次布匿战争期间，马凯路斯（Marcellus）的军团于公元前212年围攻叙拉古时，面对希腊化世界杰出的科学家和军事工程师阿基米德所发明的周密防御系统和精巧新颖的武器，被打得灰心丧气。（罗马人最终靠偷袭占领了叙拉古城。）然而，正如他们在公元前3世纪迅速掌握了海战战术一样，罗马人在公元前2世纪也引进了希腊化世界的远程扭力投射武器和攻城战术。

也正是在前两次布匿战争，以及两次战争中间对波河流域的高卢人进行征服的过程中，罗马军团及其意大利盟友获得了那套"经典"版全副武装中的关键装备。所谓"经典"装备，就是罗马人在征服地中海区域时的那套装备，波利比乌斯也对其有过描述。一些罗马军团成员已经开始携带大型全身盾牌和军团投枪——一种能够穿透盾牌和盔甲、破坏冲锋的重型标枪；此时在此基础上又增加了从高卢人那里仿制并改造的锁甲。至于罗马人在布匿战争中最重要的创新，无论从象征还是实践意义上说，或许都要数他们引进的一种新型的剑。

✝

在布匿战争刚爆发时，罗马人及其意大利盟友尚未拥有西班牙短剑，这是罗马共和国晚期的一种极为有名的武器。波利比乌斯认为，西班牙短剑的引进是罗马与汉尼拔交战带来的结果——这很合理，因为那正是罗马人第一次深入接触来自伊比利亚的军队。[14] 在叙拉古陷落时，阿基米德成了一名普通罗马士兵的剑下亡魂；或许他也"有幸"成了罗马新武器在未来成千上万的受害者中的第一批。到了第二次布匿战争结束时，西班牙短剑已经广泛为罗马步兵和骑兵所使用。

这是罗马人引进和改造敌人军事技术的最著名案例。直到过去 20 年间，我们才发现了这类武器的真实样本。[15] 证据表明，与随后在帝国早期出现的美因茨式武器相比，这些样本出人意料地大不相同。到目前为止，我们还没有找到任何来自公元前 3 世纪的，能够为我们展示最早版本古罗马"西班牙短剑"准确样貌的实物例证。不过还是有几件被认为来自共和国晚期的武器，近期被鉴定为来自公元前 2 世纪和公元前 1 世纪早期（图 23）。其中一柄剑出土于提洛岛（Delos），带有框式剑鞘和悬挂环，是早期帝国武器的雏形。它看上去是因为公元前 69 年的战斗而被埋在此处的，同种类型的武器均以这柄剑来命名。目前已得到鉴定的最古老的若干剑身实例出土于克罗地亚的什米海尔（Šmihel）[1]。由于在公元前2世纪中期发生的一次不知名的攻城战，它们和其他一些罗马武器装备一起被掩埋在了这里。[16]如今我们已经了解了这类武器的样貌，便能据此鉴定出其他实物，未来还会有更多相应发现。[17]

这类武器均有双刃，截面一般呈菱形，剑形偏窄，大部分中部略微收窄或呈叶形，带有长长的锥形剑尖。出土于提洛岛的实物，其剑身长约625毫米，宽约48毫米；出土于什米海尔的实物，其剑身长度为622至661毫米，宽40至45毫米。[18]我们不具备描绘其剑柄样貌的充分证据。但是通过参考提洛岛剑上的痕迹，以及多米提乌斯·阿赫诺巴布斯的祭坛（Altar of Domitius Ahenobarbus）浮雕中描绘的一把剑，我们可以推测此类武器的剑

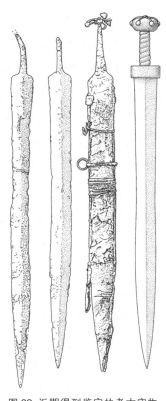

图23. 近期得到鉴定的考古实物，类型均为享有盛名的罗马共和国的西班牙短剑从左至右依次是：左一左二出土于克罗地亚的什米海尔；左三来自希腊的提洛岛，它仍然装在原配的剑鞘中，剑鞘上装有挂环配件，图中还呈现了这柄剑的复原版。（比例1:8）

---

[1] 经过资料查找和确认本书引用的文献，什米海尔在斯洛文尼亚境内，而非克罗地亚。

柄已经采用三个配件组装的形式，其材料为木材或其他可能出现于帝国时代的材料。提洛岛剑的剑首上还镶有铆钉。这把剑被发现时还在鞘中，鞘两侧各有两个可以用于悬挂的环，这是早期帝国剑鞘的雏形。四个悬挂环可能不是同时使用的，可能是为了无论将剑佩在左边还是右边，都可以使剑鞘朝前倾斜。[19] 罗马共和国晚期的纪念碑显示，这种剑是佩带在腰带上的。

81　　　这种新式的剑是从何种意义上被冠以"西班牙"之名的呢？在伊比利亚半岛，有可能作为西班牙短剑大致剑身原形的，就是那些剑身中部收窄的双刃武器，它们来自公元前5世纪到公元前3世纪——后者是一个关键的时间点（图24）。许多武器出土于凯尔特伊比利亚人以及与之相关的其他内陆地区民族（这些民族与地中海沿岸的那些伊比利亚民族并不相同，尽管从此处开始我还是会使用"伊比利亚的"这一术语，指的是其在古代地理上的含义，也就是伊比利亚半岛——今天的西班牙和葡萄牙）的墓葬。然而，虽然这些剑据推断来自公元前3世纪的伊比利亚半岛，还被认为是后来西班牙短剑的前身，它们却与新鉴定发现的罗马剑有明显区别：两者的剑柄形状完全不同，在长度上的区别尤甚。

　　伊比利亚剑的剑身相对来说短很多，有些只有大约300毫米长，不过大多数长度为400至500毫米。[20] 如果罗马人在此之前一直在使用西弗斯短剑，那么已知的实物证据表明，他们更习惯于使用剑身长度在450至550毫米或更长的武器。而之所以说罗马人很可能对伊比利亚式武器进行过适应性改造，而没有直接原样接受它们，长度问题是很重要的一个原因。另外还有一个西班牙武器的主要设计元素被罗马人完全舍弃了，与全铁的伊比利亚式剑柄全然不同，罗马式剑柄使用木质或骨质配件，形状也很不

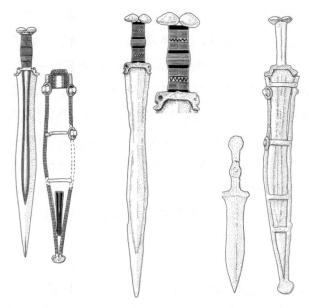

图 24. 古罗马时代的西班牙短剑在伊比利亚的前身，以及与之配套的普吉欧匕首（*Pugio*）。图左：一柄短剑和装有环形配件的框式剑鞘，出土于西班牙瓜达拉哈拉市（Guadalajara）的阿尔蒂略德切洛波佐（Altillo del Cerropozo）的一处墓葬。图中：一柄武器，出土于西班牙萨拉戈萨（Zaragoza）的蒙雷亚尔德亚里萨（Monreal de Ariza），及其握柄上的双色镶嵌装饰的放大图，此装饰花纹也见于一些剑鞘。图右：剑和与之相配的匕首，出土于西班牙索里亚（Soria）的奥斯马（Osma）的一处墓葬。图中所有武器都来自公元前 3 世纪左右。（比例 1:8，图中除外）

一样，可能已经是由分开的护手、握把和剑首组件构成的，这部分构造与帝国时代的武器很相似。在剑身形状方面，公元前 2 世纪的罗马剑与这些伊比利亚武器相近，都是双刃剑，而且剑身大多在中部略微收窄，当然，西弗斯短剑也是如此。不过，大多数罗马剑的剑尖相对于整体比例而言较长、较窄，使得罗马剑和伊比利亚武器相似度更高，而这一点可能特别值得我们注意。

　　总之，不带剑鞘时，这种罗马剑看上去并不具有明显的"西班牙属性"。然而，当这种武器装在剑鞘里并挂在腰带上的时候，在同时代的人看来就是明确无误的伊比利亚风格。带框并装有配环的剑鞘（图23）与传统文献中提及此剑来源于伊比利亚的说法相互印证；[21] 加之与它一起成套佩带的普吉欧匕首具有明确的伊比利亚特征，更是着重突出了剑的起源地。罗马人几乎没有对普吉欧匕首进行任何改动，而是直接采纳了来自伊比利亚的原型。在几个世纪里，他们一直保留着这种匕首的刀刃形状、工艺复杂的层叠手柄、带有佩环的金属框刀鞘和对比色花纹的镶嵌装饰（图24）。

　　罗马人引进西班牙短剑时，本不一定非要连同它的带框剑鞘、圆环配件一起接受，更不用说配套的普吉欧匕首了。毕竟，不适合他们的剑柄设计就被舍弃了。罗马人之所以吸收了那些其他元素，似乎是出于对视觉效果的考虑。其重要意义不仅在于他们要拥有一把在某种意义上来自"西班牙"的剑，而且在于（尤其是它的剑柄已不再是伊比利亚式样）要让这把剑的配件来展现鞘中剑的来历及其特殊的致命性。为了达到这一目的，除了有限地改造西班牙短剑本身，对伊比利亚式"剑文化"，罗马人也照单全收了。

　　那么除了人们在看到它的配件时所产生的联想之外，罗马的西班牙短剑还在哪些方面体现出了"西班牙特性"？一份拜占庭的文献保存着一段别处没出现过的波利比乌斯的记述，其中一个片段提供了一些重要线索：

　　　凯尔特伊比利亚人在剑（*machairai*）的制造上与其他民

族区别极大。不同之处在于它（原文如此）拥有一个很好用的剑尖，于是双手握剑向下劈砍时威力很大。因此，罗马人在与汉尼拔交战之后就放弃了自己传承自祖先的剑，转而采纳了伊比利亚人（原文如此）的剑。然而尽管罗马人接管了剑的制造，他们却根本无法仿制出性能如此卓越的钢铁，也无法再现其余的精工细作（*epimeleia*）。[22]

引文中最后一个词 *epimeleia* 意为"谨慎细致的关注"，或结合上下文更妥帖地解释为"精细复杂的加工"。这句话对应的可能是已知罗马武器实例那较为朴素的剑柄，以及它们的剑身表面没有伊比利亚剑身上常见的那种精细加工痕迹。总而言之，这段记述说明：纵然在钢材料制造上，罗马人不能完全达到同等质量（而这可能既取决于工匠们从矿石中冶炼金属和处理金属的能力，也取决于西班牙可获得的矿石本身），许多细部精加工和装饰的技术他们也没有掌握。其实更大的可能性是，他们有意选择不在这种事情上费心，但罗马人还是模仿了西班牙短剑的大致形状，尤其重要的是他们也学会了这种剑的基本制造技术。罗马人关注的是让武器获得所需的机械特征，是如何进行适应性改造而非盲目地模仿。从招募的或在战争中俘虏的伊比利亚军械工匠身上，他们将会学到这一切。

在（尚且）缺乏冶金学分析的情况下，我的观点是：上文那段以及另一段（见后文）波利比乌斯的记述共同表明，伊比利亚剑吸引罗马人的主要特质一部分在于其剑身的形状，如果说它在尺寸上并不很契合罗马人的战斗偏好，那么至少它的形状（较长、较窄的剑尖）是很合适的。然而，新武器只是在西弗斯短剑的基础上进行了相对有限的变形，这种改变其实谈不上什么革新。它的革新的确不在于此，而在于将这种造型与更优良的制造方法相结合后，一把更加致命的武器出现了。其致命性既源于改进后的形状，也源于其明显优于此前罗马武器的强度。波利比乌斯曾在其他文章中论及罗马军团卓越的战斗力，他强调了罗马士兵的大型全身盾牌和手中剑的强度所带给他们的信心；依靠这两样装备，他们可以抵挡住反复的攻击。[23] 在此处和另一段描述军团武器的著名段落中[24]，波利比乌斯着重记录了这种武器的剑身强度。这意味着在罗马人偏爱的密集剑斗中，它的剑身发生弯曲或折断的概率低于其他武器，或许剑刃和剑尖也能保持得更好。那么，西班牙短剑的"西班牙特性"大概主要在于其制造技术。于是，由于不具备伊比利亚特征的剑柄掩盖了它作为西班牙短剑的本质，那就必须通过西班牙式的配件将它的西班牙特性广而告之。这与几百年后"托莱多武器"的名声有直接的相似之处，后者是卓越武器锻造技术的代名词。从形态上说，也许把罗马人的新式西班牙短剑看作伊比利亚武器和西弗斯短剑的混合进化版才是最恰当的。

观察过这些提洛岛式武器的人们会对其长度感到吃惊，它们的长度比我们所熟悉的帝国早期的"短刺剑"要长得多，已经赶上了帝国时代的一些斯帕塔长剑。如果说提洛岛式武器作为西班牙短剑的确是有代表性的——而这一点几乎没有疑问，那么考虑到它拥有这样一个尖锐厉害的剑尖，我们完全可以确信西班牙短剑是一种威力强大的刺击武器。事实上的确有具体文献证明，罗马人受到的实战指导就是用剑去刺。公元前 223 年，罗马人与高卢因苏布雷部落（Insubres）之间发生了战斗（附带一提，根据波利比乌斯的说法，罗马人在这个年代还没有引进西班牙短剑），波利比乌斯对此有如下记录：

> 罗马人……的剑拥有绝好的剑尖，因此他们不是用剑来砍，而是去刺：通过像这样反复戳刺敌人的胸部和脸部，他们最终杀死了数量更多的敌人。[25]

不过波利比乌斯解释道，这是将军们在战前就搏斗技巧和大致战术向部队做了具体指示的结果。与罗马人作战的高卢人配备的是适于劈砍的长剑，而上述战术指示是针对这些敌人临场制定的。罗马一方的胜利实应归功于这些战斗技巧，因为罗马将军弗拉米尼乌斯（Flaminius）犯了一个错误：他将部队调集到了一个令军团各中队无法执行"有限后撤"（即战场轮替休息）这一标准罗马战术的地方。这一事例表明，用剑刺戳也许是罗马士兵的一种常规操作，但不一定是他们的普遍操作。而且事实上在波利比乌斯留下的其他记录中，他强调，罗马人既会用剑去刺，也会用剑来砍。[26]

波利比乌斯还指出，汉尼拔麾下的西班牙军队在坎尼战役中使用的剑在两种模式下都很好用。[27]根据推测，他们的武器和后来罗马共和国时期的西班牙短剑剑身长度一致，而中部稍稍收窄（越接近剑尖的地方越重）的形状与适用于斩击的武器特征相一致。这种剑很适合步战，但同时也是相当实用的骑兵武器。它造成的伤口深深地震惊了马其顿的腓力五世，这些伤口中有许多显然是切割伤，而非刺戳伤（见边码第 39 页）。

战场得胜的危险

在公元前 3 世纪，罗马人和意大利人所获得的关于战争的深刻教训并不仅限于武器和战斗技巧，也在于汉尼拔那高深复杂的希腊化风格的战争理念。事实证明，这才是让罗马人最难适应的方面。它需要新的、"更高层次"的战术，涉及罗马人所不熟悉的不同阵形构成的复合型战场调度，而罗马的传统政治制度也使指挥官们对此心存抵触。罗马作为一个城邦，是围绕着贵族氏族间的角力而建立起来的。因此，罗马人虽然在政治和战略方面展现出实力，却也暴露出特有国家架构造成的种种缺陷。即便罗马在"大战略"层面上是比较有抱负的——向多条前线派兵作战，并能以充分的后勤予以支持，他们的作战方式也较为简单。我们可以从森提努姆战役中看到，在罗马军团支队系统所构成的灵活体系下，部队能够完成复合型的机动调度，其复杂程度远超简单的"战场轮替休息"法。然而，即使实情的确如此，大多数罗马将军还是更习惯于直接按照传统阵形部署手下的士兵，敦促并带领他们英勇前进。正是且只有这些做法，才被看成罗马将官应当履行的职能。汉尼拔利用了这种缺乏创造力的思路，围困并摧毁了这些英勇却迟缓笨重、只会按部就班的罗马部队。罗马传统固有的职业体系，也使得大多数元老在作为执政官领导军队之前很难积累很多指挥经验。互为对手的元老们严密地防范着指挥权和荣耀流入他人之手，也不允许它们过分地集中于任何个人。元老们紧紧盯着彼此，令他们对杰出人才怀有极大的疑心。当两位执政官一起上战场时，共享指挥权往往会导致分歧，甚至使指挥能力完全丧失。在面对像汉尼拔这样身经百战、千锤百炼的职业将领时，这可能会成为不可救药的短板。然而，西庇阿最终证明了罗马的将军也是能够掌握希腊化战术的；而且同样重要的是，他也能通过训练使手下士兵有效地执行这些战术。

从某种意义上说，西庇阿的腾达是罗马对外来模式的一次效仿：提拔少年时才华过人的军事人才。年轻时的西庇阿因堪称典范的勇气和领导力而声名鹊起，因而在汉尼拔入侵的危机中赢得了在西班牙指挥罗马军队的权力。按照正常规定，当时的他资历远远不够。西庇阿得到提拔纯粹是因为战争危机太紧迫，然而这还是威胁到了罗马政府的传统体系。这套体系的标志性特点就是轮值指挥，以及人员晋升要依据资历而非能力。因此西庇阿的任用遭到了强烈的抵制。由于在非常时期获得了民众的支持，他得以长期凌驾于这些抵制声之上。

西庇阿征服了迦太基统治下的西班牙，凭借这份战功所带来的声望在公元前205年成了执政官。意味深长的是，成为执政官的西庇阿越过元老院直接向人民发出呼吁，确切地说是向士兵们发出呼吁，请他们支持自己入侵非洲的计划。民众对迦太基的仇恨、恐惧和对复仇的渴望将西庇阿和他的军队送往非洲。即便在出兵之后，这种情绪仍然在罗马的公共舆论中滋长，直至迦太基最终被征服。然而西庇阿偏离正统的做法激起了元老院的怀疑和嫉妒，给他带来了悲哀的结局。在扎马战役之后，元老院内部的竞争甚至也对西庇阿构成了限制。有一种推测颇为合理：西庇阿之所以在得胜后选择与迦太基谈判，部分原因是，他明白那将会是一场旷日持久、艰难惨烈的攻城战；但更重要的是，他担心自己的指挥权在迦太基陷落之前就会旁落，如果元老院中的对手取代他成为指挥官（当时看来是很有可能的），最终征服迦太基人的荣耀就会从他手中被夺走。[28]

事后看来，对那些多疑的传统罗马贵族来说，西庇阿的晋升道路过于超前，超越了可被容忍的范畴。和汉尼拔一样，这位功高盖世的元老在流亡中结束了他最后的岁月。后来的罗马指挥官们心中斟酌的，往往不是同代军事科技发展或敌人的实力，而是自己在同僚眼中的地位和祖先的凝视。长此以往，分裂的指挥权和激烈的内部竞争导致了更多战事的惨烈失利，公元前105年的阿劳西奥（Arausio）战役就是其中一例。当时迁移中的辛布里人和条顿人对意大利构成了威胁，然而指挥军队迎战的两位罗马执政官无法共同协作，致使部队被敌人化整为零，分而破之。[29] 然而后来发生的事件也表明，元老们因异常强大的将领获得晋升而心存恐惧也是有道理的。到了帝国即将萌芽的共和国后期，企图超越西庇阿的野心家们成了愈发危险的内部核心威胁。辛布里人和条顿人最终被后起之秀盖乌斯·马略所歼灭，他被提拔的过程也违背了罗马的传统，而这后来导致了内战（见边码第97页）。

M. 克劳狄乌斯·马凯路斯（M. Claudius Marcellus）则更符合传统主义者的口味，他被视为旧式的共和国英雄（图25）。他获得过所有战场荣誉中最杰出和最罕见的一个——"最高战利品"荣誉（*spolia opima*，授予在战斗中亲手杀死敌方将军并夺其武装的指挥官），[30] 而他最终在战斗中以一个战士的身份死去，这种结局也十分合宜。他并不长寿，因而没有机会耀武扬威，让同僚嫉恨。他成了一个稳妥退场的勇德传统典范，可供后人效仿。然而像西庇阿一样，马凯路斯的行为也对未来产生了影响。

图 25. 一枚共和国晚期的第纳
尔银币，它纪念的是马凯路斯
在罗马将自己的"最高战利
品"献给设在卡皮托利诺山
（Capitoline）上的朱庇特神庙。

作为叙拉古的征服者，马凯路斯带着自己从那里缴获的堆
山积海的财富在罗马的街道上游行，其中尤为值得一提的就是
大量工艺上乘的希腊雕塑。那一次游街展示显然改变了罗马人
对希腊文化的态度，[31] 人们突然开始对希腊式的光辉灿烂之美86
产生喜好，而这份喜好随即成了渴望的欲念，要靠劫掠更多的
希腊城市才能满足。马凯路斯还修建了一座"胜利纪念"神庙（即
以战利品为资金建造的神庙）。修建这类神庙本身是一种遵循传
统的行为，但这座神庙对荣誉（honos）和男子气概（virtus）的
双重敬拜却是引人争议的标新立异之举。此外，马凯路斯还受
委托创作了第一部罗马历史剧 [1]。——奈维乌斯（Nevius）所作
的《克拉斯提狄乌姆》（Clastidium），这是一部纪念马凯路斯军
功的作品。[32]

---

　　[1] *fabula praetexta*，直译为官袍剧，得名于罗马高官和元老所穿的长袍，
是讲述罗马历史、传说人物和故事的戏剧。

如果元老中的任何人在征战中取得了太多荣耀，其他人都会理所当然地忧心忡忡。因为这破坏了权力分享的传统。与此同时，一位战功赫赫的将军也可能忍不住出于一己私利而滥用自己的影响力，而且他能左右的不仅有手执武器的罗马公民，还有罗马的盟友们。这就上升到了叛国的可能性。罗马的指挥官们此时已经加入了希腊化世界佣兵首领和君主的竞技场。而那些人的权力是个人的、绝对的，并且主要依赖的是手下士兵和个人军事才华，他们为野心勃勃的罗马将军们提供了危险的榜样。这样看来，难怪元老院对西庇阿的飞黄腾达心怀警惕，尤其是当他们看到他的士兵是如此紧密地依附于他。据传，西庇阿麾下的一部分外国盟军想授予他国王的头衔。元老们对此深恶痛绝，事实上就连西庇阿本人可能也认为这是离经叛道。据推测，他另外提了一个不那么容易激起怨愤的头衔，于是他的部下宣布尊他为英培拉多（*imperator*），意为凯旋将军。[33] 就这样，一个新的、长久沿用的荣誉称号诞生了，后来的将军都力争从自己的士兵那里获得这个称号。它标志着将军与士兵之间的关系变得越来越亲密直接，这种联系绕过了元老院。而由此诞生的"凯旋将军"称号，其含义经过演变，让我们得到了英语中的"皇帝"（emperor）一词。

除了盯紧权力过大的同僚，元老们也有充分的理由一直对普通士兵保持密切的注意。罗马军队坚持进行自我激励动员，由此产生的能量被释放到战场上时是极有价值的，但其余时间就露出了双面神雅努斯的另一张面孔——如何控制他们成了难题。即使是西庇阿，也可能会失去他手下兵士的忠诚：在公元前206年的西班牙，他军队中的一部分人感到自己立下的战功并未得到回报，因而心生不满；他们"脱离"组织并建立了自己的营地，自行推选百夫长和军官，并且重新进行军人宣誓，从事实上非法"解雇"了自己的将军。[34]

脱离控制的军人会变成长期的危险，而这在布匿战争之前就已经是个令人担忧的问题了，发生在利基翁（Rhegium）的骇人听闻的事件就证明了这一点。在对抗皮洛士的战争中，罗马曾派出4000名士兵，由一个据说已获得罗马公民身份的"名叫德西乌斯（Decius）的坎帕尼亚人"领导，前去保护一座与罗马关系友好的城市，即位于意大利"脚趾"上的利基翁。[35] 它的位置几乎正好与西西里岛的墨西拿隔海相对，而彼时的墨西拿正处于马麦丁人的控制下（见边码第72页）。事后看来，墨西拿城佣兵叛变的"榜样"和利基翁的财富对这支罗马驻防部队来说实在是太诱人了。他们之中可能本来就包括一些以作雇佣兵为业的意大利人——在没有受到"联邦"征召时，他们或许就是自由雇佣兵。和马麦丁人一样，他们以暴力方式占领了被派驻守护的地方。罗马政府对这支作乱的队伍采取了极端武力，在公元前270年派出军队夺回了利基翁。在随后的攻城战中，由于深知自己一旦被俘就会面临何种命运，大多数叛军士兵与自己的同胞奋力战斗直至死去。最终仍有大约300名俘虏被押回罗马，被处以鞭刑和斩首。

罗马人必须通过惩戒利基翁的叛军来警示众人，捍卫军纪，并重树自己在盟国中的良好声誉。毫无疑问，他们也迫切地想要维护敬畏神明、公平正义和值得信赖的自我形象。然而利基翁的驻军不过是做成了先前某支罗马驻军在卡普阿密谋之事（见边码第 64 页）。无论元老阶层指挥官们抱有怎样黜奢崇俭的价值观，他们的部队都始终在寻找机会放纵自己的暴力与贪婪。驻扎在那些殷实的希腊城市中的罗马和意大利士兵就像是走进了糖果店的孩子，只是这些甜食爱好者手里还握着弹簧刀。

挫败亚历山大的继业者们（公元前 200—前 167 年）

> 罗马人的进步并不像一些希腊人所认为的那样；它并非出于偶然，也并非不由自主，而是……依靠在艰巨而凶险的进取之路上自学；于是再自然不过地，他们在这一过程中不仅获得了谋求天下一统的勇气，还达成了自己的目标。
>
> ——波利比乌斯《通史》1.63[36]

在征服迦太基并确立对西地中海地区的控制权之后，罗马面对的是统治着共同海域东半部分的几个老牌强国。亚历山大的帝国已分裂成三个继承国：在原有的继续执掌希腊的马其顿王国之外，还有领土从地中海一直延伸到阿富汗的庞大帝国塞琉西，以及托勒密王朝统治下堆金积玉的埃及。

早在扎马战役发生之前，罗马就与马其顿发生过冲突，只是没有明确的胜负结果。那一次马其顿出于普遍的机会主义分子心态与汉尼拔结成了联盟，想要乘罗马之危，于是罗马被迫采取行动加以防范。在那个时代的环境下，新兴大国罗马与希腊诸城邦之间的重大战争迟早都会发生，已属无可避免。问题是，亚历山大的士兵曾创下征服波斯帝国的战绩，罗马人真的能打败他们的

后代吗？罗马人真的能抵挡住令人生畏的马其顿方阵吗？这个阵
形由腓力二世和亚历山大大帝改进完善，由排布紧密的步兵组成，
阵外侧密布着一排又一排长矛，矛头凸出阵列边沿数米之多。它
称霸战场已有近两个世纪的时间了。

希腊世界相当富有，文化也高度发达。但与意大利一样，希
腊的许多士兵、将军、佣兵首领和国王都极为看重荣誉。这里战
事频繁，而且往往相当残酷。[37] 这里的人们以职业化的方式来打
仗。参战人员以职业士兵为主，特别是那些组成马其顿方阵的希
腊人和马其顿人，以及由雇佣兵组成的部队，比如辅以战象和卷
镰战车等外来产物的高卢或色雷斯雇佣兵队伍。在专业将领的指
挥下，成熟而敢于创新的庞大希腊化军队认为自己足以将蛮族杀
得片甲不留，包括作为后起之秀的罗马人。

可能是在汉尼拔战争期间，罗马创建了军团的组织架构，波
利比乌斯在那之后不久对此留下了非常有名的记录。他陈述道，
一个军团名义上应该有 4200 名步兵，主要分为三线：第一线是
10 支 120 人的中队，均为年纪较轻的青年兵（hastati，字面意思
为长矛手）；其后的第二线编制与之类似，均由经验丰富的壮年兵
（principes，意为主力兵）组成；而最后一线则是 600 名后备兵
（triarii，意为三线兵）——据推测，这些年纪最大的士兵被分为
10 个规模较小的中队，每队 60 人（或许是由于该组年龄段较高，
因而同龄士兵死亡和因伤退役导致队伍人数相对较少）。他们所
有人都配备着西班牙短剑、长椭圆形的全身盾（scutum，也称罗
马长盾或塔盾）和青铜头盔，青年兵和壮年兵携带了军团投枪（重
型标枪），三线兵则持有刺矛。护具还包括青铜护胸，较富裕的
士兵则穿着铁制锁甲（这是以财富作为组织划分的最后一点痕迹；

此时的罗马军团已经基本用年龄和经验取代了以前那种划分标准，不过士兵仍然是从有产阶级公民中招募的）。上述三线士兵又受到最年轻、最贫穷的士兵们掩护，他们是没有盔甲、手持标枪的少年兵（即仅穿着斗篷的士兵，轻步兵），共计1200人。每个军团还配有300名骑兵。[38]

如果说公元前205年罗马人支持向非洲大举进军是出于对迦太基的憎恨和恐惧，那么到了公元前200年，在罗马已挫败汉尼拔的情况下，他们自己对战争也已感到相当厌倦，对于再向马其顿开战感到抗拒。然而由于受到向罗马求助的希腊人的鼓励，面对与汉尼拔结盟的马其顿和为这位流亡中的罗马克星提供庇护的塞琉西帝国的安条克三世（Antiochus Ⅲ），当时元老院的意见却是支持对他们采取所谓"先发制人"行动。

公元前197年，罗马军团凭着战术的灵活性和一定程度的运气[39]在库诺斯克法莱（Cynoscephalae）击败了传奇般的马其顿方阵，震惊了整个希腊世界。塞琉西对希腊实施干预，汉尼拔又在塞琉西的宫廷中现身，加剧了罗马人的恐惧。于是，公元前190年的罗马在安纳托利亚的美格尼西亚对希腊军队开战，并又一次取得重大胜利。这次胜利让罗马在爱琴海和安纳托利亚获得了主宰地位，埃及的托勒密王朝也来寻求与它建立友谊。在公元前168年的彼得那，罗马士兵再一次也是最后一次迎战马其顿方阵并将其粉碎，这证明他们之前取胜并非侥幸（图26）。

90　　罗马人是如何取得这一系列震惊世界的军事胜利的？波利比乌斯描述了马其顿方阵的结构，也描述了它的弱点：它需要在一马平川的平地上才能运作；[40]如果方阵被打乱，或是被敌人从侧翼包抄，阵中的长矛步兵就会面临屠戮。在库诺斯克法莱，罗马人就成功地包抄了敌人方阵的一部分，并且趁剩余的人尚未组织好战斗队形时袭击了他们。在彼得那，战场崎岖的地势造成了方阵内部的空隙；组织灵活的罗马军团成功利用这些空隙，钻到了本应依靠方阵保护而轻装上阵的步兵之间。而马其顿方阵死板的队形一旦被打乱，阵中的大量长矛枪柄便会交错在一起，把矛兵们卡得动弹不得，使其陷入束手无策的绝望状态。罗马军团得以在彼得那击败马其顿方阵，依靠的既是将领们的指挥和战略，也

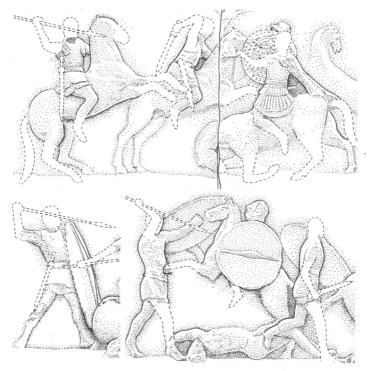

图 26. 现存最早的表现士兵战斗场面的作品。出自希腊德尔斐（Delphi）一座纪念碑的残片，这座碑是为纪念公元前 168 年埃米利乌斯·保卢斯（Aemilus Paullus）在彼得那击败马其顿方阵而建的。

是普通罗马及意大利士兵手中的武器、所受的训练、所掌握的战斗技巧和"低层级"的战术——波利比乌斯对所有这些方面都进行了着重论述。

在记述扎马战役的文章结尾，波利比乌斯回顾了罗马士兵的战斗方式。作为一位亲眼见证罗马在扎马之后如何打败希腊化世界的作家，他的见闻无疑也为这段记述增添了色彩：

> 罗马部队在战斗中的队形使其很难被突破。因为这种队形可以在不做出任何变化的情况下，就能支持每个士兵单独或协同战友在任何方向上构成一条可以迎敌的战线。离危险最近的中队仅需要一个动作就能调整方向，迎击威胁。此外，罗马士兵的盾牌尺寸和剑的强度也允许他们反复进行攻击，使得他们从武器装备中获得了保护和自信。具备以上这些条件的罗马士兵成了极难战胜的可怕对手。[41]

他将罗马人的战术与队形僵化的希腊方阵放在一起比较，并指出：

> 在罗马人这一方，每个全副武装的士兵也会占据三英尺宽的空间。然而，根据罗马人的作战方法，他们的战斗动作却是各自进行的：他们不仅会用长长的盾牌保护自己的身体，不断地移动盾牌以阻挡有预兆的攻击，也会用剑来劈斩和戳刺……[42]

高质量的武器也让士兵们士气高昂。波利比乌斯将罗马在战场上取得的成功与其武器的品质直接联系在一起。凭借一系列惊天动地的胜利，罗马士兵确立了对希腊化王国在作战士气上的优势，即便希腊军队已经放弃了马其顿方阵，并模仿罗马的武器装备和战术对军队进行改革（图 27）。[43] 从那时起，罗马的将军和士兵开始期望自己会得胜，而他们的许多敌人在战斗打响前就已经对落败至少有几分预料。[44] 罗马此时已成为世界级的帝国强权。它于公元前 146 年对迦太基和科林斯施加的两起暴行更是突出了其霸权地位（见边码第 38 页）。

图 27. 可能为公元前 2 世纪希腊化时代晚期的士兵，或许是托勒密或塞琉西士兵，也可能是雇佣兵，绘画来自彩绘葬礼石碑（stelae），发现于黎巴嫩西顿。图中，萨尔马斯（Salmas，左）穿着一件罗马风格的锁甲，举着罗马风格的盾牌；巴尔博拉（Balboura）的迪奥斯科里德斯（Dioskourides，右）挥舞着一把类型不明的剑。

✝

在试图理解罗马势力发展的现象时，很有意义的做法是将当时邻近地区所发生的事与之联系在一起思考。几个世纪以来，中东地区一直有大帝国存在，爱琴海地区和意大利却没有。然而，罗马在意大利的崛起与古典世界其他地方的帝国崛起几乎同时并不是巧合。古典世界的发展壮大似乎与周期性的长期气候变化相对应；在公元前1000年的后期至公元后头几百年间，气候的变化无疑为欧洲创造了更好的农业条件，对邻近地区很可能也是如此。[45] 而这可能就是希腊世界、意大利及欧洲其他地方（从伊比利亚和高卢到不列颠）的定居点和人口密度显著增加的原因；这方面增长也反映出经济的增长，而正是经济增长使得铁器时代的人们能够（或被迫）以不同的速度迎来国家的建立和城市化。

爱琴海和地中海中部地区刚一出现城邦，它们就表现出聚结成更大集团和结为多城邦联盟及帝国的倾向。政治集团的规模较大时，其吸引力，特别是在集体军事力量方面的吸引力是相当可观的，尤其是对这类集团的掌控者来说。就希腊人而言，一些联盟是自愿组成的，如波利比乌斯所在的亚该亚同盟。[46] 但在大多数情况下，通常由一个格外强大的城邦控制着其所在的联盟。在公元前5世纪和前4世纪，雅典、斯巴达和底比斯分别在不同时期主宰希腊，它们各自身边都簇拥着自愿程度不一的盟友或属国。在那之后，由腓力二世和亚历山大大帝执掌的新的马其顿帝国容纳了爱琴海地区的希腊人，立刻随之而来的便是它对阿契美尼德王朝治下的波斯帝国的毁灭性攻击。而同一时期在意大利发生的罗马崛起，可以被看作与希腊互为照应的过程所产生的结果。

意大利的情况和爱琴海附近地区一样：不断增长的人口、财富和不断累积的政治经验，使得规模更大的政治单位和政治架构成为可能，或许它们的出现已是不可避免。如果没有罗马，意大利境内最终也会出现一个或多个规模较大的国家，这些国家可能是围绕以"种族"为核心的已有联盟聚集而成的；或者最有可能的情况是，意大利落到了某个雄心勃勃的希腊统治者手中，比如皮洛士或叙拉古的狄奥尼修斯一世，甚至可能是亚历山大大帝本人——如果他那时还活着的话。[47]

亚历山大的无限野心和卓越将才之所以能得到发挥，依靠的是马其顿军队以及与他们并肩作战的希腊人的战斗素质。马其顿人没有压抑希腊人的军事传统；相反地，他们对希腊人和马其顿人尚武的癖好加以引导，让他们将武力对准波斯而非彼此。在亚历山大的帝国开拓活动中，这些意识形态和能量同时得到驾驭，而其目的是实现马其顿与希腊的共赢。与此同时，这也有助于安抚马其顿治下的希腊。如此说来，马其顿成了可以与某个处于希腊世界边缘的"半野蛮"国家互为对照的先例。这个"半野蛮"的国家也是如此将其邻邦崇兵尚武的精神集结起来，使之朝向外部，释放出征服世界的军事力量。

正如我们所看到的，直到公元前4世纪，意大利将由罗马来领导的事实才变得明显。然而罗马的特殊动力使其将这种领导作用发挥得比其他任何国家都更进一步，而且事实证明，她的领导也更持久，只需要看看亚历山大的浩大帝国如何迅速走向分裂。让我们对历史做一次反事实推理：假设罗马在公元前387年被塞农部落摧毁，或是晚些时候被汉尼拔击溃，抑或遭到永久性的削弱，那么很可能随之出现的就是一大批规模较小的王国和帝国，西欧和地中海地区也不会发生政治一统这样一个在长期历史中相当独特的反常现象。

已知世界的主人（公元前167—前44年）

在彼得那战役之后，罗马人已经成功抵挡并战胜过汉尼拔。地中海地区所有其他大型帝国要么被它击败过，要么屈服在它的威势之下。整个已知世界的命运都处于罗马人的裁决之下。希腊人认为，"罗马"这个名字听上去和表示"强制、逼迫"之意的词语很相似。[48]在思考罗马是如何戏剧性地跃升到无可匹敌的统治地位的过程中，罗马人逐渐接受了帝国主义者的常见思路。他们开始确信此等巨大成功"显然"是得到了神的认可；罗马"显而易见的天运命数"就是成为一个无限帝国（*imperium sine fine*）。

然而罗马的唯一超级大国地位并没有让它得以对地中海世界迅速而系统地建立直接统治。大约用了两个世纪，罗马才将地中海地区彻底降为自己的行省。这两百年对该地区来说是一段漫长的不稳定时期，罗马自身内部也是一样。帝国发展带来的直接后果是，罗马早在这一过程完成之前就深陷内战动荡，共和国制度终究为帝制所取代。

罗马跃升为军事力量霸主的过程令人惊叹。而在这之后，它对领土型帝国的强化巩固却显得犹豫不决，这背后的原因和造成的后果都很复杂。罗马的弗拉米尼努斯（Flamininus）将军曾经发出著名的宣言：让希腊人重获自由（即爱琴海地区的希腊人从此不再受来自希腊化世界的国王们或罗马的统治，发表于公元前

196 年）。这番宣言折射出罗马在面对公认的世界文化领袖时，其敏感而不安的刻意心态。[49] 但这同时也表露出，对于直接统治海 外地区所要付出的政治和军事投入，特别是像旧希腊地区这些纷争不断的城邦，罗马长期保持谨慎的立场。此时的罗马人一边忙于在新的西班牙行省周边进行看似永无休止的战争，一边还要应付那些在他们看来与意大利价值观越来越不相容的民族，包括气数已尽的东希腊人、狡猾的东方人和粗鲁无礼的蛮族，他们感到最好与这些民族都保持一定距离。因此，罗马人力求获得对东方的军事霸权，而非直接统治。他们希望扩大联盟体系，将大小政权都容纳在内，如罗德岛、帕加马王国和托勒密王朝治下的埃及，对塞琉西则主要以冷战制衡。想要达成某种目的时，罗马人会让剑在鞘中铮鸣，以示威慑；然而在对方拒绝服从时，他们则会毫不犹豫地拔剑出鞘。

罗马在运用权力的同时却不承担责任，这是一种贻害深远的不稳定状态。希腊诸国一再恳请罗马相助对抗敌国，而其他国家则长久地希冀罗马的统治地位能够被打破。科林斯便是这样走向了自己命运的终点，在加入亚该亚同盟、投身于一场对抗罗马霸权的战争之后。罗马削弱了潜在对手的海军力量，却没有将自己的海军力量投射到相应地区，这导致了大规模海盗行动的攀升。

不受约束的权力助长着罗马的冷酷无情，其属国遭到暴行和极端对待。罗马人袭击其他城市和国家的借口变得越来越勉强，他们贪图物质财富和奴隶的动机看上去也越来越明显。公元前167 年，罗马人以完全站不住脚的理由袭击了伊庇鲁斯，奴役了15 万人。这场袭击也预兆着科林斯和迦太基的命运，及它们所要面临的暴行与掠夺的残酷程度。希腊化世界维持着奴隶贸易的繁忙运转，但罗马的战争淹没了这个市场。据说提洛岛每天可以处理数千名奴隶的售卖事宜。[50] 大批进口的农业奴隶从实质上构成了大规模的强制移民，改变了意大利的人口结构。

　　尽管如此，罗马终究还是逐渐吞并了地中海地区。作为第一次布匿战争的成果，罗马占领了西西里岛、撒丁岛和科西嘉岛。在第二次布匿战争中，它又通过袭击汉尼拔的资源基地获得了伊比利亚半岛的罗马新行省。它从高卢人手中夺走了波河平原，对连接意大利和西班牙的南方高卢沿海地带则施以越来越严重的干涉，并于公元前 2 世纪后期在那里建立了一个领土型行省。后来这个行省又成为罗马首次进入阿尔卑斯山以北欧洲地区的跳板，其中尤为重要的是恺撒对截至莱茵河的山外高卢（*Gallia Comata*，也称长发高卢）余下部分的征服，以及在公元前 1 世纪50 年代对日耳曼和不列颠的袭击。从公元前 167 年至公元前 44年，欧洲在莱茵河以西之地几乎都被罗马吞并，这些地区都是"蛮族"居住的广阔区域。在这一时期接近尾声时，马其顿、大部分的爱琴海地区和小亚细亚也成了罗马的行省，叙利亚和非洲的部分地区亦是如此。塞琉西帝国的残余势力被罗马彻底压制，与此同时从帝国东侧边境席卷而来的帕提亚人也在蹂躏着这片土地。地中海沿岸的其余地区被降格到属邦地位。至于托勒密王朝下的埃及，与其说是罗马的盟友，倒不如说是罗马的受保护国。整个发展过程表明，罗马的帝国主义扩张背后并不存在任何系统性的计划或连贯性的政策。罗马将其他地区转变为领土型行省的行动是间歇性的，而且正如我们将会看到的，它们大多并非出于中央政府的统一计划。有时罗马的行动是出于需要，比如马其顿的确是太令人头疼，因此它连名义上的独立都不能拥有。其他一些重点领土兼并活动，包括对叙利亚和位于普罗旺斯与莱茵河之间的高卢地区，则是出于罗马行省总督兼军事指挥官们对荣耀和财富的追求。这类行径，特别是恺撒对高卢的侵略，受到了一些元老的强烈谴责。随着罗马逐渐转变为超级大国，其传统政治也在转型，变得越来越不稳定，上述这些事件正是一系列转变的结果。

当整个世界在遭受痛苦，无力抵抗也无望救济时，罗马和意大利却靠着从东方赢下的惊人战利品改头换面。传统的罗马贵族本来作风简朴，此时却因吸纳了奢侈的希腊化生活方式而在行为上发生改变。这一方面是因为罗马人接触这种生活方式的契机增多了，另一方面是因为他们有了更多的机会和更强的兴趣去攫取希腊的服饰用品作为自己的战利品。攻打科林斯的将军穆米乌斯（Mummius）对掠夺而来的希腊艺术品的财富价值表现出清晰敏锐的认识，而对其品质或意义却全无兴趣且一无所知。同时代的人们哀叹传统罗马道德因财富和奇风异俗的腐蚀而丧失。政治精英们迅速获得了大量额外财富，这在政治和军事上造成了深远的后果，对此我们将在后文加以讨论。然则帝国的发展对那些地位较低的罗马人和服役兵的意大利人同样有着深远的影响。

罗马的指挥官们会聘请外国雇佣兵，但军队的核心仍然是本国士兵和意大利盟友，有资格分享战利品的也是这部分人，即便主要份额还是归于将领和国家。他们是罗马的权力工具。然而在公元前2世纪，随着时间推移，有义务服兵役的阶层也开始被视为军事行动后果的受害者。在这些人为罗马抛洒热血的时候，人们逐渐产生了这样一种感觉：一方面罗马军团传统的支柱力量，也就是这些自给自足的、拥有公民身份的小地主阶级正在富人们的压迫下离开自己的土地。另一方面，没有土地的公民又渴望有机会能通过当兵来致富，却一直被排除在服役资格之外，这又导致了迫在眉睫的征兵危机。与此同时，意大利盟友们也表现出越来越强烈的不满情绪。因为罗马对他们在战争中的付出毫无尊重、感恩，还拒绝给予他们充分参与国家事务的资格。在帝国内部，危险的怨恨情绪正在累积。

共和国后期的士兵和变革

共和国时期的罗马从未正式保留职业士兵，也没有常备军团或军队。这与它的不少敌人形成了鲜明对比，也和它的优势军事地位颇为矛盾。尽管如此，由于罗马在遥远境外进行的战争持续多年，并且有在海外驻军的需要，军队编制多年来的实际存续时间越来越长，传统的公民兵队伍逐渐演变为由长期服役的准职业军人组成的武装力量。

95   共和国中期的士兵对我们来说仍然是一群无名氏。虽然我们拥有来自公元前 2 世纪的几幅浮雕，画面中表现了若干组士兵的形象（图 26 和图 28），但并不具备像帝国时期军人墓碑和手写记录那样的资料。不过，还是有一名罗马士兵可为我们所了解。他就是军团成员和百夫长斯普里乌斯·利古斯提努斯（Spurius Ligustinus），李维记录了他那非凡职业生涯的细节。公元前 171 年，利古斯提努斯已年过半百，在罗马介入了一起涉及军团招募的纠纷，在此过程中他列举了自己为国家服役的记录。[51] 他是萨宾人，在汉尼拔入侵前不久出生，继承有一个小农庄。他那位不具名的妻子为他生育了两个女儿和六个儿子，据说这些孩子无一夭亡。他于公元前 200 年入伍，在马其顿服役两年。在服役的第

图 28. 被人们称为"多米提乌斯·阿赫诺巴布斯的祭坛"的建筑物上的浮雕作品，该建筑在公元前 2 世纪末建于罗马战神广场，现收藏于巴黎卢浮宫。画面描绘的是定期进行的军事人口普查，普查目的是将应服兵役的公民信息登录在册。

三年，他因勇敢而被提升为小百夫长，提拔他的是那位打败了马其顿并解放了希腊（一段时间）的弗拉米尼努斯将军。他于公元前 195 年退役后又立即志愿前往西班牙；在那里，他的表现引起了执政官老加图的注意，因而被授予了级别更高的百夫长职位。公元前 191 年，他再次志愿参加罗马与塞琉西王朝的战争，并被任命为壮年兵第一百夫长。罗马于温泉关战役中击败安条克三世之后，他再次退伍。在那之后他又分别在两次出征季中服役，随后参加了在西班牙的两场战争（公元前 182—前 180 年）。这份清单没有完整记录他所称的全部 22 年的服役经历。他还曾担任过四年的首席百夫长[1]，由于表现英勇受到过 34 次嘉奖，其中 6 次

---

[1] 军团首席百夫长，一般是一个军团中后备兵（三线兵）或第一大队的第一百夫长，是整个军团百夫长中级别最高的一个，通常负责管理军团鹰旗，有资格参与军事会议，并且要在更高级的军官缺席时负责指挥军团。

被授予公民桂冠[1]。在这些详细信息被记录下来时，他即将在另一场战役中被任命为第一军团的首席百夫长。

这样一段作为榜样模范而被记录下来的职业生涯，其非凡之处显而易见。利古斯提努斯是罗马人心目中士兵的理想模板：他是一个受人尊敬的有产阶级公民，能够自行配备武器；他拥有一个小农庄，在那里养育着更多可以输送给罗马军团的儿子。他的妻子肯定也和他一样坚忍而机智，毕竟在他们婚姻三分之二以上的时间里，这位丈夫都因参军而不在家中。

96 在他离家的这些年中，逐渐成长的孩子们也会为维持农场运转而付出劳动。利古斯提努斯的那一小块土地面积为一个犹格[2]，大约相当于半英亩或 0.25 公顷。这点耕地并不足以维持一个十口人的家庭，或许这就是他多次志愿服兵役的原因——获得军饷和战利品。不过他看上去倒是相当喜欢当兵，显然也对此十分擅长。他的这段职业经历表明：即便罗马军队在形式上仍然是根据需要组建或解散的公民兵队伍，但由于这个年代的战争太多，规模太大，持续时间又太长，哪怕名义上的职业军人还不存在，实质上的职业军人也已出现了。一直以来，罗马贵族若想获得从政资格，则至少要具备十次参战的经历。[52] 因此，罗马公民群体保持着极高的军事化程度，仍然占据着军队半壁江山的意大利社群也是如此。

但是，很少有人能像利古斯提努斯那样幸运。大多数人并不会被提拔为百夫长，自不必说。也很少有人的妻子得以挺过那么

---

[1] civic crown，用橡树叶编制的头冠，是授予在危难时刻拯救过同胞的罗马公民的特殊荣誉。

[2] *jugerum*，也称罗马亩，是罗马丈量土地的单位。

多次怀孕，或是得以看到那么多孩子长大成人。那些因受伤或染病客死他乡的人，其家庭往往会随之陷入经济危机。在利古斯提努斯的孩子们生活的年代，罗马的乡村落入了困境。

传统观点认为，罗马对希腊世界的统治为意大利带来了大量战利品和众多奴隶。其中大部分都流向了有权有势者，让他们变得更加富有，也让罗马本来的朴素传统遭到腐蚀，还让亚平宁半岛的人口结构发生了改变。汉尼拔造成的灾难，以及随后几十年全地中海范围内进行的无休无止的战争，给古老的公民兵体制带来了巨大压力。传统上构成军团核心的小地主有产阶级发现，服役变成了一件愈发困难的事。从前去当兵时，他们只需要在夏季的几个月离开自己的农场；现在却是连年不能归家，被抛下的家人只得自己尽力应付生活。许多小地主陷入债务泥沼，不得不将财产变卖给富人（尤其是元老们）抵债。那些富人则一批又一批地雇用以铁链拴成串的战争奴隶。奴隶们被当成消耗品，忍受着难以想象的贫困，在不断扩建的宏伟庄园里劳作和死去。

但是这套长期以来被广泛接受的论述遭到了挑战。人们之所以感觉到兵源短缺，可能并不是因为有义务服役的有产阶级人数大幅减少，而是因为士兵们对于在遥远地区长期服役越来越抗拒，愈发微薄的回报也让他们感到抵触（尤其是没完没了的西班牙战争，士兵们通过与蛮族作战获得战利品的希望相当渺茫）。历史学家内森·罗森施泰因（Nathan Rosenstein）认为，公元前 2 世纪的战争或许没有把小农场主逼上绝路，不过持续不断的服役要求可能还是令他们难以兴旺。更多的人可能陷入了贫困，然而同时人口也在快速增加，即便军队的死亡率很高。[53]事实上考古学研究表明，小型农场的衰落和大型奴隶制庄园的兴起被严重夸大了。[54] 和当时的战争规模形成反差的是，农村的自由民人数甚至可能是增加的，造成人口过剩。而人口过剩确实是会导致没有土地的公民数量增加。（利古斯提努斯的那些儿子在父亲死后是怎么应付的呢？）

97

这部分"人丁"（没有土地的公民）太穷，无法自备武器，因而不被当作国家的利益共享者，按照惯例一直被排除在参军服役的特权之外。这让争夺意大利公有田地（ager publicus）控制权的长期斗争变得更加激烈。这些公有土地都是在战争中夺来的，却有畸高比例掌握在各大元老家族手中。推动变革的真正力量究竟是什么已无关紧要。此时的国家存在着一种强大的政治危机感，以及对土地改革的紧迫需求。

西庇阿·阿非利加努斯的孙子——提比略·格拉古（Tiberius Gracchus）和盖乌斯·格拉古（Gaius Gracchus）两兄弟试图采取行动来满足民众对土地的迫切需求。他们希望重新分配意大利的公共土地，或建立海外殖民地（这个来自希腊人的做法对罗马来说尚为新鲜，即便罗马人自己出于军事和政治目的，长期以来一直在意大利境内拥有殖民地）。他们的提议遭到了贵族的激烈抵制。在公元前133年，提比略与他的300名支持者横死；盖乌斯则死于公元前121年，3000人随即遭到法外处决。在向帝国统治转变而带来的压力下，共和国体制在流血事件中逐渐崩溃。

这些事件发生不久之后，罗马的军事改革成为导致后来共和国覆灭的关键因素。政府被迫逐渐认识到，军团已经不能继续依靠有产的小农场主为士兵来源。他们不得不诉诸迄今为止只在坎尼战役余波这样的危急情况下采用过的措施：向无土地公民开放军队编制。

✝

征兵的压力和战术的发展带来了公元前 2 世纪末的一系列重大军事改革，人们普遍认为推动这些改革的是民粹主义元老院"新人"[1] 盖乌斯·马略。辛布里人和条顿人与罗马的战事加速了这场改革。他们从北欧向地中海进行大规模迁移，于公元前 105 年在高卢地区的阿劳西奥歼灭了两支罗马军队，罗马的伤亡人数堪比坎尼会战。55 对野蛮人大规模入侵意大利的恐惧激发了重大的创新变革，例如执政官鲁提利乌斯·鲁弗斯（Rutilius Rufus）延请专业的角斗士训练师来培训麾下士兵的剑术水平。56 不过，真正继承西庇阿足迹的当数马略。他在非洲时就已成为战争英雄，留下了惊人的执政官连任记录，而且他的军队还在他任职期间于两次重大战役中消灭了入侵者。

马略为这些战役扩充了军队，他需要填补有产公民兵军团的人数空缺。根据记录，他给予了无产的"人丁"服役机会，并用国家提供的武器作为他们的装备。57 这一应急措施迅速转变为广泛应用的惯例，并且产生了深远的影响（见后文）。先前一直以财产来判定服役资格的规定被废除了（更有可能是被悄悄放弃了）；与此同时，在波利比乌斯描述过其编制的军团中，用年龄／财富等级来划分各步兵队的做法也被根除。所有罗马军团士兵从

---

[1] 也称"新贵"（*novus homo*），一个出现于罗马共和国晚期或更早的表达，指家庭中第一个进入元老院担任高级官职的人。

此统一武装，均配有锁甲、头盔、全身盾牌，以及军团投枪和西班牙短剑各一把。据称，马略还让士兵们在行军中自行携带更多的个人装备，使得他的士兵获得了"马略的骡子"的绰号。军团的架构简化也是发生在这一时期或不久之后，在恺撒时期之前肯定已经彻底完成。从这一时期开始，士兵们被编入由80人组成的百人队，[58]六个百人队组成一个大队（cohors），有证据显示罗马的盟军部队此前也一直使用这种编制。十个完全相同且可互换的大队在军团中构成了新的次级战术单位。和以数量众多的中队构成的旧编制相比，新的大队数量更少，规模更大，因此更易于控制调配。调整后的军团在战术上比从前更加灵活。从这时开始，鹰旗成了最重要的军团标志。[59]

在改革后的军团中，有产士兵或许仍然占据着大多数。事实证明，这些可能更接近于无产阶级的军团新兵和有产士兵一样优秀，但二者之间存在着一个相当不妙的重要区别。毫无疑问，无产士兵在打仗时和其他自豪的罗马人一样出色。然而作为服务国家的回报，他们中的许多人都期待着获得属于自己的土地。理所当然地，他们指望着将军成为庇护自己的恩主，支持政府将土地赠予老兵。这份奢望被指挥官们出于私心进行操纵，成为权术斗争和内战中的一个重要因素。

在马略改革之后的几十年里，各军团在武器和战术上出现同质化。在此期间，罗马军队中一直存在的另一个重要隔阂——罗马人及意大利同盟军之间的隔阂——也消失了。但这之所以能实现，纯粹是因为战争重新回到了意大利的土地上。

公元前2世纪，罗马的军队中仍然包含着来自意大利盟国的主力分遣队。这一事实对国内事务产生了重要影响，其中既有积极的也有消极的。它持续地为意大利男性尚武的价值观和野心提供统一出口，从而支持巩固了意大利境内的"罗马和平"。此外，罗马人与意大利人在对外战争中共同服役的经历有助于增强双方的情感联结。与此同时，这些人和他们的长官也会共同分享一份帝国抢夺而来的战利品。然而许多盟国还是强烈地感觉到，由傲慢而自私的大人物们主导的罗马政府并没有对他们的努力和牺牲给予公平的回报。盟友们的怨愤情绪逐渐累积，他们一代代人在为罗马的战争流血，罗马却仍将他们排除在全面参与国家事务的机会之外。因为元老院中抵制土地改革的既得利益者们也反对将罗马公民权进一步扩大到意大利盟国。

公元前91—前90年的冬天，意大利盟友准备为公民权而战。这是非常奇特的事件，因为这些民族兵戎相见不是为了独立，而是为了完全融合（不过一些死硬派的萨莫奈人的确想要寻求自治）。在这场同盟者战争中，和罗马人刀剑相向的是昔日与他们并肩作战的老战友。[60] 艰苦的战斗令罗马做出了让步，对那些没有参与叛乱的人给予完整公民权，随后也对那些放下武器的人给予同样的待遇。这场斗争持续数年，许多人因此丧生，但最终所有意大利人都拥有了完整的罗马公民身份，意大利士兵从此也能在改革后的军团中服役。[61] 然而人们几乎没有得到任何喘息的机会。随后50年里，肆虐的内乱暴力占据了大部分时光，一些时候甚至是全面的内战，最终到来的是共和国倾覆的结局。

（此处页边标注：99）

✝

随着罗马士兵之间以及罗马人与意大利盟友之间旧有差异的消除，罗马社会内部又有新的裂痕开始显现，而这道裂痕注定有

第二章　为胜利执迷　143

一天会变成鸿沟，那就是兵役。如今的服役者往往要在海外一连待上数年，当兵不再是年年循环的城邦共同生活中的一部分，而是逐渐成了手执武器的那部分公民的独特经历。军人成了一个愈发特殊的社会群体，拥有只属于他们自己的体验、视角和价值观。公元前1世纪，罗马军队中来自罗马城或其周边地区的有产者比例不断下降。不仅越来越多的士兵是从以往边缘化的无产"人丁"中招募的，还有一些是意大利外围地区的新公民，以及从山内高卢地区（Gallia Cisalpina，即波河平原）的移民定居家庭招募而来的士兵，很快甚至还出现了来自更远地区的士兵。与此同时，随着有产阶级公民逐渐倾向于选择文职而不再青睐军旅生涯，许多贵族对军队事务的兴趣也逐步降低，他们转而将更多精力集中在公民政治、法律和赚取金钱上；而领军打仗时，许多贵族不再愿意站在前线指挥了。[62]

另一方面，罗马的指挥官不能再单纯地做一个令人敬畏的、掌控谕令权的人，甚至也不能再拿出那套贵族恩主式的大家长做派，一味地做出一副重视手下士兵的模样。这种变化在内战时期肯定已经出现，或许还要更早。士兵们逐渐感觉到一些傲慢的贵族其实对自己不屑一顾，当这种感受变得越来越清晰时，他们作为公民的自尊也变得越来越敏感。士兵们明白将军依赖着自己的忠诚，尤其是在内战中。对士兵的指挥和胁迫是必须的，但笼络与争取也逐渐变得同等重要。一些将军选择让别人看到自己与普通士兵共同承担日常工作、辛劳和危险，以彰显个人的勇德，同时也做出表率，并且证明自己并不鄙视自己的部下。另一些将军有时也会这样做，但他们是被迫的。马略在年轻时就曾经勇敢地在前线指挥，并且刻意生活得像个普通士兵。[63]当领袖们在行动和语言上给予士兵们象征性的认同时，士兵们对此是领情的：许多指挥官，尤其也包括恺撒，不会疏远地用"士兵"一词来称呼他们的手下，而是更亲切地称他们为"战友"或"同志"（*commilitones*），[64]"用带有荣誉平等意味的称呼来提高他们的战斗热情"[65]。这套"亲密热络""套近乎"的手段使用起来还得谨慎，做得太过分就会削弱士兵对长官的尊重，因为他们仍然期待着长官表现得像个体面的有教养的人。[66] 不过，指挥官们的这种做法反映了该时期士兵的真正权力。士兵与指挥他们的元老之间的关系正在发生深刻的变化。

军人和元老阶指挥官之间的传统纽带被军人誓言赋予了神圣意义，又被双方的共同经历所巩固——这份经历当然最好是能够带来利益的胜仗。对获得国家任命的官员个人来说，这份联系至少从理论上说明他的手下对自己是怀有忠诚之心的。但是当国家已经分裂，元老军阀们组建私人军队、互相争斗的现象愈演愈烈，将军和士兵之间的关系也随之变得越来越私人化，并且迅速演变为军人对特定统治集团的忠诚情感。

随之而来的结果是，许多罗马贵族和富裕公民不再把士兵看成"咱们"——一群和自己一样，只是拿着武器的人，而是越来越多地视为"他们"——一群绝对忠于其将领，而对国家忠诚度不明的准雇佣兵。这引起了人们的恐惧，而这种恐惧往往来源于人们在公元前最后一个世纪的真实经历——这一次狼群真的叛变了。罗马平民和罗马军人已经走上了命中注定的岔路——很快，像屠戮敌人和属民一样，士兵们也开始屠杀罗马同胞。

✝

在西班牙瓦伦西亚的考古发掘中，人们发现了一些关于后马略时代军人在战斗中行为的考古学证据，它们看上去相当残酷。罗马军队洗劫并烧毁了这座城市，不仅对绝望中的居民横加屠戮，而且（在部分情况下）在杀戮过程中对他们施以恐怖的酷刑。一些被发现的遇难者仍然躺在被害之处，横尸于废墟瓦砾之中。从尸体的位置、姿势和他们身上可怖的伤口，我们就能相当清楚地了解到这些人的遭遇。[67]其中一个人的直肠里插着一杆投枪，直接穿透了他的身体，他的腿也无疑是被人用西班牙短剑砍断的。人们在瓦伦西亚找到的恐怖证据说明，当时的情况更像是士兵们的施虐倾向彻底失控，而不是他们在执行事先计划好的"先杀后抢"的命令（图 29）。

我们可以很有把握地判断这起暴行发生的历史背景，它符合历史记载中瓦伦西亚遭到的一次洗劫——公元前 75 年，被授予"伟大"（Magnus）之称号的格涅乌斯·庞培手下的士兵在塞多留

图 29. 罗马士兵所犯暴行的考古证据极为罕见，但在西班牙瓦伦西亚的发掘中，人们发现了庞培的士兵在洗劫该城时对他人虐待和残害的可怕证据。

战争期间犯下的暴行（见边码第 102 页）。[68] 当时的西班牙还没有完全落入罗马的统治，但瓦伦西亚早就是罗马的行省了。因此，这并不是一次针对蛮族的侵略行为，不幸的瓦伦西亚人是罗马内战的受害者。而那次内战也是公元前 1 世纪 90 年代至公元前 1 世纪 30 年代令罗马世界动荡煎熬的众多内战之一。

敌人和内部纷争

从共和国中叶起，人们开始用恐惧、贪婪和荣耀来描述战争的原因。[69] 在一些时候，罗马人的确有理由害怕外敌。他们对早已一蹶不振的迦太基的长期恐惧虽然可以理解，但仍属偏执。然而公元前 113 年，从北欧席卷而来的辛布里人和条顿人突然莫名其妙地大举入侵，对意大利造成了真正的威胁，击溃了指挥拙劣的罗马军队。马略随后粉碎了这些入侵者，凭借这份战功多次赢得执政官职位，获得了无与伦比的荣耀。

尽管如此，大多数时候罗马最大的恐惧之源还是在于其内部。尤其是意大利境内有数以百万计的外来战争奴隶，他们起义造反的阴云是所有罗马人的梦魇。而有时噩梦真的会成为现实，最著名的当数色雷斯角斗士斯巴达克斯的叛乱（公元前 73—前 71 年）。[70] 他率领的奴隶叛军击败了若干支罗马派来对付他的军队，但后来还是被打败了，6000 名剩下的奴隶被集体钉死在从卡普阿到罗马沿路竖起的十字架上。[71]

罗马的元老们也害怕城市无产阶层的膨胀。传统政府掌控在贵族们手中，这些人对民主的敌意并不亚于他们对王权的敌意。尽管人们已经普遍接受了这样的政府，民意的压力却一直在罗马政治中举足轻重，而此时公然的群体暴力日渐构成了民意的辅助手段。就算政客们可以通过公益慈善行为来拉拢大众，或通过贿赂来操纵大众，也仍然无法彻底控制他们。不过最重要的是，元老们对彼此也心怀忌惮。

在公元前最后一个世纪，罗马仍然试图用一个意大利城邦的政治机构来控制一个庞大的帝国。这个机构由一批互为竞争对手的元老院家族来管理，这些家族的核心圈子希望其子孙后辈能通过轮职担任行政长官和军事指挥官，并获得赢取荣耀的机遇。政客们为了争夺政府职位和军事指挥岗位而进行政治竞争，而战争带给意大利的海量战利品陡然提高了竞争的赌注。此时，一些元老可以将手中的财富花在公共表演上，而且他们越来越多地将这些钱用于直接贿赂，以争夺行政长官和指挥官职位，使任何想要参与政治竞争的人所要付出的入场费抬升到了十分危险的水平。想要有机会竞选获胜，候选人必须具备雄厚的财力，不然就得欠下巨额债务。如果借款者无法履行这些债务，那么他所面临的最好结局也是破产和流放。赢得军事指挥权就意味着获得梦寐以求的追求荣誉的机会，对提升国内威望或在元老院中立足而言，这一直都是非常有价值的。[72] 这些人还可以凭借领军打仗的机会，以牺牲行省人或敌对外族为代价来补充国库。人们出于对荣耀和黄金的贪婪而你争我夺，推动了对行省的系统性掠夺和扩张。虽然在更晚的时代，罗马人就像当年接纳意大利人一样，也对东方的地主阶级（特别是希腊人）乃至伊比利亚人和高卢人伸出了开放的手。但在共和国后期，希腊化世界大体上还是罗马刀俎下的鱼肉，同时也是历史上规模最大、持续最久的武装抢劫行动之一的受害者。

为了保护人民免受侵略俘虏之苦，帕加马的最后一位国王在公元前 133 年将自己的王国作为遗产赠予了罗马人民。然而即使是罗马直接统治的行省，也被元老阶层的总督们当成了供私人压榨的乳牛，他们对这些行省或是敲诈勒索，或是公然抢劫掠夺。行省人可以到罗马控告总督们治理不善，有时检举还能胜诉——公元前 70 年，西西里人在西塞罗的帮助下使总督维勒斯（Verres）被定罪流放。但行省人胜诉的情况并不常见。一个出了名的说法是，在这个时代一名总督需要在其治下行省赚取三笔财富：一笔用于支付为赢得职位而贿选所产生的债务，一笔用于支付他因施政不善而受审的法律费用，还有一笔用于养老。元老们之间的竞争本就相当激烈，此时更是升级到你死我活的程度（几乎是字面意义上的）。竞争造成了嫉妒心和焦虑感，有时设法让对手流放就足以解决这个问题。但在越来越多的情况下，这种心态带来的是政治暴力、暗杀，并最终导致内战。

马略成了元老院保守派尤其憎恶的人物。像西庇阿一样，他也是一位战争英雄，他凭借杰出的个人军事成就和群众对他的喜爱，挑战了元老院的传统游戏规则。更糟糕的是，他还是一名"新人"，这位元老来自意大利落后地区一个默默无闻的家庭。他的支持者和他在元老院中的敌人之间的对立情绪爆发，升级为流血事件。法律和惯俗都无力再遏制国家内部的暴力：武装人员一再越过城界，鲜血屡屡流淌在街头。

早期的几轮内战与同盟者战争交织在一起。民粹主义者马略与由苏拉支持的元老院反动派在内战中互相冲突。双方都在残酷的大清洗中大肆杀害敌人。随着政治上的竞争对手们开始诉诸武力，政治本身也落入了那些最强大的元老阶层将军和其手下士兵的控制之中，这些将军已逐渐摆脱元老院的集中控制。历史学家阿瑟·基夫尼（Arthur Keaveney）提出，是苏拉首先将罗马的士兵卷入政治之中。他在与马略的支持者斗争时曾告诉士兵们，敌人既可能来自外部，也可能潜藏于内部。从那之后，士兵们逐渐意识到，军阀权力的真正来源如今是他们，而不是国家机关，因此他们就自身利益提出的需求越来越多。[73]

由于国家渐渐失去了控制军队的权力，外交政策和战争事务也逐步落入这些军阀手中。而昔日的寡头统治集团如今能做的，也只剩下尝试让这些军阀鹬蚌相争。

✝

塞多留战争是马略和苏拉斗争的余波，不幸的瓦伦西亚公民在这场战争中遭到屠杀。苏拉在罗马取得胜利之后，支持马略的元老、西班牙境内的一位行省总督 Q. 塞多留（Q. Sertorius）发现自己已成了国家公敌。他召集了流亡的罗马人，还成功拉拢了本地人，特别是为他提供了优秀士兵的卢西塔尼亚人。塞多留的力量源于政治技巧和军事技能的结合：他是一位才华横溢的将军，赢得了伊比利亚领导人和士兵的个人忠诚，也促进了罗马人和本地人的和睦相处。他建立了一个伊比利亚－罗马"政权"，许多反对苏拉的元老们逃到了这里，组成了一个敌对的罗马流亡政府。[74]

试图镇压塞多留的是罗马的两支军队，其中一支由庞培领导。庞培的父亲曾经也是元老院的"新人"，来自皮凯努姆（Picenum）这一偏远地区。父亲发了财，并当上了执政官，儿子庞培又继承了父亲的钱财和不动产。更重要的是，他继承了父亲手下老兵们的忠诚。改革后的军队中无产阶层比例更高，这些士兵的福祉和命运都依赖着自己的将领。因而他们往往更像是受将领及其继承人庇护的忠诚门客，而不是服务于国家的公仆。在暴力横生的公元前1世纪80年代，年方二十三岁的庞培为了援助苏拉，私自将他父亲手下的老兵组建成三个军团（从中也能看出元老的个人财富已增长至何等规模）。这一举动赢得了苏拉这位反动独裁者的感激。虽然庞培对于常规军事指挥职位来说太年轻，但这种细枝末节在内战中被忽略了，苏拉将庞培任命为手下的将军之一。庞培在西西里岛对马略的支持者们所实施的野蛮行径为他赢得了"少年屠夫"的绰号。苏拉赞扬他为"马格努斯"，意为"伟大之人"，不过这个称呼可能是出于讽刺。事实上，庞培让人想起普劳图斯笔下"大摇大摆的士兵"（*miles gloriosus*）。在他那自命不凡的骄傲和虚荣的掩盖下，是被元老院贵族（也包括苏拉在内）所轻视的卑微出身所带给他的不安全感。这驱使他奋力追求个人荣誉，企图将所有人都甩在后面。

当事实证明塞多留难以弹压时，已经带着军团返回意大利的庞培要求元老院把这个任务交给他。元老院敷衍搪塞，庞培便拒绝解散他的士兵。面对其中暗含的威胁之意，元老院屈服了。庞培逐渐变成一个危险人物，但事实证明他的政治判断力很成问题，带兵打仗的本领也并不像他自己想象得那般优秀。他无力打败塞多留，后者死于公元前72年，而死因其实是遭人暗杀。

苏拉死后，庞培成了罗马最有名的"大头领"。在公元前1世纪60年代，他靠着敲诈勒索从元老院获得了两项特殊的军事指挥任务。第一项是镇压令地中海地区饱受困扰的海盗，这些海盗队伍有时甚至达到了舰队的规模，而他们本身也是罗马扩张所造成的副作用（见边码第93页）。公元前67年，庞培花了几个月的时间横扫海域，摧毁了西里西亚的海盗巢穴。至于海盗们，庞培或是杀死，或是虏为奴隶，或者（十分有趣的是）还有一种做法——和平地将他们重新安置。

在公元前 1 世纪 60 年代中期，庞培的事业达到了高峰，他第二次获得了权力巨大的执政官级总督的指挥权。庞培就任期间在地中海东部四处横行霸道，凭借武力或恐吓随心所欲地处理事务。他巩固了罗马对安纳托利亚和埃及的霸权统治，并且将罗马的势力扩展到犹太地区。他将塞琉西旧政权在叙利亚的残余势力彻底扼杀，让叙利亚成了罗马直接统治的行省。他很快成为罗马在黎凡特地区的权力首脑，这与幼发拉底河畔的帕提亚帝国直接形成了对立。他取得的这些功绩带来了惊人的利润，据说在他自己独享的财富之外，他还让罗马的国家财政收入一夜之间增加了三分之二。公元前 61 年，庞培在罗马举办了一次盛大的凯旋式。然而元老院力图削弱他的实力，他们阻挠庞培的老兵获得政府赠地。这些士兵们的忠心就源自庞培在战时和退休时照顾他们的能力，而元老院的目的就是从根源上动摇他们的忠诚。结果庞培和两个竞争对手私下达成了相互支援的投机协议，他们就是两位野心勃勃的元老：一位是富可敌国的马库斯·李锡尼·克拉苏（Marcus Licinius Crassus），一位勉强算是具有贵族血脉，靠婚姻与马略攀上亲的盖乌斯·尤利乌斯·恺撒。作为执政官，恺撒帮助庞培安置了他手下的退伍军人；而恺撒被委以波河平原和地中海高卢地区的总督一职时，是克拉苏牵制住了他的债主（恺撒为启动自己的政治生涯而欠下了巨额债务），让他得以走马上任。

征服高卢人（公元前 58—前 50 年）

尽管罗马国内在进行激烈的斗争，其影响力却仍旧凭借着外交霸凌和武力继续扩张。事实上，激烈的内斗恰恰也是其权力扩张的一部分原因。罗马最著名的征伐之一发生在公元前 1 世纪 50 年代，恺撒以令人惊异的神速吞并了比利牛斯山脉和莱茵河之间的山外高卢（所谓"长发高卢"）地区，这也是罗马首次入侵日耳曼和不列颠。公元前 2 世纪，罗马人将地中海的高卢地区收为行省，恺撒正是以该地总督的身份向北方的自由高卢地区发起了进攻。该地区的划分相当出名，它被一分为三：包括阿基坦高卢（Aquitania）、凯尔特高卢（Celtica）和比利时高卢（Belgica）。这片区域覆盖面积广大，人口多达数百万。恺撒征服地中海高卢地区是有史以来公认最伟大的军事成就之一，或者说是有史以来最为残忍而有效的侵略行动之一。尽管恺撒的军队在人数上远逊于高卢人，但他还是以惊人的迅捷速度取得了胜利。这要归功于他那举世闻名的胆识和行动速度（所谓"恺撒速度"，*celeritas Caesariana*），以及他独一无二的将才，还有他麾下斗志昂扬、锐意进取、赤胆忠心、训练有方、身经百战、披坚执锐的士兵们，他们与他肝胆相照、情深义厚。这是一个所向披靡的组合。

这次征讨获胜之所以能声名远播，一部分原因在于恺撒在自我宣传方面也是个卓有成效的行家。他征服高卢的重要原因之一，就是此举能在罗马为他带来声望。然而这项战功之所以对公众的影响如此强烈，也在于它确实是一项触动了罗马人深层情感的史诗级成就。几个世纪以来，高卢一直是野蛮残忍的代名词，他们是潜匿在阿尔卑斯山外的骇人大军，酷爱割取人头和用人活祭。他们曾数次涌入意大利，战绩甚至超越了汉尼拔，因为高卢人曾经真的攻陷了罗马（见边码第20页）。这些烧杀掳掠的外来者离开之后，对他们的恐惧却久久盘踞于罗马人心中。恺撒速战速决攻克高卢的成就令人瞠目结舌，特别是对比面积相似的西班牙：在西庇阿出兵征讨的150年后，罗马仍未能完全征服西班牙，而恺撒在几场战斗之后就粉碎了高卢人的抵抗。战争的高潮是他在著名的阿莱西亚（Alesia）围城战中对抗高卢战争领袖维钦托利（Vercingetorix），并击败了前来解围的庞大的高卢援军。不过人们最近才发现，此后罗马不得不对高卢地区保持严密的军事控制，而且时间比我们曾经以为的要长。[75] 这之后的500年里，高卢一直是罗马人的属地。

吞并高卢的过程中所出现的恐怖场面不逊于罗马历史上此类事件中的任何一次。据传，恺撒的军队杀害了一百万高卢人，又将一百万人掳为奴隶。[76] 他那盛传的仁慈其实是一种政治策略，主要的目的是让罗马同胞们放下武器。不过恺撒对那些可能对自己有用的高卢人也是仁慈的。他所下令实施的暴行也经过了同样的精心算计。在公元前51年的乌克塞洛顿诺（Uxellodunum），他命令士兵砍掉那些拿起武器反抗过他的人的手，然后将这些人释放以散播恐怖情绪。[77] 恺撒甚至消灭过整个民族。公元前53年，为了报复残杀过被困冬季营地的罗马军队的厄勃隆尼斯人，他对这个部落进行了有计划有条理的大屠杀，并摧毁了他们的领土。恺撒的斩尽杀绝甚至让这个部落的名字从地图上被完全抹去——如果这不算是真正意义上的全面种族灭绝，也仍然算得上一次

"民族灭绝"（对特定身份认同群体的消灭）。[78]

那么，恺撒的对手又是些什么样的人呢？难道他们只是一些不幸的原始人，空有一腔血性，却注定只是成就恺撒荣耀的活剑靶？恺撒自己的记叙清楚地表明，他能征服高卢人，依靠的并不仅仅是罗马的武力和恐惧的力量。对此就连他自己也不甚理解。我们找到的证据则表明了一些更有意思的事情。

✝

从过去到现在，人们对高卢蛮族作战方式的刻板印象一直都是这样的：在喧嚣的战吼喊杀声和有兽头装饰的战斗号角（图30）所发出的令人胆寒呼啸声中，一群勇敢而鲁莽的战士变得越来越亢奋，进入战斗的狂热状态；他们投入赤膊白刃的战斗，为个人荣誉而拼杀。他们的第一次进攻总是很凶猛，让人惊恐万

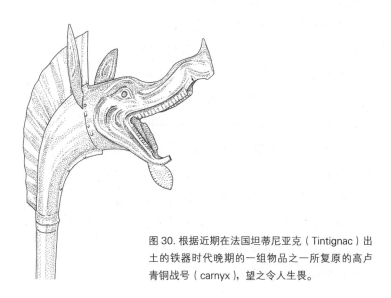

图30. 根据近期在法国坦蒂尼亚克（Tintignac）出土的铁器时代晚期的一组物品之一所复原的高卢青铜战号（carnyx），望之令人生畏。

分，但罗马人认为他们缺乏纪律与耐力。毫无疑问，高卢的各个民族彼此之间也是战事不断，因此他们将所掌握的强大的金属加工技艺主要用于制造精良的武器。他们已经将高卢的头盔设计和锁甲带给罗马人。对于高卢人来说，剑作为暴力工具和男子气概象征的意义，甚至比对罗马人而言更加突出。恺撒时代的许多高卢剑都变得特别长，虽然有些剑保留了刺击用的剑尖（可能是为适应骑兵作战而进行改进的结果，因为在公元前2世纪高卢人放弃使用战车后，骑兵在高卢军队作战中变得尤为重要），但其他剑完全没有剑尖，它们其实是专门用于斩击的武器（图31）。[79]

高卢战士的经典形象在描绘人物杜姆诺里克斯（Dumnorix）的银币上得到了体现，此人是生活在高卢中部地区的一名埃杜维贵族。画面中的他携带着要用来开宴席的一头野猪和一柄战斗号角，身穿锁甲，手持长剑，左手提着的头颅大概就是用这柄长剑砍下来的（图32）。他看上去仿佛是蛮族英雄形象的缩影。考古学研究也证实了高卢人好战的名声。在法国北部里布蒙的神庙以及类似的遗址留下了来自公元前3世纪的遗骸，那是一些不知名的战斗

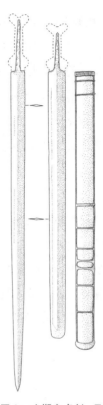

图31. 晚期高卢剑：虽然有些剑确实没有剑尖，属于斩击专用武器（右侧的剑或许是用于步战的？），但其他的剑是具备可用剑尖的，如图中左侧这柄特别长的武器（可能是给骑兵使用的）。图中武器为修复版本，作为奉献给水神的祭品保存在瑞士尼道（Port-Nidau）。（比例1:8）

图 32. 埃杜维人杜姆诺里克斯，从头到脚都体现着他作为高卢贵族武士的特点：他身穿锁甲，手拿利剑，还带着战斗号角，一只手提着飨宴用的野猪，另一只手提着被斩下的敌人头颅。但他却出现在一枚带有拉丁字母的罗马式样的银币上。杜姆诺里克斯与恺撒这样的元老院军阀之间存在着许多共同之处。

中的战败方。他们的尸体以站立的姿势挂在木头架子上，身上仍然带着武器，但已没有了头颅。[80]

面对恺撒的入侵，高卢人做出的一些反应和他们出现的失利也与"粗蠢愚笨的蛮族"的刻板印象相吻合。对于绵延多年的大规模多战线持久战，罗马人拥有长期以来的丰富经验；高卢人却没有，也缺乏应对复杂后勤需求的制度化保障体系。尽管埃纳河谷的比利时高卢大军在人数上超过了恺撒大军，但他们缺乏同时供养这么多人的经验，军队因而陷入饥荒并就此散去了。[81]

然而恺撒自己留下的记录也表明，高卢人远非什么亘古不变的原始人。他报告说，他们迅速认识到与罗马交战的全新现实，甚至模仿了罗马的攻城技术。有些人可能在其他地方观察过甚至参与过罗马发起的攻城战。不仅如此，其实除却攻城战之外，恺撒的士兵在这个"蛮族"面前并不具备本质上的技术优势。事实恰恰相反，许多高卢人使用的武器至少和罗马人的一样好，他们的一些新型铁制头盔则比罗马人的更出色。在未来的几十年里，高卢的铁匠们就会为服务罗马军团而改进这些设计。同样，高卢人在骑兵队伍上也优于罗马人，恺撒依靠的是高卢盟军和日耳曼雇佣军的骑兵。罗马的物质优势是数量上的，体现在个人层面的对比上：罗马军团所拥有的资源库存甚至比人数众多的高卢人集体拥有的资源更庞大，也更丰富。恺撒麾下所有军团士兵的装备几乎都足以媲美任何一位高卢酋长，然而大多数高卢战士甚至连头盔或身体护甲都没有。

在技术、经济或社会组织方面，高卢人并不比罗马人更加"恒久不变"。当时许多高卢民族在那几代人中经历了非常迅速和深刻的转变，也正是这些转变让恺撒有机会成功征服高卢。

恺撒的军队拥有运送军粮和其他军需物资的强大后勤专业技能，一旦离开罗讷河流域和连接着地中海的航道，军队也仍需保障更多本地的供应来源，特别是大宗粮食，才能保持士兵的战斗力。恺撒的军队有能力从敌人那里夺取物资，他们也的确这样做了，但长期驻扎的军队还是需要有渠道获取长期稳定生产的粮食。甚至早在恺撒入侵高卢之前，他对高卢人就有足够的了解。他确信他们完全有能力为他的军队提供粮食上的支持，而且至少有一部分人是出于自愿的。

✝

108　　在公元前的最后几个世纪里，山外高卢地区和意大利一样，人口不断增加，农业剩余和物质财富不断增加，重大政治变革也已发生。在该地区许多规模较大的部落群体（人口远远多于典型的古典时代城邦）中，界限明确且占主导地位的贵族阶层看上去已然出现，国家的形成和城市化进程也已经开始。富有深意的是，恺撒用"城邦"（*civitas*）一词来描述高卢的政体。这种发展在很大程度上是由当地条件所驱动的。不过值得注意的是，变化最大的高卢城邦均地处罗讷河流域周围，与希腊城邦马萨利亚（Massalia，今马赛）和地中海世界之间有着便捷的交通。效力于地中海各地的高卢雇佣兵们让本民族同胞也爱上了意大利葡萄酒（恺撒入侵时，高卢地区到处都是罗马的商人）。不过在此之外，他们也为高卢人提供了有关古典城邦的知识——新生的国家在寻求构建有效的政府机构时，可以那些城邦作为先例加以参考。金属货币就是一种从希腊-罗马世界引入的理念；尽管杜姆诺里克斯的硬币所描绘的形象十分野蛮，但硬币上刻的是拉丁文字。恺撒曾途经规模巨大的定居点，他称之为城镇（*oppida*）。事实上在这些铁器时代的重要中心区域中，有许多直接发展为高卢罗马城市。一些城镇形成了由国王或选举产生的行政长官所领导的国家中心，其法律制度和税收体系也正在形成。杜姆诺里克斯的个人权力既来源于他作为一名战士的声誉，也来源于他对埃杜维部落税收的控制。[82]

高卢地区在公元前最后一个世纪的特征是：它由多个常常彼此交战的联盟和支配系统构成，一些最强大的城邦是这些系统的核心，其政治纽带延伸至不列颠，跨越莱茵河至日耳曼，乃至伸向罗马本身。高卢是从不列颠南部至波西米亚地区交错互联的贵族网络的一部分。它很大程度上与意大利各城邦和推动罗马扩张的整个希腊世界的贵族网络相分离，但有着与之相似的重要性。在这个网络中，联结的归属感主要通过共同的英雄主义战士文化来体现。从带有"凯尔特式"[83]金属制品特征的那些武器、马具和宴席用品上都能够看到这种战士文化。这类制品在其所处的网络中发挥的作用，就和希腊风格工艺品在地中海网络中一样。尤其是与罗马长期交好的埃杜维人，二者之间的友好关系最早起源于一个人们推崇备至、由来已久的观念：我敌人的敌人就是我的朋友。二者都曾与阿洛布罗基（Allobroges）等其他主要的高卢城邦交战。罗马人认为那些城邦对自己在地中海高卢地区确立的统治地位构成了威胁。

很多高卢城邦间的联系发生在个人层面，涉及不同城邦内各派别间的各种联盟和阴谋。杜姆诺里克斯是一名野心十足的贵族战士，他勾结其他高卢民族的贵族反对自己的城邦。他的兄弟迪维西亚库斯（Diviciacus）则是罗马的朋友，甚至曾在元老院发表讲话。这表明埃杜维贵族内部乃至家族内部的派系，与罗马所利用的意大利境内的派系相类似。杜姆诺里克斯这名权势熏天、不受控制的大贵族和罗马同时代的许多人都很相似，尤其是恺撒。

由此看来，罗马控制下的意大利和许多高卢城邦之间的相似之处与它们的不同之处一样重要，而这些共性在后来推动着高卢融入了罗马帝国。部分高卢社群和个别贵族对此誓死抵抗。但事实证明，还有其余的许多人对于罗马所能带给他们的东西持顺从态度，何况有些人在恺撒攻来之前就已经抱有这样的态度了。

其实正是此前就存在的这类政治关系为恺撒提供了开战的借口。在他从自己所掌管的高卢南部罗马行省开拔时，他需要一套看似合理的说辞，以便将自己的行动表述为正义之战（见边码第 58 页）。恺撒的托词是，他出兵是为防范高卢的赫尔维蒂人（Helvetii）因迁徙而损害罗马盟友的利益，后来又变成防范那些背叛了高卢主子的日耳曼雇佣兵。在打垮赫尔维蒂人、摧毁日耳曼雇佣军之后，恺撒却还在继续推进。直到此时高卢人才意识到他的决心并不止于干预，而是要全面征服高卢。

由此可见，高卢和罗马统治下的意大利之间的共性对恺撒的成功至关重要。他得以征服高卢并不是因为它很原始，而是因为就政治体制和统治方式而言，高卢的大部分地区已经和意大利足够相似。条件已经具备，恺撒可以成功地对高卢应用罗马扩张主义那套屡试不爽的双重手段——一面诉诸军事暴力，一面与态度顺从的领导人进行交易，也就是所谓的"一边举起利剑，一边伸出开放接纳的手"。

†

就这样，罗马人将自己与各城邦打交道时形成的那套惯用的吞并方法成功地用在了高卢的蛮族身上。那些与罗马水火不容的高卢贵族即便没有流亡到不列颠，也被彻底肃清了。杜姆诺里克斯最终被恺撒的士兵杀死。就像在意大利的做法一样，罗马对于顺从的当地领导人会给予支持和回报，让他们有机会融入帝国。新的城市与庄园别墅很快遍布于高卢的乡野。除了这种充满吸引力的希腊－罗马公民生活方式外，罗马人还为高卢战士和贵族提供了诱人的机遇，让他们有机会在全球舞台上以传统方式追求军功荣耀。透过雇佣兵业务，高卢人对这个舞台已经相当熟悉。高卢人尚武的意识形态与罗马人基本一致。和意大利各民族所经历的一样，高卢人的军事力量没有被摧毁，而是被利用起来对付罗马的其他敌人。高卢人互相开战在行省统治下是不可容忍的，因而被禁止。为了将内部动乱的风险降到最低，罗马人同样在高卢用上了他们在意大利开辟的思路：为高卢人崇尚武力的精神能量另寻出口，通过这种渠道让这份能量为帝国强权和高卢人自己的共同利益服务。一些高卢贵族，比如特雷维里（Treveri）部落的尤利乌斯·因杜斯（Julius Indus）和他的女婿 C. 尤利乌斯·阿尔卑努斯·克拉西喀阿努斯（C. Julius Alpinus Classicianus），通过服军役和在政府工作而迅速取得了罗马公民身份，甚至还获得了属于市民特权阶级的骑士身份（仅低于元老阶层的一级）[84]，个别人甚至成了元老。更重要的是从长远来看，高卢将在未来几个世纪中提供数十万名优秀的士兵，最初作为罗马的盟友和辅助部队，后来则逐渐成为北方军队的军团士兵。

以上就是恺撒征服高卢人的结果。鉴于罗马的扩张轨迹，以及此前已经吞并地中海高卢地区的事实，可以说无论有没有恺撒，罗马无疑都会试图向北扩张。然而有一个核心事实从始至终都是存在的，即罗马挥剑向布列塔尼海岸和莱茵河岸所带来的连绵兵祸，并不是罗马政府谋划的结果，完全是由恺撒个人发起的。事实上，身在罗马的恺撒政敌对他的不正当侵略行动公开表示愤慨，并谴责他的行为已构成战争罪。

†

恺撒到底为什么要征服高卢人？考虑到罗马的实力，高卢并不能像过去那样对罗马构成潜在威胁。从长远来看，即使后来的事件似乎证明意大利人对高卢人一直以来的不信任是合理的（见边码第 156 页），但恺撒的决策仍旧大致得到了平反，让高卢融入帝国的决定是被认可的。因为高卢人后来也转变为优秀的行省人，还成为重要的兵源。其实，恺撒的征服行动背后有一个更加紧迫的主要原因。在挺过连延数十年的政治暴力后，恺撒此时还要与庞培和克拉苏这样的人物竞争，因此他需要辉煌的战功来提高自己在国内的威望。他为了当选罗马大祭司长（pontifex maximus）和执政官而不惜血本，此时已身负巨债。他需要巨额资金来偿还这些债务，否则就会面临破产、流放或陷入更糟的情况，而且他还需要更多的财富作为自己未来政治计划的资金。既然富裕的东方已是庞培的囊中物，那么为了实现自己的目标，还有什么比征服和掠夺这个众人畏惧而又殷实阔绰的西方敌对蛮族更好的办法呢？恺撒必然很快就会面临竞争对手，不是这一个也有那一个，因此一场成功的征服战还能为他提供另一项至关重要的资产——他麾下的那些忠心不二、千锤百炼的士兵，以及支付他们军饷的资金。恺撒有雄心壮志，而高卢人用鲜血和黄金为他买单。

军阀、士兵和共和国的灭亡

庞培、恺撒和他的副手马克·安东尼都是引爆西方人想象力的传奇人物，莎士比亚的戏剧作品尤其起到了作用。[85] 如果说共和国陷入危机的过程是由这些大人物决定的，那么危机中当然还涉及众多其他行动者。这些人并不是历史舞台上的龙套演员，而是各自抱有目标的主动参与者，也正是他们为这些走上邪路的将军们创造了活动环境。这个时代的普通士兵大体上仍然是无名大众，那些详尽讲述士兵个人故事的军人墓碑基本都来自后来的几个世纪，不过也有例外：在帕多瓦（Padua）有一块年代较早的墓碑实物，纪念的是百夫长米努西乌斯（Minucius），他或许是恺撒从山内高卢地区招募的众多新兵中的其中一例，内战期间他在恺撒手下服役时晋升为百夫长（图33）。[86] 在罗马共和国垂死挣扎的整个过程中，譬如米努西乌斯这样的人，还有各路军阀手下的军人和老兵，都和元老们一样是对战局有着关键影响的玩家。即

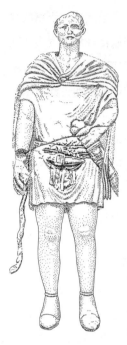

图 33. 一名内战士兵：百夫长米努西乌斯的墓碑，他可能是恺撒的玛尔斯军团（legio Martia）中的一员，大约在公元前 1 世纪 40 年代葬于帕多瓦。他很可能是一名从波河平原招募来的军人，恺撒在那里组建了许多部队。他的葡萄藤棍和佩带在左边的剑说明他是一名百夫长。不同寻常的是，他的西班牙匕首是横向佩带的。

便军人缺乏教育，没有获取信息的渠道，也不具备贵族的权力，他们的情感和野心也能促成、制约、引导乃至有时能驱使将领的所作所为。在当时，士兵和指挥官之间的关系与军阀彼此间的竞争和同盟关系有着同等重要的作用。

　　毫无疑问，公元前最后一个世纪的战士们都认为自己是罗马的爱国者。在与外敌作战时，他们仍然被旧时代罗马英雄的榜样和故事所激励，而这些英雄很快又会出现在我们所熟悉的文学作品中：李维和维吉尔就出生于这一时期。然而正如我们所见，军人正在成为罗马社会中的一个独特群体。应该说此时的他们较为接近无产阶级，并且逐渐转变为职业军人。在内战期间，作战单元往往会成为准固定编队，如恺撒钟爱的第十军团。[87]共和国晚期军人的忠诚模式与他们的中期前辈已经迥然不同。

按照惯例，士兵们仰赖将军来关照他们的利益（军饷、补给、分享战利品的机会）。作为回报，士兵们则以誓言担保，给予将军作为合法任命的国家代表应得的个人忠诚和服从。这种相互义务正是军队凝聚力的关键来源，对国家也非常有价值，不过前提是指挥官得是经过合法任命的，而且士兵的要求不能与政府的利益相冲突。在后马略时代，指挥官和士兵之间的联结关系所带有的恩主／门客性质越来越强烈。因为士兵们的期待在逐渐变化，不再仅仅是军饷、荣誉和战利品，而是期待自己退伍时政府赠予农田作为服役的回报（毕竟很多人还没有土地）。他们首先指望自己的将军为自己实现夙愿。这些要求如今已不仅仅是互惠的道德义务；当指挥官不能满足士兵的要求时，便会越来越强烈地感受到自己处于威胁之中。

晚期的共和国军队就像此前和此后的罗马军队一样，野性难驯，经常出现暴动。[88]这源于罗马历史悠久的传统——公民兵们会表达自己的情感，会反抗压迫，而这种表达一直以来就有失控升级为暴力抗命的倾向。已经彻底融入军团的意大利其他民族拥有着与罗马映照的相似战士文化，从中也可以看到这种倾向。士兵们会通过宣示强调自身权力的方式向指挥官施压。公元前2世纪中叶的军人，也就是波利比乌斯见过并描述过的那些人，已经会在征兵出现困难时利用自己的权力逼迫指挥官在请假的问题上让步，或者是迫使对方包容一些足以令传统主义者感到震惊的纪律松懈行为。在内战的环境下，将军需要指挥士兵与自己的罗马同胞作战，维持军纪在这种时候变得尤为困难。指挥官们不得不带着比以往任何时候都更加严重的焦虑和不安，盯紧自己手下的士兵。他们试图维持一种微妙的平衡——既保持住士兵的战斗能力，又不激起他们的敌意，以免他们心生去意（一走了之返回家乡，或者更糟糕的——加入敌对军阀麾下）或暴动，乃至暗杀将官。

内战期间的将军及兵卒因为共同利益而更加紧密地捆绑在一起，然而当期望落空时，羁绊就会变为绞杀。确保退伍军人获得土地对新兴军阀来说至关重要。问题是，士兵们都想在意大利定居，那么在哪里才能给他们找到土地呢？如果能满足他们的这项要求，军阀也将获得好处——老兵及其子嗣就近定居，这能为将来的突发意外事件提供军人储备，庞培早期的经历就证明了这一点。如果军阀无法为士兵提供赠地，那么结果将是灾难性的。在此事上横加阻挠正是对手企图削弱军阀们的策略，庞培也是在这一手段的逼迫下与克拉苏和恺撒结盟。为了满足老兵们的要求，军阀们有了铲除对手的动力，消灭反对势力变成一箭双雕的好事。他们仅仅为了财产就对政敌乃至无派系人士施加暴力清洗，将其流放或谋杀。而这样一来，老兵们就可以被安置在没收而来的土地上。

内战中的罗马士兵被严重派系化，他们被分割成多支军队和多个派系团体，这些势力彼此争斗，但又可能改变效忠的对象。在为自己的将领而与其他罗马军队开战时，士兵们可能会对自己说：政府已经落入用心险恶之辈（就是那些元老院的寡头政客、彼此敌对的军阀）的股掌之中，那些人企图骗取他们应得的权益或消灭他们；然而事实却是，他们要面对的是与同为罗马士兵的战友搏斗。士兵们对此并不总是满腔热忱，因为这令人沮丧泄气的内斗已经肆虐多年。他们有时会改旗易帜，背弃不太受欢迎的将领而改投到更有名的将军麾下，不再与他的手下作战［如雷必达（Lepidus）的军团直接抛弃了他，加入了屋大维（Octavian）一方］。[89] 无论派系内部还是不同派系之间，都因内战而出现了极端危险的紧张关系，而这会表现为士兵们的哗变。指挥官常常面临着这样的风险，而且极少能够直接镇压下去，哪怕恺撒也是如此。正如历史学家斯蒂芬·克里桑托斯（Stefan Chrissanthos）所解释的，"在共和国最后五十年间发生的三十次兵变中"，恺撒手下的军团于公元前49年在普拉森提亚（Placentia）发动的兵变"是……指挥官得以在真正意义上受到惩罚的、仅有的三次兵变之一"。[90] 恺撒扬言要对普拉森提亚的叛变者执行"十一抽杀律"（每十人中杀一人），并真的处决了十几名主谋。[91] 公元前47年，他又在坎帕尼亚遭遇了一场更为严重的叛变，他的那些老牌高卢军团也参与其中。恺撒平息此次哗变的做法相当有名——他不再称呼他们为"战友"（commilitones），而是称之为"奎里特人"，也就是"（平民身份的）公民"，让他们产生羞愧之情并重新拾起自己的职责。[92] 不过，事实真的如此吗？克里桑托斯认为，这个故事是恺撒传奇的一部分，而在传奇的掩盖下则另有一番全然不同的事实。恺撒一直无法向他的部队支付恰当的报酬。他手下的老兵们征战多年，其中不少人此时只想退伍；其他人则是因为接下来还要与罗马同胞进行更多战争而感到怨愤。他们中的许多人其实不过是在利用手中的筹码：如果没有他们的支持，恺撒就是毫无权力的。事实是恺撒不得不屈服：他让老兵军团退伍，也并不敢拿那些主谋开刀，兵变因此有了一个无人流血的结局。[93] 不过，恺撒在公元前44年的死亡，激起了他手下的士兵和老兵

113

对刺客们的血腥报复。

作为罗马社会基础的大家族恩主庇护传统，在士兵中逐渐演变成王朝式的效忠关系。士兵们忠于特定的军阀和他们的家族。正如我们看到的，庞培事业的开启依靠的是从父亲手中"继承"而来的军团老兵。而恺撒遇刺后发生的那些事件则更是具有重大意义——他手下的老兵们蜂拥而至，拥护他的养子屋大维——那个注定要成为罗马第一个皇帝的人。

当克拉苏、庞培和恺撒联合起来时，元老院变得毫无实权。然而这个"前三头同盟"（First Triumvirate）被猜疑和持续的竞争所撕扯。克拉苏企图通过进攻帕提亚来超越庞培昔日的军功和恺撒仍在进行中的高卢征服行动。帕提亚是罗马隔着幼发拉底河相望的新邻居，双方不久前从两侧夹攻并瓜分了塞琉西王国，从此成了邻国。此时的帕提亚看上去就像一个闪闪发光的奖品。它是唯一仍然处于罗马势力范围之外的主要邻国，其实力也尚未在与罗马军团的战斗中得到检验。公元前 53 年，克拉苏的军队在卡雷（Carrhae）战役中一败涂地，他本人也丧生于此，[94] 剩下庞培和恺撒二人为争夺最高权力而战。内战从西班牙席卷至北非、希腊和埃及。最终恺撒取得了胜利，庞培在埃及被杀。恺撒对庞培的支持者和其他的元老院对手是出了名的仁慈，但他们的愤恨还是在他自立为独裁官时逐渐逼近沸点。独裁官职位本是一个受人尊敬的古老的罗马官职，仅在国家进入紧急战争状态下时才会暂时启用。但恺撒却将自己封为终身独裁官，成了无冕之王。他在公元前 44 年遭到暗杀时，正准备发动自己的帕提亚战争，为卡雷战役复仇。

　　为了宣告罗马已摆脱恺撒准王政统治的暴政，这些亲手刺杀恺撒的元老们发行了硬币。象征罗马自由的图案是一顶释奴的自由软帽，两侧是西班牙风格的军用匕首（图34）。但共和国已经走向终点，更多的内战接踵而至。首先是恺撒忠诚的拥护者们消灭了杀害他的凶手，最终是屋大维和马克·安东尼为争夺最高权力而战，前者是恺撒的甥外孙和他收养的继承人，而后者则是恺撒昔日最重要的副将。屋大维以意大利为大本营，安东尼则与他的配偶克娄巴特拉——托勒密的女王一起，以埃及为大本营。公元前31年的亚克兴（Actium）战役是双方的最后决战，战斗的结果促使安东尼和克娄巴特拉自杀，并导致了罗马对埃及的吞并。年轻的屋大维成了那个站到最后的军阀。当年那些已经饱受战争之苦的人们无疑仍在紧张不安地观望着，想看看下一个奋起挑战屋大维，发动更多暴力的人究竟会是谁。

　　即便在罗马的共和国政体正在自行破裂瓦解的时刻，它在地

图34. 公元前44年刺杀恺撒的元老们所铸的第纳尔银币。银币上的图案是重获自由的奴隶所戴的自由帽，帽子两侧是西班牙风格的罗马军用匕首。

中海的统治也并未崩溃或分裂。这一事实非常突出地展现出罗马的霸权看上去已经达到了何等不容挑战的高度。亚历山大帝国命运的前车之鉴表明，罗马帝国本来也有可能分裂成多个继承国。比如，想象一下某个像马克·安东尼这样的人驻扎在富有的埃及，而此人决定效仿托勒密——这位马其顿的将军在亚历山大死后夺取了尼罗河王国，建立了自己的独立王朝。然而并没有哪个罗马的属国试图利用这个机会推翻它的霸权。事实是，这些属国被迫坐上了危险的赌桌，赌一赌哪个罗马人最终能获胜并从此开始统治。因为最后占上风的还是罗马帝国的中央统治。在内战的间隙，帝国仍在继续快速侵略扩张，比如在公元前 1 世纪 60 年代吞并了叙利亚，在 50 年代吞并了高卢，又在 30 年代取得了最大的战利品——将整个埃及吞并。

在某种程度上，让共和国覆灭的军阀和希腊化时代的佣兵首领式国王、士兵国王很相似，他们行动的舞台同样也是希腊式的（庞培还刻意模仿亚历山大大帝的发型）。然而同时他们又是典型的罗马人物——权倾朝野的贵族战士，把个人的荣誉和抱负看得比对国家的忠诚更重要。在某种意义上，这些人倒像是退回了共和国早期，变成了科利奥兰纳斯那样的人（见边码第 57 页）。恺撒昔日的副将提图斯·拉比努斯（Titus Labienus）后来转而与他为敌，其子昆图斯·拉比努斯（Quintus Labienus）最终在流亡中加入了帕提亚人的军队，甚至曾在一次获得短暂成功的入侵罗马东部的行动中，率领帕提亚人对抗安东尼。他设法使一些罗马驻军倒戈支持自己，于是帕提亚人和罗马部队结为盟友，开始共同与其他罗马人作战，这个奇特的事件展现了内战中混乱的效忠关系。马克·安东尼则是一个更好的例子，他将克娄巴特拉统治下的埃及作为自己的势力大本营，在立足埃及的情况下为自己在罗马的荣誉和地位而战。罗马的寡头政治集团中留下了太多古代意大利荣誉文化的烙印。此时它们重新爆发出来，摧毁了共和国。

然而，如果说安东尼的经历，以及塞多留及其所建立的罗马化西班牙"国家"既与罗马久远的过去遥相呼应，又与希腊化世界的现在彼此共振，那么应该说它们也预示着未来，标志着正走向"全球化"的罗马帝国统治已不必基于罗马城本身。[95] 有迹象表明，这样的过程也已经影响着当时的罗马士兵。在内战期间，恺撒军队不得不在埃及与加比尼亚人（Gabiniani）作战，这是将军加比尼乌斯（Gabinius）在公元前 55 年留在埃及的几个军团，受命保护罗马在当地的附庸国王。十年后他们已经"本土化"，在当地成家立业。与其说他们是罗马士兵，倒不如说他们已经变成了埃及士兵。[96] 在此，罗马之剑与罗马之城已经割裂。这一事例映射着未来，预兆着帝国时代罗马军队中出现的影响深远的"行省化"。事实会证明，罗马军队的"行省化"与被征服民族的"罗马化"同样重要。由于大多数士兵从此永久驻扎在遥远的边疆行省，驻外人员身上那种军人气质的"罗马性"变得日渐明显，这种"罗马性"还具有区域化的地方特征，而这产生了多支并存、有时彼此交战的罗马军队。

第三章 "我们的武器与盔甲"

公元前 30—公元 167 年：帝国早期

前几任罗马皇帝统治时期

公元 9 年，罗马军队已在莱茵河和易北河之间的日耳曼地区横行多年。罗马帝国第一任皇帝奥古斯都（Augustus，原名屋大维，恺撒的继承人）认为自己的士兵已经征服或拉拢了足够数量的日耳曼人，因而可以着手在此地建立市政治理，恰如昔日在高卢的成功范例。在建设主要军事基地的同时，罗马人甚至开始在周边创立城镇。[1]

新任命的日耳曼尼亚总督 P. 奎因克提里乌斯（P. Quinctilius）[1]当时正带领第十七、十八和十九军团及其辅助部队，还有成千上万的平民，排着数英里长的纵队穿越他所管辖的行省。在条顿堡森林中行军时，罗马人认为自己正处于友好的领土上，因而很可能并未戴头盔，甚至没有穿护甲。日耳曼人的袭击骤然而至，对此毫无准备的罗马人一败涂地。瓦鲁斯为免遭俘虏而自刎，囚犯们则成了活祭。胜利的日耳曼人夺走了神圣军团的三面鹰旗。只有少数罗马人逃过此劫。该战役的具体地点于 1987 年被确定，位于现代德国的卡尔克里泽（Kalkriese）附近。如今，散落四处

---

[1] 全名为普布利乌斯·奎因克提里乌斯·瓦鲁斯（Publius Quinctilius Varus）。

的军事装备和器物，还有汇集着被屠者遗骨的坑洞重见天日。日耳曼人在树林边缘建造的一处战术工事土垒也被发掘出来，旁边躺着一匹驮骡的尸体，身上还挂着铃铛。那几个横遭不幸的军团编号再也没有被使用过。在奥古斯都出乎意料的漫长统治生涯中，这场屠杀是一个转折点。[2]

这是有史以来最伟大的伏击战之一。它由阿米尼乌斯（Arminius）[3]一手策划，他是日耳曼切鲁西（Cherusci）部落的一名显要成员。他本来和兄弟弗拉乌斯（Flavus）一起在罗马军队的辅助部队中担任军官，同样在此工作的还有其他行省和蛮族的贵族。然而他内心深处的真正图谋却寄托在他的日耳曼同胞身上，而这最终发展成了一场精彩绝伦的反叛。瓦鲁斯之祸（clades Variana）是一场规模堪比坎尼会战的灾难。从长远来看，它对罗马人雄图壮志的打击甚至比坎尼更为严重。

阿米尼乌斯之所以能够重创罗马，原因有二：其一，他展现出了高超的个人政治能力，说服了通常保持独立的各日耳曼团体共同协作袭击罗马人；其二，他身处帝国内部，因而能够发现并成功利用罗马人的弱点。自恺撒进军高卢以来，日耳曼人就一直在罗马的军队中服役，并在与罗马入侵者一同参军的过程中学到了罗马人的技巧。阿米尼乌斯本人不仅是一名辅助部队军官，据说还被授予了罗马公民身份，甚至获得了骑士阶层身份。然而，击败瓦鲁斯的战绩并没有让他如愿以偿地获得在日耳曼地区的个人政治影响力：他很快就遭到了暗杀。从某些意义上讲，与其说阿米尼乌斯是蛮族，倒不如说他是罗马帝国的变节者。他的反叛行为也是极不寻常的；他那位忠于罗马的兄弟弗拉乌斯倒是更为典型，而且从最终结果上来看，弗拉乌斯或许在安身立命方面还更为成功。

痛失几个军团的打击摧垮了年迈的第一任皇帝的意志。他有
生之年倒是看到了罗马军队在重大报复式袭击行动中重创日耳曼
地区。但在公元 14 年驾崩之前，他告诫继任者提比略对莱茵河
和多瑙河上的边界维持不变。后来罗马吞并了夹在两河上游之间
的凹角地带，但除此之外再没有试图将日耳曼尼亚整体兼并入帝
国领土。

对当时的罗马人来说，瓦鲁斯之祸是出人意料和令人震惊的，
事实上，它几乎是根本无法想象的。一群在大众看来甚至比高卢
人还要原始的野蛮人几乎歼灭了一整支罗马的野战部队。不仅如
此，这次战败发生的时间也令罗马人始料未及。尽管人们料到在
帝国主义扩张的战争中总会出现一些困难（在刚征服的巴尔干地
区就爆发了一场重大叛乱），但从总体上看罗马帝国已经熬过了
上个世纪自相残杀的暴风骤雨，并重新找回了自信——然而瓦鲁
斯之祸恰恰就发生在这一时期。在这个新时代的开场中，罗马在
扩张过程中攫取了最了不起的战利品——埃及那神话般的财富，
帝国对西班牙行省的征服终于完成，罗马士兵已推进至多瑙河。
在新的帝国制度推动下，罗马人比以往任何时候都更倾向于相信，
最终实现全球统治正是自己的神圣命运。在这样的背景下，瓦鲁
斯之祸的发生简直不合情理。

纷争已被驱逐出集会广场……国家中重新出现了……正
义、公平和勤谨。政务官的权威已恢复，元老院也重获其威
严。……奥古斯都的和平（*pax augusta*）已经遍及东方与西方，

延伸至南北边界，让世界每一个角落里的人都不必再担心遭遇劫掠盗抢……

——维雷乌斯·帕特库鲁斯《简明罗马史》

（Velleius Paterculus, *History of Rome*）2.126.1 – 3[4]

奥古斯都统治时期一直被认为是罗马的黄金时代。一部分原因在于，他结束了国内的政治暴力和内战，而同时代人对此发自内心地感到如释重负、感激和乐观，也重新找回了自信；另一部分原因则在于，新政权对事实进行了巧妙的"歪曲"。奥古斯都（图35）以共和国的重建者自居，但其实他成功地实现了一次变革，建立了有实无名的君主制（避开了恺撒公开实行专制的错误），并且仔细谨慎地掩盖了一个事实：现在无论在罗马还是在各行省，权力都已取决于兵权。

图 35. 奥古斯都的雕像，造型为他作为一位获胜将军的理想化形象。这尊雕像（现藏于梵蒂冈）来自奥古斯都妻子莉薇娅（Livia）位于罗马近郊第一门（Prima Porta）的别墅。他特意在雕像胸甲上强调了自己不流血地"战胜"了帕提亚人的事迹（图36）。

奥古斯都的权力是用剑赢得的，也靠剑来维护和壮大。它始于非法行为和政治谋杀。从年轻的屋大维得知自己是被杀害的恺撒的继承人那一刻起，他就表现出了自己的冷酷无情，哪怕只是想在政治暴力的虎穴龙潭中生存下去，他也必须冷酷无情，更不用说要夺得属于他的那份政治遗产了。十九岁时，屋大维竟然把士兵派进了元老院，在真正意义上动用利剑来逼迫政府任命他为执政官。率领"代表团"的百夫长科尔内利乌斯（Cornelius）掀开他的军服斗篷，露出剑柄说道："如果你们不任命他为执政官，这个就可以！"[5] 后来屋大维也曾与恺撒那位强硬的副手马克·安东尼及其他人交手，在此过程中屋大维参与过若干项政治谋杀，一部分目的在于确保手下所有重要的老兵能够获得土地。

随着安东尼的死亡，屋大维成了那个站到最后的军阀。然而即便如此，他看起来也有可能会像其他人那样很快死于自然原因（他年轻时疾病缠身），或是死于某个新对头之手。没人能预料到这个双手沾满鲜血的年轻人能统治四十余年；也没人预料到他到头来其实是个高明的政治家。他结束了内战暴力的怪圈，创造了一个新的、更稳定的政府体系。罗马政权在公元前最后一个世纪没有走向永久的分裂，而是获得了长期内部稳定，这在很大程度上要归功于屋大维有效化解导致内部冲突的种种因素的个人能力，尤为值得一提的是，他摧毁了士兵和敌对军阀的共生关系。

在公元前1世纪20年代，屋大维审慎地将"挥舞利剑"和"接纳之手"两项政策相结合，以此巩固了自己对政权的控制。他所展现出的才干带有典型的罗马特色，他刻意表现得十分保守，然而实际上他的改革和创新已达到了革命性高度。在希腊－罗马人的观念模式中，人们并不从"进步"的角度思考问题：若想让变化和创新显得不那么有威胁性，就需要将它们描述为某种向着"令人敬服的过去"回归的事物。⁶比起希腊人，这一点在罗马人身上体现得更为明显。而事实也已证明，在罗马人中没有谁比屋大维做得更到位。他摇身一变，从一个军阀转变为一个令人敬仰的宪法支柱，主持了一场招摇浮夸且基本只有表面功夫的"共和国复兴运动"——他公开将非法掌握的权力（其正当性来源于公众紧急状态）交还给元老院，从而恢复其尊严。然而这时的元老群体里充斥着他的拥趸，他们明白什么才对自己有好处。于是他们代表国家恳求屋大维接受"执政官权力"（super-promagistracy）这一特殊职位，承担一份繁重的工作，即通过他手下的特派官来管理所有存在军事活动的行省。他"勉为其难"地接受了。此后，几乎全体帝国士兵都合法地向屋大维个人宣誓效忠，将他视为宪法规定的统帅。

屋大维也攫取了其他权力，这些权力累积在一起，形成了新 ¹²⁰的最高权力职位的基础，这个职位令执政官的地位黯然失色。他表面上只是元老中最资深望重的一位，或者叫作元首［princeps，于是这个新制度也随之被称为"元首制"（Principate）］，但在公元前27年，他为自己冠以新名字"奥古斯都"，这便是如今被我们统称为"皇帝"（emperor）的职位的若干叫法之一。这个职位历经一系列演变，拥有若干种不同的名号，屋大维所继承的姓氏"恺撒"也是其中之一。"皇帝"一词来自一个古老的尊称——"凯旋将军"。自西庇阿以来，士兵们都用它来赞美获胜的将领。如今奥古斯都也在万众瞩目下为自己冠上这个头衔。在他之后的统治者们也仍然需要在战争中展现勇德，赢取"凯旋将军"的美称，以此向士兵及更广泛的政治舆论证明自己是适合执掌权力之人。

即使在"凯旋将军"逐渐演变为另一个重要的罗马帝国职称时，它仍然强调着一个事实——皇帝的地位归根结底依赖于士兵。

奥古斯都在公开场合以尊敬的态度对待元老院。此外，过去他曾将早期的老兵定居点安排在掠夺而来的意大利土地上，在各行省建立了许多老兵殖民地。此时的他则试图减轻这些行为所带来的影响，力求以此抚平他与元老院之间的旧怨。对于诸如骑士阶层这样的强势群体，甚至是对地位显赫的被释奴隶，奥古斯都也在新的帝国政治体系中给予他们权益。获得了罗马公民权的行省贵族数量之多前所未有，希腊人和高卢人进入骑士阶层，甚至最终走进了元老院。在接下来的几代人中，公民权在行省人口中传播开来。即便此前古典风格的城市还没有出现在这些行省境内，它们也很快就会如雨后春笋般诞生。奥古斯都对罗马的新展望不再局限于狭隘的意大利，而是放眼全球，这其中暗含着深刻的意识形态转变。罗马不再只是一个城市，它是一座普世帝国。[7]奥古斯都的意志从根本上得到了士兵的支持，同时他又将他们输送到更多的征服战争中，为了罗马的荣耀，也为了他个人勇德的昭彰。

在奥古斯都时代，那些支持或能够平和看待当代罗马政权的人们都抱有相当乐观的心态。不过，尽管国内冲突的结束和帝国内部的普遍和平让人感到欣慰和喜悦，但侵略战争仍在边境地区肆虐着。对荣耀的追求和对胜利的狂热崇拜仍然是罗马人的执念。公元前31年，为了庆祝在亚克兴击败马克·安东尼和克娄巴特拉，当时还不是奥古斯都的屋大维在元老院为胜利之神设立了一个祭坛，上面装饰着很久以前从塔兰托缴获的胜利女神雕像，这个祭坛在元老院里矗立了四个世纪。[8]在他作为奥古斯都统治的时间里，罗马经历了所有军事扩张阶段中最积极激进的时期之一。

首先是吞并埃及，这不仅为罗马带来了她历史上最伟大的战利品，而且也保证了罗马城的粮食供应。奥古斯都也为历时 200 年的西班牙征服行动画上了圆满的句号。他洗刷了克拉苏在卡莱战败的耻辱，不是通过争战，而是通过与帕提亚人达成外交协议，从而确保丢失的军团之鹰得以回归罗马。这项协议被标榜为罗马的一次兵不血刃的胜利（图 36）。奥古斯都还在巴尔干半岛发动了大规模的征服战争，并企图通过征服日耳曼地区——至少要推进到易北河——来模仿和超越养父兼并高卢的功绩。事实证明这是一项困难的目标，但直到公元 9 年前，征服行动似乎一直是成功的。 121
在充满乐观情绪的奥古斯都时代，罗马人再次相信自己可以实现任何目标。在他统治的悠长岁月中的大部分时间里，他似乎深受众神眷顾——作为恺撒家族的一员，他声称自己是特洛伊英雄埃涅阿斯及其母维纳斯的直系后裔，维吉尔的《埃涅阿斯纪》令这

图 36. 位于第一门的奥古斯都雕像（图 35）的胸甲细节，图案描绘的是帕提亚国王归还克拉苏在公元前 20 年丢失的军团之鹰，图中罗马人的身份不明。

条血脉为世人永远铭记。这是个国内安宁和谐的时代，同时又伴随着对外战争所带来的胜利、荣耀和战利品。罗马人相信，对外战争是维持勇德和保持国家强大的必要条件。然而，那些不为人们所喜的暴力形态的阴云并未散去。

在这个实施奴隶制的帝国里，本就森严的等级制度还在变得愈加严苛，潜在的紧张关系始终存在。在国家的上层，元老院和皇室之间的摩擦层出不穷，即便长期以来皇帝们均来自元老院家族。奥古斯都和他的继任者们仍然会指派元老们去指挥军团，并委任他们为行省总督兼驻军指挥官。但如今元老们变成了严格意义上的下属，经常因缺乏实权而暗地里怨恨。旧有的元老院竞争制度失去了效力，执政官也失去了大部分的实际权力，只有统治者或其亲属才能举行凯旋式。发号施令的是皇帝，获得荣耀的也是皇帝。于是像科尔布罗（Corbulo）这样的将军只能叹息，对先驱们所拥有的自主权徒然神往。奥古斯都制定的宪法只是精心设计的门面，它背后的现实是一个大军阀操纵国家的体系，为他撑腰的是手执利剑的士兵。在接下来的两个世纪里，这一现实在所有人眼中，尤其是在士兵们自己眼中变得越来越明显。

由于继承了几支内战军队留下的心怀不满的余部，奥古斯都特别需要进行军队改革。较长的统治期让他自己、手下将军、部队指挥和百夫长们获得了充足的时间，因而他们得以完成罗马历史上最重要和最根本的改革。奥古斯都针对罗马的士兵招募和服役条件进行了改革，产生了预料之外、计划之外的种种结果，其影响之深远，堪比他对罗马的阶级制度、被释奴隶及行省发展所制定的民事政策。经他改革的军队发生了全方位的变化：不仅是军队的构成和组织架构，士兵的外观和装备也改变了，可谓真正意义上的"改头换面"。

†

在这个奥古斯都统治下的变革时代，罗马剑的设计也相应发生了明显的变化。被人们认为是共和国晚期西班牙短剑的"提洛岛式"（见边码第 80 页），在历经发展后成为一种新的类型，我们今天称之为美因茨式。[9]这种类型，或是公元 1 世纪中叶在它之后出现的庞贝式，就是经常被刻板化地认定为"罗马短刺剑"的武器，尽管这两种剑都保留着适合斩击的良好双刃。

美因茨式［或许应该称之为"美因茨一族"：克里斯蒂安·米克斯（Christian Miks）鉴定出六七种不同形状的美因茨式罗马剑］留有适合刺击的长剑尖（最长可达 200 毫米）。[10]它的剑身比共和国时代的武器短得多，通常长约 500 毫米。有些还要更短（短至 344 毫米），其他一些则保持着较长的剑身（长至 590 毫米）。[11]早期美因茨式的形状仍然相对纤细，而来自晚期的实物剑身则比之前的要宽许多，剑肩位置最宽可达 75 毫米。虽然剑尖从平面图上看起来逐渐变细，但在厚度上却没有变化。因此，靠近剑尖的部分接近方形，就像锥尖一样。有些剑的剑身中部略微收窄；有些剑的两刃则几乎平行，只是三角形的剑尖和展开的剑肩给人一种剑身收窄的错觉。[12]这样的几何特征也见于出土自德国莱茵根海姆（Rheingönheim）的一柄质量上乘的美因茨式剑，被发现时还带着剑柄（图 37）。此类剑柄由三部分组成：剑首、护手和横截面通常呈八边形的握柄。这些部件可能是木制、骨制、象牙制的，也可能是以金属覆盖的——比如出土于莱茵根海姆的剑柄表面就是银色的，最初还带有一条腕链，以防剑在战斗中丢失。[13]

该时代的剑鞘两侧仍然带有若干个挂环，挂环以金属箍固定。剑鞘上通常装有金属质的包头（剑鞘的尖端）和其他装饰性的镶板，有些还带有镂空装饰，或许是受到了高卢风格的熏陶。

公元 1 世纪初偏后时期的剑身往往更宽。剑鞘金属板上的锤压凸纹装饰也更为精美，再加上见于西班牙短剑及其前身伊比利亚剑的剑鞘包边，就构成了所谓"框式剑鞘"。最著名的罗马剑之一——人们称之为"提比略之剑"（Sword of Tiberius）就属于这一类型。这把剑出土于美因茨的莱茵河畔（见彩图Ⅲ），剑身几乎是完整的，只是柄脚和剑柄均已遗失。剑鞘则基本保存完好且十分精美，带有金属镀层，装饰着造型雅致的凸纹，描绘的是帝国时代的人物形象，根据这些形象可以推测这把剑来自罗马第二位皇帝在位时期（公元 14—37 年）。它的剑鞘之所以经过

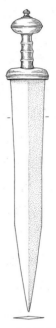

图 37. 出土于德国莱茵根海姆的美因茨式罗马剑复原图，保存状态接近完美，剑柄镀银，原本带有腕链。（比例 1:8）

这样的加工，是因为这把剑主要被当作一件艺术品，而不是卖弄勇武男子气概的外在标志物，更不是一件杀人工具。[14] 它也许是一件用于展示的作品，但它的主人很可能并不是一位地位特别崇高的人。科学分析表明，它的镀层并不是人们长期以为的银，而是锡。[15] 其实，它展现出的是这个年代的许多罗马装备正在变得多么华丽惹眼，从装饰精美的匕首和骑兵头盔上也能看出这一趋势。这股潮流可能始于恺撒，他鼓励在武器上进行金银装饰，以

进一步促使士兵照顾好自己的装备。[16]公元43年，罗马人入侵不列颠时，美因茨式仍在使用；但到了1世纪70年代，它已被庞贝式取代（见边码第150页）。[17]

美因茨一族的剑似乎并不是那个时代唯一的罗马剑类型。我们已经知道有两类剑身较长的罗马剑的年代不晚于公元前1世纪中叶，其中一些带有罗马风格明显的剑柄配件和装有挂环的框式剑鞘。这两类罗马剑分别是拿布图斯式（'Nauportus' type，一直使用到约公元25年）和奉蒂埃式（'Fontillet' type，至少存在至约公元50年或更晚）（这两种剑见图38）。[18]从形状上看，它们似乎至少在一定程度上由共和国晚期的罗马剑演变而来，这一点和较短的美因茨式一样。然而它们看上去又与高卢武器有相似之处，而且那些已经确定年代的相关实例确实均大体出土于高卢地区到多瑙河流域的古罗马墓葬。

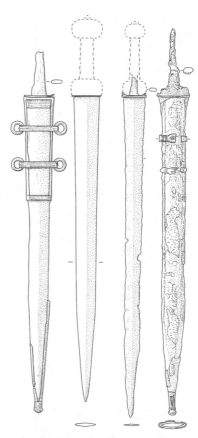

图38. 根据出土于法国奉蒂埃（Fontillet）的长剑制作的复原图（左），以及根据出土于法国布瓦埃（Boyer）和瑞士朱比亚斯科市（Giubiasco）的古剑实例制作的拿布图斯式武器复原图。（比例1:8）

这样说来，这两种剑可能是带有罗马外观风格的混合体，演变自共和国时代的提洛岛式罗马剑和铁器时代晚期的高卢武器。考虑到当时奥古斯都将高卢及其他北方民族的辅助部队（步兵和骑兵皆有）逐步正式纳入罗马军队的历史背景，这也颇为合理。这类辅助部队人员在最初征兵时使用的还是本土武器，但他们的装备很快就开始向罗马设计风格靠拢，引进了源自希腊－罗马世界的带面罩骑兵头盔（见彩图 I）。与此同时，高卢的军械工匠们也开始施展手艺为辅军士兵和军团士兵这两方人员打造装备。这个变化趋势在铁制的"高卢风格帝国式"军团头盔上展现得尤为明显。[19]有些民族习惯于使用比罗马全身盾更小的扁平盾牌，并配合这种盾来使用长矛或长剑。而在这个时期，罗马不断地从这些民族中招募人员，组成越来越多的辅军编队。因此，我们理所当然地会发现一系列进入公元 1 世纪后仍在被使用的各种各样较长的剑，从强烈"罗马"风格到强烈"凯尔特"风格，种类不一而足。其中一些"流落"到了昔日罗马辅军士兵的坟墓中。[20]

大多数拿布图斯式和奉蒂埃式罗马剑的剑身长度与晚期共和国的西班牙短剑相近，即 600 ～ 700 毫米，不过有些可达 770 毫米。[21]尽管许多高卢辅助部队士兵是骑兵，但其他人员仍是步兵。因此，将所有拿布图斯式和奉蒂埃式武器统称为骑兵剑是过于片面的；将它们称为斯帕塔长剑就更不对了。不过，对于在帝国中期占主导地位的长剑而言，这两种武器或许至少可以构成发展起源之一。

当时的人们仍然将罗马剑挂在腰带上。许多公元 1 世纪的步兵都会系两条腰带，有平行佩戴的，也有交叉着在两侧髋关节上各挂一条的，第二条腰带上通常挂着一把装饰精美的西班牙式匕首（普吉欧匕首，图 39）。（骑兵的腰带可能与此不同。）[22] 公元 1

世纪时，人们逐渐开始只佩戴一条腰带，不过有时他们会把剑挂在一条单独斜挎的窄肩带上。腰带还有其他实用功能，特别是它可以将锁甲的部分重量转移给臀部，从而减轻两肩的负担。士兵还利用腰带来携带钱包，并将写字板塞在腰带里。装饰精美的腰带日益成为军人身份的标志，这或许和它与剑之间的联系尤其相关。[23] 有装饰功能（和加固作用）的腰带盘可以被用来展示财富，甚至还可以储存财富，被广泛使用。老普林尼指出，公元1世纪的士兵有给剑鞘和腰带牌镀银的习惯，[24] 这正是在延续恺撒所鼓励的装饰武具的做法。不过，人们也广泛地使用更便宜的锡来模仿银

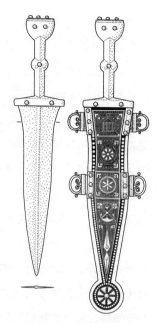

图 39. 一件出土于荷兰费尔森（Velsen）的帝国早期普吉欧匕首，其上的乌银镶嵌装饰带有西班牙传统风格。（比例 1:5）

的效果。镶钉挂片构成的"围裙"悬挂在腰带正面，看起来像是将普拉的浮雕（图 93）中描绘的腰带头配件复杂化的效果。和人们普遍认为的不同，这种"围裙"的意义可能并不在于保护人的下腹部或生殖器。[25] 这些挂片并不能真正阻挡戳刺攻击，而且从穿戴复制品获得的经验来看，它们还会在人奔跑时因磕碰而造成瘀伤。佩带它们的目的其实很可能是从视觉和听觉（佩带者行走时发出的叮当声）上强调腰带的存在。[26]

　　奥古斯都统治时期也是其他装备发生影响深远的快速革新的时代，从位于卡尔克里泽的瓦鲁斯之祸战场上发掘的物证中就可

以看出这一点。和剑一样，盔甲也显示出奥古斯都时代所特有的传统与延续的调和，以及达到变革高度的进化与创新的融合。例如，士兵们仍然穿着铁制锁甲，但卡尔克里泽的一些士兵已经穿上了著名的铁制薄片身体护甲，我们称之为罗马环片甲（*lorica segmentata*，其罗马名称未知）。这可能是希腊化骑兵四肢护甲的改造版本，不过锁甲和鳞甲也被广泛使用。[27] 若干种新的高卢铁盔也被引入罗马。此外，人们在卡尔克里泽还发现了一件引人注目的物品，一个骑兵头盔上的面罩（见彩图 I），它反映出改革后的新军队进一步吸收了希腊化世界的创意。[28]

125   为什么这些变化会出现？特别是，为什么要采用这种新式的短剑？这其中有什么出于实用而非审美的原因呢？士兵整套装备的其他部分大致同步出现了变化，这提供了一些线索。特别需要提及的是，步兵作战时会同时用到剑和盾，而他们的盾牌也在这一时期前后改变了形状。共和国时期的长椭圆罗马大盾此时让位于我们熟悉的带弧矩形盾。士兵们将经过改进的盾牌高举过顶时，盾与盾之间便能紧密地锁在一起，形成龟甲阵。[29] 剑与盾的大致同步变化可能也反映了剑术的变化。剑的长度缩短可能意味着，在士兵们的战斗训练和观念灌输中，"尽可能接近敌人"这一策略被进一步强调。这尤其是因为该时期的士兵主要面对的敌人是不穿盔甲的日耳曼人以及与之类似的"蛮族"。举起盾牌闯入敌方行列，便可以令敌方失去挥舞长矛或长剑的空间，而在这种情况下，短小的刺击武器就更称手，此时的剑短到可以完全隐藏在盾牌后面，这令攻击更加难以预料。我们在这里看到的，是一套由步兵武器和步战技术组成的"战术组合拳"吗？或许吧。不过，非军团士兵的步兵们也采纳了这种新式武器，配合他们的扁平盾牌使用。

"新模范军队"

新武器映射出的，正是使用它们的奥古斯都"新模范军队"。事实上他在军队组织上的改革甚至具有更强的革命性。奥古斯都放弃了几个世纪以来的传统，改变了罗马军队作为公民兵军队的性质。其实在公元前1世纪，罗马士兵已经成为也必须成为专业军人，这已是不宣于口的事实；而此时奥古斯都给予了它正式的规则体系。他建立了一支由长期服役的职业军人组成的固定常备军，其中的军人大多是自愿入伍的（尽管征兵仍然是非常重要的），被编入常备编制的部队。

奥古斯都新建了禁卫军，这支队伍由共和国时代的指挥官私人卫队发展而来。这些从意大利招募而来、待遇优渥的军人们并不是战斗精英，而是保卫新政权的政治部队，类似于围绕着苏联莫斯科的克格勃部队。[不过在接下来的两个世纪中，皇帝还拥有一支骑兵卫队，也就是所谓奥古斯都禁卫骑兵队（*equites singulares Augusti*）。称这支骑兵队是战斗精英还算是合理的说法。][30] 奥古斯都曾试图让他的大部分禁卫军远离人们的日常视线，但他的继任者提比略将禁卫军集中在罗马，安排在一个固定的军营中。该营地坐落于罗马的城界之外，但此时的城界已经成了一个空洞的象征。禁卫军、其他警卫部队和准军警队伍此时经常出现在城市的街道上。从实质上说，罗马城本身已经变成了由一群优先效忠皇帝之人所戍卫的城市。两支新的常设大型舰队在那不勒斯附近的港口米塞努姆（Misenum）和亚得里亚海边的港口拉文纳设立，它们首要关注的也是内部稳定。舰队负责保护海上航线不受海盗侵扰，其海军陆战队员也会作为后备武装力量应对意大利境内出现的纷争。

126

罗马武装力量的核心仍旧由军团组成（在接下来的两个世纪中，罗马大约设有 30 个军团）。这些军团从此以后就是永久性的固定编制，其中一些存续了 500 年之久。此时每个军团由大约 5000 名重装步兵组成，他们公开作为职业军人长期服役。

从内战残余的混乱军团（其中许多曾由现已去世的军阀组建）转变为忠诚的常备军，这一过程并不全然顺利。数以万计的退伍军人需要得到安置，其中许多人定居在从贝鲁特到西班牙的各行省中新建或重建的城市。有时，整个退伍军团是作为能够运转的新生城市社群被安置的。此外，当时的财政压力也很严重。在公元 1 世纪，维持军队的费用是最大的一笔国家财政开支，或许占开支的大半。这还仅是士兵的工资和退伍军人的奖金，不包括不定期的现金捐赠（在新皇继位等场合赠送给士兵的奖金，这与换取忠诚的贿赂其实无甚区别）或任何其他可见的费用。[31] 为建立一个可持续的军队体系，奥古斯都不得不将服役期从 16 年增加到 25 年。士兵们因延迟退役和恶劣的服役条件而大为不满，在公元 14 年奥古斯都去世时，这种不满情绪引发了大规模兵变。

一个或多个军团构成了各行省常备军（*exercitus*）的主力。这些军队由皇帝任命的行省总督负责指挥，有时在特别重大的战事中则由皇室成员指挥，后来还有一些皇帝御驾亲征的情况。所有的战争，无论战场上的统帅是谁，名义上都是由皇帝发动的，因而领受功劳或罪责的也是皇帝本人。

奥古斯都采取的最具革命性的措施是建立永久性编制的辅助部队。他们的称呼表明，与此前和此后的盟军分遣队一样，辅军最初被认为是军团的支持性部队。[32] 辅军提供的是技术兵种，诸如弓箭手、负责侦察和追击的骑兵，以及比队形密集的军团士兵更具机动性的步兵。[33] 然而与盟军部队（仍然是战时从属邦征召的）不同的是，新一代辅军此时是罗马军队不可或缺的组成部分。他们与军团成员一样是长期服役的职业军人，尽管其中大多数人并不是罗马公民。他们向皇帝宣誓效忠，由皇帝直接给付薪水。这本身是另一项深刻的革新。

新的帝国辅军主要是从行省人乃至"蛮族"中招募的，他们都有崇军尚武的传统和有益的军事技能。到了公元1世纪中期，辅军人员的招募范围涵盖了色雷斯人、[34] 潘诺尼亚人（Pannonian）、西班牙人、莱茵河流域的日耳曼人、高卢人——比如来自特雷维里部落的骑兵英苏斯（Insus），人们不久前在兰开斯特发现了他那座华美的墓碑（见彩图Ⅳ）——以及包括阿拉伯人和帕提亚人在内的其他民族。这标志着罗马士兵的资格范围急遽扩大，已经延伸到了被统治民族和外国人——此前他们只能以征召兵的身份在临时特别行动中服役，以此作为一种纳税形式，或以佣兵身份受雇。

辅助部队有步兵大队、骑兵翼（alae）和（自奥古斯都时代起使用得越来越多的）由骑兵和步兵共同组成的步骑混成的大队（cohortes equitatae）。部队最初大约有五百人之多（quingenary，五百人队），后来一些辅助部队有800—1000人（milliary，千人队）。[1] 有证据显示，在公元1世纪，特定的若干辅军队伍似乎隶属于特定军团（如公元69年隶属于第十四军团的八支巴达维大

127

---

[1]　在罗马军队的编制中，名义上的五百人队未必正好有五百名士兵；千人队也未必是一千名士兵，实际人数往往达不到一千。通常在同一语境使用时，"千人队"大致为"五百人队"的双倍配置。

队），³⁵ 但后来这种隶属关系变得松散了。

　　尽管新的辅军士兵通常装备罗马武器，但起初他们保留着自己本土武者文化中的许多内容，包括武器、战术和术语。遵循既已建立的传统，其中一些内容随着几代人的发展被罗马文化所接纳融合。如果把讨论范围限定在辅军之内，那么流传下来的传统甚至还包括一项高卢习俗：取下敌人的头颅当作战利品（见彩图IV、图 40 和图 92）。

图 40. 这些画面来自图拉真纪念柱（Trajan's Column），描绘了在战斗中割下敌方人头的罗马辅兵（左上）。他们甚至会用牙齿叼住断头上的头发，一边战斗一边任由其摆来摆去（右上），并且将这样的战利品献给皇帝（下）。

奥古斯都的多民族常备军对罗马人而言是革命性的，但并不是前所未有的。这些军队类似于汉尼拔和希腊化城邦的复合军。在对奥古斯都的各类描述中，能看到希腊世界对他的广泛影响，这恰恰也解释了他麾下军队的特点。然而与此同时，他也渴望被视为一名坚定严苛的罗马传统主义者，他尤其倾向于推行与家庭生活有关的道德改革。人们普遍认为，是他下令禁止所有职级在百夫长以下的士兵在服役期间结婚。从实践层面上说，这样做并不是为了让士兵们把心思都集中在战争这一件事上。奥古斯都明白自己并不能把军人变成只会战斗的僧侣，他们无论如何都会发展出非正式的私情。关键不在于此，而在于这样才能切实可行地避免长期服役的新军团被成群结队的军属所牵累，从而失去机动性，避免他们在战争中变得像迁徙的高卢人一样。这一举措将对士兵们和罗马帝国产生不可预见的深远影响。

许多辅兵和一些军团士兵来自强迫性征兵，但兵役也吸引了自愿入伍者。[36] 兵役蕴含着一种暧昧的社会地位。它既是一种受人差遣的形式（特别是对非自愿入伍者而言），又具有光荣的地位，并且给有能力的人带来光明的前途。尽管这带有种种限制，如入伍者几乎要终身投身军队，还被禁止结婚，但服役为好战的行省青年男子提供了用剑证明自己能力，并以此定期获得报酬的机会，这样的机会在家乡已经不再有了。兵役成了一条越来越重要的社会阶层流动渠道。很快还有了这样一条规定：士兵在辅军队伍中服役满 25 年，即可获得正式的罗马公民身份。在实践中，约有 50% 的入伍者有望实现这个目标。[37]

从一开始，奥古斯都就以罗马一直以来的开放接纳原则对待行省的贵族们。甚至对那些作为质子在罗马境内长大，并作为辅军军官随军服役的外国友邦王子们也是如此。这部分人获得了公民权，如果足够富有，或许还能迅速升入骑士阶层。共和国时代对友邦贵族的吸纳政策被延续下来，尤其是作为对服兵役者的奖励。作为将行省统治阶级纳入帝国政治，以及推动罗马文化和价值观传播的手段，这类政策大体上取得了相当好的效果。不过有的时候，向蛮族传授罗马的战争之术可能会带来相当惨烈的反效果，阿米尼乌斯的例子就是如此。

†

在奥古斯都之前，罗马既没有作为正式独立常设机构的军事力量，也没有单独的士兵社群。军队在名义上还是由临时武装起来的男性公民组成的。奥古斯都建立了常设的帝国军事组织，也创造了职业军人这一群体。可以说，这两项创新是顺势让始于前一个世纪的趋势步入正规。然而即便如此，奥古斯都实现这些目标（特别是他对兵役生活的改革）的方式，对罗马世界的历史产生了最深刻的影响。其中有些影响是他没有预见到的，当然更不是他的本意。

在公元前 1 世纪，服役生活的实质已然开始变化。兵役已彻底不再是普通罗马男性公民在意大利的典型生活经历的一部分。公民群体在快速膨胀，军人却成了其中日益缩减的少数。虽然强制征兵仍然时有发生，但如今在军团中服役往往已只是少数人的职业专属领地。

奥古斯都极大收缩了罗马士兵这一身份的界限，让大多数罗马公民被排除在外；但与此同时，他也让这一界限超越了罗马公民群体的范围，令适合参军的行省人和蛮族得以被纳入其中，即便这些人并非罗马人，充其量也只能说是正通过服役来获取罗马人的身份。奥古斯都的做法使实质上早已应用于内战期间的征兵政策转变为正式规定。最有名的例子是恺撒手下由"来自山外高卢的人们"组成的第五云雀军团（legio V Alaudae）。这些行省人的家乡是今天的普罗旺斯和朗格多克，后来他们被恺撒授予了公民权。恺撒可能还悄悄地在其他军团中招募了适合参军但没有公民身份的人，比如高卢战争期间他在"波河以北"征募的军团。[38]奥古斯都则直接将罗马式的加拉提亚军队伍转成帝国军团，成了第二十二戴奥塔鲁斯军团（XXII Deiotariana）。[39] 将非公民身份的辅兵作为正式的罗马士兵，而不是作为盟军士兵或雇佣兵招募到军队中，这种做法以一种真正具有革命性的方式重新定义了罗马军役的性质和界限。

罗马军旅生活的基础发生了根本性的转变，而它所造成的影响因发生于该时期的另一项深刻变化而放大。在共和国后期，无论被派往何处服役，大多数罗马士兵和军队都是在意大利组建的，从战争中活下来的士兵们最终也会回到意大利。可是自奥古斯都时代以来，除了禁卫军中的士兵以外，这些新出现的、具有罗马公民身份的职业军人少数群体只能留在其军团长期驻扎的遥远土地上，在其他人看不到的状态下延续那份漫长的职业生涯。他们中很少有人会返回故土，帝国军团成员大多成了离家在外之人。和许多异乡人一样，他们也对自身文化根源保持着强烈的依恋。但他们的观点和经历又不可避免地与其他意大利人不同，变得越来越"行省化"。奥古斯都的禁婚令进一步促进了这种变化。该命令的一个意外后果是，出生于意大利境内的军团成员中有越来越多的人在行省社群中建立了"非正式"家庭。因此，许多老兵在退伍后留在了边境附近，没有返回意大利。尽管禁卫军和个别的新军团是在意大利组建的，但在 1 世纪期间，为既建军团从意大利人中招募士兵的情况迅速减少。越来越多的军团成员来自出生在各行省的公民，特别是那些本地出生、父亲是军团成员或取得公民权的退伍辅兵的男孩们。[40]

此外，早期拥有帝国公民身份的军团士兵，如今与绝大多数都是非公民、行省人和蛮族的辅兵共同享有罗马军人的身份，双方一同生活和战斗。在帝国军队的两个部分之间，虽然存在着明显的竞争、摩擦，有时甚至是致命的暴力冲突（见边码第 156 页），但与军团士兵们拥有更多共同点的是他们的辅军战友，而不是那些身在意大利的罗马同胞。军团士兵中曾到过意大利的人也变得越来越少。辅军士兵和军团士兵之间的紧密联系尤其鲜明地体现在备受瞩目的士兵——提比里乌斯·克劳狄乌斯·马克西姆斯（Tiberius Claudius Maximus）的职业生涯中（图 41）。[41] 他可能出生在马其顿的罗马殖民地腓立比（Philippi）附近，是一位罗马公民。但他的姓名表明其公民身份是提比略或克劳狄赐予他家族中某位行省血统的近代祖先的，或许是对那位祖先在辅军中服役的回报。马克西姆斯是第七忠诚克劳狄军团（*legio* VII *Claudia pia fidelis*）的一名士兵，驻扎在上默西亚行省的费米拉孔，该城位于贝尔格莱德以东。他当上了军团骑兵的旗手，然后又作为十夫长被调往同一省份的骑兵辅助部队——第二潘诺尼亚骑兵翼（*ala* II *Pannoniorum*）。在图拉真发动的达契亚战争期间（见边码第 159 页），马克西姆斯因捉住了临死前的达契亚国王德凯巴鲁斯（Decebalus）而名声大噪。他把国王的头带到了皇帝面前，这是图拉真的敌人已死的证据；而且，根据逐渐纳入越来越多外族风

130

图 41. 在希腊的腓立比发现的战争英雄提比里乌斯·克劳狄乌斯·马克西姆斯的墓碑细节。他是一名军团士兵，是辅军骑兵的初级军官，在追击中抓到了达契亚国王德凯巴鲁斯。在描绘这一著名事迹的墓碑图案下方还绘有项环，那是他获得的一部分军事勋章。

俗的罗马军事传统，这或许也是蛮族风格的战利品，尽管马克西姆斯是罗马公民，还拥有在军团服役的经历。

于是，随着皇帝的出现，一种崭新而独特的罗马身份认同开始发展起来。那是一种仅限于军队的"罗马性"，它植根于共和国军团的传统，也植根于各行省及边境人民的传统。这份"罗马性"在地理和文化上与非军事化的核心罗马世界的"罗马性"迥然不同。二者均在发生同样深刻却又全然不同的变化。这是因为在随后几代人的时间里，奥古斯都的改革产生了另一个（从皇帝和元老院的角度来看）无疑相当不受欢迎的意外结果，尤其是在意大利。

罗马公民们承担的普遍义务兵役在实质上已经消失，而这导致了事实上的罗马平民群体的诞生，意大利也随之逐步去军事化（尽管并不是去武装化）。针对青年人的军事训练仍在继续，角斗士竞技因能使罗马人知悉暴力死亡为何物而受到认可，但大多数意大利男性不再作为军人服役。在意大利，男子气概逐渐被重新定义，其重点不再是个人投身于战争的举动。虽然无产群体或许仍然认为入伍是向上迈出的一步，富于冒险精神的人也许会在禁卫军中寻求一席之地，但越来越多的富裕者却靠贿赂来逃避偶尔发生的征兵。[42]

早在共和国后期，新生的准职业军人群体与罗马社会整体之间的区别就已经开始显现。从奥古斯都时代开始，士兵和平民之间的差距发展为一道鸿沟，公元 69 年的事件就揭示了这一点（见边码第 155 页）。此后，新出现的军人"罗马性"与平民的"罗马性"将进一步分化。

帝国无限

> 对他们，我不施加任何空间或时间方面的限制，
>
> 我赐予的，是一个无限帝国。
>
> ——朱庇特宣布罗马未来无限而不朽的力量，
>
> 见维吉尔《埃涅阿斯纪》1.278–9[43]

奥古斯都的新军队可能共有 30 万人左右，对于统治整个地中海世界和西欧来说，这个数字或许算不上太多。但依照古代标准衡量，这个数字代表的是庞大的武装力量，其背后是来自各个行省的几乎无穷无尽的资源支持，以及来自无数民族的顶尖人才。内战结束后，罗马以她那看上去不可阻挡的步伐继续迈进。在人们的记忆中，奥古斯都统治时期的罗马内部保持着和平宁静，但

他对外发动的侵略扩张却像以往一样猛烈。奥古斯都的政治宣传，尤其是《埃涅阿斯纪》，描绘了罗马正在向最终统治整个世界的天命迈进——向着"无限帝国"迈进。

罗马已经控制了整个地中海盆地，有些地方是国家直接统治的行省，有些地方则是间接通过经它首肯的附庸统治者来管理的。在200年断断续续的战争之后，奥古斯都完成了对伊比利亚半岛的征服，吞并了阿尔卑斯山，实现了对莱茵河以西和多瑙河以南的整个欧洲大陆的征服。在这片北方边境之外，在从黑海沿岸到恺撒昔日闯荡过的不列颠南部的这片区域内，罗马还在邻近蛮族中扶植"态度友善的国王"。接下来军团又将去向何处？

罗马人的军事力量已经触及了有人类居住的世界的一部分极限范围，比如大西洋的西海岸和撒哈拉的沙漠。然而，北方和东方仍在招手。比起北方苦寒的野蛮地带，东方显然能带来更加灿烂夺目的战利品。传奇中的亚历山大曾将脚步迈向帕提亚，期冀从美索不达米亚的宏伟城市中赢取堆山积海的战利品，期冀征服伊朗，入侵印度。有什么能阻止罗马军团终有一日甚至将亚历山大的马其顿军团也抛在身后，突入中亚，冲破长城进入汉朝的中国？[44] 在未来的某一天，罗马的军事力量会到达多远的地方？

答案是：并没有比他们已经到过的地方远多少。在奥古斯都和他的继任者所建立的行省之中，有许多依靠的都是吞并原本就已处于罗马霸权控制下的领土，也就是罗马已有的属邦。尽管后来的皇帝们频繁尝试发动新的征服战争，规模或小或大，结果或成或败，但奥古斯都时代之后的罗马军事扩张步伐在总体上是停滞不前的。

进军的步伐变得犹豫不前，其原因部分来自罗马国内。此前，扩张主义在很大程度上是由内部动力所驱动的：推崇征服和胜利的国家意识形态，点燃罗马士兵热情的崇军尚武的男子气概，显要贵族们彼此之间的激烈竞争——这些因素都会对战争和征服的步伐起到推动作用，有时这步伐堪称狂热。其结果是，由于彼此竞争的对手们在政府岗位上轮流就任，而军队的指挥官们抓住一切获得荣誉的机会，扩张行动也是混乱的、间歇性的、充满机会主义的，是仅出于一时目的而缺乏长远计划的。竞争者们力求在大胆冒进的征服行动中压别人一头。这在征服高卢时取得了惊人的成功，但在进攻帕提亚时却带来了惨败。在这种体制下，清晰的、持续性的"大战略"根本毫无可能，最多只有人们在意识形态上坚信罗马注定会实现全球统治的共同信念。从理论上说，这一切随着奥古斯都的上台而改变，他排除了元老院竞争所带来的、最终招致内战的致命循环。如今在罗马，掌舵的只有一个人，一个不会容忍任何竞争对手出现的准君主。这里的政策终于可以拥有更强的持续性。但就实际而言，罗马并没有发展出类似于现代的外交部这样的、能在政府更迭的情况下长期维持策略延续的机构。左右政策的仍然是有权势者的个人行事风格，也就是这个时代的皇帝及其私人顾问的个人特质。人们或许会在一段时间内遵循一条具有一贯性的路线，但这只是到新皇继位为止，因为新皇有新皇的忧虑和抱负。[45]

放弃将日耳曼地区行省化的决定，是在充满血腥残酷斗争的晚期共和国覆灭不久后，在罗马的规则业已改变的时候做出的，这是意味深长的。实行扩张主义侵略活动的压力仍然存在，但已不那么强烈。公众仍然渴望胜利，皇帝们仍然需要向元老们，特别是向手下的士兵们证明，自己是无愧于祖先的勇武刚健的地道

彩图Ⅰ：铁制面罩，原本表面镀银，是罗马辅军骑兵头盔上的面罩，出土于公元9年瓦鲁斯之祸战场遗址，该遗址位于德国的卡尔克里泽。这件文物已经成为这场战役的象征，同时也标志着罗马人吞并莱茵河以东地区的野心遭到挫败。

彩图Ⅱ：约2世纪的罗马头盔，2010年出土于英格兰北部坎布里亚郡的克罗斯比·加勒特（Crosby Garrett）。这具头盔可能是在所谓骑兵操练表演（cavalry sports）中使用的，它的"弗里吉亚帽"造型意味着其佩戴者在模拟战斗中扮演的是特洛伊人，与扮演希腊人的其他选手相互打斗。面罩具有强烈的古典主义色彩，反映了当时崇尚希腊文化的潮流。

第三章 "我们的武器与盔甲" 199

134 　彩图Ⅲ：出土于美因茨莱茵河区域的
　　　武器，被称为"提比略之剑"，现存于
　　　大英博物馆。左侧是这把剑现在的样
　　　子。右侧则是根据其可能的原貌制作
　　　的复原图。这柄花哨华丽的武器可能
　　　是一件展示品：它的"银"剑鞘其实
　　　是镀锡的青铜。其剑身长约533毫米。

彩图Ⅳ：以数字手段修复的英苏斯墓
碑图片，该基碑于 2005 年在英格兰
北部的兰开斯特被发现。英苏斯是
一名辅助骑兵，招募自高卢东部的
特雷维里部落，父亲名叫沃度琉斯
（Vodullus）。英苏斯持剑的手上提着
一个被砍下的蛮族首级。这把剑和图
中他的马及盾牌一样，均被缩小以适
应戏剧性的构图。墓碑应该是颜色鲜
艳的，但图中所示颜色是推测的结果。

彩图Ⅴ：位于叙利亚的杜拉欧罗普斯
（Dura–Europos）的壁画，3 世纪 30
年代，描绘正在进行"宗教巡游"的
帕尔米拉第二十辅兵大队（cohors
XX Palmyrenorum）。将军特伦提乌
斯（Terentius）向军团的军旗、杜拉
和巴尔米拉的诸神，以及军团家乡城
市的诸神进献祭奉。

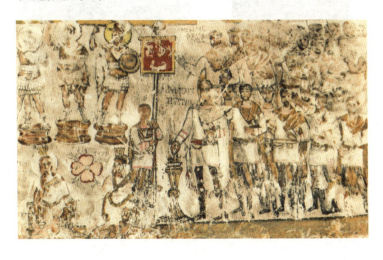

彩图 Ⅵ：唯一完整的长方形帝国军团盾实物，只是盾帽已经遗失，盾上仍存有色彩鲜艳的热蜡油画，画中有一只帝国之鹰和一只狮子，出土于叙利亚杜拉欧罗普斯（盾牌约公元 256 年被埋置于此 ）。

彩图 Ⅶ：一把保存状态完美的帝国中期罗马剑，木质剑柄也留存下来；图为这柄剑在丹麦的伊勒河上游沼泽沉积层中被发现的瞬间。这些积水区域的祭祀品为我们提供了许多现存最好的展示罗马制剑匠人手艺的实物样本。

137

彩图Ⅷ：右图，来自伊勒河上游沉积层的另一把极好的罗马剑，带有象牙制的剑柄；为了迎合日耳曼人的审美还做了进一步装饰，装配了镀银的握柄。

彩图Ⅸ：下图，出土于伊勒河上游的一柄罗马剑的细节；剑身上的图案焊接花纹清晰可见，还镶嵌有战神图案。剑脚已被修复。

彩图 X：左下图是约公元 200 年的一
柄斯帕塔长剑的仿制品；剑鞘末端带
有希腊风格的包头，形状像古希腊
人和古罗马人用的小皮盾（pelta）。
这柄剑还配有亚细亚风格的滑扣和
肩带，肩带上的镂空配件造型为朱
庇特之鹰和一句集体祷文。伊勒河
上游出土过这样一套实物，图中左
侧就是其中原有的老鹰造型配件。

彩图 XI：右下图为一项相当精美的晚
期罗马头盔，这顶铁制头盔表面覆盖
着镀金的银板，并镶有玻璃质地的"珠
宝"。它于 4 世纪初被埋藏于塞尔维亚
的贝尔卡索沃（Berkasovo），和它埋
在一起的还有另一顶形状相似但较为
朴素的头盔。

彩图Ⅻ：一面罗马晚期盾牌的复原图。盾帽参考的是一件出土于法国韦尔芒的镶嵌有玻璃质地"珠宝"的镀金盾帽；彩绘图案则来自在埃及发现（现存于科隆）的一面破碎的盾牌。

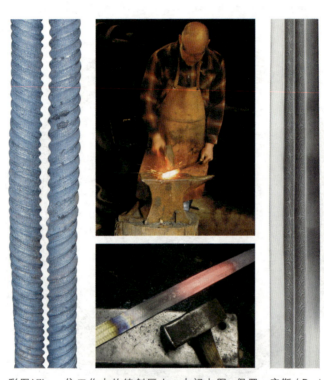

彩图XIII：一位工作中的铸剑匠人。中间上图：保罗·宾斯（Paul
Binns）正在用锤击锻焊技术来焊接金属条，这些金属条会组成带有图
案焊接花纹的剑身。左图：经过焊接和扭转的棒材，可以用来制作罗
马式图案焊接长剑的剑身复制品。中间下图是复制品正在冷却过程中，
而右侧是完成精加工后的剑身（及剑槽和表面图案的细节）。

罗马人，但他们不再需要直接与对手竞争了。如今的军阀只有一个：皇帝本人。皇室以外的元老阶层将军们但凡表露出一丝竞争的野心，也是不可容忍的——尼禄就将战功太盛的科尔布罗从亚美尼亚召回并下令处死，科尔布罗选择了以剑自戕。[46] 有些皇帝，只要获得了必要的形式上的胜利，且手下士兵称颂他们为凯旋将军之后，就再也不像一个世纪前的祖先那样热衷于侵略战争——克劳狄在公元 43 年首次在不列颠取得胜利后便是如此。

在昔日的元老院里，其先祖所承担的必须多次在战争中获胜的压力，如今的皇帝们已不再背负。然而即便如此，也只有像奥古斯都那样具有不可动摇的威望的人才能顶得住国内的政治风险，在世人面前承认自己在日耳曼遭受的失败。在共和国时代，没有一个人物能做到这一点。如果共和国仍然存在，日耳曼或许会成为另一个西班牙——罗马人会坚持与之拼杀上几个世纪之久，没有人愿意且能够承认失败，一代代将军都渴望在此获得荣誉。罗马人最终在伊比利亚半岛取得了成功。如果像在西班牙一样不惜代价的话，他们或许最终能成功将领土扩张至易北河——但话说回来，伊比利亚至少有海洋作为限制，至于比日耳曼尼亚更遥远的地方……那里又有些什么呢？

早在公元 9 年之前，帝国朝廷中似乎就已普遍出现让人烦扰不已的担忧情绪，这种情绪为奥古斯都在日耳曼问题上的 180 度大转弯奠定了基础。正如我们此前所了解的，瓦鲁斯之祸在罗马掀起如此波澜，是因为它看上去与罗马不可阻挡的全球扩张步调格格不入。促使奥古斯都做出决定的另一个可能原因是，罗马高层在私下逐渐意识到，即便维吉尔在《埃涅阿斯纪》中向世人敷陈了罗马统治全世界的神圣允诺，但在帝国意识形态的主张与地理政治的冷酷现实之间，其实已经出现了一条尴尬的裂缝。[47]

　　罗马的领导者们早在瓦鲁斯之祸发生之前就已经开始意识到，这个世界比他们此前想象的要大得多，而且其中许多地方非但不吸引人，要予以征服也是万分棘手。在奥古斯都统治期间，罗马人已经对北部海岸和经陆路前往波罗的海的那条琥珀之路进行了探索，也到过黑海地区和高加索地区，再后来他们的军团还将抵达里海附近区域。[48]奥古斯都曾派遣出若干探险侦察队，他们沿尼罗河而上，还沿着红海一路向也门探索。季风驱动的来自红海的新航运贸易，使得罗马人越来越明确地意识到印度的存在，以及他们与印度之间的距离。他们通过丝绸之路隐约了解到中国的存在，这条路线横跨中亚的广袤地带，穿越整个帕提亚帝国。至于帕提亚，罗马人也是最近才发现它不但幅员辽阔，实力也相当强大。这一切都暗示着，即便征服全球是可能的，它大体上也会是艰难异常或（也可能是且）无利可图的，这一点或许在寒冷、"野蛮"和相对贫穷的北方体现得最为明显。然而，就此停手的想法与如今罗马人心中根深蒂固的自我形象相抵触，他们坚信自己是注定统治全球的天命神授的征服者。

　　如果说此时印度和中国看起来偏远得让人清醒，那么亚历山大征服波斯的盛誉却依然灼灼闪耀。远不止一位罗马皇帝梦想效仿亚历山大征服富裕的安息王朝帕提亚。这是接壤罗马领土的最后一个庞大帝国，横跨美索不达米亚和伊朗。除了对邈远荣耀的梦想之外，奥古斯都还有更加实际的考量。对他而言，考虑入侵帕提亚几乎是一种政治上的义务。从长远来看，如果说罗马人对更远一些的伊朗知之甚少，那么更靠近罗马的美索不达米亚看上去则非常适合融入帝国。一千年来，这片地区富足丰饶，城市化的程度很深。它就像其他许多已被罗马吞并的地区一样适合成为帝国领土，比如与之毗邻的叙利亚就是罗马最富庶的行省之一。更迫切的问题是该地最近发生的军事事件。因为即便在瓦鲁斯之祸发生之前，罗马向幼发拉底河以外扩张的行动也已经被遏制了几十年，是一场甚至比瓦鲁斯之祸还要惨痛的军事失败阻碍了罗马的前进。

尽管罗马人认为帕提亚人是女子气的东方蛮族（帕提亚男性穿长裤，同时代的罗马人认为这是女性的服装），但对方在战场上的表现却出乎意料地强悍，尽管罗马人正着手建立常备军队，而"封建"体制下的帕提亚帝国还不具备任何类似的组织，战时只能依靠徭役征兵。在屋大维还是个孩子时，克拉苏就在卡莱遭遇了重创（见边码第113页）。他的士兵遇到了令他们不知所措的问题：敌人的军事技术和武艺的价值体系与罗马完全不同。帕提亚人的战斗方式，是采用骑在马背上使用强弓的士兵，再配以使用长矛的重骑兵，一种中亚风格和希腊化世界作战方式的混合体。克拉苏的军团在开阔的草原上遭袭，而这正是敌方骑兵的理想作战环境。罗马人无法将敌人逼到自己近前，发挥不出罗马式勇猛武力的效果。盾牌无法提供有效保护，他们在无休无止的箭雨下遭到残杀。正当恺撒想要为卡莱之战复仇时，他却被暗杀142了。马克·安东尼也是靠着运气才从帕提亚人手下死里逃生，但他损失了超过三万人。[49]这都是对罗马的军事力量和它在该地区威望的羞辱性打击，不予以回击是很危险的做法。然而考虑到军事方面的现实情况，热爱荣誉但又推崇谨慎处世的奥古斯都决定不使用武力为克拉苏复仇。他不再致力于完成这份未竟的家族事业（恺撒入侵帕提亚的计划），而是到恺撒昔日最辉煌的北方战场上去效仿并力争超越这位养父。至于在东方，奥古斯都尽可能地通过其他手段挽回罗马的颜面。他通过外交手段找回了克拉苏失去的军团鹰旗，并在宣传造势时把这一事件描述为对蛮族的一次不流血的胜利。在可预见的未来时间内，奥古斯都选择不再侵扰帕提亚。这两个帝国间的边界将在好几代人的时间里维持在幼发拉底河上游。罗马的幸运之处在于，帕提亚没有主动侵略扩张的国家意志，那里的国王们也常常忙于其他边疆区域的战事或王朝内部的纷争，因此在正常情况下不会直接对各行省构成重大威胁。罗马帝国早期的皇帝们大体上能够忍受与帕提亚人共处，甚至一度接受在外交上以平等的身份对待他们的国王。然而帕提亚的不幸之处在于，罗马人从未放弃他们的"无限帝国"之梦，也从未忘记亚历山大大帝，他们仍然笃信自己有可能最终征服美索不达米亚和更遥远的地方。这或许需要时间——与萨莫奈人和迦太基的斗争不就跨越了几代人吗？但这份抱负始终留在罗马人心中。目前这两个帝国的争斗焦点主要集中在争夺亚美尼亚这个山区缓冲国的控制权上，争夺的手段主要是冷战。双方也发生过战斗，而罗马的指挥官和士兵们在这个过程中逐渐学会了如何对付并击败帕提亚的弓骑兵和重装长矛手。他们最终会研究出在美索不达米亚的干燥草原上打胜仗的方法。然而守住这片领土将更加困难。到头来历史将会表明，罗马在东方的扩张其实早已基本达到极限，而这背后的原因他们自己也不了解（见边码第204页）。至于在北方，他们则会更快一步地撞上侵略扩张的减速带。就是在这里，奥古斯都将会认清现实。

在北部边境上，由于罗马尚未彻底平定延伸至多瑙河中游及下游的区域，奥古斯都便选择了处于罗马占领的高卢地区边境上的日耳曼人作为下一个主要目标。从公元前 12 年开始，他的军队在皇室成员的带领下在日耳曼尼亚穿行至易北河畔。作为最后一条流入北海而非波罗的海的主要河流，易北河为罗马军队画下了下一条显而易见的阶段性扩张休止线，也构成了军队的后勤供应路线。战斗很艰苦，战场地形也很复杂，但罗马已经在深入莱茵河东部支流的地区和威悉河流域建立起一些大型基地。而考古学也已证明，文献中提及罗马人对自己所掌控的区域有充分的信心，因而已经着手建立原始城镇，这种说法并不是纯粹的夸大。[50]然后，阿米尼乌斯就张开了他的陷阱。

继续向东部扩张的前景是神秘莫测的，它还在向罗马人充满诱惑地招手。然而就帝国对日耳曼尼亚的看法而言，瓦鲁斯之祸却产生了全然不同的影响。它直接促使奥古斯都的政策和思想彻底发生逆转。他领悟了，或者说他做出了道德的抉择：那就是罗马人终究无法吞并自由日耳曼地区。诚然，罗马军队一度重返日耳曼地区，四处横行破坏，通过高调的惩戒性讨伐行动为军事上遭受的损失而予以报复，为政治上遭受的羞辱而予以还击。然而，失去瓦鲁斯军团的打击让奥古斯都放弃了在莱茵河以东建立行省的夙愿，他在人力与金钱上为此做出的巨大投入就此宣告作废。他做了一件罗马人从来不会做的事——罗马人敏锐地意识到，只有当一个民族认为自己被击败时，他们才被击败了，因此他们不承认失败，而且对此引以为豪。然而奥古斯都默默接受了自己在战略上的失败。从这种罗马式的思维出发，阿米尼乌斯的胜利的确可以被视为一场"决定性的战斗"。正如考古学家彼得·韦尔斯最近重新强调的那样，这场胜利对欧洲历史产生了深远的影响。[51]在最基本的层面上，这场战斗的结果决定了直到今天以拉丁语为基础的语言在莱茵河以西的欧洲地区占主导地位，而日耳曼语则在莱茵河以东地区占主导地位。

日耳曼为罗马帝国主义扩张的动势和局限性提供了极有参考价值的案例，特别是比照高卢来看。在公元前最后一个世纪，罗马人开始试着对蛮族伸出开放接纳之手，探究这种政策能够取得多少进展。在高卢，他们会取得成功。在日耳曼，他们则满盘皆输。瓦鲁斯之祸使他们确信，让大多数日耳曼人转变为罗马人的同道就算不是绝无可能，也实在太难。日耳曼人似乎完全坐实了罗马人对他们的刻板印象：他们是不会改变、当真也不可改变的原始人。

在日耳曼地区，罗马人发现剑只能带来有限的成功——他们的士兵在这里简直可以横行恣睢，却几乎无法靠当地有限的农业产出糊口。罗马人也难以说服日耳曼人，使其相信自己已经真的被征服——因为罗马那只接纳的手确实找不到任何可以抓住的人。现实情况是，虽然日耳曼拥有一些像卡蒂部落这样的强力"部落联盟"，但它们却相对松散。当时的日耳曼各族具有极为强烈的独立性，无论是罗马人还是别人都无法让他们顺从于更大规模、更集中的政治联盟。诚然，阿米尼乌斯也没有做到。考古研究证实，与被征服前的高卢相比，日耳曼地区人口密度相对较低，农业体系产生的盈余也很有限，无法支撑一支占领军。此外，这里虽然有一些相对富裕的显要人物，但日耳曼社群普遍缺乏明确的统治阶级，而罗马人昔日在意大利、后来在高卢予以威胁或引诱的，正是这种统治阶级，它有利于建立一套体系，让被吞并民族在很大程度上自治。于是，罗马人无法在政治上控制住日耳曼人。对于在莱茵河以东建立政权的前景，罗马和阿米尼乌斯都做出了严重的错误估计。这个错误让奥古斯都失去了三个军团，也让阿米尼乌斯付出了生命的代价。[52]

1世纪的日耳曼地区强调了一个普遍道理：想要成功实施武力征服与开放接纳相结合的政策，就需要目标民族拥有某些特征和弱点——要具备让罗马能够施加威胁的基础设施和资源，以及能够诱惑的权力精英。当罗马人到达莱茵河和多瑙河，并越过英吉利海峡时，他们已经无法在欧洲找到那种人口众多、生产力强、阶级分明的社群了——那样的社群才既软弱而易被征服，又驯顺而易被收编。

以不列颠群岛为例，这是莱茵河以西最后一块未被征服的领土。克劳狄从公元43年开始对不列颠南部进行的"征服"，实质上更接近于罗马对已有附庸王国的快速吞并，这一事实如今已然十分清楚。在公元前55—前54年恺撒对此地进行简短突袭之后，罗马获得了这些附庸王国，恺撒当时只受到了很有限的抵抗（罗马又一次在利剑旁伸出了开放接纳之手）。[53] 然而一旦越过这个已经被部分吞并的区域，罗马人便足足花了一代人的时间进行战斗，才征服了这片如今叫作英格兰和威尔士的地区的余下部分。他们数次入侵苏格兰北部，但都没能守住侵占的土地。他们巩固控制领土的能力在刚刚占领该岛一半区域时就耗尽了，最后这里形成了一个长期存在的内部边疆区域，哈德良长城就建在这里。至于爱尔兰，罗马人则根本没有踏足过。如果他们能像在西班牙那样，征服并平定整个不列颠群岛，那么他们最终就能将大部分士兵撤回到其他地方服役。然而罗马人失败了，他们发现自己不得不在这样一个帝国边缘的岛屿上维持一支极为庞大的驻军（在2世纪，这支驻军约占帝国全部武装力量的八分之一）。从根本上说，这是因为构成不列颠南部的王国和高卢的王国很相似，罗马人知道该如何对付它们。然而不列颠高地和爱尔兰则与同时代的日耳曼尼亚很相似，生活在这里的是中央集权程度较低的社群。他们在面对攻击时很脆弱，但在面对军事占领或罗马式的谈判时，他们却并不顺服。正如罗马的崛起是其自身的政治和军事特点与其敌人和受害者的特点相互作用的结果一样，其扩张的终止也是如此。剑的力量是有限的，这尤其是因为它与伸出的接纳之手有着不可分割的关系。一个地方若是远远超出了伸手抓握的距离，那么剑也无法触及那里。

仍然渴望着胜利和无限扩张的罗马人感到很难接受这样的现实。奥古斯都时代之后的他们抓住一切机会，或是趁势征服新的领地，或是为了实现有限的战略目标，比如控制莱茵河和多瑙河上游之间的纵深凹角地带（阿格里戴克美特区[1]）莱茵河和多瑙河之所以成为边境线，并不是因为它们（在那个年代）划分了任何重要的文化或政治边界。居住在这两条河绝大部分河段两岸的民族其实很相似。可以肯定的是，这两条河可以起到护城河的作用，或者至少发挥绊索的功能，不过罗马人此时考虑的还不是防御方面的问题。他们考虑的是，在尚未建立城市或修缮道路的土地上，这两条河能够成为通信和后勤的命脉，为成千上万的士兵和马匹提供其所必需的海量物资。许多北方军团的冬季驻地之所以都建在这两条河的河岸上，主要就是出于后勤方面的考虑。到了后来，这两条河才逐渐开始被视为边界线，军队开始计划在河岸边展开

---

[1] *Agri Decumates*，名字的含义有争议：一说为"十营房区"，指此地曾有十个营房驻扎；另有一说为"什一税区/赋税区"，指该地居民要缴纳什一税。

行动，并最终将战线推向更远的地方。

向大河两岸扩张以后带来的后勤便利，也意味着罗马又吸收了一些民族。后来的事证明，对这些与日耳曼人相似的民族而言，帝国首选的兼并思路并不适合。他们没有明确稳固的贵族群体，而这类贵族可以在罗马的鼓励下加入新兴的帝国统治阶层，发展希腊－罗马式的城镇和公民生活方式，同时将族中战士输送到可以充分发挥其才能的地方。在这些地区，罗马人建立了另一种吸收桀骜不驯的蛮族的方法，尤其是那些最能征惯战的蛮族。罗马人不再试图将战士从这些民族中抽走，以促进去军事化的公民事业发展，而是鼓励发扬本地的尚武传统，前提是发扬传统的场所是在罗马的军队里。这些地方或许永远不会拥有能与意大利、叙利亚或高卢南部相媲美的、让此地人们感到骄傲的美丽城市，但人们仍会在帝国体制中找到自己的一席之地，因为罗马最优秀的士兵中有许多都来自这里，诸如偏远的西班牙西北部高地，⁵⁴尤其还有多瑙河以南的地区。这是民族融合的另一种形式，它与典型的"平民式的罗马化"截然不同。这种以军事作为融合途径的模式对于一部分日耳曼人也是适用的，巴达维人的例子就证明了这一点。

✝

所有这些民族之中，巴达维人最为勇武刚健……他们曾经是（日耳曼族联盟）卡蒂下属的一个部落。……他们仍然保持着作为罗马古代盟友的标志——他们不受进贡之辱……免于一般的负担和赋役；他们的任务只有战斗，他们的力量专为战争而保留。可以这样说，他们就是我们的武器与盔甲

（ *tela atque arma* ）。

——塔西佗《日耳曼尼亚志》（ *Germania* ），29[55]

公元 9 年后，罗马可能没有再寻求对莱茵河以东进行直接统治，但将其视为自己的势力范围，并继续加以干涉。恺撒向英吉利海峡进军的血腥过程以及残酷的日耳曼战争给人们带来了苦难与破坏，而在莱茵河流域进行的大规模社会工程令这一切变得更加糟糕。

在消灭了特定群体后（如厄勃隆尼斯人），罗马人重新规划了这一带的边境地区。为了符合帝国的利益，他们以类似斯大林的方式将若干民族整体迁往新的土地。这无疑给许多人造成了极大的痛苦，不过其中也有赢家。日耳曼的巴达维人居住在靠罗马一侧的莱茵河口附近，他们与罗马建立的关系对双方尤其有利。1 世纪期间，巴达维人在这片土地上发展得繁荣兴盛，种植庄稼，饲养牛马。最重要的是，他们为罗马的军队提供士兵。[56]

巴达维的骑兵能够在全副武装的状态下游泳过河，他们的士兵组成了早期辅军部队中最优秀的一些队伍。考虑到其人数和领土面积，巴达维士兵组成的已知队伍数量堪称惊人——有证据显示，在征服不列颠时表现尤为突出的 9 支五百人队，后来被重组为四支千人队外加一个翼队。[57]其中一个单位——第九巴达维亚大队（ *cohors* IX *Batavorum* ），是所有罗马军团中记载最详细的两个队列之一。[58]在哈德良长城附近的文多兰达要塞（Vindolanda）出土了一块 1 世纪末的木质写字板，上面留下了有关这支队伍组织结构和日常活动的记录，细节翔实程度堪称惊人。这些文字记录了士兵们对啤酒的偏爱（尤其符合这些荷兰人的鼻祖！），以及身为骑士阶层的指挥官弗拉维乌斯·克瑞阿利斯（Flavius Cerealis，他本身也是巴达维人）及其家人的舒适生活。[59]巴达维人也会在非巴达维的军队中服役（图42）。在1世纪和2世纪期间，他们在皇帝骑兵卫队中表现得无比亮眼，因此人们干脆将卫队中的骑兵统称为"巴达维人"（the Batavi）。[60]

塔西佗的记录中所提及的巴达维人的特殊地位，使得他们本土的尚武精神进一步深化。人们有时形容他们是"罗马帝国的廓尔喀人"，将罗马人在莱茵河下游实施的政策直接与英国人将印度的特定民族（廓尔喀人、锡克人、拉杰普特人）指定为专门的"军事种族"的做法相类比。将这些民族以战士为核心的原有价值观体系和能量用在帝国的征战中，以此将潜在的"问题分子"变成互利互惠的宝贵财富。英国人在18世纪曾对苏格兰高地人采取过这种策略，而俄罗斯人也曾以类似的方式长期利用哥萨克人。[61]

尽管双方权力极端不对称，但这些群体可能是自愿参与到这样的关系中的。一方面，从自身角度而言，与帝国统治者达成契

图42. 巴达维骑兵伊梅里克斯（Imerix）的墓碑，他曾在西班牙翼队（Ala Hispanorum）服役，后被埋葬在克罗地亚。与其他异族骑兵不同，巴达维人并不会遵循色雷斯传统使用骑士式样的墓碑。但伊梅里克斯去世时服役的队伍是一支非巴达维族的部队。

约能为他们带来利益——他们会得到展示自身武艺并将财富带回家的机会；另一方面，他们或许还能以其他方式吸收更广泛的帝国文化。考古学家卡萝尔·范德瑞尔－穆雷（Carol Van Driel-Murray）认为巴达维人构成了一个与罗马拥有独特共生关系的社群。兵役在这个社群中是政体发展的关键因素，因为这个政体的繁荣主要依靠的是输出数量惊人的士兵，从他们的军饷和战利品中获益，而安家开拓和农业耕种可能主要依靠妇女们的双手。[62]巴达维大部分领土的发展路线与其周边的群体截然不同：由人畜共居的房屋组成的定居点在很大程度上保留了铁器时代的特征，而且几乎没有城市化，与居住在上游地区的民族所建立的繁华城市（如科隆）形成了鲜明对比。在整个帝国范围内、以及在沿边境分布的不同区域之间，其地区差异之深由此可见一斑：巴达维人也参与到了罗马文化之中，但不是以建造庄园与城镇的方式，而是协助建立起一种以军事为基础的新式罗马帝国边境文化（见边码第 191 页）。

然而巴达维领袖奇维里斯（Civilis）在公元 69 年的叛变让罗马遭受了可怕的打击，由此罗马与巴达维人的关系也变得更为审慎。那简直是一场真实的噩梦，当时的军团不得不与自己的辅助部队作战。更糟的是双方之间还有另一次争斗——在重新燃起的内战中为了谁应该坐上帝国的皇座而你争我夺。在这些战争和叛乱事件中，军团和辅军突然变为敌对两方的时间点正好与罗马武器装备发生重大变化的时间相吻合，这大概不是偶然。在这些变化的武器中，尤为重要的就是剑。

武器、战争和政权更迭

对于罗马时代的铁器加工和武器制造，人们探究得最为完备的一个方面就是剑身，而它大概也是军械工匠需要制作的最具挑战性的物品。通过对考古发掘而来的实物（到目前为止主要来自罗马、高卢和不列颠）进行现代金相学分析，人们揭示了许多并没有被古代作家记录下来的事实，而这些事实，也没有任何一位古代铁匠能完全理解。

罗马时代的铁匠在铸剑时，会在铁材被加热后用锤击的手法来塑造形状，通过观察灼热放光的金属颜色来判断材料是否达到所需温度。剑身一般由若干片不同的材料制成，制作者通常会特意选择具有不同物理特性或视觉外观的合金。这些金属材料经过预塑形，变为带状或棒状，加热后再锤焊在一起，形成作为核心的剑身和剑脚。在帝国中期，上述金属材料的选择和核心部件组装的首要工序经历了意义最为重大的发展（见边码第 184 页）。

在 1988 年进行的一项针对帝国早期剑身的研究中，研究者检验了三把美因茨剑。一把来自奇切斯特，另一把来自流经富勒姆地区的泰晤士河，还有一把就是出土于美因茨本地的提比略之剑，一同被检验的还有三把庞贝式剑。它们均采用常见的夹钢"三明治"结构，由工匠以锤焊技法将成分不同的金属条带焊接而成。提比略之剑是用较软的低碳铁和渗碳铁（钢）的条状材料组成的；而检验显示其余几把武器材料的含碳量则没有那么复杂，或者说控制得没有那么严格。[63]

淬火，即将炽热的刃片投入水中，是一种金属硬化处理的常用手段。[64] 然而这种做法也会让铁变脆，回火（对材料进行有限的再加热）可以改善这个问题。罗马铁匠似乎对回火有一定的了解，但还没有将它作为一道独立工序去充分理解。人们进行回火处理时可能几乎出于偶然——他们对刃片进行淬火，但在核心冷却前就将其从水中取出（所谓"断续淬火"）。随后刃片在空气中缓慢冷却时，核心的热量通过热交换再一次加热刃片外层部分，程度刚好使其回火。[65] 剑的刃口或是通过锤子敲打成型，或是用磨轮打磨而成。[66]

从 1988 年的研究工作中得出结论：帝国早期的铸剑工匠有能力锻造出杂质极少的高质量金属，能对其进行渗碳处理以炼制出钢材，会选择合适的材料并对其进行锤焊加工，会通过锤击炽热的金属和磨削冷的金属来塑造剑身形状，还会对炽热的刃片进行淬火以使其硬化，并可能对其进行回火处理以提高其强度。[67] 但是，工匠们的操作并不统一，有时他们没有成功对材料进行渗碳处理，有时甚至磨损了钢刃，提比略剑就是如此。[68] 这一方面是对材料成分认识不充分导致的，另一方面可能也是因为缺乏分析他人作品的机会。在那个世界里，工匠们各自为战，还互相竞争，任何新发现和新技术无疑都是受到严格保护的机密，只能传给精挑细选的学徒。专业知识的传递处于混乱无序的状态。

罗马剑及其他古代军用装备的形状和尺寸均限制在一定范围内，而且绝大部分物品都集中在明显可识别的类型范围内。一个耐人寻味的问题是，这种规范化是如何发生的？为了管理专门为士兵制造且为他们专用的物品，现代军队拥有详细的书面说明和规定。为了尽可能缩小所需零配件的范围和减少弹药类型，这些文件显然是十分必要的。然而在罗马那个世界里，人们并不具备大规模精确重复制造的能力；在那些社会（也包括共和国晚期以前的罗马社会）中，战斗人员依据个人情况自行采购武器，因此人们根本无须考虑军用品配件规范的问题，即便存在此类问题，其影响也微乎其微。规模如此庞大的罗马帝国军队究竟是如何对装备进行规范管理的？诚然，剑这类器物显示出了相当大的尺寸规格差异，而且在任何一个时期内都有多种类型同时存在，装饰也呈现出高度的个性化。然而与此同时，对剑身而言（其实剑柄、剑鞘和背带配件也是如此），始终有着若干界定较为清晰的类型占据主导地位，它们彼此间的差异也保持在有限范围之内。

当时的人们有时也会在武器制造阶段进行监管。约瑟夫斯（Flavius Josephus）称，罗马人要求犹太人造剑，而犹太人则故意按照会被罗马人拒收的标准来进行生产，以达到为自己囤积武器的目的。[69] 关于任何形式上的武器制造规范管理，笔者仅知的另一份证据来自一块出土于卡莱尔市的 1 世纪晚期军用写字板，上面显然是一份检查报告，针对的是部分骑兵的武器配备是否正确完整，报告中看上去也用到了"规定用剑"这个术语。[70] 当时人们所依据的检查标准具体是什么？从现代国防采购标准的角度来看，当年的标准可能相当主观，只涉及上手查验和目视检验，可能还有一根标准规格的测量杆。"检验通过：武器不过长也不过短，形状和重量大致合适，金属材料看上去符合要求，插在稻草人形靶上时武器没有弯曲，也没有感觉到剑首出现松动。"只要一把剑能满足这些基本标准，那么诸如剑身的详细尺寸重量，是

否配有白水晶剑首或镀银剑鞘配件之类的问题，则很可能是由使用者自行决定（并承担费用）的。这其中为个人表达和不断发展

的时尚留有空间。我们可以得出结论，装备的标准主要由本单位和兵种的习俗和惯例来决定，"装备合格"的概念由指挥官、百夫长和每个单位的"武器管理员"（*custos armorum*）来传达和落实维护。

†

军事装备从何而来？在帝国早期，大部分装备通常还是委托他人制造或从私人渠道购买的。比如有一个名叫 L. 阿奇利乌斯（L. Acilius）的剑商兼 / 或制剑工匠（*gladiarius*），在克鲁西乌姆有一块他的纪念碑。再比如还有一名从事相同职业的释奴名叫 M. 凯迪奇乌斯·费利克斯（M. Caedicius Felix），在罗马留有关于此人的记录。除他之外，还留下了关于两位专司斯帕塔长剑生意的商人兼 / 或制造工匠 [*spat(h)arii*] 的记录。[71] 罗马军团会自行生产一部分装备，它们大多出自军团基地的制造局（*fabricae*），尤其是在城市化程度较低的北部边境地区；但即便是像东部地区这样城市化程度较高的地区，当地军队也会生产一些所需装备。[72] 制造局等设施可以实现相当可观的生产规模。一张来自帝国中期、出土于埃及的莎草纸记录了一座据推测位于尼科波利斯（Nicopolis）的军团工坊两天的生产情况。该记录还列举了军团成员、一些看上去是辅兵的人员、军队中的仆役（*galliarii*），以及其他在工坊里工作的人。工坊在第一天生产了十把剑 [*spat(h)arum fabricatae x*]，第二天则生产了一些弓、弩炮的框架和两种不同类型的盾牌。[73] 军团中的免役士兵（具备特定技能的士兵，

无须承担琐碎卑下的杂役工作）[74] 中也包括一些武器方面的专家，如制箭匠人（sagittarii）和制弓匠人（arcuarii），以及"司剑军匠"（gladiatores）——要么指的是磨剑工，要么就是真正意义上的制剑工匠。[75] 在科布里奇（Corbridge）境内的哈德良长城附近还发掘出了 3 世纪时用于制造和维修军用装备的军事设施。[76] 对退伍军人来说，武备贸易是显而易见的业务方向，一些退伍兵本来就是经验丰富的军械工匠。[77] 在美因茨有一座纪念碑，纪念的是第二十二初创军团（legio XXII Primigenia）的老兵 C. 甘提利乌斯·维克多（C. Gentilius Victor），他在退伍后转职成了剑商（negotiator gladiarius）。[78]

如此说来，军事设施的武器生产能力在总量中占据了相当可观的比例。然而有迹象表明，各行省也拥有传统的专门化装备制造，特别是高卢中部地区。一通来自帝国早期的碑文记录了一位临时调派而来的百夫长阿维图斯（Avitus），他负责在高卢埃杜维人的领土上监督身体护甲的生产。[79] 看起来，该地区的武备制造传统很可能早在罗马时代之前就已出现，一直延续而没有中断过。到了公元 21 年，该地区已能生产大量武器，包括全套军团士兵装备和重型角斗士铠甲，在同年萨克罗维尔（Sacrovir）所领导的失败的埃杜维叛乱中，叛军使用的就是这些装备。[80] 装备制造行业的延续能够解释罗马后期两家国立军工厂的位置，它们均位于埃杜维人的城市——奥古斯都努姆（Augustodunum，今欧坦），其中还包括最专精的工厂之一，该厂专事装甲长枪兵装备和重型远程武器的制造。[81] 此外，在仅有的三家专事铸剑的工厂（spatharia）中，有两家都在高卢地区，不过其他人口集中的地区无疑也会进行剑的制造。[82] 在 1 世纪 60 年代，[83] 一种新式武器开始取代剑尖较长的美因茨式，那就是庞贝式。其得名，是因为公元 79 年维苏威火山爆发时，有几柄该类型的剑被掩埋在了庞贝。人们最近在赫库兰尼姆海滩发现了一名死于这一灾难的"海军陆战队员"，在他身上又发现了一把同样的武器。[84] 就平均长度而言，庞贝式甚至比美因茨式还要短：已知的庞贝式实例，不包括剑柄的剑身长度从 377 到 550 毫米不等，不过大多数在 400 到 500 毫米之间。[85] 然而其剑身形状与它之前的大多数罗马剑明显不同：庞贝式的剑身更窄（42—55 毫米），两刃平行，剑尖通常较短并呈三角形，它是从后期出现的美因茨式"维德拉特"变体（'Wederath' variant）演变而来的。[86] 剑鞘也有所改进，护手的包裹弧度通常比以前更大，剑首也大多呈扁洋葱形。庞贝式的剑鞘仍然带有四个挂环，但已经与晚期美因茨式的剑鞘有了很大区别。美因茨式的剑鞘通常带有精致的锤压凸纹装饰，就像提比略之剑的剑鞘那样。庞贝式的剑鞘更倾向于采用较为简洁、更少变化、不带凸起效果的装饰板，用镂空和刻印手法呈现战神等人物。有一柄武器的剑身保存得尤其完好，剑柄组件已经遗失，但大部分剑鞘仍在，这柄剑目前收藏在英国利兹市的皇家军械博物馆。不过令人困惑的是，这把庞贝式武器是在美因茨出土的（图 43、44）。[87]

从美因茨式向新的庞贝式的过渡似乎完成得相当迅速。也许是那段时间战事尤其密集，其间武器的高损耗率和高替换率加速了这种转变。庞贝式的尺寸表明，罗马人那种极具攻击性的战术偏好一如既往地强烈，他们在步战中仍然倾向于尽可能地接近敌人，不给敌人挥舞较长武器的空间（图 45）。此后庞贝式一直被当作标准的通用武器，进入 2 世纪后还延续了相当长的一段时间。

美因茨式和庞贝式这两种武器的生命均持续了大约相当于人类一生的时间，也就是说，大约有三代服役的士兵分别使用过这两种剑。

现存最早的关于辅兵所用的斯帕塔长剑的文献记载，其历史背景为公元1世纪中期的几十年间。"斯帕塔长剑"这一术语后来无疑被用于指称较长的武器（见边码第29页）。1世纪的墓碑表明，辅助步兵一般使用较短的美因茨式和庞贝式罗马剑。骑兵

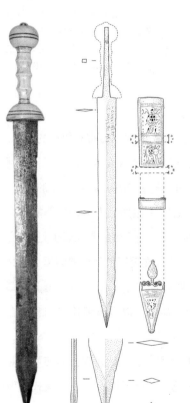

图 43. 左图：一柄庞贝式剑，图为合成照片，武器出土于莱茵河，现存于英国北部利兹市的皇家军械博物馆，藏品带有复原后的剑柄（式样相当可信，但仍为推测）。

图 44. 右图：英国北部利兹市的皇家军械博物馆收藏的庞贝式剑，剑身上以冲压工艺留下了若干位主人的题字，剑鞘上有装饰部件。（比例 1:8）

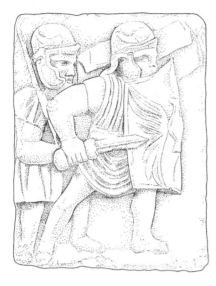

图 45. 帝国早期持剑战斗的姿态：战斗者仍然采用半蹲姿势，以手握住位于盾牌中央的、藏在凸起盾帽背后的单握柄，使盾朝向前方；配合着将庞贝式短剑横握于手中，随时准备刺出。图为描绘军团士兵形象的浮雕，出土于位于德国美因茨的军团总部建筑遗迹（Principia），约公元 70 年。

的纪念碑提供的信息则比较模糊，不过有些明显带有较长的武器。辅助骑兵的墓碑画面中也有剑，但这类图像大多提供不了任何帮助，因为图中各类装备的对应尺寸是这些图像中最不可靠的部分，经常为了适应场景构图而遭到扭曲。（比如，为了让画面能够容纳英苏斯的坐骑，马匹显然被缩小了；他手中的剑无疑也是如此。见彩图Ⅳ。）不过在有些画面中，比如在美因茨发现的诺里克骑兵翼（Ala Noricorum）的骑兵 C. 罗曼尼乌斯（C. Romanius）的墓碑石上（约公元 1 世纪 60 年代）似乎可以看出细长的剑身装在框式剑鞘中（图 46）。[88]

考古发现表明，进入这一时期之后，人们还在持续使用相对较长的奉蒂埃式（见边码第 123 页）。但可能是在美因茨式让位于庞贝式的前后，不再使用奉蒂埃式。看起来，较长的剑也在同

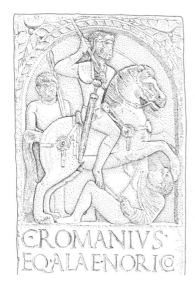

图 46. 诺里克骑兵翼中一名叫 C. 罗曼尼乌斯的骑兵的墓碑，他于公元 1 世纪被葬在美因茨。他使用的是一柄窄刃长剑。注意马鞍上的角状结构[1]，以及负责扛长矛的仆人。

一时期经历了设计上的改变。当然，到了 1 世纪末，一种新式长剑已经普及。一件出土于德国罗特韦尔的实例可以追溯到 1 世纪 70 年代，但也可能更晚。[89] 人们在苏格兰的纽斯特德发现了类似的武器，其年代可以比较确定地追溯到 80—100 年。其中一件保存完整，剑身长约 624 毫米。第二件则大体完整，只是断成了两截，原本的剑身总长刚刚超过 630 毫米。[90] 这些武器宽度在 30—35 毫米，剑身截面为菱形，两刃平行，剑尖形似"哥特拱门"（图 47）。另外，该遗址还出土了三件不完整的剑身，可能也来自类似的武器。[91] 这些剑看起来就像庞贝式被缩窄并拉长的版本，这一时期也出现了其他相关变体，只是两侧呈弧形的剑尖替代了三

---

[1] 图中骑兵使用的是四角马鞍。

角形剑尖。

塔西佗所提到的斯帕塔长剑，以及后来出现的那些罗马长剑的前身究竟是哪一种武器，人们对此有若干推测。而纽斯特德式通常被认为是其中最早得到可靠鉴定，且起源已知的一个。人们一般认为纽斯特德式是骑兵武器，而使用这类武器的无疑是那些偏爱更大攻击范围的骑手。然而，我们并不能绝对肯定它们是骑兵专用的武器，其实我们也不能绝对肯定庞贝式是步兵专用的武器。实际上，纽斯特德式的剑身与共和国晚期的提洛岛式西班牙短剑的长度相似，与3世纪骑兵和步兵使用的许多武器相比，纽斯特德式的剑身也偏短。

虽然我们对罗马长剑早期历史的了解仍然相对模糊，但对庞贝式罗马剑却有着更清晰的认识，它体现出士兵装备在这几十年间所发生的变化。我们从武器之外的装备上也能看到这种程度有限的设计变化，"罗马环片甲"的结构改进就是其中一例。头盔的形状变得越来越精细，护颈的高度降低（或者说宽度减少）了。这也许暗示着在剑斗中使用下蹲姿态的情况变少了；盔碗顶部也增加了额外的保护。[92] 有些装备变化显然是战术性的，例如采用铰接环片式护

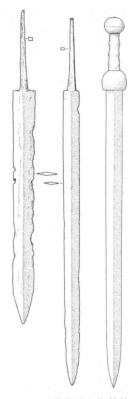

图47. 从苏格兰纽斯特德出土的1世纪晚期的两柄剑：一件为庞贝式；还有一件则是被认定为早期斯帕塔长剑的几柄武器之一。右侧为复原图，作为其复原基础的剑柄部件同样出土于纽斯特德。（比例1:8）

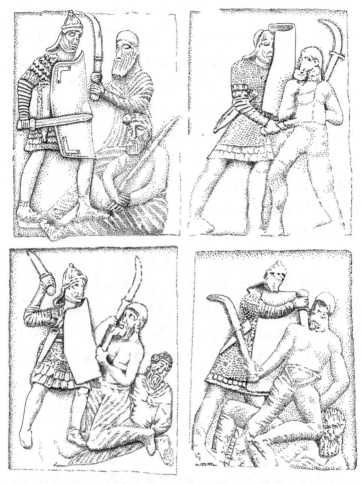

图 48. 位于罗马尼亚境内的阿达姆克利西（Adamklissi）纪念碑，碑上的排档间饰（*metope*）描绘了图拉真发动的达契亚战争的场景。与人们所熟悉的图拉真纪念柱所展现的场景不同，此处的画面详细描绘了罗马士兵在对付通常装备有可怕的带弯镰刀的达契亚人时所使用的盔甲和剑术。

臂（*manicae*）来对抗达契亚人的双手镰刀（*falx*），这种武器兼具长长的刀身和弯曲的刀尖，能砍断四肢，刺穿头骨（图48）。但为什么要全盘改用新式剑呢？难道这只是一种时尚吗？（目前尚且）没有证据表明新剑在结构上有任何重大的技术发展。不过，至少有几件已知实例表现出了真正的创新：截面呈十字形的剑尖。这和中世纪及其后的一些旨在穿透甲胄的武器尖端有所类似（图44）。[93] 或许较短的新式剑尖更不容易在撞击时发生断裂，无论它是否带有这种破开甲胄的十字结构。所以它是不是更适合用来对付穿着甲胄的敌人？如果是这样，那么这些敌人都包括哪些人？在这一时期的一些最凶险的短兵相接的战斗中，军团要面对的并不是国外的敌人，而是全副武装的军团辅军。

帝国早期的皇帝们采取了措施，力图确保军团在危急关头能从数量上压倒任何作乱的行省人或辅军。特别是考虑到围绕着公元68年的尼禄之死已经出现了一系列动荡事件（见边码第154页），皇帝们很可能也将这种考虑延伸到了武器装备上。此前在公元21年的埃杜维起义中，军团士兵已经到了用镐头猛捶身披重甲的角斗士的地步，[94] 他们需要能够对付披甲敌人的剑。

†

153　　在庞贝式武器开始被广泛使用的那十年中，帝国也经历了它所面临过的最具戏剧性的一些内战冲突。首先，在最后一位与奥古斯都有血缘关系的幸存后裔——尼禄的统治期间，不列颠和犹太地区爆发了两场异常严重的行省叛乱。

爱西尼人的女王布狄卡于公元60—61年在不列颠地区发动了叛乱，叛乱爆发的起因兼有即使以罗马标准来看也实属严酷的

230　罗马与剑

舞弊恶政，以及行省人民遭受的虐待。施虐者是纪律涣散的士兵和定居在新军事殖民地卡姆罗多努（Camulodunum，今科尔切斯特）的退伍人员。当地人强烈的反抗行动规模如此之大，据说令尼禄考虑过放弃该岛。屠戮残杀随之而来，狂暴凶悍的反叛者对上了以极端武力镇压他们的罗马军队，而紧随其后的饥荒令一切雪上加霜，数十万人因此丧命。

在帝国的另一端爆发了更加惨烈的犹太起义（公元 66—70年），这场起义在一定程度上也是由帝国对行省人的轻慢漠视所引发的。在情绪逐步累积直至叛乱爆发的漫长过程中，围绕着耶路撒冷圣殿的挑衅举动是刺激犹太人的要素，该建筑是犹太人身份认同的重要焦点。这些挑衅的行为来自皇帝［比如，卡利古拉（Caligula）计划在至圣所中设立自己的雕像］、官员和士兵个人——比如，一名罗马士兵在某次节日中向朝圣者暴露自己的阴茎，引发了一场骚乱，导致大规模伤亡。[95] 然而，能够被这些挑衅的火星所点燃的，其实是早已存在于犹太人和非犹太异邦人之间一触即发的紧张关系。公元 66 年，冲突终于爆发了。

"罗马的回应"已经成了罗马军队及其盟军对平民百姓施加暴力行为的代名词。在最初被派去镇压作乱的远征军遭遇严重失败后，尼禄任命久经考验的将军 T. 弗拉维乌斯·维斯帕先（T. Flavius Vespasianus）来消灭反叛者。在儿子提图斯的协助下，维斯帕先开始通过攻城战来减少犹太人的要塞，逐步向耶路撒冷逼近。约塔帕塔（Jotapata）的驻军指挥官约瑟夫斯在此地被罗马人俘虏，他倒戈投敌，因而得以幸存并记录下关于这段战争的历史。

犹太人的起义之火熊熊燃烧，与此同时，罗马的元老和士兵们对尼禄反复无常而又"缺乏男子气概"的古怪行径的不满之情也在悄然酝酿。公元 68 年，未遂的人民起义和禁卫军的叛变迫使尼禄选择了自杀。在一个释奴的帮助下，他刺穿了自己的喉咙，这至少是个体面的死法。[96] 他没有留下继承人，奥古斯都的王朝已经灭绝。在亚克兴战役过去一个世纪之后，尼禄之死造成的权力真空引发了新一轮内战。

奥古斯都和他的继任者们都没能解决如何确保帝国和平继承的问题。人们后来也尝试过各种各样的方法，包括由元老院负责推举选拔，以及收养才干得到过证明的成年继承人。但事实证明，最常见的两个途径分别是直截了当的世袭和凭借剑的力量。士兵们对两者都拥有发言权，他们或是依附于既已建立的皇室家族，或是在内战中支持受人青睐的候选人。然而，若是想要赢得和保持住这份来自士兵们的举足轻重的支持，领袖需要展示自己的勇德，证明自己有能力指挥军队，这一点仍然至关重要。

公元 69 年，彼此敌对的行省总督们为争夺皇位而激烈地争斗，罗马军队两度在克雷莫纳同室操戈。这个"四帝之年"的余波带来了相当严重的冲击：秩序尚未在新的弗拉维王朝的第一位皇帝维斯帕先的治下重建，高卢人和强大的巴达维人就又发动了起义。

与此同时，犹太地区的战争正接近高潮：维斯帕先的儿子提图斯被委以围攻耶路撒冷的重责。对该城毫不留情的镇压既是军事行动，也是政治手段，其目的在于保持罗马对其属民在士气上的优势，维护罗马终极无敌的自我定位。人们必须看到反抗罗马的势力被粉碎。如果能让罗马的属民相信罗马一定会对反抗行为加以报复，无论要付出多大代价和花费多长时间，而且手段一定很残酷，那么属民就不太可能会犯险触怒帝国。正如历史学家阿德里安·戈兹沃西所强调的那样，为了给人留下深刻印象并达到行动效果，罗马的原则是：在感知到其权力面临任何威胁时，尽快利用当下能够调集的力量予以攻击，哪怕在试图阻止问题蔓延时要冒着初期受挫的风险。这就解释了为什么在犹太起义爆发时，叙利亚总督立即调集自己现有的部队进攻平叛——结果失败了。[97]罗马的失利开局让风险陡然变得更加严峻，使帝国后续不可避免地要采取高调的大规模报复行动来惩罚叛军，以儆效尤。因此，罗马又派出了一支由经验丰富的将军领导的、实力更为强大的军队。这样的背景情况在很大程度上解释了后续战斗中发生的野蛮行径，以及罗马对耶路撒冷的残酷围困。公元 70 年，耶路撒冷在大屠杀中陷落。该背景也解释了为什么在剩下的起义行动也被镇压之后，罗马人实施了著名的马萨达要塞围攻战。一批幸存的狂热分子死守在希律王修筑于死海附近沙漠山顶的避难要塞之中，这群残兵败将对罗马人构成的实际威胁微乎其微。此处固若金汤，气候炎热，罗马军队连后勤保障都困难重重，甚至连水都得从 15 公里外的恩戈地（en-Gedi）运来。然而即便如此，第十海峡军团（*Legio X Fretensis*）仍旧在公元 72 年包围了马萨达，准备直接发动袭击攻破要塞。当他们堆起一个巨大的攻城坡道，并发起进攻时，却发现守军已选择了自杀。现代以色列将这一事件作为英雄主义事迹加以铭记，但当时的这个结局仍旧达成了罗马人的目的。马萨达对行省人来说是一记警钟：如果有必要，罗马士兵就算追到天涯海角也会将叛军赶尽杀绝。[98]

犹太的命运说到底是种族主义造成的吗？[99]尽管罗马人和犹太人的交往在大部分时间里是相当平和的，但前者对后者的认同却很有限——处于多神论世界中的罗马人自己对其他宗教通常抱有宽容的态度，他们感到排他性的犹太神明是陌生的异类，令人反感；加之犹太人充满血腥的内斗（部分是由于靠近罗马而引发的）也对帝国的权威造成了麻烦。就发生在起义中的暴行而言，民族仇恨和宗教仇恨一定起到了推动作用，尤其是对当地的罗马盟军分遣队有所刺激。犹太人和相邻的民族彼此间毫无友爱，特别是叙利亚辅军还对犹太囚犯实施过残忍的暴行。[100] 然而在一定程度上，就像恺撒时代的高卢一样，推动犹太人命运之轮的其实是罗马内部的权力政治。提图斯行动的目的，是从这场战争中为他父亲的新政权最大化地吸取政治和经济资本。耶路撒冷的陷落为罗马城带来了一场赫赫有名的凯旋式，[101] 也带来了急需的战利品——此前维斯帕先赫然发现国库已空空如也。这些战利品还为新建的和平神庙和古罗马斗兽场提供了资金，而这两座历史古迹均是由犹太囚犯建造的。

耶路撒冷的陷落充满了骇人听闻的野蛮兽行。但或许更加令人发指的是，有证据显示，犹太地区的罗马士兵给人们带去的苦难折磨只是在规模上比较特殊。从性质上说，它与其他罗马士兵前不久在位于波河平原的克雷莫纳对罗马同胞犯下的残忍罪行几乎没有任何区别。

到了这一时期，即使对罗马北部或东部军队的大多数军团公民兵来说，罗马也已经成了一个抽象概念（对辅军士兵就更不用说了），那是他们从未亲眼见过的地方；而意大利也是一片陌生的土地。当然，他们认为自己和任何意大利人一样都是纯正的罗马人，但他们身上的"异乡罗马特质"已经与旧帝国中心地带人们的罗马特质明显不同，而且这种"异乡罗马性"还在吸收各行省部队的文化特征。此前，在公元 69 年，边境行省士兵和大都市平民之间的差异就已鲜明地体现出来——当时维特里乌斯的北方军队抵达了首都，城市里的人们将队伍中的士兵当成了须发蓬乱的外来者，相互的误解和对立引发了流血事件。[102]

对皇位的暴力争夺让元老之间爆发了激烈竞争，而在此之外它也暴露了士兵之间、各行省军队间甚至是其内部的潜在紧张关系。公元 69 年，在维特里乌斯手下的北方军队内部，自相残杀的倾向尤为严重。当时一名辅助骑兵与一名第五军团的士兵摔跤，军团士兵被高卢人的嘲笑所刺激，杀害了两个大队的人员。[103] 更普遍的情况是，维特里乌斯麾下的巴达维部队太过自负，因而总是要和军团士兵打斗。最终他们不得不被送回家去，而这又为更大的麻烦埋下了伏笔。[104]

如果说维特里乌斯的士兵互相鄙视，那么他们对其他罗马部队的看法则更加尖刻：

> 前来此地的维特里乌斯的士兵的傲慢态度令所有东方军队都感到怒火中烧。因为这些士兵虽然自己外表野蛮，言谈粗鲁，却把所有其他人都看得低自己一等，没完没了地嘲弄他人。
>
> ——塔西佗《历史》（*History*）2.74[105]

这反映出罗马士兵文化中趋向于差异与分散的区域化和行省化，东部也出现了同样强烈的趋势。几个月后，来自莱茵河和不列颠地区的、忠于维特里乌斯的士兵，和来自多瑙河及东部地区的、忠于维斯帕先的士兵在第二次克雷莫纳战役中交锋，这是一场决定性的战斗。在打斗中，弗拉维王朝所领导的第三军团转身朝着升起的太阳欢呼，而这种习俗来自叙利亚。[106]

在这场内战之中，对为弗拉维王朝而战的人们而言，维特里乌斯控制下的克雷莫纳是敌人的领土，就像耶路撒冷一样陌生。这座城市的平民付出了残酷的代价。在获胜的维斯帕先军队（和他们的军营仆役）洗劫克雷莫纳的四天里，平民们经历了强奸、酷刑和陷落于罗马军队之手的任何外国城市所要面临的全套恐怖暴行。[107] 士兵们的行为究竟有几分是出于单纯的失控，长官又究竟在何种程度上予以默许，我们目前尚不清楚。胜利的军队得到了满足，开始向首都推进。在这里，维特里乌斯在无政府的混乱状态中被杀。维斯帕先如今无可争议地成了皇帝，但战争并没有结束。提图斯仍在镇压犹太人的叛乱，而新政权在北方又面临着严峻的动乱——这一部分是这个政权自己造成的。维斯帕先的党羽曾试图在行省境内的维特里乌斯权力大本营中煽动叛乱，以此来削弱他的实力。到了公元 70 年，这点星星之火已升级为危险的哗变，领头的是高卢人，此外还有野心勃勃的奇维里斯所领导的巴达维人。然而这些北方叛军迅速被镇压，耶路撒冷也被攻陷，维斯帕先的新弗拉维王朝的权力得到了巩固。

十年的内战使行省人和罗马人都受到了创伤。在临近内战顶点的时刻，就在克雷莫纳陷落不久之后，发生了一场对罗马人的心灵造成更大冲击的灾祸。弗拉维王朝的军队向首都进发时，维斯帕先的支持者和大难临头的维特里乌斯士兵之间爆发了混乱的战斗。这场冲突导致卡皮托利诺山上古老的主神朱庇特神庙被烧毁，塔西佗在《历史》一书中哀叹这是"罗马自建国以来所遭受的最可悲、最可耻的罪行"。[108]

也就是说，就在罗马人洗劫耶路撒冷第二圣殿的前一年，他们正在对自己人刀剑相向，结果是他们破坏了一座罗马自己的重

157

要城市，还毁掉了自己都城中最神圣的庙宇。潜藏在士兵身上的残忍天性——无论是奉命行事，还是得到了上级军官的纵容，抑或只是单纯失去控制——以相当一视同仁的态度释放在了各种受害者身上。不列颠人、犹太人、罗马同胞，甚至是自己所信仰的诸神之王的居所，面对狼牙，没有任何事物，也没有任何一个人是绝对安全的。

"罗马和平"

> 对于抢劫、屠杀、掠夺，他们以帝国的谎言为之命名；他们造就了荒凉，却谓之和平。
>
> ——塔西佗《阿古利科拉传》（*Agricola*）30[109]

塔西佗在讲述其岳父阿古利科拉在公元 1 世纪 80 年代初入侵未来将会成为苏格兰的地区时，借喀里多尼亚人[1]的战争领袖卡尔加库斯（Calgacus）之口说出了此处引用的著名句子。这段话即便是虚构的，也定然反映了这一时期许多罗马受害者的真实想法，其中也包括在罗马建造新的弗拉维圆形剧场（即古罗马斗兽场）时劳累而死的数千名犹太战争奴隶。在帝国内部，维斯帕先在内战中获胜后的几年是人们重新找回乐观情绪的一段时间。然而在提图斯统治的短暂时期里，维苏威火山于公元 79 年摧毁了庞贝城和赫库兰尼姆，似乎暗示了神的不悦。而提图斯还有一位不太稳定的弟弟图密善（Domitian），他在位的时期在人们的记

---

[1] Caledonian，即苏格兰人。喀里多尼亚（Caledonia）为苏格兰的古称。

忆中则更为黑暗，至少塔西佗等亲历过这段时期的元老们是这样认为的。图密善的统治随着他于96年遭人谋杀而终止。元老院任命年事已高的涅尔瓦（Nerva）作为"临时执政的"皇帝，避免了又一轮内战爆发。涅尔瓦又收养了另一位富有才干的元老作为自己的继承人，那就是图拉真。

图拉真（98—117年在位）被元老们誉为最好的一位皇帝，他们将他与图密善的行为放在一起比较，赞美之词中谄媚与真诚掺半。图拉真遵循涅尔瓦的先例，收养了他业已成人的亲属哈德良（117—138年在位），哈德良又安排了安东尼·庇护（Antoninus Pius，138—161年在位）和帝王哲学家马可·奥勒留（Marcus Aurelius，161—180年在位）的继位。这种收养继位制度产生了所谓"安东尼王朝"（Antonine Age）的一系列"贤帝"。人们长期以来认为，罗马和平和罗马帝国的顶峰正是在这几位"贤帝"的治下出现的。然而，这套制度依靠的是奥古斯都们膝下没有嫡出的亲生儿子。而马可·奥勒留将皇位传给了自己的儿子康茂德（Commodus，180—192年在位），世袭继承制度就此恢复。

在这一时期，罗马各行省境内的城市逐步接近辉煌的顶峰，富人的庄园别墅慢慢成为乡间景色的主角。罗马的消费品——工场生产的陶瓷、玻璃制品、珠宝——沿着有帝国舰队和士兵警戒的贸易路线广泛供应。这个网络也促进了人口和思想的和平传播，基督教后来就是通过这种方式传播开来的。此外，越来越多的行省人也获得了罗马的公民身份。

现在的人们很容易将这几十年定义为一段黄金年代，尤其是将其与之前的扩张侵略战争时期，以及后来的"帝国衰亡"相比。诚然，这个时期的一些人认为自己所处的时代尤其幸福安宁，他们在颂文中赞扬皇帝的英明，也赞扬守卫在遥远边境上的士兵的英勇。于是便有爱比克泰德（Epictetus）为战争、强盗活动（至少任何称得上"大规模"的强盗活动）和海盗行为的中止而热情歌颂，人们终于可以随时在陆上或海上旅行，随心所欲地从日出行至日落。[110] 富有的希腊演说家、普鲁萨的狄翁（Dio of Prusa）将罗马士兵形容为牧羊人，他们与皇帝一起守护着帝国的"羊群"。[111]

毫无疑问，唱赞歌的人在鼓吹帝国秩序时通常是真心实意的，因为有些人在这种秩序下过得十分顺遂，而更多的人希望能加入这个行列。正如历史学家彼得·希瑟（Peter Heather）所指出的，虽然执法工作缺乏延续性，腐败现象极为普遍，但罗马的霸权"在初期带来了巨大的和平红利，创造了区域间的相互联系，提供了许多新的经济机会"。[112] 或许的确如此，但究竟是对谁而言呢？"帝国的鼎盛时期"真的对每个人来说都如此美好吗？甚至应该问，它对大多数人来说真的是美好的吗？"罗马和平"究竟有多和平？从那个年代保留下来的边疆设施让今天的我们产生了特定的想象，认为那是一段人们保有警惕之心的平静岁月。然而实情是，罗马历史上最血腥的一些对外战争就发生在那个年代，而且接近种族灭绝等级的内部暴力冲突也再次爆发。

"帝国的鼎盛阶段"与罗马那复杂精密的常设戍边系统的建设时期相吻合，特别是在莱茵河和多瑙河地区。该戍边系统中包括由此时已是永久性建筑的各部队基地所构成的片区或防线，也包括其他规模更小的设施，比如由巡逻道路所连接起来的望楼链。这样的路线被称为"防线"（limes，复数 limites），这个术语后来被用于指代边疆整体。这类设施系统中有许多还结合了分界线或障碍物，有的是大型河道，也有的是人工建造的结构，如壕沟、堤岸和木制尖头栅栏，或是其中最复杂的：公元2世纪20年代哈德良皇帝下令修建的，从一侧海岸跨越整个不列颠至另一侧海岸的著名石壁长城。

哈德良长城看上去像一道防御工事。或许从表面上看，它也证实了这样一个印象，即2世纪初的罗马军队已经明确地从主动侵略转向守势，他们的责任是保护行省免遭蛮族袭击。然而这种说法却是错的。[113] 线性的戍边系统是治安巡逻线，其主要目的是监视和控制人员和物资的动向，防范走私和小规模突袭等行动。罗马军队期望通过收集情报来发现和预测来自边境另一侧的规模较大的动乱，在其触及罗马领土之前就派遣部队将其粉碎。这种说法甚至也适用于哈德良长城，长城聚集了许多辅军基地，它们随时准备着在必要时将罗马的兵力投向北方。哈德良长城超凡的复杂性恐怕与防御需求关系并不大，而更多地在于彰显皇威（哈德良皇帝对修建建筑相当痴迷），也在于让难以管辖的行省军队在相当长的时间里有事可忙。[114] 确实，这一时期更大范围的历史证明，无论是在原则上还是在实践中，罗马军队都没有转入守势。

为了和平的野蛮战争 [115]

和奥古斯都一样，"最佳元首"图拉真在国内享有爱好和平与公正的名声，但在其他地方却是一个残暴的侵略者，这令他麾下的士兵们欣喜若狂。他是为部下带来荣耀和战利品的最后几位大行扩张主义的皇帝之一。他发动了两场重大战争，一场是跨越多瑙河去征服欧洲最后一个重要的自由蛮族王国达契亚，另一场则是为了攻打帕提亚。罗马仍然不具备任何有连贯性的"大战略"，也没有"合理的"边境政策：皇帝们在很大程度上仍是为了个人荣誉而发动战争。[116]

†

达契亚王国大致位于现代的罗马尼亚。罗马著名的图拉真纪念柱赞扬了图拉真征服达契亚的功绩，我们对战争中的罗马士兵的经典视觉印象就来自纪念柱上的图案。图拉真的目标是征服喀尔巴阡盆地东部以及在此定居的各民族——他们与定居于多瑙河南岸的民族很相似。到了图拉真入侵的年代，达契亚已经成为边界清晰的王国，这一部分是它与罗马的（往往是涉及暴力的）互动所造成的。从101年开始直至107年行省建立，罗马为了征服达契亚发动了一系列大规模战役，投入了多达12个军团的海量兵力。图拉真纪念柱上著名的螺旋形浮雕（图40），以及位于达契亚本土境内的阿达姆克利西纪念碑（图48），都对这些战役有所展现，后者名气相对较小，却在许多方面更为有趣。征服行动带来的大量战利品是来自罗马扩张主义战争的最后几笔可观收获之一，据说包括重量为50万罗马磅的黄金和100万罗马磅的白银。然而，罗马人在这最后一次对欧洲的大举进攻中遭遇了极度激烈的抵抗——与其说这场征服的结果是又一个"挥剑与握手"的例子，倒不如说这是对当地社群的一次斩首军事行动：当地民族的领导人基本被替换，而大部分的本土人口可能也被士兵和其他外来人员所取代。[117]与高卢等地区形成对比的是，随后在达契亚发展起来的行省并不是从本土的部落式单位演变而来的，控制它们的也不是获得了罗马人身份的本民族领导者的后代。那些城市都是殖民者的植入物。没有人清楚地了解，究竟图拉真仅仅是找不到可以与之谈判的、态度顺从的达契亚领导者，还是说他就是选择以摧毁本土社群来惩罚其持续性的抵抗行动。罗马人能够以"传统"手段吸收的社群是有限的，而或许达契亚处于这个有限的范围之外。于是就像对待高卢东北部的厄勃隆尼斯人一样（见边码第105页），罗马人不得不诉诸实质上的"种族灭绝"来建立自己的统治。他们更无力兼并的是来自达契亚周围平原的那些马背民族——萨尔马提亚的半游牧民族，该地区仍然是多瑙河以北边境上的一个薄弱突出部。

✝

征服了达契亚后，图拉真并没有满足，他在幼发拉底河畔再次发起了侵略行动。他以帕提亚人密谋篡夺亚美尼亚的王位为借口，在114年将亚美尼亚王国降为罗马的行省之一。他又征服了美索不达米亚北部地区，并围攻了帕提亚人的冬季首都泰西封（Ctesiphon）（他抢夺了帕提亚的王座，作为自己战利品的一部分），该城位于现代的巴格达附近。随后他向波斯湾推进，很可能还梦想过吞并伊朗。然而他的成功并没有持续多久，起义暴乱在美索不达米亚各地爆发，而帕提亚军队则威胁要从伊朗压进。罗马的指挥官和士兵现在已经掌握了在战场上对付帕提亚人的技能，但却无法保住征服的成果。被迫撤退的图拉真于117年死在了路上。他的继任者哈德良放弃了美索不达米亚地区。

图拉真对帕提亚的侵略开启了一套模式，它在接下来的一个世纪里被多次重复。罗马后来对美索不达米亚的侵略证明，罗马军队已经很好地适应了在干燥草原上作战。他们有能力击败由弓骑兵和重骑兵组成的帕提亚军队，使罗马军队能够到达巴比伦尼亚的大城市并对它们展开围攻。然而到头来他们却无法守住美索不达米亚南部，更不用说向帕提亚帝国东部，也就是现代伊朗的大致位置推进。罗马在征服帕提亚的行动中反复失败，然而同样是这片土地，亚历山大却以那样迅猛的速度从阿契美尼德时代的波斯人手中夺取了它。这是为什么呢？笔者会在下文中探讨可能的原因（见边码第 204 页）。

✝

在美索不达米亚，巴比伦尼亚的大量犹太人对图拉真的抵抗尤为强烈，暴力通过犹太人的大流散（*diaspora*）传回了帝国。犹太人和希腊人在昔兰尼加、塞浦路斯和埃及展开了屠杀和反屠杀，据说这些事件造成了数十万人死亡。[118] 久居亚历山大城的主要犹太社群与该城的希腊人多数群体之间长期存在着暴力性的种族冲突。在 116 至 117 年间，亚历山大城爆发了犹太人的叛乱，埃及境内的其他犹太群体也发动了起义，这些事件导致了规模巨大的屠杀，几乎消灭了埃及的绝大部分犹太人。然而这些叛乱事件帮助了巴比伦尼亚的犹太人，使他们不必屈服于罗马人的统治，这对犹太文化产生了深远的影响。犹太人的文化重心因此向东转移，移向了未来将会创作出大部头的拉比文学作品——《巴比伦塔木德》（*Babylonian Talmud*）的那些社群。反对图拉真的起义活动过去几年之后，同样影响深远的又一轮犹太起义爆发，而这一次出现在了犹太地区。

　　和图拉真一样，哈德良被广泛认为是一位文雅的仁君。他被

163

图拉真收为继承人时已经是一位实力广受认可的军人，于是他觉得没有必要通过征战来确立自己的勇德，而是选择让士兵们保持警觉。为了这个目标，哈德良会花上很长的时间出巡边境，而他最著名的事迹——建造横跨不列颠的长城——也始于这一目的。然而，希腊文化爱好者哈德良不喜欢犹太人的很多做法，特别是割礼——希腊人认为这是对人的野蛮残害。作为一系列挑衅行为中的一部分，哈德良决定在希律王圣殿的遗址上另建一个多神教圣所，他还禁止了割礼。这引发了又一次大规模起义，领导者是西蒙·巴尔·科赫巴（Simon Bar Kochba）。罗马对发生在132至136年的第二次犹太人起义（又称"巴尔·科赫巴起义"）的镇压近乎种族灭绝，在此过程中罗马士兵和犹太战士在隧道和山洞里展开了凶狠惨烈的游击战。直接被杀的至少达到58万人，死于饥荒的人数则无法计算。[119] 只余一片荒芜的犹太地区被重新命名为巴勒斯坦。[120]

平民社会中的暴力和士兵

2世纪的犹太起义是极为惨烈的帝国内部群体暴力事件，但其规模在当时也是罕见的。早期帝国的"和平"大体上确实意味着帝国领土范围内的战争比这些地区被征服前少得多。然而即使在罗马和平的鼎盛时期，罗马世界里的每一个人都可能需要忍受身体暴力，至少在青年时期如此，这也包括未来的皇帝们，他们的导师会对他们施以鞭打。许多人会面临伤残或暴力死亡。暴力在罗马社会里仍然是结构性问题，人们在施加暴力时通常针对的是下等人，特别是奴隶和被定罪者。这一点在那个时代的文学作品中体现得非常明显，例如佩特罗尼乌斯的小说《萨蒂利孔》或朱文纳尔（Juvenal）的《讽刺诗》（Satires，见边码第 165 页）。

在许多行省，突袭劫掠等行为直到最近还是战士生活中值得称道的光鲜部分，此时被重新定义为强盗活动，人们还试图予以镇压。正如我们看到的那样，这类努力并没有取得多少成功，强盗活动仍然遍及整个帝国，有时甚至像四处肆虐的瘟疫一般。盖伦（Galen）就曾为那些寻找尸体用以解剖的医生同行提供建议，让他们到山上去搜捡未被埋葬的土匪。[121] 即使在首都，暴力犯罪的问题也仍然存在。

其实，罗马在力求控制非法暴力伤害的同时，也同样注重保持其各民族的尚武精神。罗马还在人群中推广角斗比赛，以此向行省积极输出新的武装暴力形式。高卢人津津有味地接受了这种活动，埃杜维人在 1 世纪初就开始了角斗士的培训。[122] 然而许多希腊人亦是如此［希腊也自有一份暴力活动的悠久传统，尽管在名义上是亚致命的，他们称其为竞技游戏（games）］。盖伦就是帕加马角斗士的医生；在以弗所，人们则建造了一座角斗士公墓。[123] 从苏格兰到幼发拉底河畔都建有圆形露天剧场，角斗士格斗成了罗马行省艺术中极受欢迎的母题。

在罗马斗兽场中举行的仪式化暴力活动起到了政治安全阀的作用。大众在很大程度上对丧失政治权利予以默许，以换取粮食补贴和由帝国出资提供的奇观场面，比如战车竞速和角斗士竞技等等。这类活动使他们从内心深处本能地感受到自己作为罗马人是优越于非罗马世界的。在这个精心策划的死亡剧场以外，暴力事件少有发生。不过随着时间的推移，与战车比赛队伍的派系党徒有关的群众闹事越来越多，最终在 6 世纪的"尼卡暴动"（Nika rebellion）中达到顶峰。这场暴动差点推翻了拜占庭皇帝查士丁尼（Justinian）的统治。在罗马城内，禁卫军和城市步兵大队通常能够抑制平民暴乱的发生。但在帝国早期，即便是在意大利境内也出现过一些严重扰乱和平的行为。公元59年在庞贝城举行角斗士比赛期间，从附近的努凯里亚（Nuceria）到访该城的"粉丝"们发动了武装伏击，一些人遭到杀害。[124] 作为对这次暴乱的集体性惩戒，尼禄将庞贝城的圆形剧场关闭十年。然而在很多时候，针对暴力犯罪的司法回应本身就非常残忍，而且经常是在竞技场上进行的。与18世纪欧洲社会的司法制度一样，罗马司法中的野蛮行为在很大程度上旨在以恐惧作为威慑措施。因为当局缺乏预防犯罪的手段或人力，甚至连切实逮捕犯罪者都做不到。地方政府中几乎没有类似于现代警察的人员。[125] 如果民事司法机构不能控制住问题，那么就只能依靠军人的刀剑。

军人们在整个帝国中为政府权力提供支持，无论是罗马的总督、帝国认可的地方政务官、附庸统治者，还是其他一些人，比如在犹太大起义爆发之前的耶路撒冷犹太圣殿管理当局。军人们充当了司法的执行者，比如在审讯、处决和埋葬耶稣的过程中便是如此。[126] 一些人承担了我们所认为的普通警务职责，例如在埃及，士兵们需要担任防暴警察，特别是在暴力频发的亚历山大港。[127] 禁卫军有时也会被派出平息意大利城市中的暴乱。[128]

然而，通过罗马法律带有倾向性的结构本身和并不公正的执法情况就可以清楚地看出，帝国维持和平的主要目的并不在于保护广大人民——无论罗马人还是行省人，而是在于确保统治体系的运作。执行命令的士兵代表皇帝行事，因此其行动（通常）也符合主宰各行省社会的缙绅阶层的利益，而这些拥有土地的社会精英所征收的赋税为皇帝和他的士兵们提供了资金。

因此，皇帝们对叛乱比对单纯的犯罪要紧张得多。他们密切关注像丧葬俱乐部（burial clubs）这样的民间组织，甚至会对市政消防队进行监视，有时还禁止其活动。从犹太山上的巡逻队到罗马街头的禁卫军，士兵们被广泛用于此类内部监控、社会控制和镇压的工作。

这种固有的不公不法的制度也导致有权有势者更严酷地对待弱势人群。一通来自非洲的铭文留下了关于皇帝任命的官吏们派士兵非法殴打公民，以及虐待一处皇庄上的佃户的记录。[129]

因此，对于士兵们，即使是那些执行合法命令的士兵，包括首都居民在内的大多数帝国居民也并不会把他们当成"咱们的阿兵哥"或友善的保卫者，而是实施控制和压迫之人，这毫不奇怪。在罗马和平的鼎盛时期，在一些地方，特别是犹太地区，罗马士兵仍然是异国的军事占领人员。[130] 更何况士兵们还经常超越命令的限制，乃至彻底挣脱军纪的约束。

> 又有兵丁问他说，我们当做什么呢。约翰说，不要以强暴待人，也不要讹诈人，自己有钱粮就当知足。
>
> ——《路加福音》（Luke）3.14

面对奴隶、行省人，乃至未能结交到有权有势的朋友的贫穷罗马公民，士兵们往往忍不住为一己私利而对他们实施威胁和暴力，或是为了勒索物品和服务，或者仅仅是为了享受自己的权力。这正是朱文纳尔在《讽刺诗》的其中一首中所讲述的时期，他写道，就算是在罗马城内也要避免与士兵发生冲突。[131] 他建议：如果被士兵殴打，还是保持沉默为好；因为如果你投诉，主持听证会的也是他的同事，到头来你一定会因为自己的大胆而遭受更加严重的毒打。

朱文纳尔并未言过其实，士兵身上的这种残暴和贪婪在整个帝国都是普遍现象。文多兰达木牍中留有一份投诉信稿，写信者可能是一位高卢商人，他在公元 100 年左右与一位百夫长发生冲突，遭到了在他看来完全是不公正的"杖责"。[132] 在当地其他官员未能洗刷他冤情的情况下，他向更高一级的权威——很可能是总督——提出了申诉。阿普列尤斯的小说《金驴记》以希腊为背景，故事里也充斥着暴行，其中一些就是士兵所为。比如，一名士兵试图"征用"一个菜贩的驴子（实际上是想据为己有），被拒绝了。士兵用自己的葡萄藤棍（vitis，所以他可能是一名百夫长）殴打菜贩，然后又把棍子反过来，用有柄的一端（nodulus）继续打他。这位平民成功地反击了，然而笑到最后的却是士兵：他和他的好兄弟们追上了菜贩，将其拖到政务官面前。菜贩因莫须有的罪名而面临几乎已成定局的死刑，而士兵最后还是得到了驴子。[133] 1 世纪的哲学家爱比克泰德证实这个讽刺故事的确是现实，至多算是有所夸大。他建议拥有骡子的人不要违抗军队的征用，"因为，如果你那样做就会挨一顿打，而且最后还是会失去你的骡子"。[134] 行军中的士兵们另一种最喜欢的做法，则是非法要求村民提供住宿和娱乐，185 至 186 年的叙利亚总督在一封信中谴责了这种做法。[135] 对部署在各行省执行治安、监控、收税或物资供应任务的军人来说，他们很容易有机会向当地人施行有计划的敲诈。来自 2 世纪中叶的埃及莎草纸详细说明了人们向驻扎在附近的士兵定期支付"保护费"的情况。[136] 或许在同世纪晚些时候被秘密埋葬在坎特伯雷的被害士兵遗骸（图 49），也证明了

166

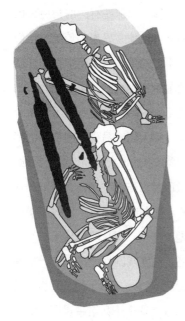

图 49. 在 2 世纪末的不列颠南部坎特伯雷的城墙内，两具尸体以脸朝下的姿势被塞进一个坑里。这处非法墓葬看起来是对一起谋杀的受害者的秘密处置——从埋在一起的服饰物品和剑来判断，受害者的身份是士兵（另见图 56）。

行省人对贪婪士兵的报复。[137]

　　由此看来，人们并不只是在起义或内战期间才会面临来自士兵的危险，而且人人皆是如此，从身份最卑贱的不列颠奴隶和犹太农民，再到士兵们的雇主——皇帝本人。

皇帝和他的士兵

　　帝国时代的士兵就像他们在共和国晚期的前辈一样，并不是完全没有思想，虽然他们受教育程度有限，对政治的了解也很有限；而且除了名誉、荣耀和金钱之外，他们也并没有什么其他明确追求。[138] 在进入帝国时代之后的很长一段时期内，军团成员们仍然一直像昔日共和国时代的士兵一样，像那些有产的自由公民民兵和意大利战士一样，保持着拥有自己独立思想的传统。他们一如既往地难以管束，标志着罗马军人的传统自由精神也一如既往地保持着。这份精神无疑与新的辅军相当合拍，毕竟辅兵们是从战士群体中招募而来的，这些战士们的特征就是直言不讳的个性和容易被刺伤的自尊。作为集体，军人们容易受到感伤、激情和沮丧等强烈情绪的影响，不满或愤怒当然也会影响他们。因此，他们仍然有因内心不平之情的刺激而暴力作乱的倾向，譬如提比略在公元 14 年就面临过这种情况。奥古斯都死后，一些军团因服役条件和老兵们的延迟退伍问题而哗变。提比略的侄子格马尼库斯（Germanicus）为了平息兵变，一度戏剧性地拔出剑，威胁要自杀。这时一个名叫卡路西狄乌斯（Calusidius）的士兵将自己的剑给了他，说自己这把更锋利一些。这个士兵语带讥讽冒犯上级的例子相当令人吃惊。[139] 哗变最终被平息了，一部分是靠谈判，一部分则是靠激发士兵的羞愧之心：格马尼库斯宣布，比起身处这样一个兵变中的军营，他的妻子及幼子盖乌斯还是到高卢行省去更安全。盖乌斯已经成为内心充满柔情的士兵们的宠儿〔他们以他穿的小军靴（caligae）为昵称，称他作"卡利古拉"〕。当士兵们看到，因为自己的行为，格马尼库斯要将这个孩子的安全托付给高卢人时，他们在羞惭中回归了驯服，这无疑正中格马尼库斯的下怀。[140]

比发端于行伍之间的骚乱更为严重的问题，是士兵们被自己的将军、部队指挥官、百夫长和其他身负官衔的权势者（比如掌旗官）所操纵。士兵总是有可能变成他人手中的利剑，皇帝们心中对此的恐惧从未消失过。在克劳狄统治初期，达尔马提亚总督卡米卢斯·斯克里波尼亚努斯（Camillus Scribonianus，曾被认为可能参与皇位继承的竞争）试图带领手下军团造反。据传，他麾下军团的若干柄鹰旗"拒绝从地面拔起"，他的企图于是宣告失败。这个极为不祥的恶兆必然是由掌旗官们精心策划的，或许是那些决定继续效忠克劳狄的军官们如此要求的，又或许是因为士兵们对参与内战毫无兴趣。[141]

随着时间的推移，士兵们越来越明确地意识到自己掌握着成就皇帝和推翻皇帝的潜在力量。因此，所有皇帝心中都长期存在着一份不安——如何让这些最基础的政权守护者遵守纪律，恪尽职守，最为重要的是让他们保持忠诚。维持士兵的忠诚度有助于确保贵族阶层一直对皇帝保持顺从，但每一个端坐皇位的人始终怀有恐惧之心，担忧元老院中的竞争对手会煽动军事叛乱。

作为一个机构，元老院与大多数军队并无联系，因为军队是皇帝的专属"辖区"［此处用的是"行省/辖区"（province）一词的最初含义，意为"权力区域"，而这种"区域"不一定只有地理上的含义］。[142] 然而尽管如此，皇帝在统率大部分手下士兵时，却还是需要通过出身元老院阶层的特派官们，也就是每一个行省的总督兼军队司令官来实现。奥古斯都将军事指挥权授予元老们，是为了尽可能地让他们去追求传统式的军职、文职兼得的职业道路。为了获得元老们对他"重树共和国制度"之大业的默许，这种手段是很必要的。这样的任命也是对元老们的公开认可——只有元老们才具备管辖行省和统率部队所需的经验、人脉和领导能力。不过，尽管奥古斯都对许多这样的神圣传统都怀有真诚的执着依恋，但对于作为战略敏感地区的埃及，他采取了特殊的治理办法。皇帝下定决心，绝不允许再出现一个新的马克·安东尼。

为避免这个最富饶的行省被人夺走，他禁止元老们未经他允许就到埃及去。埃及及其地方军团均由骑士阶层（低于元老阶层的富裕阶层）的地方长官们管理。随着帝国制度建立，骑士阶层通过领导辅助部队以及承担一系列更高层的帝国军队职务而"出人头地"，而埃及省省长和禁卫军长官的位置便成了他们获得的终极奖赏。

提比略口中的群狼（"执狼耳"一说见边码第 26 页）——从元老到士兵——每一只都必须好好看管。皇帝力求将叛逆谋反的可能性降到最低，他让每个行省特派官直接向他本人汇报。而这些人在本省内的时候，皇帝则让当地的骑士阶层财政官监视他们。至于士兵，又该如何看管呢？在让手下士兵保持满意并受控的问题上，元老阶层的行省总督和军团指挥官们，以及骑士阶层的辅军指挥官在大多数时候都与皇帝有着相同的利益。

　谁来看守负责看守之人？（*Quis custodiet ipsos custodes?*）

——朱文纳尔《讽刺诗》6.347–8

皇帝及钦定的指挥官在试图控制手下士兵的时候，采取的是一套传统的组合手段：恐吓与恭维，训导与纵容，嘉奖与惩戒。最重要的是，他们设法盯紧士兵，并防范任何可能出现的骚乱。

传统手段的重点依旧在于比喻意义上的胡萝卜和真实意义上的大棒。人们一如既往地重视传统的罗马纪律，维护纪律的手段则是肉体惩罚：百夫长们仍然会用葡萄藤棍抽打不服管束的士兵的后背。一些残忍的刑罚依旧带有准民主性质，比如，大家要集体向那些怠忽职守、让所有人暴露于危险之中的哨兵投掷石块。旧式的严厉军纪和残酷的训练制度偶尔也会复兴（例如，科尔布罗在亚美尼亚对叙利亚军团的"恢复性训练"）。[143]

服兵役带来的最基本的切实收益是相对可观的军饷和定期发放的奖金，还有御赏饷金。不那么直观但也很有价值的，是服兵役的法定福利（例如，在军事法庭受审时的特权以及在财产和遗嘱方面的特殊权利），以及因能够为皇帝携带武器而获得的重要社会地位。平民或许对士兵心怀厌恨，却也惧怕他们。在高不可攀、等级森严的帝国社会金字塔中，士兵是"能者富者"中的一员。正如我们已经看到的，随身携带刀剑的权利也让他们获得了在军营外非法利用职权的机会。他们的上级可能出于恐惧或贪婪，无法对这种行为加以制止，便予以默许或放任。

士兵须得忍受艰苦的军旅生活和军中严格的纪律，而他们特别渴望的一种回报，便是在征战中实现荣耀与掠夺之梦的机会。功勋奖章是证明个人勇气的实物证据，也代表着皇帝的认可，在同袍之间和公民社会中均能为个人带来威望，因而士兵们仍然极为看重这类勋章。然而随着帝国扩张的脚步放缓，在战争中赢取荣耀和财富的机会日渐稀少。罗马用输送暴力的方式来赢取利益的能力不断萎缩，无论是为了荣誉，还是为了维持长期以来补贴国家的战利品的供应。诚然，随着帝国经济增长，国家的大部分财富是由内部产生的，因而对赢取战利品的内部压力也已降低。但是，这也造成了意大利和其他帝国核心行省的去军事化。在这些地区，战争仍然为人们所颂扬。但对罗马平民而言，男子气概已被重新定义：对他们来说，勇德不再意味着人们需要亲自上战场［尽管它仍然要求男人（*vir*）在社会中保持主导地位，要有实施暴力的能力，但同时又不能容忍人身伤害的出现］。职业军人如今作为传统的尚武勇德的首要卫道者，他们又该怎么办呢？如果帝国不再扩张，那么面对士兵对战斗和战利品、荣誉和胜利的渴望，国家又该如何去应对呢？

从定义上说，罗马人尚武的勇德应该是一种有节制的好战天性。皇帝和将领所采用的管理思路既注重勇德的保持，也注重纪律的维护。他们的目的是在这两个潜在互斥的目标之间找到微妙的平衡——既要让狼保持凶猛饥饿，又要将它们关在笼中使其服从，直至需要饥狼出笼的那一刻到来。

在一定程度上，统治者维持这种平衡的手段正是去修正勇德在军人和平民心目中的定义。自共和国时代以来，军人在工作中总需要搬运大量重型装备，并且时常需要挖掘战壕——这可是罗马人的特长，因此人们一直认为兵役涉及某种形式的辛劳（labor）与汗水（sudor）。由于这些工作是为国家服役的一部分，所以它们是高尚光荣的，而不是低微卑贱的。这种传统观念构成了早期帝国思想的基础，即参加训练和建造工作也和战斗一样，是可以展现出一个人的勇德的。[144] 哈德良在兰贝西斯（Lambaesis）对非洲军队的讲话也说明了这一点，这次演说后来被记录在设立于军事演习场上的铭文中。当时他观看的是第六科马基尼步骑混成大队（cohors VI Commagenorum equitata）的骑兵训练表演，这支队伍享受的报酬和威望是低于普通骑兵翼队的。观看表演后的他说道：

> 步骑大队中的骑兵能在表演中给人留下好印象，这绝非易事……（特别是）接在一场骑兵翼队的操练之后。……

　　罗马与剑

然而你们的积极热情扫清了我的倦意……你们上马的动作总是那般迅捷。在我的军团指挥官——卡图利努斯（Catullinus）——这样的男子汉手下，你们都成了如此出色的男子汉，这自然也显示出卡图利努斯自身卓著的勇德。[145]

以宗教为后盾的教化仍然至关重要。士兵们被反复灌输新的意识形态——关于一统全球、千秋万代的罗马，以及奥古斯都发展出来的皇帝崇拜。正式的祭祀礼仪，以及定期进行的向皇帝效忠的重申宣誓，都在不断地提醒士兵们牢记谁才是他们的总指挥官、恩主和赞助人，也将叛乱等同于亵圣渎神的行为。2世纪出现了对戒律风纪女神（Disciplina）的崇拜。大多数罗马人是虔诚而迷信的，因而这类手段能发挥真正的影响，但它又绝非万无一失。通过士兵的钱袋来发出直白的呼吁或许同样是有效的手段。用以支付士兵军饷的新铸硬币上描绘着皇帝肖像，镌刻着启示性语句，它们也在强调相同的要旨。军饷和御赏饷金为士兵提供了最直观切实的动力，促使他们听令服从。其中的御赏饷金就是对士兵的金钱赠予，其实与贿赂几乎没有区别，特别是在皇帝的继位不太符合规矩的时候。

在军队中就和在更广泛的罗马社会中一样，促使士兵对上级保持忠诚的另一个重要因素是上级的恩庇。对士兵个人而言，来自百夫长、指挥官，以及最终来自皇帝本人的青睐是获得晋升的途径。士兵渴望得到恩惠、举荐和晋升，这份心思是文多兰达木牍中相当突出的主题，[146]有人提出过一种合理的推测：不列颠的军队和行省之所以长期处于叛乱状态，就是因为此地的士兵、军官和行省贵族们处于真正意义上的隔绝孤立状态，他们感到自己错失了那份应得的皇恩。

想获得士兵们的忠诚，既要去努力争取，也要向他们提出命令并付出金钱。坐上皇位之人必须达到士兵们作为罗马人对皇帝的期望，皇帝须展示尚武之勇德，以证明自己配得上"凯旋将军"的称号。当提比略的继任者卡利古拉在公元41年遭人暗杀时，他那默默无闻的叔叔克劳狄被禁卫军立为皇帝，这让他自己都惊愕不已。他此前未曾担任过任何公职，于是，他不得不贿赂士兵，还得迅速证明自己的勇德，否则很快就会死在士兵的剑或元老们的匕首之下。面对真正意义上的死亡与荣誉之间的抉择，克劳狄于公元43年下令入侵不列颠，并在名义上领导了这次入侵行动（见边码第132页）。战争的胜利确保他得以生存。就连那位出奇地爱好和平的安东尼·庇护，也屈服于荣耀的吸引力，屈服于自己所感受到的、要以胜仗来展示勇德的迫切需求。他比养父哈德良更胜一筹，不仅再次向苏格兰进军，还在不列颠境内修建了一道新的长城。马可·奥勒留则是被迫开战，但他勇敢地接受了这份挑战。康茂德给人们留下了软弱的印象，而这导致了他的被杀。

奥古斯都甫一确立自己第一任皇帝的地位，就力图拉开自己与士兵间的距离，然而从前养育过他，此时又从根本上支持他稳坐皇位的也正是这些士兵。奥古斯都不再将他们称作"战友"，而是改口为"士兵"。[147] 后来的皇帝们则感觉到，自己与麾下军队保持此等程度的疏远并不可取，或者说根本是不现实的。他们面临着越来越大的压力，迫使他们去迎合士兵们所抱有的通俗的意识形态，迫使他们去延续一种罗马指挥官的传统做法，即在要求士兵直面死亡的痛苦时，上级既要命令他们，又要劝勉他们。一些皇帝刻意地扮演起同袍的角色，故意让人们看到自己的衣着、饮食和起居都与征战中的士兵相同。他们还会摆出颇具戏剧性的姿态，例如，有爱兵如子之称的图拉真曾经从自己的衣服上扯下布条，来包扎手下士兵的伤口。[148] 而士兵们也开始越来越强烈地期待着总指挥官陛下做出此类表现，不过也要有个限度。当领导者以外化的方式来展示自己对士兵并无鄙夷之意时，士兵们确实会领情，但也会希望上级可以维护好自己的尊严。[149] 像卡拉卡拉（Caracalla）那样做得过了头，便可能失去士兵的尊重，带来致命后果。

如何控制士兵一直是罗马指挥官首要关注的问题。如果没有主动的征战活动来消耗他们的精力，上级就会设计其他活动让士兵保持忙碌，比如训练和演习，或者现在被称为"军中无用功"的那些事情。譬如前不列颠总督弗龙蒂努斯（Frontinus），也是此地这支因作乱而声名在外的庞大军队的指挥官，曾在他的《谋略》（Strategems）一书中提出，大可让无事可做的士兵去建造无处可用的船只。[150] 这就是为什么笔者认为，在哈德良于 2 世纪 20 年代下令建造横跨不列颠岛的长城时，无论他这样做的主要理由是什么，他一定还考虑到了一项很有价值的附加利益——这项工程将会让难以控制的不列颠军人忙上很长一段时间，令他们无暇闹事。

对当权者而言，将士兵置于监视管制之下，防范具有潜在危险性的、无人监控的"人际交往活动"是至关重要的。因此，军官们将防范未经授权的大型士兵集会和监视有授权的小型集会视为要事。自塞维鲁（Severus）执政以来，从部队单位内部对各种士兵社团（scholae）的管控和密切监控中就能看到这一点——这类社团是获得上级许可的组织，由军队内部的同职位群体构成，比如旗手社团和乐手社团。部队在固定军事基地及其周围地带驻扎的时间越来越长，而且不仅是冬季，在和平时期也有相当多的征伐季要在这些地方度过。因此，在对士兵实施监视和控制的过程中，这类营地设施的基本特征也会发挥核心性的影响。

✝

> 军营（castra）承载着士兵心中那份特别的自豪之情。那是他们的故乡（patria），那里有他们的家神（Penates）。
>
> ——塔西佗《历史》3.84

在帝国早期出现了使用寿命相对较长的军事基地，这是罗马士兵"物质文化"发展的一项重要成果。在奥古斯都的统治下，部队已经成为固定单位，这些机构拥有持续不间断的历史和逐步演变的传统。如果说士兵的基础物质文化由他们的武器和服饰构成，那么其所属单位的物质文化则包括他们的旗帜、"纸质"的书面记录，再就是在其中占据着愈发重要的地位的——供士兵居住的那些设施。在上面的引文中，塔西佗使用了几个意味深长的词语，表明了士兵是如何看待这些地方的。"patria"的意思是"祖国""故乡""栖身之所"或"家园"。"Penates"在字面意思上是保护家庭的神灵，也是家宅和炉灶的具象化，同时还是庇护由许多个家庭所构成的国家的神。此外，这两个词或许还被用来代指城市。

在共和国时期，罗马士兵通常在家中，或在与罗马拥有友好关系的城市里过冬。在他们还没有开始在城市化程度较低的地区（比如西班牙高地）长期行动的年代，行军营或在围城战时使用的升级版行军营就已足够士兵们使用，除此之外他们几乎不需要其他专门的军事设施。[151] 在欧洲，军队推进至莱茵河和多瑙河并长期停留，然而那里并没有可供驻军的城市，这促使行军营发展成规模更大的、供士兵驻扎一个冬季的营地，继而又发展出了使用寿命越来越长的军事补给和行动基地。这便是我们熟悉的"古罗马兵营"（Roman fort）的起源。当时的罗马人将这类驻地设施称为"驻防地"（praesidium），或者将建造完成的基地称为"冬季营房"（hiberna）和"营寨城"（单数为 castrum，复数为 castra，意为筑有防御工事的哨所，所以或许也可译为"堡垒要塞"），或者有时也简称为"小堡垒"（castellum）。[152] 而"小堡垒"这个词正是英语"城堡"（castle）一词的起源，这似乎也验证了现代英语中指代这些设施的术语，如"辅军堡垒"（auxiliary fort）和"军团要塞"（legionary fortress）。然而这些翻译全都带有误导性。因为就像"城堡"（castle）这个词一样，"要塞"（fortress）一词对英语使用者来说，专门强调以防御为主要功能的据点。无疑，这类设施都有围墙，而且有时也会遭到围困，但设立它们的目的根本不是"建立点防御系统"。在理论、战术和战略上，这些设施是士兵主动对领土、属民和敌人实施监控的基地，也是发动进攻行动的基地。正如本章前文所述，罗马人认为自己可以通过收集情报（间谍、线人、骑兵侦察）来预测危险，率先进攻，并在开阔空地迎战敌人。当兵打仗仍然应该在战场上进行，躲在墙后（"冬季营房"的拉丁文术语就隐晦地传达出这个含义）作战是不对的。如果这些基地遭到围困，就意味着罗马在其他地方已经遭遇了重大的失败。因此，用"军事基地"来称呼这些设施，其实比用"堡垒"或"要塞"更合适。

172

在整个公元 1 世纪期间，至少在欧洲境内的基地还是用木材配以泥土或草皮建造的。壁垒采用圆角造型，以增强其稳定性（于是便形成了人们所熟悉的"扑克牌"营地布局）。当时的人们认为这类营地是临时性设施，部队可能在几年内就会调动迁移，届时还会建设新的营地。然而到了公元 100 年，人们已经默认大多数军队不会很快离开，于是部队开始着手用石材改造这些设施。

从此，军事基地本身，以及设立于基地中央的、供奉着军团旗帜的皇帝崇拜神庙，还有基地内复杂的例行活动、节日和仪式，都是罗马帝国、皇帝以及作为一个整体的军团的物质化呈现，正如剑本身也是士兵的物质化体现。[153] 这些基地内设有休息、康复和训练中心，是后勤网络系统（有陆路，也有航道）的汇集点，还是军事行动的"出击起点"。

在这一时期，军事基地的类型和尺寸多种多样。特别是在公元 1 世纪，出现了为同时容纳两个军团而设计的基地（例如位于德国克桑滕的一座基地），以及为容纳由军团分遣队和辅军人员组成的作战团体（被称作军团分遣队）所设计的基地。不过，在名义上旨在容纳单个辅助部队或军团的军事基地越来越多；但在实践中，将队伍分拆和重新编队的情况仍旧十分多见（图 50、51）。

这些基地的布局基本都相同，给人以强烈的规则感和秩序感。长期以来，这份规则感和秩序感令罗马的敌人深感震撼，也深深地影响着居住在这些基地内的士兵。将古罗马的军事基地与年代更晚的基地放在一起比较是很有意义的，后者内部通常带有用于阅兵和训练的大面积空地。在相对拥挤的古罗马军事基地内则没有这样的空间，除了军团总部建筑前紧挨着的大路口。其实，罗马基地的布局反映的是指挥官所关注的重要之事——也可以说，

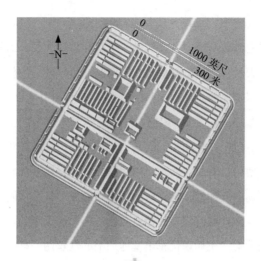

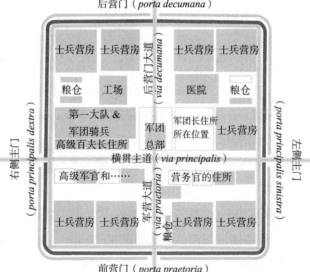

图 50. 苏格兰的因奇塔瑟尔要塞（Inchtuthil）是位于最北方的帝国军团基地。建于 1 世纪 80 年代，但未能完工。只建完了一座临时的军团总部，而军团长住所（*praetorium*）的建设未曾开始。

是他们焦虑之事，那便是确保自己的手下处于监视和控制之中。军团总部俯瞰着基地内主要的轴线道路和重要大门，而每个营房区内的百夫长住所通常都设置在距离基地边缘最近的位置上（这一点在军团基地的布局中尤其明显）。这样便于各大队编队集结，再经由环基地道路走出；但同时这也意味着营房中的士兵被他们的百夫长所包围。与此相似的是，位于基地边缘的瞭望塔在后来的重建中使用了石材，而不再采用易碎的木材和草皮。然而这些塔却不是朝向外侧的，它正对的并不是潜在的外部危险——如果基地遇袭，向外的瞭望塔才最有效。不，这些瞭望塔仍然骑跨在基地围墙上。正如现代军事基地周围的铁丝网一样，这些防御性围墙固然是为防范突袭和渗透而被设计出来的，但哨兵们更关注的可能是士兵们在营地周边的非法行动或非正当的离营。让指挥官始终忧虑的是士兵的犯罪和擅离脱队，或更糟糕的——哗变暴动和煽动作乱。[154] 军营是社群压力极大的高压环境，军营社群中那"积习难改的贪赃枉法风气"让新兵乃至一些将领都感到震惊。[155] 如果说，在选择军事基地的位置时，着眼点在于对行省的控制和对外敌的威慑；那么对内部而言，基地的设计目的则在于对这些潜在危险人物的集中监视和控制。这些营地不是什么城堡，而是"狼笼"。

上文所描述的这类罗马军事基地遍布欧洲和北非的行省。然而，从黑海到埃及地区的早期帝国军事基地却鲜为人知。在城市化已久的东部地区，人们发现了一些采用"扑克牌布局"的基地遗址，但大多数部队还是驻扎在主要城市或其邻近地区。西部地区的"扑克牌型"基地拥有鲜明的、近乎强迫症一般的布局规律，而这些东部城市化地区的军事基地究竟在多大程度上符合这种规

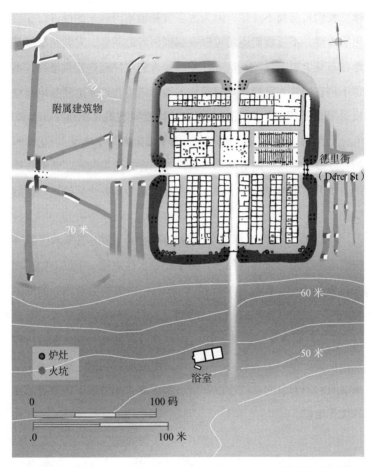

图 51. 位于苏格兰的埃尔金豪要塞（Elginhaugh fort），与因奇塔瑟尔要塞同一时代。这是一座为辅军士兵建造的军事基地，使用寿命较短，采用木质建筑材料，是少数几个基本进行了完整发掘的罗马军事遗址之一。

律，我们目前尚不清楚，因为大多数基地均因后来的侵占而变得无法考察。不过我们还是可以观察到两者的差异，尤其是东部基地在布局上更不规则。这或许是因为人们在建造这些营地时，不得不将它们塞入已经满是建筑物的地形之中，这才迫使基地布局显得那样不规整，后来的人们在杜拉欧罗普斯（Dura-Europos）所见到的情况或许就是这样造成的（见边码第194页）。在欧洲的"未开发地区"建造的那些营地就不存在这类问题。营地布局的不规则，很可能加深了西方的罗马人认为东方士兵缺乏纪律的偏见。

在经历过公元68年至70年的内战之后，罗马又采取了额外的措施来维持对士兵的控制。为了使一次性策反一个以上的军团变得更加困难，像位于维提拉（Vetera，今德国克桑滕）那样的容纳双军团的基地被废除了。然而，人们对军队作乱的恐惧仍然存在。2世纪末爆发的又一轮内战导致所有拥有大型驻军的行省指挥部被一分为二，如不列颠、潘诺尼亚和叙利亚。这进一步反映出对内部安全问题的考虑在军事部署和指挥结构中占据着怎样的优先地位。

第四章 致命的拥抱

167—269 年：帝国中期

从"黄金时代"到军事无政府状态

在哈德良（117—138 年在位）和安东尼·庇护（138—161年在位）统治时期，偶有血腥事件发生，但国家大体上颇为和平。马可·奥勒留（161—180 年在位）则是罗马的"帝王哲学家"，仁德刚毅。作为 2 世纪"五贤帝"的末任，他注定要在战争中度过在位的大部分时光。

公元 161 年，帕提亚人将自己提名的人选送上了亚美尼亚的王座，还击败了罗马驻东部地区的大军。在随后的战争中，罗马以投机取巧的方式将疆界推向了幼发拉底河对岸和下游，让帕提亚人遭受了损失。罗马人还再次洗劫了泰西封，并在 166 年突袭了米底，向东突进到罗马的军事力量未曾到过的地方。然而这份胜利之喜却被一场由返家士兵带回的严重瘟疫所破坏，发生在多瑙河流域的灾难更是让它迅速蒙上了阴影。

167 年，罗马驻军因帕提亚战争而耗损减员，日耳曼的马科曼尼人和夸迪人（Quadi）趁此机会越过了多瑙河中游。来自邻近的匈牙利平原的萨尔马提亚雅济吉斯部（Iazyges）则进攻了达契亚，他们是那些主宰着亚洲草原、讲伊朗语的马背民族中居于最西端的一个部族。在当时的蛮族地域（Barbaricum）内，这些事件背后究竟存在着怎样的角力动态，我们至今仍然不了解。不过，那是一个社会动荡的时期，到处都是移民，甚至远至波罗的海地区也是这样——哥特人的祖先正是来自那里，彼时的他们早已开始向黑海地区迁移。随之而来的野蛮的马科曼尼战争于168年爆发，战斗在位于多瑙河的边境上展开，一直持续到180年。几个世代以来，蛮族首次得以入侵波河平原。这一事件被刻画在当时新修建于罗马的纪念柱上，那些场面以异常冷酷的现实主义风格被展现出来（图52–54）。[1]

马可·奥勒留麾下士兵坚定不屈的反击却被东部爆发的军事叛乱所干扰。关于皇帝已死的谣传引发了这场叛乱，其领导者正是叙利亚将军阿维狄乌斯·卡西乌斯（Avidius Cassius），此人前不久刚在该地区为罗马缔造了多场胜利。卡西乌斯很快被消灭，而马可·奥勒留终于也在多瑙河沿岸取得了胜利，他去世前还在计划于多瑙河以北建立新的马科曼尼和萨尔马提亚行省。他的儿子和继承人康茂德（180—192年在位）放弃了这些计划，不过罗马还是要求这些战败的蛮族为罗马军队提供人手。这些事件预兆着罗马的未来：对外战争同时在北部和东部地区爆发，再加之军事叛乱和内战，在接下来的一个世纪中，这一切会成为罗马真实的噩梦。

康茂德于192年遭人暗杀，引发了新一轮腥风血雨的内战，规模堪比公元69年爆发的内乱。这场内战甚至更加赤裸裸地再次揭示了一个事实：士兵可以成为帝国命运的裁决者。当年，就在军营的围墙之上，禁卫军竟然真的将皇位拍卖给了出价最高的人。[2] 内战的厮杀结束于196年的高卢，发生在卢格杜努姆（Lugdunum，今里昂）的一场重大战役为这一切画上了句号，成

图 52. 罗马的马可·奥勒留纪念柱上刻画的马科曼尼战争，展示了军队行军和战斗的场面，也形象地描绘了战争造成的更大范围的惨象。在画面中，士兵和他们的日耳曼盟友（中间居左的图片）屠杀包括妇女在内的手无寸铁的囚犯，所用凶器为利剑（用剑切砍和反手下刺）及长矛。

图 53. 马可·奥勒留纪念柱上的马科曼尼战争场面。这些画面罕见地呈现了罗马士兵如何在平民中散播恐怖，如何劫掠和焚烧日耳曼农场，随意强奸和杀害他人，还将幸存者充为奴隶。

千上万的罗马士兵在战役中被杀。获得胜利的是潘诺尼亚的总督塞普蒂米乌斯·塞维鲁（Septimius Severus，193—211 年在位）。潘诺尼亚地处战略中心，守军尤以强悍著称。塞维鲁采取了行动，将规模最大的那些行省及其驻军分拆开来，以确保其他人无法效仿他的崛起。

　　塞维鲁和他的王朝仿佛是 2 世纪罗马世界所发生的转变的缩影。在这一时代，各行省发生了"罗马化"，而罗马则发生了"行省化"。塞维鲁这位出身北非的元老（据说）操着一口带有布匿口音的拉丁语，娶了一位叙利亚贵族——尤利亚·多姆娜（Julia Domna）。因此，他的儿子和继任者卡拉卡拉（211—217 年在位）

图 54. 马可·奥勒留纪念柱上的马科曼尼战争场面：从战争中劫掠的战利品。平民家中的牲畜被赶走（左下），而被俘的日耳曼家庭被带走充当奴隶（右上）。孩子们被拖离自己母亲身边（右下）。士兵将男人、男孩和女人分开，年轻女性们（左上）则尤其有价值。

拥有一半非洲血统，一半叙利亚血统，该王朝后来的皇帝们则是纯血统的叙利亚人。罗马长期以来一直对顺服的异族人采取包容接纳的态度，尤其是其中的贵族。这令整个帝国的统治阶级深度融合，而塞维鲁王朝的历程标志着这种接纳与融合已达到极致。与此同时，罗马公民身份长期以来不断在更大范围的行省人口中传播（比如那位来自土耳其塔尔苏斯的说希腊语的犹太人圣保罗便是其中一例）。如许多人所知，卡拉卡拉更是将公民权提供给帝国几乎所有自由人口，从实质上抹杀了"罗马人"和"行省人"的区别。

然而在另一方面，帝国统治的公民宪法表象正在迅速崩塌。与奥古斯都完成从军阀到宪政统治者的自我转变形成鲜明对比的是，塞维鲁无暇顾及这些细枝末节，他维持了自身军事独裁者的形象，为接下来的几代人确立了统治模式。他遵嘱子孙照顾好麾下的士兵，其他人则可以忽略，这令军人工资上升到了货币不得不贬值的水平。为了追求荣耀，也为了士兵和他自己的子孙——满足他们的欲望，也磨炼他们的品质——塞维鲁发动了侵略战争，试图开启又一轮领土扩张。他从日益衰弱的帕提亚王国手中夺取了位于幼发拉底河对岸的新行省，并再次洗劫了泰西封，尽管像图拉真一样，塞维鲁发现自己无力守住美索不达米亚南部地区的领土。他又在不列颠发动了大规模战争，但最终未能吞并苏格兰，还在这一过程中死去了。他的儿子卡拉卡拉则再次进攻帕提亚，却在那里遭到了暗杀。

在这一时期，种种不祥的变化席卷了饱受重创的帕提亚世界。224年，安息王朝最后一位国王被其手下的一名伊朗臣子阿尔达希尔（Ardashir）击败，后者接管了位于伊朗和美索不达米亚的帕提亚帝国，并建立了一个新王朝——萨珊王朝。后来的事情证明，萨珊王朝治下的伊朗（对罗马人来说是"波斯"）是一个实力比帕提亚更可畏、侵略性也更强的军事大国。罗马猝不及防地在东方落入了守势。

在 3 世纪 50 年代，罗马在东方和北方均惨遭大败。萨珊国王沙普尔一世"大帝"（Shapur I 'the Great'）[1] 在对罗马的叙利亚行省进行了一系列突袭入侵后，又于 260 年在埃德萨附近将一支罗马远征军打得人仰马翻，还活捉了皇帝瓦勒良（Valerian）。政治上前所未有的奇耻大辱让军事上的惨痛失败雪上加霜。与此同时，强大的新日耳曼联盟正在攻破罗马的西部边境，对西部各行省践踏蹂躏。罗马同时在两条战线上突遇横祸，因而陷入了军事和政治上的内乱。皇帝或篡位者接二连三地出现，他们中的大多数迅速被暗杀，或被麾下士兵之间的战争所推翻。罗马在东方的统治土崩瓦解。萨珊人对罗马亚细亚行省和埃及行省的持续性入侵尚未得逞，但他们裹足不前的原因却是胆大妄为的罗马盟邦——叙利亚的帕尔米拉对罗马的若干行省建立了短期统治，最初还打着皇帝的旗号，后来则从罗马分离出来成了分裂帝国。[3] 在西部地区，由于罗马中央政权失去了威势和信誉，军官和行省的大人物们建立了独立于罗马的"高卢帝国"，以捍卫自己的利益。从这一切看来，罗马帝国似乎终于要像亚历山大帝国那样分裂为若干个继承国。

3 世纪中叶的罗马士兵辜负了自己的国家，他们的表现与共和国时期和帝国早期士兵们的辉煌战绩形成了鲜明对比。事实证

---

[1] 此处应误，拥有"大帝"之名的其实是沙普尔二世（309—379 年）。

明，这个年代的罗马士兵根本无法遏制住罗马的外敌，更不用提
攻克他们。他们开始将大量精力花在自相残杀上，那股劲头堪比
与敌人作战，行省人民和国家的利益便成了牺牲品。事态是如何
发展至此的？是士兵的素质下降还是信念动摇，抑或他们的士气、
训练或武器质量的衰退造成了这幅情形？是军队领导层的失职
吗？还是外部因素？[4]

✝

的确，从 2 世纪到 3 世纪初，罗马的军队并没有停滞不前。
在马可·奥勒留和塞维鲁统治时期罗马组建了若干新军团，人员
均依照传统规矩从意大利征集。但现在，已建军团及辅助部队往
往从所在行省招募士兵，而这些行省已经成了部队的家乡。持
续有更多的骑兵翼队和步兵大队被建立起来，同时还出现了叫作
"民团"（numeri）的全新编队。这些规模较小的队伍由"更加野蛮"
的民族所构成，比如北部的不列颠人，这是因为组建已久的辅助
部队在征兵、文化、道德风气和武器装备方面与军团的区别已经
越来越小。自 3 世纪初开始，辅兵和军团成员通常都是罗马公民。

总的来说，此时的罗马军队规模明显增大，可能达到了 45
万人，士兵人数比奥古斯都统治时期多出了 50%——前提是单位
编队人数没有减少。军团的总数只增加到了 33 个（被消灭或裁
撤的老军团与新建立的军团数量几乎持平），但新建立的辅助部
队数量则要多上许多，因此辅军比例大大增加，约占军队人力的
60%。各部队仍被编入行省军队，大多由元老阶层的总督指挥。
自奥古斯都时代以来罗马吞并了多个附庸王国，又征服了新的领
土，行省军队的数量也随着边境行省一同增加，特别是现有行省

在塞维鲁统治期间被分割之后。

帝国中期的部队也开始在越来越多的时间里变得越来越碎片化。按照以往的惯例，临时分遣队（军团分遣队）在战役期间会在针对特定任务的编队中服役，此类编队由军团士兵和／或辅兵构成。但到了帝国中期，从部队基地长期派遣分队成为常态化。同时，由于军事基地已成为可供几代人使用的固定基地，士兵们也在驻地扎下了根。因此，将整个部队连根拔起并转移到其他战线上作战，以及可能随之而来的永久换防，就变成了一件更加困难的事——当然，也成了一件很不正常的事。当莱茵河、多瑙河或幼发拉底河沿岸出现重大战争时，国家就会从多个行省军队调集参战队伍，其中包含一些完整的部队，但主要还是由军团分遣队组成。这样一来，大多数部队的主要人马还能留在原本驻守的片区，毕竟当地确实可能需要更高级别的治安防控。

一言以蔽之，这一时期，罗马人仍然保持着延续传统与追求实用性变革相结合的特有做法，也正是由于这一点，罗马士兵的装备和外观在几代人的时间里发生了改天换地的变化。

武器装备的"安东尼变革"

"安东尼变革"是考古学家对罗马武器装备及军队制服经历的一次彻底改革的称呼，这场变革大约完成于 2 世纪下半叶。由此确立的这套军队装备在之后的时间里一直保持着相对的稳定性，直至 4 世纪早期。[5]

罗马人的武器装备从未停止过发展。图拉真在位期间，重型远程武器经历了重要的创新，一种用于发射短弩箭的新型弩炮框架出现了。对于即将出现的所涉范围更广的变化，我们在 2 世纪初已经能看到萌芽——首批描绘罗马人使用剑鞘滑扣和环首剑的作品（见边码第 186 页）能够印证这一点。但是在接下来两代人的时间里，这些变化加快了步伐，让罗马军队的"物质文化"发生了重构，甚至比奥古斯都时期所发生的变化更加彻底。图拉真的士兵若是看到这些生活在公元 200 年的后辈，恐怕很难认得出他们也是罗马人。

乍看之下，帝国中期的许多装备似乎质量不如 1 世纪的，特别是在表面处理和装饰方面。以腰带和马具的配件为例，它们大多采用全新设计，[6] 看上去比以前的制品粗糙。然而这其实是个假象，这些配件变得更简洁，也更坚固了。从整体上说，帝国中期的装备用起来毫不逊色于以往，而且有些物品在技术上更胜一筹。人们对"环片甲"的使用已经减少了，不过进入 3 世纪后它仍会不时出现。[7] 锁甲被简化为"短袖衫"形状。改进版的鳞甲已经出现，这种铠甲呈"半固定"状，鳞片钉合的形式既有竖列固定也有横排固定。[8] 一些锁甲和许多鳞甲此时都配上了保护上胸部的左右护胸板，加强了防护性能，也让护甲有了便于穿戴的开口。到了 3 世纪中叶之后，仍然有人在使用长方形的军团盾（见彩图Ⅵ）。但在公元 200 年时，它们就已经越来越多地被带有盘状凹陷的宽大椭圆形盾牌所取代，后者在进入 5 世纪后成了罗马盾牌的通用设计（见彩图Ⅻ）。人们逐渐不再使用金属质地的盾牌包边，但这并不意味着防护性能的下降。用生皮缝缀包边会让盾牌重量更轻，而且实验证明这样处理过的盾牌抗击打能力也相当惊人。[9] 步兵和骑兵采用的头盔类型也大致相同。从整体上看，过去一直由辅兵使用的装备，此时越来越多地为罗马军团士兵所

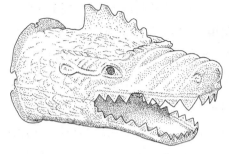

图 55. 出土于德国尼德比伯（Niederbieber）的龙头旗标（*draco* standard）的龙头部分，由青铜制成。人们把它安装在杆子上，在后侧颈部装上一个丝质风向袋。这样一来，吹动的风或策马奔行的速度就会使它看上去像一条嘶嘶作响、不断回旋的蛇。

采用。

罗马军队中也出现了新事物，譬如新式的带有风向袋的龙头旗标（图 55），部队对骑兵长矛的使用也越来越多，还有供一些骑兵使用的鳞甲。[10] 然而，"安东尼变革"中最重要的一些创新还是体现在剑上。

✝

事实上，就我们所拥有的关于罗马剑的考古信息而言，来自这一时期的资料比此前任何时期都更丰富。这是因为我们发掘出数十把剑，其中许多都是完整的，甚至几乎保存完好。这些剑大多并非来自罗马帝国，而是来自未被征服的日耳曼地区，沉在泥炭沼泽里或埋藏于坟墓中。

在 2 世纪中后期（确切年代我们不甚清楚），罗马剑在整体设计和制造方法上都发生了巨大的变化。在克里斯蒂安·米克斯看来，庞贝式罗马剑在图拉真统治下的 2 世纪初已经产生了若干变体。除了带有三角形剑尖的"经典"类型之外，还出现了带有

"哥特拱门形"剑尖的变体，其中有些武器非常宽，看起来除了斩击以外不适合其他任何用法。[11] 还有其他一些武器的限定长度与此相近（约 500 毫米），剑尖同样也呈类似的"哥特拱门形"，但其他方面的几何形状明显不同——它们比庞贝式的变体更细长，剑身顺着剑尖的方向明显收窄。[12] 在 2 世纪的某个时候，一种比这更细长、剑身逐渐收窄的类型流行起来。[13] 这种下粗上细的剑身轮廓灵感从何而来，我们尚不清楚，但它们后来变得相当重要。与这些剑身较短的兵器同时期存在的，还有继续被人们沿用的较长的纽斯特德式。据推测，它们就是塔西佗笔下的"斯帕塔长剑"。虽然这些较大的武器剑身两刃更接近于平行，但在细长的比例和剑尖的形状上，它们与上文所述的剑身偏小且两刃向剑尖收窄的武器有所相似。

很明显，2 世纪的人们在剑身制造过程中进行了大量尝试——剑身的长度和宽度，剑身两刃是保持平行还是逐渐收窄，剑尖的形状，剑身横截面的形状（在已有的菱形和透镜形之外，开始出现带剑槽和多边形的横截面）——特别是在构造工艺上做了许多试验。帝国中期的剑身揭示了罗马剑制造技术中的重大创新。

在 2 世纪，罗马剑的制造工艺明显变得更加复杂成熟，而且看起来也更加稳定了。这似乎是铁器时代后期"蛮族"制剑技术进一步发展所带来的成果。波利比乌斯曾经记录过公元前 200 年左右的西班牙制剑匠人的精湛技艺（见边码第 82 页）。一些晚期的高卢武器剑身采用的是"复合堆焊"工艺——根据合金材料的不同特性进行选择，以多种合金条材作为核心；将这些合金条材并排放置，而不是将它们摞起来摆成一个扁平的三明治，然后再以锤焊的方式将分别带有切削刃的合金条材焊接在一起。[14] 随后出现的对这一技术的关键性改进，可能是由北方行省的军械匠人在 2 世纪期间研发出来的，[15] 那就是在锤击锻焊前将作为核心的合金条材扭到一起。在 2 世纪晚期，越来越复杂的合金条材组合方式和各种将它们扭在一起的花样，共同演变为至臻成熟的"图案焊接"技术。在坎特伯雷与被害士兵一起埋葬的两把武器，或许就反映出了正处于发展过程中的新式工艺（图 56）。[16] 对 3 世纪及以后的武器而言，全剑身采用图案焊接技术的做法已经十分常见。[17]

古代的这些武器主要由较软的铁合金制成，其中用到的较难生产的钢材所占比例相当有限，与早期的方法相比，图案焊接法为这样的武器提供了更好的强度和韧度。[18] 它还为武器平添了审美上的吸引力，而这在此后的制剑中始终是一个重要元素（见彩图 XIII）。扭在一起形成剑身的不同合金也拥有不同的外观特征，因此它们会形成复杂的表面图案，抛光或蚀刻又能进一步加强这些图案的效果。在那些埋存于沼泽中的武器剑身上，各种焊接而成的图案丰富得令人吃惊。其中一些甚至似乎优先考虑的是

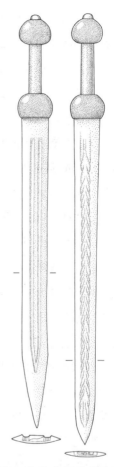

图 56. 坎特伯雷墓葬（图 49）中发现的两把剑的复原图。这些武器是在图案焊接工艺逐步发展期间锻造的，下侧是放大的剑身截面图。剑柄的具体形状是基于推测绘制的。（比例 1：8）

美学效果而不是机械性能。这可能表明，锻剑工匠们在探索自己所开创的技术时也会炫耀自己的精湛工艺；或者表明工匠们会专门针对"出口市场"制作花里胡哨的武器（堪比镀金的卡拉什尼科夫步枪，据说萨达姆·侯赛因的儿子们对此类枪支很是喜欢）。我们可以看出图案焊接剑在制造上维持着更高的稳定性，这或许暗示着罗马武器装备生产的组织系统和质量把控也正在进步，制造者的标记和剑身上的其他印记或许亦能说明这一点。[19] 有些剑在靠近剑柄的地方还有更多装饰，嵌饰着黄铜鹰和顶饰旗徽、胜利场面或诸神形象，图案以剑尖朝上为正。

制造技术的进步带来了该时期另一个明显的重要变化：剑身平均长度显著增加（图 8）。大多数我们已知的来自 2 世纪上半叶的剑身长度在 500 毫米左右，只有 20% 的武器剑身超过 600 毫米，仅有少数长度超过了 700 毫米。到了 2 世纪下半叶，"武器长度的天平"开始向另一边倾斜：来自该年代的已知实例中，略多于 50% 的武器剑身长度超过 600 毫米，14% 超过 700 毫米。在 201 年到 250 年之间发生了向长武器过渡的决定性转变，而且剑身进一步变长的趋势仍在持续：此时超过 93% 的已知剑身实例长度大于 600 毫米，有一半在 701 至 800 毫米之间。这一趋势在 3 世纪后期仍在继续，彼时帝国早期的那类长 0.5 米的剑已经绝迹。[20] 从此以后，罗马武器皆为长剑，通常被称为斯帕塔长剑，但也仍然被统称为"剑"（gladii）。我们还不知道偏长的剑是技术创新的结果，还是说图案焊接工艺的研发是为了满足人们对武器变长的需求——剑虽然变长了，但仍需保持良好的强度（尽管它们在使用中仍然可能弯曲或断裂）。

虽然较短的武器退出了视野，但整体加长的剑身继续展现出

相当大的多样性，其长度从 600 至 800 毫米
不等，形状也多种多样。有些剑两刃平行，
剑尖为三角形，如坎特伯雷出土的实例之一
（图 56 中的左侧武器），看起来就像是把"经
典"庞贝式按比例放大了。[21] 不过这种武器
在 3 世纪初就消失了。使用周期更长的是那
些看似由 2 世纪初其他短剑派生出来的类型
（如图 56 中的右侧武器），它们也许还受到
了剑身更长的纽斯特德式的影响。3 世纪武
器的形状大多集中接近于这两种主类型，尽
管还存在着基于这两种主类型的广泛变体，
以及一些过渡类型。[22]

　　第一种常见的剑身形状通常较宽，两
刃平行或接近平行，剑尖呈"哥特拱门形"，
可能主要演变自具有类似几何形状的 2 世
纪庞贝式变体。这种"类阔剑"武器（长
宽比约为 8∶1—12∶1）被称为"劳瑞艾克
姆－赫罗莫卡式"（图 57 中的左侧武器）。
它们大约出现于 2 世纪中叶，并一直持续

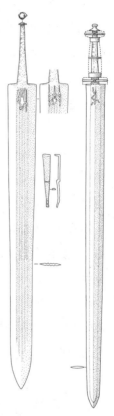

图 57. 3 世纪的罗马剑设计。左图是剑身宽大的"劳瑞艾克姆－赫罗莫卡式"
的复原图，图片的绘制基于出土于乌克兰赫罗莫卡（Hromókowa）的罗马剑实
物。实物剑身带有凹凸折线装饰，是和配套的剑鞘滑扣一起被发现的。右图是
较为细长的"施特劳宾－尼达姆式"的复原图，图片绘制基于发掘于伊勒河上
游沼泽地的一把剑，剑柄为本地装饰风格。两把剑的剑身根部均有黄铜镶嵌装
饰。出自赫罗莫卡的武器剑身一面是战神，另一面则是一只军团鹰，还有其他
徽标点缀在鹰两侧；来自伊勒河上游的剑上则装点着简化的带翼胜利女神形象。

存在至 3 世纪。[23] 第二种剑身形状，其轮廓特征为两刃持续收窄，剑尖的拱门形通常更为细长，看上去似乎衍生自 2 世纪初的、拥有类似轮廓的小型武器。这些武器的实例往往比"劳瑞艾克姆－赫罗莫卡式"更窄一些（剑身长宽比约为15∶1—17∶1），其中一些尤为明显，而且也更长，看起来几乎接近于"迅捷剑"。这第二类剑被称为"施特劳宾－尼达姆式"（图 57 中的右侧武器），它的一些变体出现于 2 世纪晚期，还有一些变体则一直存在到 4 世纪。[24]

帝国中期大多数剑的剑柄仍采用传统的三部件组合设计，通常为木质或骨质，显示出对此前的罗马武器的延续。然而在 2 世纪初，也出现了一种全然不同的全铁剑柄套组，包括一个方形的护手，一个大大的环形剑首——剑首部分一般铆接在剑脚上，上面还经常镶嵌着撞色的金属。带有这种配件的武器通常被称为"环首剑"，不过这种剑柄似乎并不绝对与某一特定类型的剑身相关联。[25] 环首剑的使用在 2 世纪后期相当普遍（从不列颠到叙利亚都发现了相关实例），但证据显示，大约在公元 200 年不久后它们就消失了（图 58）。[26]

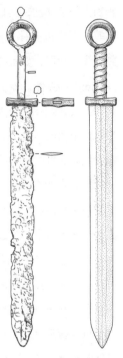

图 58. 图为出土于英国南部佩文西的一柄环首剑的现状与复原图（武器来自 2 世纪末，现藏于大英博物馆）。顶端带有环形结构的剑柄是当时的时尚，灵感来自萨尔马提亚。在这个例子里，这样的剑柄搭配的是较短的、类似庞贝式罗马剑的剑身。（比例 1∶8）

剑和其他武器装备同时出现这么多变化，这并非出于偶然。笔者在后文中将会讨论这些变化背后的文化原因，不过在实用层面的实际情况是，头盔、甲胄、剑和盾牌必须能互相配合，共同作用。尤其在对剑和保护身体的盾牌进行调整时，人们一定会确保二者彼此协调，以维持战斗技术的有效性。武器装备的变化意味着个体的战斗方式，可能也包括团队战术发生了改变。一些装备的变化也折射出由武器和战斗技术组成的新式"一揽子战术组合"的面世和广泛传播。

骑兵的重要性普遍提高，而且此前已经出现在罗马军队中的弓骑兵（图67）人数可能现在也有所增加。2世纪的军队在作战中还开始更多地采用持双手长枪的骑兵，[27] 配有披甲骑兵（即重骑兵）的部队也出现了。然而，出现更重大变化的，是仍然占据着主导地位的步兵的装备。

在2世纪晚期，骑兵和步兵大多开始舍弃早期使用的盾牌类型，187其中也包括为人所熟知的弧面长方形军团盾牌，而改用带有盘状凹陷的宽椭圆形新式大盾（盾中心也带有盾帽：见彩图XII）。[28] 这大体上与长剑的变化趋势同步——如果没有更早，那么最迟到了3世纪，包括军团士兵在内的步兵也无疑已经开始使用长剑了。正如我们所看到的，罗马人的近距离战斗技巧需要打斗者将剑和盾牌结合起来使用。因此，两者在同一时期发生变化的巧合很可能与步兵战斗方法的改变有关。鉴于步兵剑的长度增加，弧面长方形盾牌使用的减少也就可以理解了。在手持较长的剑时，这种盾牌向后侧卷起的方角可能相当碍事，特别是在斩击的时候。新型的宽椭圆盾与较长的剑则配合得宜，而且正如上文所述，或许最恰当的做法是将它们看成"一揽子战术组合"，至少对军团士兵而言，这套组合是新生事物。同步出现的步兵头盔设计变化也指向了战斗技术的转变。

恺撒时代的步兵头盔带有很高的护颈，很适合奥古斯都时代的作品中所描绘的那种近距离战斗中所包含的半蹲姿态（见边码第 35 页、图 10 及图 45）。在公元 1 世纪期间，头盔的护颈高度逐步降低。至于早期的骑兵头盔护颈则本来就很矮，以呈现骑手挺直身体的骑姿。到了 2 世纪末，不仅骑兵佩戴的都是护颈较矮的头盔，而且有证据显示包括军团士兵在内的大多数步兵佩戴的也是这类头盔（图 59-2），这意味着士兵们在步战中也开始更多地采用挺直身体的姿势。

我们很难去分辨战斗技巧发生了哪些确切的变化。一些新的罗马剑类型，特别是许多新型的"劳瑞艾克姆－赫罗莫卡式""类阔剑"武器，看上去的确特别适合斩击，然而即便如此，它们却还是保留着可用的剑尖。至于更像"迅捷剑"的"施特劳宾－尼达姆"变体则有着两道长长的剑刃，用来斩击必然相当有效。在这一时代前后的文献中，对罗马士兵在战斗中使用斩击和刺击均有描述。我们并不能确定地说，一种剑身形状属于步兵专用，而另一种则属于骑兵专用。这两类罗马剑在长度范围上有所重叠，而且在攻击范围上均有所增加。无论步兵使用新式武器进行斩击还是刺击，他可能都需要更多的活动空间，而且很难以蹲姿完成这些动作。在这个时期，对剑的选择可能更多地取决于个体的身材、力量、天赋和偏好。虽然我们得以一窥罗马步兵作战方式的转变，但要解释这种转变为何发生却是另一回事。这种变化可能

188

部分出于实用性原因：罗马军队的士兵主要从北方各行省和蛮族招募而来，而不再以意大利人为主，因而他们的平均身材很可能变高了。更有可能的是，其主要原因是帝国中期的罗马面对的敌人特征发生了变化。逐渐地，当下罗马最危险的对手成了萨尔马提亚、帕提亚以及后来的哥特和萨珊的骑兵部队，昔日的武器和传统的超近距离战斗对这些敌人来说毫无效果。

✝

除武器和盔甲有变化之外，武器的佩带方式，特别是剑的佩带也同样发生了重大变化。而且更宽泛地说，士兵的基本着装也发生了改变。

到了公元 200 年，佩剑者通常将剑佩在左侧而非右侧，而且他们会将它挂在宽大的肩带上，而不是拴在腰带上。剑鞘上用于悬挂的配件也彻底改变了，剑鞘两侧的挂环已经消失，取而代之的是一个单独使用的挂点，被称为剑鼻或滑扣，质地多为金属、骨质或象牙，安装在剑鞘正面。剑鞘一般是木质的，通常以皮革覆盖，末端带有金属或骨质的包头，这类包头的新造型多种多样（图 59、彩图 X）。

肩带在佩戴时应挂在右肩上，斜着跨过后背，肩带收窄的尾端穿过剑鞘上的滑扣，再系在一块金属固定片的背面，固定片则扣在肩带经过前胸下方的位置上。下方垂下的是肩带较宽的一端，上面通常装饰着一个可以随意摆动的金属带头。金属固定片和带头又成了可供装点的新位置，有时上面的装饰可谓相当精巧（图 59、彩图 X）。

剑鞘滑扣和肩带成套出现，也是"安东尼变革"的组成部分。

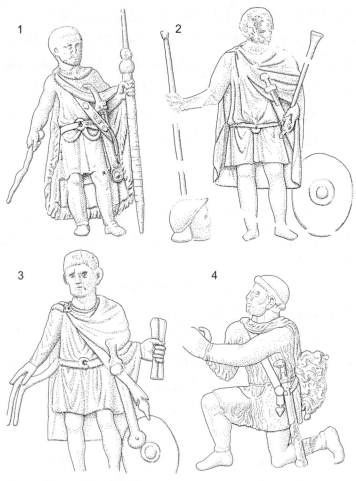

图 59. 帝国中期军装中的重要元素就是腰带，腰带末端通常带有悬垂装饰带。军装还带有一条肩带，剑通过滑扣悬挂在肩带上。

1：M. 奥勒留·卢西亚努斯（M. Aurelius Lucianus）的墓碑，位于罗马；

2：第一辅助军团（legio I Adiutrix）小号手奥勒留·苏鲁斯（Aurelius Surus）的墓碑（现存于伊斯坦布尔博物馆）；

3：无名士兵手持分叉的腰带末端（"看，我是一名士兵。"现存于伊斯坦布尔博物馆）；

4：沙普尔一世在伊朗比沙普尔古城修建的浮雕，画面中是罗马皇帝腓力（Philip）。

2世纪早期的一块罗马墓碑上绘有一枚滑扣，但佩带位置却是在腰带上。[29] 人们开始普遍改用剑鞘滑扣和肩带，是在2世纪中叶的几十年间。肩带的普及也具有实用性意义：由于剑变得越来越长，而佩剑的方向仍然是垂直的，因此人们似乎觉得需要把剑固定在更高的位置上，让剑柄大致处于腋下高度。这样一来，用腰带就不合适了。步兵们尤其认为这样佩剑是有必要的（不过骑兵也随即效仿了这种做法）。

这个时代的墓葬画中不再出现军用匕首，但文字记载和考古发现证实人们仍会携带它们。[30] 比起时代更早的匕首，该时期的考古实物尺寸通常更大。[31] 与剑不同的是，匕首的框式刀鞘和挂环进入3世纪后仍然保留着。之所以墓葬画上不再出现匕首，想必是因为人们仍然用腰带将它挂在左侧髋部，而此时的剑将它遮住了。

✝

如果说罗马的武器和装备在2世纪发生了颠覆性变化，那么在基本着装方面，塞维鲁时代士兵的外表更是与图拉真时期全然不同。我们从墓碑、绘画和考古发掘中获取了大量有关该时代新式服饰的信息，并且可以相对详细地解读其中的象征意义。

图拉真的士兵们仍然穿着意大利传统式样的宽大短袖丘尼卡短袍，在短袍外披着形似彭丘斗篷的披风，被称作萨古姆（*sagum*，即罗马的军用斗篷）。穿着者用一枚胸针来固定这种兼具披风和睡毯功能的长方形衣物，它最早起源于蛮族服饰，但罗马人使用它已经很久了（图33）。由于士兵们需要离开地中海并长期迁居到气候更严酷的地方，短马裤便出现了，这是罗马军装为使用环境的变化而做出的部分让步，不过搭配的依旧是镂空的罗马式高帮凉鞋，整套服装的意大利风格仍然一览无余。然而到了公元200年，罗马军装已经改头换面。此时的罗马士兵一般在萨古姆下穿着袖笼较为贴身的长袖丘尼卡短袍，他们还会穿着连袜的紧身长裤。军鞋的鞋底仍然带有平头钉，不过此时也出现了与现代的靴子更相似的包脚军鞋。士兵们的服装在外观、"气质"和物理性能方面发生了巨大的实质性变化（图59、彩图Ⅴ）。

士兵们的须发风格也完全变了。几个世纪以来，短发和剃光胡须的下巴一直是罗马男性的标志性特征。但到了2世纪，士兵、皇帝和其他身份显赫的罗马人都开始蓄须留发。到了公元200年，他们已变得蓬发长须（图52-54、63）。从此之后，皇室与军队在风格上继续相互影响。后来，头发较短的造型（图59）——最终演变为平头和"精心设计过的胡茬"（图75）——重新占据主流并流行至4世纪初。

不过，这是一场典型的罗马式变革。重要的服饰细节清晰地反映出对军人阳刚气质的持续表达。士兵们仍然将自己视为自豪的罗马男子，他们自有一套价值观和传统要去维护。他们穿的裤子颜色暗淡，通常接近灰色，而斗篷一般是黄褐色的。这些颜色对罗马男子而言低调得恰到好处，又很实用，毕竟这些男人所尊崇的意识形态强调的是罗马传统式的朴素，强调兵役带来的汗水、尘土和辛劳。这样的衣装与蛮族和女性服饰的华丽色彩及精美装饰也形成了恰当的对比。然而，军官的斗篷和所有士兵的短袍（至少所谓"营服"）都是带有紫色细节装饰的白衣（彩图Ⅴ）。这表达了士兵作为自由人和拥有特权的男子的地位，因为带紫色细节装饰的白袍就像是那个年代的深色职业装和领带，所有受人尊敬的意大利、希腊、犹太男性和其他的体面人都会穿。除了这种视觉上的象征意义之外，士兵那双平头钉靴发出的硬脆的嘎扎声，以及皮带头碰撞出的刺耳的当当声（见下文），也有助于塑造和宣扬他作为士兵的人格面具。也许这形象还辅以特有的气味，比如他斗篷上未漂白的羊毛的味道，以及马——这种通常与特权和战争相关的动物的臭气。

当然，作为获准为国家杀戮的人，士兵的特殊地位也继续在物质层面和视觉层面上体现出来，就是那柄佩带在花哨招摇的肩带上的、显眼的利剑。

✝

到了公元 200 年，罗马军装的典型特征就是两条军装带：腰带和用于佩剑的肩带。古代图像资料显示，在身上的斗篷向后翻折时，随意垂下的肩带末端和身体正面的皮带通常就会露出来，所以许多时候人们就会将视觉装饰放在这些位置（图 59、彩图 V）。

在过去，士兵的腰带一直被称为"剑带"（*balteus*），[32] 而如今它不再被用于佩剑了。如上所述，这一功能现在转移给了独立的肩带，肩带也就接管了"剑带"这一称呼。于是腰带需要一个新名字。在 3 世纪，腰带通常被称为"戎带"（*cingulum militare / cingulum militiae*）。[33] 尽管这一时期的人们不再使用腰带来佩剑，但它在象征层面的重要性反而加强了。

除了宽大的肩带所提供的新的展示机会之外，腰带也往往被精心装饰以华丽的配件。人们显然认为这并不会损害"士兵的朴素作风"，因为从严格意义上讲，肩带和腰带属于武装的一部分，而不属于服饰（腰带仍被用来携带匕首）。两条军装带都用金属（有时是银，更多时候是青铜，经常镀锡）、骨质或象牙材质的配件来装饰。这都为佩戴者提供了从视觉上展示自身信仰、个人技能和个体自豪感的空间，让他们可以在自己的身体上书写信息——有时还是字面意义上的"书写"。

一些腰带上配有字母形状的装饰牌，上面写着"福运随身"（*FELIX VTERE*）。这意味着这块装饰牌是上级颁发的功勋奖章，有时还是皇帝钦赐。《罗马君王传》（*Augustan Histories*）一书中记录了一场军事竞技比赛，那是塞维鲁在他的小儿子盖塔（Geta）生日时举办的，赛事奖励是银制或以银装饰的军用装备，包括臂环（*armillae*）、颈环（*torques*）和剑带（也就是腰带或肩带）。[34]

一些镂空的肩带配件被做成海格力斯或各种神灵的形象，尤其会采用朱庇特之鹰的造型（见彩图 X）。鹰像配件是一整套肩带配件中的一部分，造型中还结合着为佩戴者所在部队祈福的文字。[35] 因此可以这样说，军装带配件反映着士兵在个体与集体层面所感受到的动力，他对自身在同伴中所处地位的关注，以及他在军队等级系统中的升迁。这些配件也宣告着佩戴者与其战友、部队以及其他更多方面的联结——有些肩带扣上直接写有"罗马"（*ROMA*）字样。[36]

这些配件反映了军用腰带的高度象征意义，它以物质形式展现了士兵的品位、财富和特殊社会地位。戎带成了士兵身份认同的一个关键标志。从 3 世纪开始，"佩戴戎带"成了服兵役的一种形象化表达。当塞维鲁裁撤禁卫军时（见边码第 199 页），他收走了他们的武器，也收走了他们的戎带。[37] 一些士兵在成为基督徒后会解下戎带，以此作为拒服兵役的象征，而这种行为会招致死刑。[38]

士兵与帝国

安东尼时代的新式军装和军事装备展现出惊人的（尽管不是彻底的）统一性，从不列颠到叙利亚，它们在功能设计乃至装饰细节上均能保持一致，使用同一套装饰母题、款式和纹样。那是个不存在批量生产的世界，发挥决定性作用的是习俗和传统，而不是现代式的着装规定或装备规格，然而人们却达到了此等程度的统一。虽然普通士兵很少跨部队调动，但百夫长们（他们可是记录军队传统、标准规范和惯例习俗的活档案）会在各行省之间频繁调任，军队装备的款式和装饰图案便随着他们在各单位和各行省军队之间传播。此外，处于军事行动中的军队会在各边境区域间进行大规模转移，可以说，这些款式和图案在真正意义上被士兵们肩挑背扛着穿越了整个帝国，又在当地被人购买、偷窃和仿制。服饰款式就这样在军队中不断传播扩散，然后再演变汇聚，形成不断发展的、具有普遍认知度的一套军装类目。军装采用特定款式的理由有很多，这些理由与实用性和"军人式的冷峻气质"有关。然而，维持几乎整齐划一的军人外表这一举动的背后还存在着更阴暗的动机。它以一种公开的姿态清楚地标明了罗马士兵作为一个"想象社群"的成员身份，将这个极具力量的职业群体与经常被蔑视的平民群体区分开来。它也明明白白地表达出军人间团结的兄弟情谊，尽管种种政治事件表明，军人兄弟内部其实存在着致命的潜在矛盾（见边码第 201 页）。

在日常实践中，大多数士兵的体验只来自罗马军人这个想象社群的一个小小局部，来自数百个散落在帝国各地的地方军人社

192

群中的一个：他们要么身处军团或辅助部队中，要么来自军团分遣队或小型前哨特遣队，或者是战船舰队或总督的随从（officium）和警卫队伍。然而无论在何处，在这些真实的军人社群中还长期存在着许多其他的人，而不只有士兵。

✝

所有士兵队伍通常都有获得官方认可的随从陪同，其人数相当可观（但具体数字如今已无法确知）。这些"非战斗类随行人员"包括各种类型的随军仆役：军奴（calones）、持盔（或戴盔）军仆（galearii）和随军平民（lixae）。[39] 其中大多数人是奴隶或释奴，但可能不全是这样的身份。[40] 这很难确定，因为现存文本中代称这些人的术语在用法上并不统一：例如，"lixae"一词有时特指"英勇的"男性仆从，而在其他时候则包括由艺人、占卜师和妓女组成的混杂人群。[41] 这部分群体会在运输途中照看辎重车，在营地承担大量琐碎枯燥的工作，特别是照看马匹和驮畜。许多人可能是由部队作为一个集体所拥有或雇佣的，其他一些人则是由士兵个人私有的，特别是骑兵所聘用的马夫们。辅兵们的墓碑上经常描绘着一名仆人，他为那位已故的骑兵牵着马，有时还会像中世纪的骑士侍童那样拿着骑兵的长矛，同时头上还戴着骑兵的头盔（因为这是最简便的携带头盔的方式）。据推测，这就是所谓"持盔／戴盔军仆"（图60），其中一些很可能是士兵的儿子，或是其他尚未达到入伍年龄却渴望参军的"追梦骑士"。

有许多这样的士兵仆从本身可以算是准军事人员。他们接受了些许军事训练，使他们能够跟上士兵的步伐，摆弄武器也是家常便饭。他们吃苦耐劳，有时在保护辎重或军营时也会被卷入战斗中。[42] 必要时，赶骡人会被编组成"冒牌骑兵队"，以扩充军队表面上的实力。[43] 在行军过程中，仆从以及其负责照管的一切——牲口、马车——可以列队在属于他们自己的"军旗"下行进。这作为维持队伍秩序的措施是有实际意义的，但同时这也有助于培

图 60. 1 世纪一位名叫朗基努斯（Longinus）的翼队骑兵的墓碑。画面中的他正在按照罗马风俗用餐（上），而他的持盔军仆正在照看骑兵的马匹和装备（下）。墓碑来自德国科隆。

养仆从们作为军队的一个分支的团体认同感，他们的身份地位就来自这个分支。像古罗马世界的许多社会团体一样，他们似乎已经发展出自己的团队精神。他们非但没有被欺压践踏，反而从士兵那里得到了肆无忌惮的底气。他们可能会表现得非常傲慢无礼，因为他们认定所属部队会保护自己。塔西佗就曾记录下公元69年发生在维特里乌斯部队中的事件：当时他手下那些目无法纪的士兵和甚至更加无法无天的军队仆役们彼此对抗，而士兵们竟然陷入了寡不敌众的境地。[44]

✝

在古时便有这样一项规定，禁止把女人带到行省或是外国去，而这个规定是有道理的：跟随前往的一群妇人在和平时期易于造成奢侈浪费，在战时又易于表现出畏怯，从而拖累正事；并且她们会使罗马的行军队伍看来像是东方的队伍。女人的缺点还不仅仅在于柔弱和缺乏毅力：如果放松她们的话，她们又会变得残忍无情、妖媚勾魂和野心勃勃。她们会在士兵中间招摇过市，随便指使那些百夫长……

——塔西佗《编年史》3.33[45]

虽然会遭受来自塔西佗及其他作家的传统主义式的指摘责难，但早期帝国部队还是有大量妇女和儿童随行，并且还有执行必要军务的男性仆人们伴随队伍左右。有些随行人员是得到了官方认可的。百夫长被允许在服役期间结婚，而文多兰达木牍中的证据则表明，早在1世纪的骑士阶层部队指挥官们身旁通常就有家人陪伴。

尽管在服役期间有正式的婚姻禁令，但许多年长一些的士兵家中还是养着"非正式的"妻子（无论是追求得手的，还是最初作为仆人或妾室购买而来的女子），并且会养育子女。[46] 即便在塔西佗的时代，这很可能在许多部队里也早就是人们心照不宣的事实，在来自公元100年左右的文多兰达营房里发现的妇女及儿童的鞋子证明了这一点。[47] 士兵们往往也与有血缘关系的亲属保持联系，并承担起照拂的责任，特别是家中父亲去世，而士兵自己成为一家之主的情况下。在塞维鲁统治时期，官方的婚姻禁令被取消，士兵被获准与如今身份获得认可的妻子同居。[48] 士兵们的家庭此时也成了光明正大的存在：士兵的妻子，同时也包括丧偶的母亲、姐妹和女儿，还有儿子们——他们中的许多人注定要追随父亲的榜样而集结在鹰旗之下——这些人公开作为一个范围更大的社群中的一部分，该社群依靠士兵维持生计，也在更广阔的世界里依靠士兵获取身份认同。大多数时候，退伍军人始终作为军人社群的一部分存在，他们会定居在所属部队驻地附近。

即使是这一长串与士兵或军团有直接关联的人，也仍然不包括传统上所谓"随军平民"（camp followers）。人们通常认为"随军平民"是一群依附于军队的人，通过为驻军提供"必需"服务来谋生，比如独立商贩和妓女。然而即便在这类人中，有些人与军队的密切程度可能也比人们通常以为的要高。在叙利亚的杜拉欧罗普斯，满足士兵需求的艺人团体和妓女其实可能是由军队所有和管理的。[49]

到了公元200年，随着罗马的军事基地在前几代人的时间里逐渐转变为永久性设施，上文所提及的这类围绕军事单位积累的附属人员在许多边境地区也成为逐步发展的现实性存在。

在东部，主要军事基地通常还是设在城市内或城市附近。然而在考古学角度上，我们至今还对其知之甚少。不过，位于幼发拉底河畔杜拉欧罗普斯的帝国中期军事基地是个例外。罗马在2世纪60年代从帕提亚手中夺取了这座名义上的希腊城市。到了3世纪10年代，该城北区已经被叙利亚的军队接管，以容纳由该行省的两个军团派出的若干军团分遣队，这两个军团的驻地远在靠近幼发拉底河发源地的上游。颇具规模的帕尔米拉第二十辅兵大队的总部也设在该基地中，这里还容纳了若干编组而成的特遣队，每个队伍都有其附属人员。区域内已有房屋被改造成营房，新的行政大楼、军用浴场和露天剧场被建造起来。由此，城墙圈出了两个不同的社区，一个是即将迁入的行省军队社区，另一个是杜拉欧罗普斯的平民社区，后者本身又包括过去留下的马其顿家族、本地的美索不达米亚人、帕尔米拉人、犹太人、基督徒等群体（图61）。[50]

欧洲境内的大部分军营仍然是我们所熟悉的"定制型"罗马兵营。到了2世纪，紧贴着这些兵营的围墙外侧，出现了覆盖着建筑物的区域，这也就是所谓辅兵营外定居点（vici）和军团营外定居点（canabae）。与人们通常的想象不同，这些次生开发区并不是住满了依附于军队生存的平民的简陋棚户区。这些定居点往往容纳着重要的官方设施和供军队外延社群住宿的居所，它们是有围墙的军事基地的延伸，同时又与基地形成一体，通常由相应部队直接管理。[51]

在与军团基地这样的主要军用建筑群有一定距离的地方，可

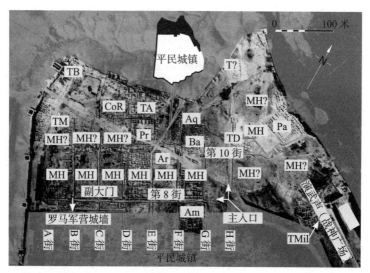

图 61. 位于叙利亚杜拉欧罗普斯市北区的罗马军事基地,是帝国东方地区市内军营的一个独特实例,已被深度开掘。

Am= 露天剧场

Ar= 拱门

Aq= 渡槽

Ba= 浴场

CoR= 可能的指挥官住所

MH= 军用住房(由民用住宅改造而成)

Pa= 河岸指挥官(*dux ripae*,人们认为这是一位地区级别的指挥官)府邸

Pr= 军团总部

TA= 阿扎娜瑟孔娜(Azzanathkona)庙[1]

TB= 贝尔神庙

TD= 朱庇特·多利克努斯神庙

TM= 密特拉神庙

TMil= "军队神庙"

T?= 神庙,供奉的神明未知

---

[1] 准确地说,这是一座阿尔忒弥斯–阿扎娜瑟孔娜神庙。在杜拉欧普罗斯居民的信仰中,希腊的狩猎女神阿尔忒弥斯和叙利亚女神阿扎娜瑟孔娜〔更常用的名字是阿塔迦蒂斯(Atargatis)〕是融为一体的。而阿塔迦蒂斯是古典时代叙利亚北部的女主神,主司生育丰产,也是城市的守护之神。

能还会有另一个"平民色彩"更加明显的定居点，位置或许刚好落在直接受军队管理的土地之外。作为长期存在的重要机构，军事基地会持续消耗大量货物和材料，钱袋鼓鼓的营地士兵们又形成了垄断市场，这造就了平民定居点的人们赖以生存的商业机会。有些军团营外定居点和卫星定居点迅速发展成为城镇，甚至形成了主要城市。艾伯拉肯（Eboracum，今约克）和阿昆库姆（Aquincum，今布达佩斯）就起源于这类居住区。

196　　除了约克和布达佩斯之外，我们还可以举出其他许多类似的例子，包括由军事设施发展而来的罗马城市，以及位于罗马边疆行省的退伍士兵殖民地，如文多博纳（今维也纳）、摩根提亚库姆（Moguntiacum，今美因茨）、克劳蒂亚·阿格里皮娜的殖民地（Colonia Claudia Ara Agrippinensis，今科隆）或林杜姆殖民区（Lindum Colonia，今林肯）等。这些例子促使我们停下来思考：包括随行人员在内的"士兵社群"造成了什么样的影响？它那庞大的体量又意味着什么？这个社群的规模是极为惊人的。公元 200 年，罗马军队的士兵编制已远超四十万人（即便由于逃兵、退伍和战死，无疑总是存在一定程度上的空编）。[52] 士兵本身，再加上随军平民等"支持保障性人员"、士兵个人供养的家眷——所有依靠军人维持生计、获取身份或归属的这部分人，还有退伍军人和他们的家庭，我们可以统称为"扩延的帝国军队社群"，其总数已远超一百万人。这样的规模已经比肩罗马城本身的人口。而且到了公元 200 年，即便这个社群还没有在威望上超越罗马城，它在实际层面的重要性也已使罗马黯然失色。这是一个特殊的帝国社群，它所带有的罗马色彩与罗马城的居民，或是"核心"行省那些逐渐趋同化、罗马化的非军人身份的贵族们一样强烈。然而这个社群又是独特的，它与另外两个群体大不相同。

新的罗马城拥有令人称耀的建筑、悠久的历史和稠密的人口，然而为了团结整个罗马帝国，奥古斯都创造了一种超越这座城市本身的意识形态，一种新的"放眼全球"的帝国主义意识形态。这是关于"永恒罗马"的共同化理念，通过神灵和皇帝其人、以及共同的一套神话和历史故事来表达。在这个框架内，希腊－罗马贵族的共同价值观和共同文化（具体表现为乡间别墅等精英阶层生活的标志性外物，以及炫耀性地为家乡公共建筑提供资金等行为）能够将贵族地主阶级团结在一起，还能增进其利益。在地方层级上对各个非军事行省实施统治和发展的，正是这部分贵族地主。他们成为一个横贯整个帝国的阶层，元老、帝国的行政官员、军官以及最终的皇帝都出自这个阶层。然而，希腊－罗马文化并不是简单地在非军事行省之间扩散。相反，它经历了改造，吸收了黎凡特、埃及、高卢和其他许多罗马属地社会的特征，而这些特征又被重新冠以"罗马"之名，从而产生了一个在不同地区稍有差别的、混合的世界性帝国文化。这场文化的变革，最初由富裕的行省人渴望"成为罗马人"的抱负所驱动，从上到下地影响了行省社会。从属阶级也在不同程度上向往着希腊－罗马的公民文化；从更加现实的层面讲，他们渴望的是罗马的公民权，而在212年时罗马公民身份实质上已经在帝国中普及。

然而，在刻意创造这第二个属于平民的"共同罗马"的同时，奥古斯都在无意之中又催生了另一个罗马，我们可以将其视为第三个罗马——"军人的罗马"。它的出现过程与帝国非军事化核心区域中的"共同文化"的成形过程是并行的，也彼此相关。诚然，士兵们也认同共同罗马文化中的许多方面，最明显的是皇帝崇拜和国家宗教。他们也接受了神话和历史：文多兰达的士兵们也会阅读维吉尔的作品。[53] 但他们有着自己独特的关注焦点。

　　尽管元老阶层和骑士阶层的许多人还是会担任军事指挥，但对于帝国大多数或贫穷或富裕的男性来说，战争逐渐成为只有皇帝和他身处远方的士兵们才关心的事情。虽然在意大利和非军事行省的文化中，人们仍会为军人的荣耀和击败外敌的胜绩而欢呼；但大体而言，个人对战争的亲身参与已经越来越不被看重——男子气概被重新定义（见边码第 168 页）。与此形成反差的是，士兵们自己虽然也与帝国其他地区一样接受"永恒罗马"这一理念的宣传，但他们又比以往任何时候都更加推崇尚武的英雄气概，将勇武的品质置于他们所理解的阳刚之气及其职业身份认同的核心，也置于帝国主义下的万物秩序中士兵所居地位的核心。军队历法中的节日不仅纪念传统的神灵，还庆贺伟大的军人皇帝们的圣寿。[54] 士兵们用朱庇特、玛尔斯和海格力斯的形象及符号来装饰武器装备，也会用到狄俄斯库里——根据广为流传的传奇故事，这对双胞胎神灵曾在古代的雷吉鲁斯湖之战（battle of Lake Regillus）中前来助罗马一臂之力。[55] 罗马士兵那套越来越多的军团传统习俗会让人回忆起先辈所取得的集体战斗荣誉和个人事迹，而这些先辈往往就是他们的父亲和祖父。这个时代存在两种不同的男子形象，一个属于平民，一个属于军人，双方都认为自己才是真正的罗马人。由于古代社会中的政治议题是由男性设定的，因而士兵作为一个身份群体，领导着范围更广的帝国军人社群，发展出了一个"军人的罗马"。这个罗马在观念上是独特的，在欧洲范围内尤其如此，而且在地理位置上也相当独立。

正如我们所了解到的，包括军团士兵在内的帝国军人大多都驻扎在边境附近；没过多久，新兵中的绝大多数也成了行省出生的人。他们之中鲜少有人见过意大利或罗马城，他们心目中对罗马生活、罗马价值观和物质文化的概念无疑被帝国宣传所影响。而军官们出身于见多识广的各地精英阶层，他们的生活方式对士兵们的观念也有塑造作用。然而在很大程度上，后辈士兵继承的是奥古斯都派驻在边疆的军团士兵的旧有观念，以及边疆民族对罗马文化的诠释，毕竟他们就生活在边疆民族身边，新兵中的大多数人也正是来自这些边疆民族。如我们所见，罗马士兵的文化成了一种独特的"异乡罗马文化"，它变得越来越独立于罗马城和意大利的文化。

与新出现在非军事行省的共同文明一样，军队特有的"罗马性"也是由希腊－罗马文化和其他文化共同组成的、不断发展的混合体，主要由那些渴望"成为罗马人"的人们推动。作为皇帝手下的士兵，罗马人和即将成为罗马人的人们被统一的身份认同所融合，他们都忠于同一个领袖和雇主。"皇帝的士兵"这一身份提供了一种社会凝聚力，在效果上与非军事行省的精英地主阶级和国家政府之间的和睦关系相类似。不过，由于这个过程的重点主要不在于贵族，而在于通过服兵役来谋求罗马公民身份的低微行省人，因此它更为通俗化。此外，帝国非军事化核心区域的罗马文明主要接受的是来自地中海沿岸的多元文化的影响，而逐步发展形成的罗马军事文化则从边境及其以外的另一批社群中汲取营养，它吸纳的是撒哈拉和伊比利亚、不列颠和高卢、莱茵河日耳曼和潘诺尼亚、色雷斯、达契亚和萨尔马提亚、叙利亚和帕提亚－萨珊的文化特征。

198

尽管平民和以军队为核心的人口表现出了并行相似的文化演变过程，但上文所提及的不同作用模式使得边疆地区的"罗马性"与非军事化核心区域的"罗马性"有明显差异。到了公元69年，对平民来说，士兵看上去就是粗野的半蛮族边民；然而军人却相信自己就是"罗马人"，这份信念就和来自各个地方的帝国大人物或意大利农民一样强烈。而士兵们的想法并没有错，那正是更广泛的事实的一部分。罗马帝国的各个地区共享边界已经有几个世纪的时间，加之公民和非公民的区别在212年被彻底废除，因此现在"罗马人"在政治或文化上的定义既受到意大利本土的影响，也同样受到各行省的影响，包括西班牙或高卢、北非、潘诺尼亚或叙利亚等各个地方。事实上，此时各行省比意大利更能定义何为罗马人——到了这个年代，皇帝虽仍旧出自元老阶层，但已经很少有出生在意大利的。他们在首都停留的时间也越来越少，更多的时候都在边境附近，或在对外战争中御驾亲征，或者只是单纯地盯紧自己的士兵。

　　"军人的罗马"在整个帝国范围内都具有重要的政治、社会和经济意义，其影响力在不同的地区以不同的方式体现出来。绝大部分早期帝国税收都被用在了军队上，这推动了在那之前城市化程度很低的北部边境行省的城市和经济发展。在不列颠，军事基地及军团社群在北部占据了民用城镇在该岛南部的同等区位。巴达维亚则构成了一个极端案例，展现出带有强烈军人色彩的"罗马性"（见边码第145页）。至于多瑙河地区，其文化发展轨迹也表现出明显的军事色彩，城镇仍然相对较少，规模较小，而且大多是军事基地的卫星城镇。即使在人口密集、已经城市化的东部地区，作为具有经济影响力和政治特权的男性，士兵、退伍军人以及军队所产生的社会经济影响也举足轻重。

在罗马帝国主义统治所带来的影响中，"军人的罗马"是一个较为突出的结果。它最为生动地展示出一个事实：剑能够产生破坏性后果，同样也可以产生建设性成果。但剑仍然是双刃的。士兵的傲慢在滋长，因为他们越来越强烈地意识到自己有潜力成为不可忽视的帝国权力基础，成为罗马中的特殊罗马。可是，士兵群体被分割开来，分散到数千英里的边境上，造成了各行省军队之间的分裂和紧张关系，而地区文化差异又让这种问题进一步恶化。军人和平民之间的不信任也在加深，部分原因只是彼此缺乏了解，但也因为士兵已经越来越成为恐惧的来源。

帝国中期的士兵和内部控制

在帝国中期，罗马不仅出现了更加频繁、严重的内外战争，而且还出现了可能与这些事件相关的、更剧烈的内部动荡。在整个社会中，随着罗马人和行省人之间的纵向区隔消失，贫富分化、掌权者和受压迫者间不平等的现象却愈演愈烈。事实上，这种不平等后来被写入罗马法，成了金规铁律。从这个时代开始，罗马法将拥有特权的上等人（honestiores）和下等人（humiliores）区分开来，普通的罗马人变得更容易遭到刑罚拷打。[56] 军人和退伍军人在法律上拥有特权地位，面对酷刑也享有豁免权，身居上等人行列。[57] 富人遵守的是一套法律，而穷人遵守的是另一套法律，这曾经只是一种形容，如今却逐渐变成了真正意义上的现实。那些严重的骚乱事件可能正是人们抗拒这种发展趋势的表现。

对于犯罪行为和其他被视为对神圣帝国秩序构成威胁的偏离

正轨之举，帝国的官方回应是非常凶狠的，其中也包括里昂的基督徒在马可·奥勒留统治时期所遭受的残酷迫害。[58] 罗马在这一时期也开始越来越多地使用军队来维护内部稳定，既会派兵负责监控，也会让军队主动镇压骚乱。军法队和地方警戒部队等人员密切监视着人们在交通道路上的动向。还有一些时候，当局不得不针对强盗犯罪采取内部"治理行动"，行动规模甚至达到了被当局称为战争的水平。

✝

瓦莱里乌斯·马库斯（Valerius Marcus）在 18 岁时遭强盗杀害。

——默西亚的拉夫纳村中的一通碑文[59]

帝国依旧遍地强盗，有时他们的胆大妄为甚至令人惊骇。即使是带着扈从出行的高级军官，也难免遭到武装土匪（latrones）的袭击。哈德良在第二十二初创军团担任军团长时就曾在出行途中遇袭。[60] 土匪活动的规模各式各样，从地域性的犯罪行为到零星的武装叛乱。例如，西班牙曾在 172 年遭遇来自非洲的毛利人入侵，在当地引发了持续几十年的恐慌不安。[61] 不过从法律上说，任何未经批准使用武器的行为都相当于发动叛乱。[62]

士兵不仅是镇压土匪的最后手段，同时可能也是土匪问题最危险的源头，因为许多土匪正是逃兵或被部队除名的军人。土匪中最为臭名昭著的马特努斯（Maternus）原本就是一名逃兵，后来变成了土匪头子。他聚集了大批追随者，其规模足以对高卢造成巨大破坏，据说甚至还有余力重创其他行省。随后爆发的"逃兵战争"（约186年）在马特努斯被捕并遭斩首之后落下了帷幕。据说他们当时制订了一个潜入罗马并刺杀皇帝的大胆计划，然而这个阴谋败露了。[63]193年，塞维鲁裁撤了整个禁卫军（禁卫军不久前把帝国拍卖掉了），代之以来自多瑙河地区的忠诚士兵（图62）。他在此过程中开除了数千名愤恨的战斗人员，这对本就摇摇欲坠的意大利内部稳定实在是毫无益处。[64]随后在塞维鲁统治期间，一个自称布拉·费利克斯（Bulla Felix）的强盗带领一支由600人组成、规模相当于一个团的武装力量在亚平宁半岛上作威作福，国家足足用了两年时间才予以镇压。[65]但话说回来，对平民来说，"维护安全的部队"带来的危险可能比土匪更大。

（行省总督们应当）注意防止士兵个人滥用职权，牟取 [200] 不正当利益，这类行为是有违军队集体福祉的。

——法学家乌尔比安《学说汇纂》

（Ulpian, Justinian *Digest*）1.18.6.6–7

在远离边境或首都的地方，在各个"非军事化"行省和意大利境内（此时意大利本身也成为一个行省，标志着其地位的下降），人们见到士兵的频次较低。但当他们看到士兵时，则很可能意味着有麻烦出现。就算士兵循规蹈矩，奉公守法，他们出现于普通人面前时，很可能也是在执行政府监控或收缴税款的工作，可能正在为了维护权贵利益而使用严酷的执法手段，又或许是在前往某个爆发骚乱的目的地途中。士兵可能会合法地征用牲畜、车辆甚至人员来运送物资，或是向平民提出在民宅中临时设营的要求，而平民就需要为其提供食物和住所。

图 62. 3 世纪初的 L. 塞普蒂米乌斯·瓦莱里努斯（L. Septimius Valerinus）的墓碑，他是禁卫军第九大队的一名士兵，葬在罗马。他来自一个被塞维鲁授予罗马公民身份的家庭，很可能是多瑙河流域的人。

即使士兵正在执行命令，即便他们就在长官眼皮底下，人们也普遍将他们视为危险的外来者而不是保护自己的人。士兵不受平民法律约束，因此几乎没有任何手段能够阻止他们索要、夺取自己喜欢的东西或以各种各样的方式侵害平民。色雷斯的斯卡普托帕拉村（Skaptopara）拥有得天独厚的温泉资源，然而村民却因此饱受来自附近两个军事基地的士兵滋扰。他们要求村民"提供招待"却并不付钱，即便行省总督已经明令禁止他们侵扰村民。公元 238 年，村民通过"一位名叫奥勒里乌斯·普鲁斯（Aurelius Purrus）的士兵"向皇帝请愿，他来自"第十……禁卫军大队，就住在这座村庄里，他拥有的土地也和村民的土地在一处"。这个有趣的例子展现出士兵和当地平民之间的复杂关系。作为士兵，普鲁斯本可能是村民们应当提防的邻居，然而在这里他却充当了村民的保护人（而村民也有理由希望士兵的声音会比农民的声音更被皇帝重视）。普鲁斯之所以愿意这样做，也许既是为了保护自己与邻居的共同利益，也是出于禁卫军和其他部队士兵之间的竞争。

现役士兵表现得越来越像横行无忌的狼群，其行为与土匪抢劫和叛乱造反无甚区别，而且愈发有升级为全面内战的趋势。正如我们已经了解的，即便在情况最好的时候，士兵和皇帝之间还是存在着潜在的紧张关系。皇帝不能简单地要求士兵服从自己，也不能通过严厉的惩罚来迫使他们顺从；而士兵仍然期望皇帝在战争中通过展现勇德来证明自己的领导能力，也期望皇帝拿出"士兵的好战友"的做派——冷淡的传统主义者可是会遭到厌憎的。2 世纪 90 年代，数场内战爆发，于是塞维鲁王朝的皇帝们又公开表现出对军队力量的依赖。毫无意外地，这进一步助长了士兵的桀骜不驯。3 世纪，塞维鲁王朝在一系列暗杀和内战下荡然无存。一个接一个短命的皇帝企图靠贿赂和对士兵许诺来掌控权力，但结果不是挥剑自杀，就是倒在其他想要承继帝位之人的匕首下，让军队对皇帝的忠诚感消磨殆尽。在这种情形下，各支军队在政治中的地位变得前所未有地重要。

在几起颇为惊人的案例中，指挥官实质上失去了对自己麾下的个别部队乃至整支军队的控制。在一张发现于杜拉欧罗普斯、大约来自 220 年的莎草纸上，记录着大量驻军士兵擅离缺勤的情况和部队要求他们归队的命令。[69] 更加令人讶异的是，一个由

1500 名士兵组成的"代表团"在公元 185 年一路行军进入意大利，就禁卫军长官的行为问题向康茂德请愿，代表团成员均来自尤为悖逆不轨的不列颠驻军。[70] 至于历史学家卡西乌斯·狄奥（Cassius Dio）对士兵们的成见，也是有道理的。作为亚历山大·塞维鲁（Severus Alexander）手下的潘诺尼亚总督，他整肃纪律的尝试让士兵们对他很不待见，以至于禁卫军想要置他于死地。后来皇帝不得不建议他，如果珍惜自己的小命，他的第二次执政官就职典礼最好还是在罗马城外举行。[71]

在 3 世纪的大部分时间里，王朝的动荡从康茂德统治以来就一直困扰着帝国。上文所提及的这种纪律涣散的严峻问题既是动荡的原因，也是其结果。在埃拉伽巴路斯（Elagabalus）执政时期，杜拉欧罗普斯的士兵就曾利用围绕他的统治产生的政治不确定性而趁火打劫。在这种时候，尤其是在内战期间，指挥官和皇帝会发现严肃军纪是相当困难的事，甚至可以说是自寻死路的做法。2 世纪 80 年代，时任不列颠总督佩蒂纳克斯（Pertinax）险些被杀，随后造反的士兵强迫他离开了自己所管辖的行省。到了 193 年，已经成为皇帝的他死在了禁卫军的剑下，禁卫军随即拍卖了罗马的皇位。[72] 罗马的士兵几乎已经成了雇佣兵，谁愿意为他们手中的利剑出最高的价，他们就跟随谁。

皇帝们有理由忌惮手下士兵，而士兵也同样有理由彼此忌惮。士兵们支持某位将军争夺紫袍，会被许以来路不正的贿赂或战利品，但同时也要面对随之而来的不利一面，那就是在内战中与其他罗马军人作战的可能性，如果敌方领袖没有先被暗杀。在 197 年的卢格杜努姆，塞维鲁和克劳狄乌斯·阿尔比努斯（Clodius Albinus）率领各自的军队为争夺帝国而战，罗马人陷入了同室操戈的恐怖大屠杀。而失败一方的军队还要面临事后被报复的危险。

造成士兵群体内部紧张关系和断层的一个主要因素，就是军队因长期驻扎在各个行省而改为从本地征兵。以罗马统治下的非洲为例，数以百计的碑文证明，到了3世纪，以驻扎在兰贝西斯的第三奥古斯塔军团（*Legio III Augusta*）为核心的非洲军队，其绝大多数成员都是从努米底亚行省和阿非利加行省招募的。血缘关系越来越紧密地将士兵与其家乡联系在一起。在帝国中期，国家不再为了发动重大战役而调动整个军团和编组成团的辅助部队，令其跨越帝国作战，也不会将他们永久派驻在异地（这在两 个世纪之前属于常规操作）。到了这个时代，这类野战军队逐渐改为由军团分遣队组成。这是抽调自多个行省部队的临时特遣队伍，事后仍打算归队。这当然有战略方面的考虑：至少让一部分武装力量驻扎在军事基地中，以维持对边境的监控。这也能让潜在敌人猜不准罗马在当地的兵力，类似于冷战时期用发射井和导弹玩的那种"猜杯子"障眼法游戏。然而，这同时也是对该时代罗马军队性质的一种隐性承认——构成军队的是一批以地域为基础的"士兵子社群"；如果将其完全打乱，四处调派，就可能出现叛乱的风险。这种离心的趋势背后潜藏着危机，尤其是此时在多条战线上同时爆发重大战争的威胁正在抬头。虽然与其罗马人的身份认同和职业自豪感有所矛盾，但此时最让士兵牵肠挂肚的要事，已经理所当然地变成了他们自己的战友、部队、家庭和故乡。远方战友的利益并不是他们关心的事，遑论那些陌生的外省人。

238年，一个势力强大的行省贵族集团企图利用非洲军队那岌岌可危的忠诚度，密谋推翻皇帝马克西米努斯·特拉克斯（Maximinus Thrax）。他们的由头是皇帝为了北方的战争而提出的经济需求，试图以地方共同利益为理由来唆使行省驻军造反。然而这一次行省的军队将忠诚放在了第一位，他们选择忠于那位未曾谋面的色雷斯皇帝和远在他方的战友们，将叛乱的权贵斩杀了。[73]

事实证明，具体到这场特定的赌局，叛乱者确实做出了灾难性的误判，但他们的判断并非全然不合情理。长期以来，士兵兄弟内部一直存在着竞争，也始终展现出对彼此的嫉妒与偏见，这一切在 69 年就曾在灾难中爆发。就像现代英国军队一样，红魔鬼伞兵团的精英成员会把没有资格戴上令人艳羡不已的深红色贝雷帽的每一位士兵称为"破烂帽"（crap-hat），而警卫队则被其他部队的士兵称为"糊涂虫"——罗马军人也从心底鄙视自己的许多同僚。尤其需要一提的是，驻意大利境内的禁卫军作为养尊处优的政治化部队，对其他士兵毫无好感，反之亦然。正如我们所看到的，各地方军队团体对彼此的看法也很强烈。罗马的贵族们对招募自东方和希腊地区的各支东方军队尤其抱有蔑视态度，而欧洲的士兵显然也认同这种看法。东方部队在他们的刻板印象中天生懒散而纪律涣散，即使接受了罗马式的训练也无济于事——然而东方部队的战绩却证明这种说法有失公允。[74] 各地方部队之间的紧张关系是促成内战的重要因素，而成就塞维鲁王朝的正是内战。因此，这种紧张关系对皇帝和士兵自己而言都构成了焦虑情绪的根源。这也强烈地让人们感受到强调团结的重要性，因为团结才是保持帝国统一和维持军队战斗力的先决条件。

上文所述的一切都有助于解释帝国为何总是以一种隐秘的担忧态度一再规劝士兵们务必保持团结。军团的身份认同和集体认同会通过人工制品来表达，其中尤为重要的就是军旗，也呈现于集体性的例行活动和仪式，比如在常设军事基地的亲切熟悉的建筑空间里举行阅兵典礼和祭祀仪式（彩图 V）。在这类场合里，罗马士兵通过集体宣誓，参加罗马皇帝崇拜的祭祀仪式，以及在发薪日领取充满宣传色彩的特殊硬币来重新确认自己对皇帝的认同与联结。从康茂德开始，皇帝们发行的硬币上都印有"军队之忠诚"和"士兵之和睦"等字样（图 63）。[75]士兵对统治者和对彼此的忠诚究竟有多么脆弱？这些硬币揭示了这一问题所引发的由来已久的担忧情绪。

除了自上而下的劝勉，皇帝还不得不以手下士兵认可的方式去努力赢得他们的好感。士兵身份认同的基本要素之一就在于物质层面的表达，具体方式为显而易见的统一着装和装备，其中在公共场合佩剑的权利尤为重要。"军人着装规范"在很大程度上应该是由普通士兵和下级军官推动的；而皇帝们越来越需要树立

图 63. 康茂德时代的硬币，图案中的康茂德留着 2 世纪末流行的浓密大胡子。这在一定程度上展现出罗马贵族追求希腊事物的风尚，也顺带反映出皇帝的战友们所选择的日耳曼式样的胡须。右图是硬币的背面，折射出皇帝对士兵的不安心理：皇帝正在对军队发表演说（ad locutio），上面写着"军队之忠诚"（FIDES EXERCIT）的字样。

第四章　致命的拥抱　309

"好战友"的形象（见边码第 170 页），因此他们自己也不得不在战争中穿着军装。

238 年发生在非洲的事件表明，以上这些措施是有效的：地方军队里的士兵被说服了，他们将那位不曾谋面的皇帝和身处帝国另一端的战友们的利益置于自身地方性利益之上。然而在此后几十年间的事件中，大范围的军人团结与和平共处的状态土崩瓦解，取而代之的是军队间的混战。

†

不过，尽管存在这些紧张关系，约 160 至 230 年间的士兵仍旧训练有素，充满干劲，且装备精良（尤其还配备了改良的剑），其人数也上升到自帝国建立以来前所未有的水平。他们仍旧有能力开展大规模作战；而且在面对像帕提亚人这等曾经让罗马感到十分棘手的敌人时，他们应对得也比以前更好，已经能在战场上与敌人平分秋色。罗马的战术兵法与军事科学一如既往地处于先进水平。3 世纪期间还有另一个加速发展的趋势，就是军官团的专业化程度不断提高。这导致元老们被排除在军事指挥职位之外，取而代之的是骑士阶层的职业军人。[76]

那么，为什么罗马会在 260 年时陡然发现自己正面临着军事彻底崩溃和政治解体的风险？[77] 一部分原因显然在于上述的内部压力和断层。然而为了理解帝国内所发生的变化，我们一如既往地需要在由其邻邦、友邦和敌邦所构成的背景下去思考。在东部与北部地区，罗马人已经开始品尝自己长期以来的好战天性所带来的苦果。

双刃剑：从安息王朝下的帕提亚到萨珊王朝下的波斯

在 2 世纪，帕提亚仍然是唯一幸存的与罗马接壤的独立大国，这两个国家共存了 300 年。[78] 在大部分时间里，帕提亚人显得相对不那么咄咄逼人。这在一定程度上是因为他们在为别的事情担忧，包括纷纷扰扰的王朝政治，还有他们与中亚的边界——帕提亚人比罗马人更容易受到中亚边界上游牧民族的抢劫。帕提亚统治下的"封建体制"军队组织（也就是说，其军队主要由临时供皇家驱遣的特遣队构成，在有需要时才会从次级统治者手中和各个城市将他们召集过来）也意味着，专业的罗马常备军可望击败帕提亚对黎凡特地区内各行省实施的任何入侵活动。另一方面，由于有克拉苏和马克·安东尼的殷鉴在前，对于再次直接入侵帕提亚，冒险让军团在干旱的平原上与弓骑兵和重骑兵对阵（图 64），罗马帝国早期几任皇帝的态度非常谨慎。因此，两个帝国之

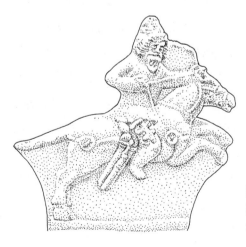

图 64. 描绘帕提亚弓骑兵形象的中东陶俑（现藏于大英博物馆）。

间的紧张关系在很大程度上以争夺对亚美尼亚这一缓冲国家的控制权的形式展现出来。其结果是，双方关系在 2 世纪之前一直处于实质上的战略僵持状态，在友好、冷战和冲突之间来回摇摆。[79]但在接下来的一百年里，罗马人对美索不达米亚进行了一系列极具破坏性的入侵。

罗马东部的各支军队缓慢而有效地适应了在叙利亚东部和美索不达米亚地区面临的紧迫环境，促成了罗马从僵局到侵略的转换。为了能在帕提亚本土的干旱草原战场上与敌军正面交锋，罗马又发展出更多战术：它本就是攻城战和后勤保障方面的专家，在 1 世纪期间又开始为东部军团配备从本地招募的弓骑兵，到了 3 世纪又增添了以长矛为武器的重骑兵。由于罗马对战场获胜的信心与日俱增，再考虑到持续存在于帝国和士兵意识形态中的好战天性，尝试入侵帕提亚的行动已是在所难免。

侵略行为并不全然是单方面的，帕提亚的国王们偶尔也会公开向罗马开战，或参与趁火打劫的阴谋活动。165 年泰西封陷落就可以说是针对帕提亚此前袭击的一次正当报复。塞维鲁的第一次帕提亚战争也是在帕提亚国王提出向罗马帝位的其他竞争者给予军事援助时的威慑性反制措施。不过，图拉真、马可·奥勒留手下的将军们、塞维鲁及卡拉卡拉反复将帕提亚当成自己军队的沙包，当成皇帝与士兵赢取荣耀和战利品的地方，还试图直接通过军事侵略行动夺取新的行省。卡拉卡拉尤其渴望攻城略地，他想将亚美尼亚变为罗马的行省，还试图进攻米底。他力争在风头上盖过其父塞普蒂米乌斯·塞维鲁和图拉真，更企盼着压过他的偶像亚历山大大帝。[80]

然而这些反复的入侵行动在很大程度上局限于美索不达米

亚范围内，对于伊朗地区更广阔的帕提亚领土，罗马的入侵相当有限。

在军事和政治方面，这些入侵行动取得的结果充其量算是好坏参半。罗马军队在一个世纪内三次攻陷了帕提亚的首都泰西封，带回了抢手的战利品和荣耀。若干新行省在美索不达米亚北部建立，使罗马的疆域拓展到底格里斯河岸。然而，罗马即便曾多次占领南部的巴比伦尼亚，却始终只能短暂地占领它；事实就是它无法对巴比伦尼亚建立和平统治，甚至连有效的军事控制都无法实现。这很值得我们停下来问一问为什么。毕竟亚历山大就曾经迅速征服了整个美索不达米亚和伊朗，乃至更远的地方。这在某种程度上是令人惊讶的，因为像巴比伦尼亚这样的地区早已城市化，还拥有一份意义非凡、传承自塞琉西时代的希腊文化遗产，其中包括若干重要的希腊城市。我们或许会以为，罗马应该能够在这里运用"挥剑与握手"的组合政策，毕竟这套策略在罗马帝国建立的过程中发挥了如此大的作用，在邻近的叙利亚也相当有效。然而事实证明，巴比伦尼亚对罗马的统治并不接受，甚至其实是极为抗拒的。

答案可能在于安息帝国相对松散、权力下沉的结构，再加上其庞大的规模。美索不达米亚本身就是一个幅员辽阔的地区，即使是罗马的军队也无法将其一口吞下。所以罗马根本没有资源立即入侵伊朗高原，以消灭安息王朝。因此，即使罗马皇帝占领了泰西封，帕提亚政权仍然蛰伏在扎格罗斯山脉的另一边；他们虽然遭到遏制，但仍旧相当强大。而且，如果说去中心化的帕提亚"封建式"结构使安息国王难以对抗罗马人集中的军事力量和专业水平，那么应该说它也同样给罗马人制造了困难。因为帕提亚西部的半自治城市、小国（如哈特拉）及社群（尤其是犹太人）有能力也有意愿凭借自己的力量抵抗罗马。这其中的许多势力有理由偏好帕提亚作为宗主国所采取的低干涉型管理，而不喜欢较为严厉粗暴的罗马统治，反复的入侵活动也让他们很难对罗马产生好感。在罗马占领期间，持续存在的帕提亚势力威胁着罗马的东部；而它毕竟曾经卷土重来，回到过美索不达米亚，往事重演的可能性让巴比伦尼亚的人民感到振奋，鼓舞着他们的抵抗行动，这让罗马对当地的控制变得极为薄弱。出于以上这些原因（与之十分相似的一系列因素也困扰着英美自 2003 年以来对伊拉克实施的狂妄自大的占领行动，他们的行动也同样因为靠近抱有敌对态度的伊朗而蒙上了阴影），起义造反和公开的反抗行动不断冲击着罗马占领者。有鉴于此，罗马的失败其实并不奇怪，反倒是亚历山大在该地区取得的成功才是有待解释的反常现象，不过那又是另一个故事了。

如果说，罗马对美索不达米亚的入侵能算是成功的掠夺远征行动，那么从长远来看，它却产生了罗马未曾预见的地缘政治恶果，在东部地区给罗马造成了灾难性的甚至几乎是致命的影响。的确，一方面，这些入侵活动为罗马带来了光辉战功，也扩大了罗马的领土——只是在面积上远远没有满足罗马原本的野心。另一方面，罗马对帕提亚人的反复欺辱意外引发了一个罗马人并不乐见的结果：帕提亚的政权更迭。罗马的入侵致命地削弱了安息王室日益萎缩的威望和权势，王室随后在伊朗遭遇叛乱。其结果是，新的伊朗萨珊王朝在 3 世纪 20 年代取代了安息王朝，新王朝宣布自己是阿契美尼德波斯帝国的合法继承者（图 65）。[81]

罗马在帕提亚的行动表明了利剑的局限性，也表明了当它过度

图 65. 位于伊朗菲鲁扎巴德的一处来自 3 世纪的岩石浮雕，上面描绘着安息王朝
被推翻的场面，而且是字面意义上的。萨珊王朝的第一位国王阿尔达希尔用手中
长矛将最后一位安息王朝的统治者打翻落马（上）；而他的儿子——未来的沙普
尔大帝[1]，则击败了帕提亚的大维齐尔[2]。请注意帕提亚人所穿的薄片状肢体护甲，
以及萨珊王朝的人所穿的锁甲。

---

[1]　阿尔达希尔的儿子应该是沙普尔一世，然而拥有"大帝"之名的是沙
普尔二世。

[2]　职位名，相当于宰相。

使用剑的武力，但却未能用开放接纳之手加以辅助时的结果。如果说"（近代）战争的重大法则之一是永远不要入侵俄罗斯"[82]，那么罗马帝国战争的法则就应该是"永远不要入侵美索不达米亚"。

萨珊军队从一开始就在战场上显示出侵略性、不凡的军事技能和可观的资源，不仅如此，他们还展现了实施攻城战的能力。萨珊军队攻下了固若金汤的阿拉伯城市哈特拉，这里的城墙和弩炮曾阻挡住图拉真和塞维鲁。这股新的伊朗势力也摧毁了杜拉欧罗普斯，后世的人们在那里仔细地研究了萨珊军队所使用的复杂攻城设施。[83]萨珊的国王们在组建军队时，主要依靠的仍然是从属地统治者和各城市召集而来的征召兵，但他们实施攻城战的能力意味着国家也保留着人数可观的职业士兵和军事工程师。此外，近来帕提亚人在罗马人手中所受的折辱让伊朗人感到愤恨，而他们心中又怀有帝国发展的新抱负，憎恨与野心铸就了强大的政治和军事意识形态，支撑着伊朗人的士气。萨珊王朝的国王们宣称自己打算夺回薛西斯（Xerxes）昔日统治的领土，也就是被罗马占领的所有东方领土。[84]萨珊王朝的意识形态也得到了一神论国教的支持：那就是重新复苏的、有时带有激进好战倾向的、排斥其他信仰的拜火教。[85]

事实证明，萨珊王朝治下的伊朗是一个比帕提亚更不容小觑的危险因素。伊朗人很快就发动了进攻，意图至少要将罗马人从塞维鲁王朝所取得的领土上赶出去。231 年，他们迎上了塞维鲁王朝最后一位皇帝亚历山大·塞维鲁发起的反制性入侵行动。罗马军队对伊朗西北部的摧残蹂躏，取得了初步成功。然而，随后罗马皇帝的中央部队就在泰西封被阿尔达希尔的弓骑兵和重骑兵打得落花流水，那场战役仿佛卡莱的历史重演。[86]亚历山大·塞维鲁逃过一劫，但其勇德之名已经败坏，手下士兵的忠诚之心也已瓦解。234 年，当面临与日耳曼阿勒曼尼人的战事时，他无法控制住手下人马，于是士兵在长官的煽动下暗杀了皇帝。手握统治权的王朝再次血脉绝灭，罗马重新陷入让国家元气大伤的内部动荡。然而就在此时，罗马的敌人已变得比从前更加危险，不仅是东方，来自北方的威胁也已出现。

双刃剑：罗马和日耳曼人

日耳曼的各个民族生活在从莱茵河口到多瑙河中游的地区，到 3 世纪时在黑海西北部海岸也已出现他们的居住地。在罗马的宣传中，日耳曼人（*Germani*）被描绘成典型的蛮族、野人，即便其中偶有身份高贵之人。[87] 在帝国的意识形态里，他们被固化为永恒不变的原始人。因此，到了 4 世纪中叶时，在了解到被罗马军队烧毁的日耳曼农舍有多么复杂巧妙时，阿米安·马塞林努斯（Ammianus Marcellinus）还是表现出了惊讶的态度。[88] 他的反应表明，罗马人的偏见早已偏离了不断变化的现实。日耳曼人并不是永恒不变的，永恒不变的是人的刻板成见，而且这份成见与现实的脱节已达到危险的程度。独立的考古学证据证实，早期日耳曼社会其实充满了活力，比人们想象得更为先进成熟，总而言之是一幅相当有趣的社会图景。

到 2 世纪 60 年代的马科曼尼战争爆发时，罗马人和日耳曼人在莱茵河及多瑙河两岸的直接往来已有两个多世纪。这种往来可不仅仅是兵戎相见。对罗马人而言，与罗马边境毗邻的各个地区显然都是可以直接与之互动的对象。而且这些地区对罗马有着紧迫、直接的重要意义，因为罗马人认为毗邻帝国的群体即使不在罗马的直接统治之下，也处在帝国的利益范围之内。罗马尽可能地设法向他们施加影响，用的是那套屡试不爽的老办法——以其他人的利益为代价，有选择性地支持某些领导者和一部分民族。证据显示，与罗马有重要往来关系的还有一些极为偏远的地区，比如沿海岸线与之相连的斯堪的纳维亚地区，以及自多瑙河中游的边境地区沿陆路出发抵达的波罗的海地区。尤其后者与罗马的关系在相当程度上是商业往来，该地区为帝国带来了令众人垂涎的琥珀宝石。罗马人的工艺品也流入了蛮族地区。这其中以奢侈品为主，如银质酒器、银币，在 2、3 世纪则尤其有大量武器流入，剑是最主要的品类。罗马出口活动的性质及其片段式的历史表明，这其中大部分是国家控制的政治性对外补贴行为，而不是商业行为。

　　在对定居点、墓园和宗教场所的考古发掘中，人们发现了种种来自罗马的进口产品，它们可以帮助我们记录下在那几个世纪中影响着中欧和斯堪的纳维亚地区的内部变革动力，并帮助我们确定变化发生的时代。这些内部动态改变了许多日耳曼社群，然而我们尚且对其知之甚少。这一过程类似于铁器时代后期在高卢地区出现的独特变化过程，其间人们发展出了更复杂的农业生产制度，人口也增加了。[89] 早在与西罗马帝国崩溃密切相关的大型移民迁徙发生之前，一些民族就已处在迁移的过程中。特别是从 1 世纪开始，哥特人的祖先从波罗的海旁边的波兰慢慢迁移至黑海，驱使他们的可能是人口增长的压力。[90] 其他群体则发展出新的、更大规模的、等级更加分明的政治结构，以此来应对经济和人口变化所带来的机遇或要求。

毫无疑问，这些变化中有许多都是地区性的社会、文化和环境因素造成的；但同样可以肯定的是，靠近罗马帝国的地理位置也在其中起到了催化和引导的作用。各行省的财富对爱好武力劫掠的战士们来说是心头挥之不去的诱惑。有些人还可能会寻求在罗马的辅助部队中服役的机会，毕竟这份差事既高尚体面又有利可图。不过自由日耳曼族在这一时期几乎没有在罗马常备部队服役的记录。[91] 但是在 3 世纪期间，罗马从蛮族征兵并令其参与战事的情况越来越多，来自多瑙河下游的哥特人也是其中一例。[92] 如果其中有人最终得以平安归家，他们便会把从战斗中获得的经验、专业知识带回去。可以推测，他们一同带回家的大概也有武器。

就像在帕提亚一样，罗马在北部边境外的主动干预行为产生了一些预期的效果，但同样也造成了一些不曾预见的后果。对于从北部边境向外延伸约 100 公里（60 英里）范围内的属邦，罗马向那里立场友好的蛮族提供援助、礼品和直接的支持。（图 66）

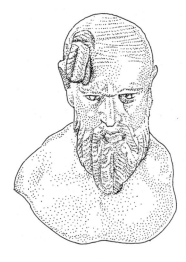

图 66. 蓄须的男性造型，留着日耳曼族特有的"斯瓦比亚式"发髻。这是一只青铜坩埚托架，与其他一些罗马人制造的物品一起，其中还包括若干武器，埋藏于一位葬在罗马边境以北的"友好蛮族国王"的墓中。墓葬位于今天捷克共和国的穆瑟瓦夫（Mušov），时代为公元 2 世纪后期。

这种做法对该地区之外的人产生了连锁影响，那些人或是成为罗马属邦的受害者，或是因为盯上这些属邦新获得的财富而将其当成了猎物。[93]

人们长期以来一直认为，在奥古斯都时代之后，罗马在对日耳曼尼亚纵深地带施加影响时，仅会采取上文提到的这类政治及经济手段；对远离莱茵河或多瑙河对岸的地带，罗马武力的利剑已不再触及。然而在罗马边境之外很远的地方，位于德国汉诺威以南的卡勒费尔德（Kalefeld），人们有了戏剧性的发现——在此处找到的战场遗留物看上去可以证明，曾有一支配有远程投射武器的罗马大军在山顶上攻打日耳曼人的守军。[94]更耐人寻味的是，这支罗马军队的来向是北方，这表明他们是远征归来，远征的战场可能又一次远及易北河。这场规模可观的交战发生在 2 世纪末或 3 世纪上半叶。那时帝国的手臂仍然伸得很长。

在帝国中期，罗马见证了其边界以外的若干个新的重要联盟的发展，因为此时现有的日耳曼部落开始开展更大规模的合作，特别是在马科曼尼战争的余波之下，而这场战争本身可能就是由发生在自由日耳曼地区的压力和变化所引发的。波希米亚地区的马科曼尼部落（Marcomanni）建立已有很长时间，但在 3 世纪上半叶，切鲁西和卡蒂等人们熟知已久的日耳曼部落群体被归入四个新的大群体：莱茵河畔的法兰克人和阿勒曼尼人，以及在他们东边的萨克逊人和勃艮第人。这些群体并非统一的国家，而是从旧有"部落"单位建立起来的松散联盟，其中有多位国王和至高王（over-kings）。[95]罗马对于这些群体的串联在很大程度上负有间接责任。面对罗马的军事力量，串联的部分目的无疑是彼此保护。靠近罗马边境的日耳曼人正在学习罗马的战争之术，他们正

在发展为实力更强劲的军事强权，同时其政治组织也在发展。在
达契亚和多瑙河下游的边境之外，哥特人也于3世纪初出现在罗
马人的注意力范围内。

这些都是从其他历史背景角度观察到的某种"帝国边缘"效
应，在此类情形中，一个帝国的存在和行动对其周边社会产生了
预料之外的深远影响；它不仅作用于近邻，而且随着时间发展，
它甚至可能影响到超出帝国知识范围之外的远方群体。有一些最
具戏剧性的考古学证据能够证明罗马的这种远距离影响力，在远
离罗马的蛮族地带出土的多柄罗马剑便是其中之一。它们中有一
些来自墓葬，但数量最大的一批出自波罗的海西部那批令人赞叹
的沼泽祭品。

在丹麦伊勒河上游的考古发现所传达出的信息尤其令人着
迷。[96]一批令人赞叹的文物出现在此地的湖泊沉积层中，其中有
剑、腰带、盾牌、长矛和其他装备。这被认为是一整支规模为几
百人的小型军队的全部装备，作为祭品奉献给了神灵。这支军队
中的士兵来自现在的挪威和瑞典，大约于200年战败并被夺去了
全部武装，士兵们本身的命运已无人知晓。和其他地方一样，这
里的大部分装备都体现出本地设计特征，但剑身是罗马式的，隔
绝空气的湖底环境很好地保存了剑身上的图案焊接细节。其中有
些剑身带有罗马印记，还刻有神和鹰的形象。有些武器还保留着
罗马式的剑柄（见彩图Ⅶ、Ⅷ和Ⅸ）。

传到波罗的海的或许不仅仅是武器，罗马的兵法战术也一起
传了过去。来自伊勒河上游和其他地方的证据揭示了罗马战争之
术对这些地区的影响，即便这些土地距离罗马如此遥远。一些人
认为，在发掘中找回的这些装备说明当时斯堪的纳维亚南部的军

队规模正在增长，组织集结得也越来越频繁；他们配有统一的武器和装备，明确模仿了从帝国服役归来的老兵们所带回的罗马军队样板。[97] 当然，实质性变化的发生可能只需要一两个有影响力的个人，他们花上几年时间为罗马打仗，然后在回乡时带上满满一船的剑和装满思想理念的头脑……无论其过程机制为何，沼泽地的考古发现揭示了该地居民在军事上的日益成熟，与帝国遥相呼应。[98]

很明显，优质的新式罗马图案焊接剑受到了日耳曼战士的大力追捧。但是它们为何会在此地大量出现呢？它们不可能全都是来自马科曼尼战争或其他战争的战利品，其中有许多——或者可能大多数——都是被运送到自由日耳曼地区来的。这些是否属于通过商业出口的武器？罗马剑并不是当时罗马向北方出口的唯一物品种类，我们也见到了酒具及其他奢侈品，还有上好的银币——人们在伊勒河上游败兵的钱包里发现了一些这样的银币。但是交易先进武器一直属于政府力图管制的行为，比如当时图案焊接剑的交易，或者现在对卡拉什尼科夫突击步枪的买卖。[99] 非法武器出口显然是一个反复出现的问题，因为在罗马的法律中一直对此设有禁令。[100] 然而这些措施并不能阻碍由国家组织的武器出口。罗马向蛮族地区出口的物品——剑和其他货物，其性质和出口的时间顺序透露出了线索。这类出口在品类上有选择性（奢侈品、武器、金银），还表现出偶发性和区域化特性，用贸易或走私很难解释这些特征。[101] 更大的可能是，它们从考古学上反映出当时的国家政策，反映在特定时间送往远至丹麦等地的金钱补贴、外交赠礼和罗马武器，它们都是罗马对青眼有加的群体的赠予之物，也许一并提供的甚至还有"军事顾问"：为亲罗马的统治者提供华美的饰物用品，为他们的家臣提供钱财和武器。由此看来，或许在 2 世纪时，丹麦东部曾出现过一个公国，它似乎以西姆林格耶（Himlingøje）为中心，这个距离罗马相当遥远的属邦可能在一段时间内控制着波罗的海西部地区。就已知证据来看，罗马人有时会向经过遴选的北方集团提供军事和政治补贴。比如，他们在马科曼尼战争期间就使用过这种手段，目的是作战期间在敌对集团的后方煽动战争，以此来减少罗马在多瑙河中部所承受的战斗压力。这是另一种帝国施展影响力的手段——借他人之手挥舞帝国之剑。

如果说蛮族之所以在军事能力上日益精进是受到了罗马的启发，甚至有时是受到他们主动的唆使，那么这个变化之所以成为可能，依靠的是人口增长和农业发展所带来的更加复杂化的社会组织。这些变化带来的结果是，在大批物品于 200 年沉积在伊勒河上游后的几十年里，那些伟大的蛮族新联盟崛起了。后来，它们重创并最终压垮了罗马的北部边境。

3 世纪初，在人口密度、经济生产力和社会复杂程度方面，正处于发展中的日耳曼世界的大部分地区似乎已经可以与西欧的许多地区相媲美，特别是紧靠黑海的几个哥特小国，而西欧的那些地区是罗马早在两三百年前就已经成功吞并的。日耳曼地区的变化引出了一个反事实推理的有趣问题。就罗马当时扩张的脚步而言，对于那些从事农业生产的定居民族，只要他们生产的盈余足以供养驻扎当地的占领军队，且民族中存在着可以与罗马谈判协商的、占据支配地位的精英阶层，罗马均已将其纳入帝国。它的扩张之所以在莱茵河流域裹足不前，可能是因为当时的日耳曼尼亚及其以东地区尚未普遍具备上述条件。不过罗马仍然维持着侵略好战的意识形态，并继续抓住一切机会在有条件的地方进行扩张，比如在达契亚和中东就是如此。这样说来，既然2、3世纪在波罗的海到黑海地区的许多日耳曼群体已经具备与恺撒时代的（譬如）北高卢群体相当的社会经济发展水平，而且其中一部分日耳曼群体已经处于罗马的附庸国王的统治之下；那么，为什么罗马没有赶在新生的蛮族联盟发起进攻前，就对这个"发展中"的新蛮族地区实施第二轮扩张行动，将鹰旗推进到顿河河畔呢？

诚然，罗马在某些时候仍然显示出策动扩张战争的军事实力——塞维鲁就曾为自己侵略帕提亚和喀里多尼亚的企图而组建了若干支大型军队。然而罗马内部的不稳定局势往往排除了这类行动的可能性，人力和资源被反复浪费在内战中。最重要的是，罗马从3世纪30年代开始不得不集中大量资源对付伊朗，而这仅仅是为了生存：萨珊人构成的巨大威胁导致整个帝国的结构发生了调整。到了北方地区有机会出现的时候，或许东边的危机已经使罗马无力把握这些机会。

又或许，自由日耳曼地区的变化程度可能被夸大了，或许它还是与罗马花了200年时间才制服的桀骜不驯的西班牙内陆地区太过相似。罗马人现在也更清楚地认识到欧亚大陆无边无际的广阔疆域，或许出于这一原因，他们对于将战线推进到莱茵河和多瑙河这些主干线河流以外的地区抱有更加谨慎的态度。经验表明，萨尔马提亚的马背民族作为属民只会让罗马感到棘手。然而，如果3世纪的一部分日耳曼人的确已经变得更像高卢人，那么罗马人可能确实是没有意识到良机就在眼前。

正如阿米安努会震惊于日耳曼人房屋的复杂程度，大多数罗马的决策者，也就是皇帝和将军们可能根本没能察觉自由日耳曼地区所发生的变化及其潜在的意义。罗马自身的意识形态、华丽修辞和思维定式已经蒙蔽了他们。在罗马人最初遇到日耳曼人时，许多日耳曼群体可能确实太过"原始"，不适合被罗马吞并。但此时的罗马人仍然这样看待他们，尽管现实情况已经发生了根本性变化，而且罗马人一直在与他们进行外交接触和情报往来。也许罗马人犯了一个典型性错误——对自己宣传的内容信以为真。[102]

无论背后的解释为何，3世纪30年代的现实情况就是，罗马的皇帝和士兵们无意中促使新的重要势力在北方和东方边境同时萌发，于是从此之后他们将长期面临重大战争同时在两线爆发的威胁。

然而，造成当前局面的并非单纯的血腥冲突。正如我们从发现于蛮族地区的罗马剑实物中所了解到的，这些剑也代表着在军事领域中出现的、跨越边境的影响与融合。事实上，在多方向往来的复杂军事交流网络中，剑只是其中一环。事实证明，对帝国中期所有交战民族来说，此类交流都有着相互促进变革的作用。通过对罗马士兵装备进行详细的考古学研究，我们可以开始逐步解开这个谜团。

"和蛮族的联结"

就帝国中期的士兵及其不断发展的身份认同而言，他们的故事主要透过不断进化的武器及装备来表达。但这个故事还有一个重大的转折，它为关于这些武器的种种有趣问题提供了答案："安东尼变革"中的新设计从何而来？而这场革命又究竟为何会发生？

帝国中期装备的一部分特征来自对帝国早期设计的直接延续：要么是渐进式的设计变化（例如，锁甲和鳞甲的设计），要么是显然出自罗马行省的创新手段，其中最重要的就是制剑所用的图案焊接技术。该技术可能是在像高卢这样的地区内发展起来的——地区内有主要部队集结，并且拥有悠久的铁器加工历史。但我们需要在此指出，我们在东部军队的考古学研究上仍然有很多空白。

其他变化则与当时更广泛的罗马世界文化流行趋势有关。比如新式的剑鞘包头设计，有的较大且呈圆形；其他的则采用了希腊式的正面带有涡形装饰的小皮盾造型（见彩图 X），这种包头似乎是有意回归旧式设计，形状与很早以前西弗斯短剑的剑鞘包头类似。前文还提到了同时出现的罗马人佩剑位置的变化，从佩带于身体右侧变为此时的左侧（见边码第 188 页），具体做法是将剑鞘悬挂在颇为显眼的肩带上。这可能在一定程度上也来自"希腊式打扮"，或许也可以说是"特洛伊式打扮"的风行，因为罗马人宣称自己拥有所谓特洛伊祖先，因而与最早的希腊人世界有着紧密的关联（见彩图Ⅱ）。这些变化发生的时机，正好是罗马文化中出现追捧希腊文化的复古主义时代，这实非巧合。这股风潮被称为"第二代智术师运动"（the Second Sophistic），在军事上也出现了与之对应的潮流——皇帝们着迷于亚历山大大帝和他那万夫莫敌的方阵，尤以卡拉卡拉为甚。[103] 马其顿方阵在这个时期以某种方式"复活"了：人们在叙利亚的阿帕梅亚（Apamea）发现了一名军团士兵的墓碑，他是一位"见习方阵矛兵"。[104] 不过"安东尼变革"中其他的设计创新则表现出相当显著的断裂感，它们迥异于以往的罗马（或希腊）武器。其中一个值得注意的例子是环首剑，其全铁剑柄与以前任何类型的罗马剑都不一样（图58）。不过，萨尔马提亚人和其他说伊朗语的群体早在几个世纪前就开始使用带有环形剑首的剑和匕首了。

西部草原上的那些萨尔马提亚马背民族成了罗马最重要的邻居和敌人之一，比如罗克索拉尼人（Roxolani）、雅济吉斯人和阿兰人（Alans）。从匈牙利平原和黑海沿岸到高加索地区和帕提亚世界的边缘地域，罗马人都遇到过他们。[105] 毋庸置疑，罗马人曾经仿制过包括环首剑在内的萨尔马提亚武器。他们使用的剑鞘滑扣和肩带装置可能也源自萨尔马提亚。在当时，从欧亚草原到中国的人们已经广泛使用与之相似的配件，而罗马人的这套装置显然仅对其进行了最低程度的改造。[106] 在图拉真纪念柱上就可以看到萨尔马提亚式的剑鞘滑扣，[107] 在保加利亚恰塔尔卡（Chatalka）一座1世纪的色雷斯人墓葬中，人们发现了一件来自汉朝的中式玉质剑璏真品，它与其他一些来自罗马和草原世界的物件埋在一起。[108] 这些滑扣本来是为骑兵设计的，人们可以用它来悬挂长剑，就像挂六发左轮手枪一样让剑挂在腰带下方。罗马人保留了包括腰带扣和带头垂饰在内的基本设计，但他们把佩剑的皮带挂在肩头作为肩带，使佩剑位置提高，以便于步兵使用。

罗马人另一项源自草原的创新是新式的镂空配件，这些用铸造工艺制作的朴素配件被用于皮带和马具（见彩图X）。和剑鞘滑扣的例子一样，这类配件也能在萨尔马提亚制品中找到绝好的对应版本（尽管关于萨尔马提亚的许多考古学研究成果在年代上相当模糊，令我们目前很难证明它们的出现早于罗马版本）。以龙首为造型、装有风标的龙头旗标亦是如此，先是罗马人看到了

214

萨尔马提亚人使用这样的装饰，然后它才出现在了罗马军队中；这种装置还传到了达契亚人那里（图55）。[109] 此外，罗马大概是在1世纪晚期引入了配备长矛的骑兵，[110] 他们与萨尔马提亚长矛兵作战的经历至少也对此起到了推动作用。

双手持握的长矛阻碍了盾牌的使用，对此，萨尔马提亚人用覆盖骑手全身乃至其坐骑的盔甲来弥补。罗马人之所以会使用同类盔甲，可能同样也是对萨尔马提亚人的模仿。事实上，萨尔马提亚人在这一时期对罗马装备产生了相当强烈的影响，它足以让我们去讨论罗马军队文化所出现的相当程度上的"萨尔马提亚化"。[111] 然而，这还远远不是故事的全部。

对在"安东尼变革"中出现的变化而言，还有另一个非常重要的潜在外来灵感来源。帝国中期军队装备中许多被归为萨尔马提亚的元素，可能也同等地受到了幼发拉底河对岸的影响；或者它们可能本就来自那里。早在遇到萨尔马提亚人之前，罗马人就见识过手持长矛的帕提亚重甲骑兵，他们自然也迎战过帕提亚的弓骑兵。毋庸置疑，罗马帝国中期的箭术设备和技法主要学自东方。这其中不仅包括强有力的复合弓，而且到了3世纪，罗马人很可能已经因使用"蒙古式"射箭法而开始佩戴扳指。在"蒙古式"技法中，拉住弓弦的不是食指和中指（这被称为"地中海撒放"），而是右手拇指，拇指指肚用一只宽宽的扳指来保护。[112] 这种箭术用具和技法起源于中亚，但它在整个帕提亚地区到叙利亚的范围内经过了细致的磨炼提升。罗马皇帝很早以前就会招募帕提亚的流亡者和叙利亚人担任辅军中的弓箭手。玛里斯（Maris）就属于这种情况，他是由帕提亚人和阿拉伯人混合而成的弓骑兵队伍中的一员，这支队伍在1世纪中叶就已出现在莱茵河畔

（图 67）。[113]

时至今日，我们在考古学上对帕提亚－萨珊人的剑几乎仍然一无所知，但在伊朗北部出土的几柄剑看起来应该来自帕提亚末期（图 68）。[114] 与罗马武器全然不同，这些剑的剑柄带有铁制的十字型护手。这是萨尔马提亚环首武器的共同特征，不过有时护手会进一步延伸形成长长的两翼，预示着将来的中世纪阔剑。这些剑的剑身大多缓缓收窄，在末端形成一个长长的锋利剑尖（因此对刺击和斩击都同样适合）。由于没有剑槽也没有中脊，这些剑的剑身横截面看上去和透镜的截面一样。不包括剑柄在内的剑身长度为 570 到 780 毫米不等，剑身形状明显与罗马帝国中期的几种罗马剑很相似。人们还没有对这些已出土的剑身实物进行成分和制造技术方面的分析；但据老普林尼的记录，只有"来自丝²¹⁵

图 67. 墓碑的主人是 1 世纪葬在美因茨的"帕提亚人和阿拉伯人翼队"弓骑兵玛里斯。墓碑浮雕上他的仆人时刻准备着为他补充箭矢。

绸之国的"（Seric，意为中国的）钢材质量才能超越帕提亚钢，表明罗马人对帕提亚人的武器进行过仔细的检验。[115]

图像资料还显示，帕提亚人使用剑鞘滑扣和带有配件的佩剑带的时间，至少和它们出现在多瑙河边境线上的时间一样早，这些物品构成了罗马人后来采用的佩剑装置的明确潜在原型。如此说来，剑鞘滑扣和佩剑带进入罗马人用品的渠道也就有了两种可能性。从早期的萨珊浮雕作品中也能看到伊朗人佩戴着带环扣的腰带以及腰带末端的悬垂装饰，这两个元素都是 3 世纪罗马军装的突出特征，但在萨尔马提亚人的穿着中就找不到同样的装饰（可比对查看图 59、69）。幼发拉底河边境作为新技术、新工艺和新风尚的源头，其重要性可能不亚于多瑙河边境，但相关经过仍然有待人们去详细地研究阐述。

早期日耳曼军事装备中似乎不存在吸引罗马人跟风模仿的元素，但是他们的日常着装和须发仪容却是另一回事。很明显，3 世纪罗马士兵所穿的长裤、长袖丘尼卡袍和方形斗篷的组合（见边码第 189 页）直接照搬了"北方蛮族男性"的一般着装，只是对衣物配色进行了"罗马化"，除此之外几乎没有其他调整。（即便长款衣物在中欧气候下具有明显的实用性，士兵们也还是用了这么久才放弃地中海式服装，罗马人在服饰方面的保守态度可见一斑。）新的"罗马套装"是高卢人、日耳曼人、达契亚人和其他来自黑海附近的人们长久以来惯于穿着的服装。事实上，人们在克里米亚发现了若干来自 1 世纪的博斯普鲁斯墓碑，在上面可以看到帝国中期罗马军装的前身，二者的相似度非常惊人；碑上还描绘着帝国中期的宽椭圆形罗马盾牌的原型。墓碑的发现地点正是罗马军队曾经活动过的区域。[116]

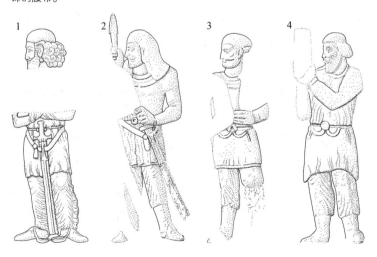

尤其惊人的是，马可·奥勒留纪念柱所描绘的2世纪60至70年代马科曼尼战争期间的日耳曼人着装，与其后几十年的墓碑所描绘的罗马士兵着装极为相似。[117] 更令人吃惊的是，在纪念柱和其他来自那个年代的图画作品中，2世纪后期的日耳曼战士、罗马士兵和皇帝都拥有同款的蓬发长须造型（图52、63）。在帝国范围内，皇帝、军官和士兵往往都留着相同的发型和同样的胡须。问题是，究竟是谁在模仿谁？人们通常认为，作为希腊文化广泛复兴的一部分，蓄须从哈德良时代开始成为精英阶层中的一种时俗礼节，于是士兵也和其他享

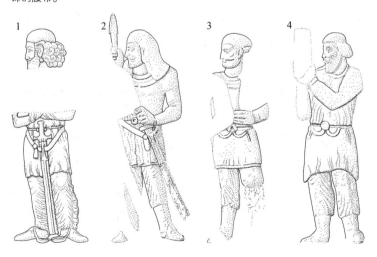

图68. 人们在伊朗北部的吉兰省戴拉曼（Dailaman）发现的若干柄剑，图为基于它们复原的帕提亚晚期的剑。（比例1∶8）

图69. 下图：这些作品均来自伊朗比沙普尔古城的皇家浮雕，画面展现了萨珊帝国早期的佩剑带、剑鞘滑扣、剑带环扣以及带有悬垂装饰的腰带。

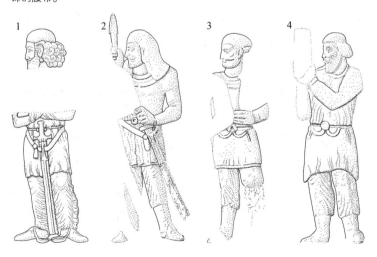

有特权的罗马男性一样追随着帝王家的时尚潮流，开始留起了胡须。[118] 但是有充分的理由表明，此处跟风的主客关系正好相反——是皇帝根据士兵的风尚来打理自己的发型，这是他们作为士兵的"战友"的人格面具的一部分。身为希腊哲学的拥趸，马可·奥勒留无疑本来就喜欢蓄须，但他会将胡须留得那么长且浓密蓬松，则可能是为了与手下士兵的流行造型保持一致。塞维鲁亦是如此，而他可不是什么哲学家！士兵们可能也是从交战过的民族那里接纳了蓄须的时尚，而且罗马从这些民族中征募的士兵也越来越多。在 2 世纪后期，这其中尤为重要的就是多瑙河流域的日耳曼人。

军队文化的流动并非简单的单向流动。正如当年的希腊化世界一样，此时的罗马邻国也吸收了罗马武器装备和作战方式中的种种元素。在帕尔米拉人的画作中，他们的神明佩带着美因茨式的罗马剑；纳巴泰的阿拉伯贵族则会在祭坛上刻画庞贝式剑。[119] 萨尔马提亚人将铁制锁甲作为皮质护具或鳞甲之外的另一种选择，这种锁甲可能就引进自罗马人。[120] 帕提亚－萨珊世界也接纳了锁甲，它出现了在早期萨珊皇家浮雕作品上（图 65）。在杜拉欧罗普斯发现的一名早期萨珊士兵身上也穿着锁甲。在他身旁找到的头盔上带有锁甲护颈，而且还装有一片从头顶延伸到护鼻板的额外加固板，这似乎是复制了罗马头盔长期带有的特色结构（图 70）。萨珊人之所以能进行攻城战，可能是因为他们吸取了被其征服的哈特拉人和叛逃的罗马人所传授的专业知识。[121] 后来萨珊人针对中亚民族建立了线性防御设施，这模仿的可能是罗马的边防系统。[122] 此外，我们也已了解到，就连地处偏远的日耳曼人也能大批量地获得罗马的利刃。

不过创新与变化的潮流还是以外界流向罗马帝国为主，个中原因波利比乌斯在 300 年前就已指明：罗马人拥有一种开放接纳的意识形态，他们乐于接受外来理念和异族之人，并将其吸收内化为自己的理念和人民，在非军事领域是如此，在涉及军队和武者文化的领域更是如此。特别是在 2 世纪后期，罗马人在屠杀多瑙河流域的日耳曼人和萨尔马提亚人的同时，也从这些敌对民族中招募了成千上万的士兵。例如，在 175 年大约有 5500 名萨尔马提亚人，相当于 11 支辅军部队（图 71）被抽调到不列颠。[123] 由此，东方武器、萨尔马提亚武器以及日耳曼的服饰组合和发型，通过边疆地区的行省省民，以及来自蛮族的盟友和新兵的手提背扛，也通过战利品，进入了罗马军队用品的行列。与此同时，罗马制品的特性与工艺也凭借掠夺，或通

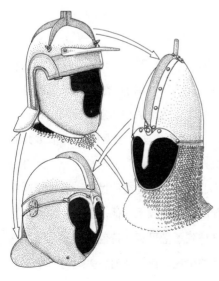

图 70. 从现有证据看来，萨珊人仿制了帝国中期罗马人的铁制锁甲，以及罗马头盔上的颅骨保护加固结构（左上）。人们发现了一名大约在 256 年被害于杜拉欧罗普斯的萨珊士兵，从他曾佩戴的组合结构头盔（右）上能看到上述设计——如果没有这些元素，这顶头盔的外观其实是不同于罗马头盔的。相反，罗马士兵在 4 世纪突然开始佩戴与以往截然不同的全新头盔（左下），其灵感显然来自右图中的帕提亚 – 萨珊式设计。

图 71. 来自切斯特，据推测是一块墓碑，墓碑主人可能是一名萨尔马提亚辅兵，画面中的他背后飘扬着一枚带风标的龙首杆饰。这可能代表他是 175年被派往不列颠的数千名萨尔马提亚士兵中的一员。

过战俘、流亡者和叛徒，可能还有蛮族出身的返乡老兵，不断从帝国流传出去。

†

这样看来，罗马边境地区的真实图景并不只有暴力冲突，强有力的文化融合也在这里进行着，特别是在罗马士兵和境外的"蛮族"之间。颇为矛盾的是，在维护和划定彼此间边界和双方社会间差异的同时，相互对抗的战斗人员之间也有很多共同点——他们装备的融合、交换及共性就可以证明这一点。来自北海到乌克兰再到叙利亚沙漠的广大地区的交战民族，有选择地在各种方向上吸收和改造彼此的装备和战术。他们的交流超越了作战装备和实践的范围，也延伸到了世界观和价值观领域。随着移民、交叉征兵、流亡和逃兵的出现，在莱茵河、多瑙河两岸及干燥草原上相互对峙的人变得越来越相似。从某些方面来说，相较于本族中的其他人，其实他们和名义上的敌人之间拥有更多的共同点。

多种武者文化的融合其实是一种重要的外化表现，其背后是关于边境地区的更深层次的事实：从很多意义上说，边境地区并非划分不同政治文化的分界线，而是横跨在分界线上的延伸地带；它非但不是边缘地区，反倒是发生着密集互动的核心区域，这些互动既有涉及武力的，也有其他方面的，而且对边境线两边都有着深刻的影响。罗马境外的区域也像腹地行省一样与罗马边境地区有着联结关系，并且也同样左右着边境地区人们的价值参照系，其影响力其实比罗马城本身更大。[124]

这些对抗的群体的确表现出一定程度的同化，毕竟他们在特定事物上达成了一致。比如，在他们所处的共同世界中，可选范围内的哪种武器最有威力。然而话虽如此，他们却也热衷于保留和强调自己的独特性。于是，斯堪的纳维亚人或许对罗马剑刃爱如珍宝，却要对剑柄和剑鞘的外观进行"日耳曼化"处理。[125]萨珊人则是对锁甲采取了全然不同于罗马人的使用方式，他们将锁甲片装在了头盔上。至于罗马军人，他们为蛮族样式的全新服装加上了希腊-罗马风格的色彩，以表达他们对传统的认同。

此时的罗马士兵群体已经接收了如此之多的新兵和新装备，这些人员和物品又来自迥然各异的边境行省和异族外乡。因而罗马士兵群体的内部趋势是：促进物质文化的同质化，以表达他们的集体身份认同。在2世纪，辅军装备普遍表现出趋同的变化趋势。这些装备主要是从高卢到色雷斯的边境地区各族的武具演变而来的，这部分地区已经完全归化于罗马。就像将上述装备引入罗马军队的那些行省新兵一样，装备本身也已归化为"罗马装备"。[126] 阿利安（Arrian）作为一名哈德良时代的军队指挥官，在《战术手册》（*Tactical Handbook*）一书中对这个演变过程有如下评论：

> 罗马人是值得被赞扬的，因为他们不会（仅仅）固守于自己本土的事物。于是，当他们从各地选取了高品质的用物之后，便把它们变成了自己的东西。你会发现，有些武器是罗马人从外族那里获得的——却居然因为罗马人特别偏爱使用它们而被冠以"罗马"之名。（他们）从他人处（学到了）士兵训练的方法……[127]

这个变化过程反映了一个现实：军团士兵和辅军士兵的出身背景和故乡越来越相近。许多军团士兵是行省辅军士兵的后代，而越来越多的辅军士兵甚至在刚被招募入伍后就已经获得了罗马公民身份。然而正如我们所看到的，他们的共同背景植根于边疆地区——这里孕育发展着种种行省式的罗马文明，它们与"核心区域"的非军事化希腊－罗马社会之间的差异在日益增大。北方人覆盖四肢的服装不仅能在中欧地区的冬天更好地保暖，也符合欧洲行省或是野蛮人的价值观，以及东方对裸露身体所抱有的羞怯保守的传统态度。

总的来说，罗马武者文化的演变可以看作边疆行省军队的"罗马化"过程：从不列颠北部到幼发拉底河，来自形形色色种族的人们以士兵的身份获得了共同文化和公开作为罗马人的身份认同。然而，构成士兵文化的事物已经发生了变化，尤其是在军事装备的"安东尼变革"中，来自其他文化传统的基础要素替代了原本的地中海元素。因此，即便这些士兵已经成为优秀的罗马人，或是正在转变为优秀的罗马人，但核心地带的各行省平民们完全可能将包括"安东尼变革"在内的这一系列转变视为罗马军队的"行省化"乃至"蛮族化"。

✝

从士兵的角度来看，罗马军事物质文化的这一演变过程和西班牙短剑的引进一样，都不能算是"蛮族化"现象。正相反，他们认为这反映的是对罗马传统精髓的延续：吸收外族的人和外来的做法，使之成为"罗马性"的一部分。在构成帝国的诸多社群之中，士兵是最重要、对自己的罗马身份最为自觉的群体之一。然而其他许多罗马人，无论其身份高低贵贱，不仅日益把士兵看作危险的压迫者，而且还把他们当成几乎与蛮族并无二致的外来者。

对意大利人和许多行省人来说，即便帝国中期的士兵们穿着带有紫色刺绣的白色袍子，武器上刻印着古希腊－罗马风格的图样，看起来却还是如此古怪另类（outlandish），令人心头一惊。就连军团士兵似乎也日渐开始打扮成罗马边境地区以外的"蛮族"模样，毕竟大多数士兵正是来自那些地方。他们在人们眼中是如此格格不入，这还是在他们尚未开口讲话，或是还没显露出军人特有的粗野傲慢的时候；而他们的腔调也很陌生——当普通士兵说拉丁语时，他们使用的是"军队话"（sermo militaris）。这其实是一种融合了派生自其他语言的俚语和技术词汇的特殊军用方言。例如许多骑术术语就源自凯尔特语。[128] 不仅如此，不少士兵以拉丁语为第二语言，说话的时候带着蛮族口音；还有些人几乎不说拉丁语，特别是在以希腊语为通用语言的东部地区。

因此，这样的事也就不足为奇了——当塞维鲁以内战胜利者的身份于193年抵达罗马时，城市居民并没有把他麾下获得胜利的潘诺尼亚士兵当成"我们的阿兵哥"，而是认为他们与蛮族无异。正如卡西乌斯·狄奥所记录的，那时罗马"这座城市里挤满了一群外表最原始、腔调最凶恶、讲话最粗野的乌合之众"。[129]实际上，他们中的一些人无疑正是未来将会成为罗马人的第一代蛮族新兵。一位名叫 L. 塞普蒂米乌斯·瓦莱里努斯的士兵在罗马留下了墓碑，从姓名上看，将罗马公民身份授予此人或其父的可能就是塞维鲁。他本人则是塞维鲁手下由多瑙河士兵组成的新禁卫军中的一员（图62）。在这样的人中，有一些人的父亲或爷爷很可能正是马可·奥勒留纪念柱的画面中被屠杀的日耳曼人。但这并不妨碍他们认为自己是"优秀的罗马人"，也不会妨碍他们成为"优秀的罗马人"。军队生活已经成为一个分隔于外界的独立领域，大多数军人对大都市而言都是陌生人。从这里便能看出，"军人的罗马"与非军事化核心行省的平民心目中的"共同罗马"之间已经存在着多么大的差异。

3 世纪危机："帝国主义扩张的反弹"

为神圣的胜利女神（而设下本祭坛），以纪念在（公元260年）4月24日和25日，雷蒂亚省的士兵、日耳曼尼亚军团士兵（*Germaniciani*，疑为来自上日耳曼尼亚的士兵）以及来自民众的士兵（*populares*，疑为行省地方民兵）袭击并驱逐了塞姆诺嫩部（Semnoni）或朱顿基部（Iouthungi）的蛮族。
数以千计被俘的意大利人得到了解放……

——奥格斯堡一处祭坛上的铭文 [130]

（在一定程度上，3 世纪困扰罗马的新危机是由它掌控范围之
外的广阔进程所造成的；但其主要原因还是在于，罗马持续发动
军事侵略行动，却未能吸收融合它所袭击或试图控制的那些民族。
由于继续追求昔日的扩张主义意识形态，2 世纪期间和 3 世纪初
的罗马领导人和士兵在无意间"出了一份力"，在多条战线上为
自己创造了强大的敌人。罗马的尚武精神本来是一种财富，但由
于对其他势力产生了意料之外的影响，此时它也构成了同等的
负担。

事实证明，即使是罗马军事系统的力量，也无法同时应付出
现在北线和东线的战争。奥古斯都所留下的行省军事体系历经了
演变，但其中很大一部分已经在灾难性的多次战败中被摧毁，已
然存在于军队集团之间的地区性裂痕也由此延伸开来。由于士兵
和指挥官面临着多方袭击，譬如在德国奥格斯堡发现的那座华美
祭坛上的铭文中所记录的事件，处在这种情形下的他们首先考虑
的是自我保护和保卫自己的家乡。

在 235 年亚历山大·塞维鲁遭人谋杀后，随之而来的便是帝
国外的溃败和帝国内的暗杀与内战，它们形成的恶性循环看上去
已无法遏止。在 244 年抵抗萨珊人的大举入侵时，皇帝戈尔迪安
三世（Gordian III）在马西切（Misīk）战役 [131] 中被杀，也可能是
在那不久后遭到暗杀。他的禁卫军长官菲利普继承了皇位，此人
与精明强干、雄心壮志的萨珊新王沙普尔一世和谈，达成了不利

于罗马的和约。他的寿数让他得以在248年主持罗马的千年庆典，但他还是被谋杀了，取而代之的是达契亚总督德基乌斯（Decius）。德基乌斯争夺王位的行动使得多瑙河行省暴露在哥特人的袭击之下，而哥特人自己则受到了来自萨尔马提亚阿兰部的压力。德基乌斯于251年在与蛮族的战斗中丧生，王位的更迭就这样持续下去。253年登基为帝的瓦勒良面临的多场战争从北海蔓延到美索不达米亚地区——他正是在此地被沙普尔一世俘虏，遭受了前所未有的奇耻大辱（图72）。当哥特人持续威胁着多瑙河下游时，不久前才联起手来的两个日耳曼联盟——法兰克部和阿勒曼尼部[132]从莱茵河及多瑙河上游对帝国发起了冲击，他们的侵略行动深入边境线，给帝国造成了极大的打击。到了260年，他们将会到达西班牙和波河平原地区。同时，沙普尔一世在3世纪50年代多次入侵叙利亚。瓦勒良到东线去迎战萨珊人，留下他的儿子伽利埃努斯（Gallienus）统治欧洲。伽利埃努斯击退了阿勒曼尼人，但在他被迫应对多瑙河上叛变的指挥官们时，高卢又爆发了一场更严重的叛乱。他麾下的将军波斯杜穆斯（Postumus）在此地发起了争夺王位的行动，并且靠成功守卫日耳曼人侵下的莱茵河而赢得了行省军队的忠诚。最重要的是，西班牙和不列颠总督也转而向波斯杜穆斯效忠。大约在同一时间，伽利埃努斯得知自己的父亲在埃德萨被萨珊王朝的罗马克星——沙普尔一世打败并俘虏。

260年，伽利埃努斯突然发现，尚处于自己统治下的只剩下帝国的一部分领土了。罗马在东方的权力已然崩溃。其实，若非有帕尔米拉人的非凡胆识和胜绩，这片地区早就落入萨珊人的统治了。帕尔米拉人作为罗马在叙利亚的属民，不仅牵制住了波斯

图 72. 描绘沙普尔一世战胜了两位罗马皇帝的壁画，位于伊朗的纳克歇－洛斯塔姆遗迹（Naqsh–e–Rustam）。菲利普在沙普尔面前卑躬屈膝，被俘的瓦勒良则被沙普尔抓住了手腕。注意沙普尔用剑鞘滑扣固定在腰带上的长剑。

人，到了 270 年还将自己的支配势力扩大到了叙利亚、安纳托利亚乃至埃及。彼时，波斯杜穆斯已在西部成功起事，并建立起一个脱离罗马的国家。这个国家拥有自己的翻版元老院和禁卫军，称作"高卢帝国"。

摆在伽利埃努斯面前的是一系列极为艰巨的任务：击败叛军和篡位者，驱逐所有外敌并消除他们的威胁，重建溃败的军队和破碎的边境，在各行省重新树立帝国权威，重启财政系统的运作以便维持政权和供养军队。为此，他以多瑙河地区为大本营进行相关的军事准备。人们通常认为他的成就之一是组建了一支新的骑兵部队，这支部队成为后来的"机动野战军"的重要核心。蛮族屡次入侵，甚至触及雅典，伽利埃努斯持续与之抗争，直至在

268 年被人暗杀。次年，哥特人进一步入侵，大举进犯巴尔干半岛，此时他们已决心永久定居在帝国境内。有人曾说，那段岁月是罗马自坎尼会战之后所经历的最黑暗的时期，此话言之有理。

3 世纪 60 年代的罗马被残酷血腥的内战和来自四面八方的外敌袭击所撕扯，与昔日的亚历山大帝国一样变得四分五裂；帝国湮灭消亡的命运看来已成注定。同时代的人们一定认为，要扭转这命运唯有奇迹发生。然而尽管困难重重，士兵手中的利剑仍旧创造了这个奇迹。

第五章　军人帝国

269—376 年：绝对君主制的锻造

"帝国衰亡"？

3 世纪 50 年代和 60 年代，一系列史无前例的外敌入侵和内战相生相成，将罗马的军队和威望击得粉碎，帝国也四分五裂。然而帝国的力量却得以延续。到了 3 世纪 80 年代，军人们重新统一了各行省，并赶走了外敌。在接下来的三个多世纪里，罗马士兵不断创造着惊人的战绩，其中一些可与其祖先在西庇阿或恺撒麾下所取得的任何功绩相媲美。

事实证明，罗马士兵无法征服边境周围的几个主要新生强国。话虽如此，他们还是与众多强敌正面对抗，而且大体上也取得了胜利。他们所面临的敌人在整体上比帝国早期的先辈所遇到的对手更加可怕。这些敌人的出现，在很大程度上是罗马挥剑征战所带来的结果。罗马的军人们证明，在维护巩固皇权和保护好控制着平民社会的贵族的同时，他们仍然还能在战争和重大战役中取得胜利。帝国晚期的罗马军人可以像以前一样强悍，而且只有在这一时期，他们才处于拥有完整军人职业生涯的军官团的指挥之下。

可以说，改革后的晚期罗马帝国政权是由军人直接创造的，其存在也更直接地为军人服务；而且比起共和国晚期或帝国早期，军人与帝国间的这种关系甚至变得更加紧密而直接。行省的军事化也比以往更加公开明显；这些行省本来一直与拥有土地的贵族阶层处于共生关系之中，而此时却以前所未有的公开姿态作为供养军人和帝国宫廷的资源基地来运转。然而，罗马士兵也仍然酷爱发动哗变、参与内战和虐待平民。他们仍然推崇祖先留下的传统及其在战场上的功绩，而且直到6世纪还有一些人处于被称为军团的单位中。诚然，这一时期过去很久之后，罗马仍然拥有强大的正规军，其中的士兵仍然自称罗马人，并按照与早期帝国军人相同的纪律守则进行训练。因此，无论罗马剑作为一种隐喻，代指仍然具有显著罗马特征的政权手中的军事力量，还是作为罗马身份依旧明晰的士兵手中的一件物品，要判断应该在哪一个时间点为罗马剑的故事画下句号，是一件多少有些武断的事。在本书中，出于一些在后文中会变得显而易见的原因，我选择的时间是：公元565年，查士丁尼皇帝统治的结束。

223　　至少在接下来的几个世纪中，罗马（按他们自己的标准）成功维持住了自己的军事力量——这样的描述可能会让人感到惊讶。因为在通俗史学乃至许多学术著作中，3世纪以后的那段历史即使没有被彻底忽略，也往往只被当作荣光褪色时的沉郁尾声。[1]许多人只对罗马早期蒸蒸日上的"闪亮战争机器"感兴趣，那之后的一切（即便不把塞普蒂米乌斯·塞维鲁统治时期乃至马科曼尼战争看成衰败的开始）在他们看来则重要性有限——那是一个只能用衰退、战败和腐朽来描述的薄暮之世，颓废淫靡的风气和堕落败坏的道德造成了这一切；在那样的世道里，传统的罗马勇德正在消弭，军队和帝国跟跄蹒跚着度过了多灾多难的3世纪，到头来在4、5世纪还是被来自北方的蛮族势力所压倒。这样的一番偏见甚至被构建到用于指称罗马时代的基本术语中：英语国家的学者所谈及的"早期"和"晚期"罗马帝国，在其他欧洲语言中则被称为从奥古斯都到安东尼王朝的"盛世期帝国"，以及在那之后的 4 世纪到 5 世纪期间的"衰落期帝国"。

当然，人们如此解读历史是有原因的。18 世纪吉本的经典巨著《罗马帝国衰亡史》（*Decline and Fall of the Roman Empire*）让这类观点成了圭臬之言。在吉本提笔之前的几个世纪里，韦格蒂乌斯的"兵法手册"重新获得了人们的推崇，学者和士兵都在对其进行研读，这本大约写于 4 世纪末的著作变得极具影响力。[2]韦格蒂乌斯呼吁对军队进行改革，他忧心忡忡地宣称，士兵们已经摒弃了传统的罗马武器和纪律，这指的是恰当的旧式训练，而且他们不屑于再充分佩戴防具。事实上，5 世纪的确是罗马士兵最后一次出现在莱茵河畔的时间，西方的各支军队也确实瓦解于这一时期，罗马在欧洲的统治也基本陷入崩溃。军队的失败意味着罗马不再能够遏止蛮族的浪潮，这长期以来一直是解释"罗马帝国何以衰落"的重要支柱性原因；而与之并列且密不可分的另一部分解释，则是人们认为这个曾经伟大的文明内部出现了道德的沦丧败坏。

在这个扣人心弦的史诗故事里，那些堕落的末代罗马士兵倒在了蛮族的刀剑夹攻之下——这个故事至今仍在西欧宏大的历史叙事中占据着核心地位。在人们的观念中，许多现代国家，尤其是英国和法国，其历史的起点就是罗马帝国崩塌后蛮族的定居开拓。然而这番为我们所熟知的描述有个问题：它作为道德寓言的确很精彩，但作为历史却很糟糕，充其量也只能说它带有很强的选择性偏见，以西欧为中心视角，而且在关键细节上还是完全错误的。

我在本章开篇所描述的一切与"帝国衰亡"的说法形成了反差，我谈到了罗马那强盛一如既往的军事力量及其逐步转型的过程。需要承认的是，这本身也是一种"有倾向性"的论述，它以从东罗马视角出发的偏见来对抗根深蒂固的西部帝国视角。然而我确实认为，与"帝国衰亡"的传统叙述相比，这种说法更准确地呈现了关于罗马军事力量晚期历史的整体图景。因为"帝国衰亡"的说法抹杀了东半部的帝国，它才是更富有的那一半，而且在这一时期它也逐渐成了更强大的那一半；它完全没有陷入崩溃，而是长期保持着主要军事强国的地位。事实上，在吉本的这部宏伟巨著中，除了对西罗马帝国的崩塌进行描述之外，有相当比例的内容关注的都是存续下来的东罗马帝国在此后一千年间的历史，关注它如何演变成我们称之为拜占庭帝国的中世纪东正教国家，不过，在其首都君士坦丁堡于 1453 年被奥斯曼土耳其人攻陷之前，该国讲希腊语的统治者和国民一直自称为罗马人（*Rhomaioi*）。因此，将东罗马帝国漫长的中世纪历史贬低为"帝国衰亡史"是抱残守缺的成见。[3]此外，我们也有充分的理由认为，"西罗马帝国衰亡"的传统叙述也严重扭曲了西罗马帝国及其士兵的历史。在帝国晚期，士兵与剑一如既往地在罗马世界的历史发展中占据着核心地位。

像此前一样，在晚期罗马帝国的故事主题中，永不停歇的变化背后潜藏着有意识的传承与延续。然而到了 6 世纪，变化已经如此深远彻底，因此我们认为"罗马"这一术语在意义上已经不再充分适用，而用"拜占庭"来取而代之。这些变化趋势早在 4 世纪中叶就已露出端倪。

357年，君士坦提乌斯二世进入罗马

357年春天，在帝国士兵和军旗的护送下，统一帝国的最高统治者君士坦提乌斯二世（Constantius Ⅱ）进入了罗马城。此处的元老院仍在议政，每个新年仍然用执政官的名字来命名。在接下来的日子里，君士坦提乌斯像此前的许多皇帝一样加入民众的行列，一同在大竞技场（Circus Maximus）欣赏战车比赛，尽情在比赛中享受着历史悠久的粗话言论自由。到此为止，一切还都依循着传统。然而历史学家阿米安记录了此次皇帝出行的细节，他鲜明地揭示了自奥古斯都时代以来，罗马、罗马皇帝和罗马士兵已经发生了多么深刻的变化。君士坦提乌斯到来时，不是作为获胜的将军或是罗马人民的贵族行政长官，而是作为接近神明的存在：

> 他独自一人坐在一架金色的车乘上，沐浴在宝石华美的辉光之中……他四周有龙（旗）环绕，它们以紫色的线织就，绑在镶有宝石的金色长矛顶端，仿佛被激怒一般嘶嘶作响，风标的尾巴在风中扭转盘绕。座驾两侧有双排步兵随之行进，他们的盾牌和纹饰光泽熠熠，身着闪亮的盔甲。步兵行列中还有三三两两身着全套铠甲的骑兵［被称为重骑兵（*clibanarii*）］，他们都戴着面具，配备有防护胸甲，腰间系着铁制腰带；因而你或许会以为那是由普拉克西特利斯（Praxiteles）亲手打磨的雕像，并非真人。以铁皮弯出的薄圈，贴合着他们身体的曲线，完全覆盖他们的四肢……人群发出

欢迎的呼喊，他以皇帝的身份接受这份敬意；雷鸣般的喧吼之声响彻山丘和海岸，他却纹丝不动，表现得从容镇静。……他在通过高大的门时总会屈身（虽然他很矮），而同时他的脖子就像被钳住一样，于是他的双眼总是保持直视前方……但是（就仿佛他是一尊泥塑）当车轮颠簸时他从不点头，也从不见他吐痰、擦拭或揉搓自己的脸部或鼻子，更不见他双手乱动……[4]

对罗马城的人民来说，仅仅是望上皇帝一眼的机会都越来越少了。这是君士坦提乌斯首次亲眼得见这座古老的都城。罗马仍然是一个神圣的象征，但它如今已是闭塞落伍之地。战争和政治——包括皇位之争——如今都已在别处上演。

在出征打仗的季节里，皇帝常常与新的野战机动部队中的士兵（被称作亲军，*comitatenses*）一起行动，发动对外战争或镇压篡位者。即便算不上伟大的将军，君士坦提乌斯也是一名经验丰富的士兵。在不久之前，他不得不从与萨珊人的战争中抽身出来，转而攻向西方，对付高卢地区的竞争对手——马格嫩提乌斯（Magnentius）。在这场内战中又有成千上万的罗马士兵战死。据传，那位战败的篡位者以传统方式自行了断——以剑自戕。

皇帝们如今不再留在罗马过冬，而是来到靠近边境的大城市或守在帝国各处的战略要道上，从西方的特里尔和米兰到东方的安提阿；他们这样做可能更多是为了监视自己的士兵而非防范外敌。新的帝国首都君士坦丁堡迅速成为最重要的城市，该城在 357 年还处于建设中。其原址为希腊旧城拜占庭，沟通多瑙河流域及东方地域的主要陆路就在此处与连接地中海与黑海的狭窄海峡相交。它占据着战略要地，从此处既可派兵向东，也可挥师西去，还能阻挡企图穿越帝国的入侵者。该城由君士坦提乌斯的父亲君士坦丁大帝（Constantine the Great）建立，他临终时是第一位信仰基督教的皇帝。从一开始，君士坦丁波利斯（Constantinopolis，意为君士坦丁的城市）就注定要成为新的罗马，即第二个罗马；同时它也注定要成为一座位于讲希腊语的东方地区的基督教城市。从此帝国有了两个具有象征意义的极点，一新一旧，两个罗马。还有另一个深刻的变化：君士坦提乌斯是一名信仰基督教的统治者，统领着一个逐渐基督教化（但大体上仍是多神教）的帝国。而剩余的多神教信仰捍卫者中最坚定的一批，正是在 357 年护送皇帝进入旧罗马的士兵们。

前文那段对皇帝亲临场面的生动描摹出自阿米安·马塞林努斯的手笔。他本人就是一名异教徒军官，一个讲希腊语的东方罗马人，很可能是叙利亚人。在伽利埃努斯上台之后的一个世纪里，阿米安所服役的军队就一直由伊利里亚的强悍军人所主导，这些来自多瑙河流域诸行省的士兵是从巴尔干地区的行省人和邻近蛮族中招募来的。正是这些伊利里亚人从 3 世纪中叶的灾祸中拯救了帝国，他们中既有普通的士兵，也有诞生于其中的军官和军人皇帝。这些人的教育程度不高却性格坚韧，并且是彻头彻尾的职业军人（图 73）。4 世纪的皇帝们仍然大多出身伊利里亚，这其中也包括君士坦丁大帝和君士坦提乌斯二世。

图 73. 伽列里乌斯皇帝（Galerius）向手下士兵发表讲话。这些强悍的多瑙河伊利里亚人戴着配有护鼻的头盔，手持龙旗，这反映出萨尔马提亚和帕提亚－萨珊文明对他们的影响。此为位于希腊塞萨洛尼基的伽列里乌斯拱门上的受损浮雕作品的局部修复图。

269—284 年：重建世界

恰如我们所见，在 3 世纪 50 年代和 60 年代，军事上的惨败压倒了帝国，令其开始瓦解（见边码第 220 页）。到了 269 年，位于莱茵河上游地区以外的阿格里戴克美特区已经被放弃了。269 年，意图在巴尔干地区定居的哥特人对此地发起了大规模入侵。看起来，这场入侵将会迫使罗马政权进一步向南迁移。然而，在本身就是伊利里亚人的克劳狄二世（Claudius II）领导下，罗马的巴尔干士兵在抗击入侵者时取得了非凡的战绩。哥特人兵分两路，而克劳狄的部队依靠迅捷而巧妙的调度，插入敌人两路之间；他们先是消灭了第二波入侵者，然后又拦截并击溃了撤退中的第一支队伍。罗马军队让敌人吃了一场惨痛至极的败仗，因此在一个世纪的时间里，哥特人几乎没有再对罗马形成进一步的威胁。为了纪念克劳狄的胜利，他被赋予了哥特库斯（Gothicus，意为哥特征服者）这一姓氏。此时他开始准备对付那些进犯潘诺尼亚的日耳曼人，以此来巩固多瑙河边境的重建成果，然而他却在这时（270年）突然薨逝。他是该时期唯一得以在卧榻上离世的皇帝——瘟疫夺去了他的性命。

多瑙河的战士们又从自己的队伍中推举了一位穿紫袍的人——克劳狄的亲信将军奥勒良（Aurelian）。他迅速将日耳曼人赶出了潘诺尼亚，并放弃了达契亚，从而大大缩短了多瑙河地区的边界。到了271年，这位帝国中部地区的统治者终于有能力发动攻势，意图重新夺回失去的东西部行省。奥勒良选择率先收复更富饶、人口更多的东部地区，尤其是趁着高卢帝国正忙于内斗。在派出第二支部队攻占埃及的同时，奥勒良的士兵以极快的速度重新占领了安纳托利亚，又在叙利亚击败了帕尔米拉人，随后急速穿越草原和沙漠，包围了帕尔米拉本土（272年）。罗马人俘虏了著名的帕尔米拉女王芝诺比娅（Zenobia），并在此地建立起驻军。但叛军对罗马军队横加屠戮，于是奥勒良从色雷斯折回，为他们复仇。帕尔米拉遭到了劫掠，其主要城市的地位从此不复存在。

奥勒良随即又带领手下士兵迅速向西行进，横穿整个罗马世界，与高卢帝国交手，高卢帝国的最后一位皇帝泰特里库斯（Tetricus）在战斗过程中投降（273年）。奥勒良在不到三年的时间里就重新统一了帝国。以任何标准来衡量，他都算得上一位出色的指挥官。他在战争中的速度和在政治上的无情让他配得上"恺撒"的称号，也让他赢得了"手握剑柄"（manu ad ferrum）的绰号。同时奥勒良在政治上也相当敏锐精明，他保全了芝诺比娅和泰特里库斯的性命，让二人都成了他凯旋胜绩的活招牌。但是，若非有同样出色的士兵，他也无法取得这些胜利。

3 世纪中叶的惨烈战祸让罗马现有的大部分军事组织变得支离破碎，不少军团在这一时期从历史中消失。然而克劳狄和奥勒良的作战行动也表明，这些战斗将坚韧不拔、士气高昂的多瑙河军队官兵锻造成了训练有素、身经百战的武装力量。他们能够开展大胆而范围广阔的作战行动，这些战役不逊于之前任何罗马士兵所进行的战斗。

　　275 年，在奥勒良正准备返回东方迎战萨珊人时，他像此前不久的许多皇帝一样被心怀怨怼的军官所杀。军人暗杀的积习已深，没有统治者可以高枕无忧。在几位寿数不长的统治者死亡后，奥勒良麾下的将军普罗布斯（Probus）登上了王位，这又是一位伊利里亚军人。他成功挫败了阿勒曼尼人和法兰克人越过莱茵河的新一轮进攻，但在此之前敌人已经重创了高卢北部的经济，并对其造成了永久性的损害。他还击败了来自多瑙河畔的日耳曼汪达尔部，并与萨珊人达成了休战协议（沙普尔一世这位罗马克星已于 272 年去世）。然而历史重演，胜绩未能给予皇帝安全的保障。普罗布斯动用手下的潘诺尼亚士兵进行土地复垦工作，这让他们大感不快，士兵们在 282 年将他处以私刑。狼群终究还是轻而易举地再次走向了背叛。

　　由于伊利里亚的士兵主导着军队，此时的他们通常会以欢呼喝彩的方式来任命皇帝。人选根据同部队军官所组成的支持派系的授意来决定，于是多瑙河的军官们就这样继续垄断着皇位，平民政治家则几乎毫无发言权。趁着萨珊人正忙于应付自己内部的行省人民起义和王朝叛乱，普罗布斯的继任者卡鲁斯（Carus）得以带领重获活力的罗马军队成功入侵美索不达米亚，并再次攻破了泰西封，这是自帕提亚政权倒台以来罗马首次攻陷这座城市。

然而事实却证明，这又像过去一样是一场皮洛士式的胜利；证据显示，卡鲁斯显然是遭到了暗杀。由于军队撤退，卡鲁斯的儿子努梅里安（Numerianus）也随之撤退了。然后另一位多瑙河军队的军官在亲手结果了刺杀努梅里安的刺客之后，也被推举为帝，他就是戴克里先（Diocletian）。

如此说来，伊利里亚的士兵、军官和他们所宣布的皇帝人选在短短的几十年间遏止了帝国的解体，重新将其统一在中央统治之下，驱逐了蛮族，甚至还对波斯发动了攻势。这番军事成就可以与第二次布匿战争相提并论。后来的罗马帝国能够继续存在，在 5 世纪才最终解体为若干继承国，而非提早 200 年就陷入分裂，依靠的都是伊利里亚人的坚定、勇气和残忍无情。

为什么伊利里亚人会为重新统一帝国付出如此巨大的努力？这是一个值得我们停下来思考的问题。他们的家乡或许的确是全国境内最容易遭到蛮族大规模攻击的地方，但他们又为何要花费精力去重新攻占遥远的帕尔米拉或高卢呢？在这其中存在着多重因素的作用，而首先就是他们身为罗马军人所拥有的强大意识形态。所有追随着鹰旗的士兵对罗马的神圣地位都怀着宇宙论级别的共同信仰，他们都为能以罗马的名义挥舞利剑而感到骄傲。然而，由于多瑙河军队的士兵一生都在经历重大战争，他们的尚武传统被磨砺得尤为锋锐。250 至 270 年的一系列事件加深了他们对边境地区其他敌对士兵的蔑视，也提高了他们的自我价值感。或许，在雄心勃勃的指挥官们的怂恿策动之下，他们还拥有了一种作为帝国拯救者的特殊使命感。而且，在地理上他们也处于重新统一国家的有利位置。此外，士兵们仍旧像以往一样奋力追求荣誉，并寻求着抢劫掠夺的机会。这一切都在他们攻陷帕尔米拉的过程中得到了满足，而这又触及了更为根本的自身利益问题。

从多瑙河中游的潘诺尼亚到河口附近的色雷斯之间的地带，仍然是罗马最重要的征兵来源地之一，因为这些地方人口众多，又保留着尚武的传统，还相对贫穷。比起帝国非军事化的核心地区，该地区内各民族的发展历程与军事化的巴达维人（见边码第145页）有更多相似之处。可以说，居住在这片土地上的民族形成了"军人的罗马"的核心。东部的军队已经土崩瓦解；至于背靠着富饶土地的高卢帝国军队，他们有能力自给自足，因而不太需要余下的行省。多瑙河军队虽可从本地招募人手，却还需要更富裕的行省为维持军队提供金钱和物资。因此，伊利里亚人重新实现帝国的统一，是其意识形态和自身利益所形成的强大合力的结果。他们并非不顾及自己的弱点；他们统一帝国，恰恰是因为他们有这些弱点。

然而，伊利里亚人虽然实现了帝国的再次统一，却似乎无力维持自身内部的稳定与和谐，就如同末期的塞维鲁王朝一样。在五十年的时间里，罗马至少出现了十八位皇帝，还有几十个觊觎帝位的人。戴克里先在内战中险胜卡鲁斯的另一个儿子卡里努斯（Carinus），于285年独掌大权。鉴于当时的近期历史，人们一定觉得，戴克里先迟早会在自己士兵的利剑下送命，或者丧生于刺客的匕首之下，这一切只是时间问题。

争夺皇位之人的贿赂之甜，端坐皇位之人的鲜血之腥，士兵们都品尝得太过频繁。但问题不仅在于他们的傲慢与贪婪，在军队和政治所呈现出的不稳定表象之下，潜藏着结构性和战略性原因。一个世纪以来，罗马所面临的现实已不同于以往：他们要持续应对在莱茵河、多瑙河和幼发拉底河上同时爆发大型侵略行动的危险。一位皇帝一次只能处理一条战线上的战事，特别是当他将军队从一条边境上撤走，以便集结一支野战军来应对另一条边境上的战争时，留下的士兵和当地社群便会感到自己成了刀俎下的鱼肉，而且他们往往确实面临着真实的威胁。于是，当狼子野心的地方指挥官向他们承诺会将本地防务放在首位时，他们当然可能会支持对方争夺紫袍。这就是戴克里先所面临的两难境地，而他一度解决了这个问题。

284—361 年：绝对君主制的锻造

从结果看来，戴克里先执政二十载，使他有时间运用自己的政治手腕和管理能力来恢复帝国和军队的稳定。在这一点上，他的功绩能与三百年前的奥古斯都比肩。事实上，应该说戴克里先取得的成就更加了不起，因为当年的奥古斯都所面临的严重的外来威胁相对较少。二人都称不上是杰出的将领，但事实证明他们都是才华横溢的政治家；他们还都颇为幸运地拥有足够长的寿命，因而才得以成功。二人都终结了内战的循环，并以光复罗马传统为旗号采取了革命性的措施，以求从根本上对国家实施改革；此外，二人都对军队进行了彻底的改组。不过，他们的共同点就到此为止。身怀元老阶层血统、承继了恺撒遗产的奥古斯都具有巨大的初始优势；戴克里先则是一个来自多瑙河地区的没受过教育的农民兵，他得以身披紫袍，凭借的是纯粹的实力和机会主义。

戴克里先所建立的新秩序，也就是今日我们所称的"多米那特制"（the Dominate，即绝对君主制），其意图并不在于废止自塞维鲁以来一直占据上风的专制制度。这套新秩序也并没有再次将"重建共和国"作为幌子，那套说辞如今属于令人神往却尘封已久的历史。戴克里先以军事强人的身份上台，而新政权也照映出他的背景经历，晚期罗马政权的军事化是全然公开的。不过他确实也曾努力试图让这个新的专制国家不要像近几十年来那样彻底而明显地依赖于士兵的刀剑，他试图通过宗教意识形态和与之配套的恢宏威严的排场来实现这一目标。戴克里先运用了双重手段：他一方面利用神圣的传统，着手恢复传统罗马诸神的威望，动用士兵来迫害"不信神"的基督徒，将其从军队中清除出去（图74）；另一方面利用了近代出现的变化，那就是皇帝越来越多地以神明的身份自居。

戴克里先之前的皇帝们延展了由来已久的帝国崇拜逻辑链。在这种崇拜体系下，行省人遵循希腊化世界传统，如同敬神一样崇敬着皇帝，以此来表达对他的忠诚。如今皇帝们自诩为活着的神灵，与他们有关的一切都以宗教语言来包装［帝国朝廷是"神圣的扈从

图74. 图为来自4世纪初的一座罗马基督教石棺，浮雕描绘着正在执行逮捕任务的军人。画中展现了当时罗马城市街道上的士兵与众不同的打扮：贴身长裤、长袖丘尼卡袍、用十字弓造型的胸针固定的斗篷和多瑙河地区风格的药盒帽。3世纪晚期流行的短胡须造型到了4世纪又重新开始让位于剃光的下颌。

（*comitatus*）"，甚至帝国的硬币也早就成了"皇帝的神圣钱币"］。[5]
宫廷服饰变得愈加华美富丽，仪式则前所未有地隆重盛大，谄媚奉
迎的意味也越来越强。那些被允许觐见面圣的人被要求在神的面前
俯伏跪拜，在这一点上罗马的新政权模仿的是萨珊王室，力求与
其亚细亚式的奢华铺张相媲美，通过营造敬畏感和神圣性来推行权
威。从君士坦丁统治时期开始，帝国皇家庆典场合变得更加精致讲
究。君士坦丁本人会戴上珍珠冠冕，即便他由于选择了基督教作为
新的罗马国教而不得不放弃充任实质上的人间神明，只能满足于区
区与上帝使徒相当的身份，担任上帝在人间的代理人。

　　总之，这就是晚期罗马皇帝的公众形象，而奥古斯都为自己
树立的身份仅仅是元老院第一人，二者相去甚远。毫无疑问，奇
观式的外化展示和对君权神授的强调让不少行省人和普通士兵叹
服铭记；但其余的人仍然充分意识到，皇帝只是一个人，他会遇
到战争，需要应对外敌，还得设法满足种种政治利益，而其中尤
为重要的就是手下士兵的利益。

　　戴克里先试图建立一个由若干多瑙河流域同胞组成的共治皇
帝团体，以此来解决一个长期存在的问题：统治者只有一个人，
却要面临多个战略威胁。安东尼王朝的贤帝（直到马可·奥勒留
之前）都没有儿子，于是他们会挑选可靠之人认养为自己的继承
人。戴克里先从中吸收了灵感，他的想法是将一位值得信赖的将
军任命为共治皇帝"奥古斯都"，再由他们各自任命一位有发展
潜质的年轻官员作为副手和指定接班人，并授予其副皇帝"恺撒"
的称号。这个由四位皇帝组成的团体（称为四帝共治，Tetrarchy）
会构成一个联合指挥官小组，每位指挥官负责帝国的一部分，从
而能迅速处理区域性的国内外威胁（图 75）。

图 75. 四帝共治像：戴克里先和他的三位共治皇帝，原是位于君士坦丁堡的一处群像雕塑作品的局部，现收藏于威尼斯。作品的寓意是军事力量和兄弟情谊。皇帝们彼此在面部特征上并无差别，他们戴着当时的"药盒"造型军帽，手持鹰头剑，剑鞘上带有滑扣。

事实证明，合议式的指挥机制有效地终止了叛乱的恶性循环，也让边境稳定下来——长久以来持续动荡的波斯边境也包括在其中。在东部，萨珊骑兵在 295 年入侵叙利亚，时任的"恺撒"伽列里乌斯在这次近乎卡莱战役重演的失败中吸取了教训，于第二年发动反击。他在亚美尼亚迎战沙阿纳尔塞（Narses），取得了决定性的胜利，还俘虏了沙阿的家人。[6]

戴克里先的这番机智筹谋在一段时间内起到了良好的效果。他居然得以退休，这在历代皇帝中是独一无二的，他还迫使与自己共治的"奥古斯都"也跟着退休。这时就轮到两位新晋的"奥古斯都"来任命新的"恺撒"。然而他在计划中忽略了一个事实：与他共治的一些同僚是有儿子的。于是四帝共治的体制瓦解为新一轮的篡位和内战。结果是，戴克里先手下另一名"恺撒"——君士坦提乌斯一世（Constantius I）[1]的儿子君士坦丁获得了最终的胜利。312 年在罗马城外的米尔维安大桥，君士坦丁在决战中取胜，他把这场胜利归功于基督教的上帝。

君士坦丁在 324 年成了唯一的皇帝，他使新的王朝稳固下来，将自己的儿子们任命为区域性的统治者，并在 337 年去世时将帝国遗赠给他们。兄弟们彼此内斗，又与新的篡位者角逐，直至君士坦提乌斯二世成为那个坚持到最后的人。在这时候，他又不可避免地面临着与前任们相同的困境：他无法同时出现在所有地方，无法一边应对来自外敌的威胁，一边应对同时在其他地方发生的动乱；而这就会诱使士兵、将军和权贵扶植出更多争夺帝位的人。在制服马格嫩提乌斯后（见边码第 225 页），君士坦提乌斯二世感到自己不得不将最后幸存的男性血亲——加卢斯（Gallus）和尤利安（Julian）任命为"恺撒"。然而，他认为这些人也是危险的潜在叛乱者——考虑到诸多篡位者和他那自相残杀的家族经验，他有这样的看法也是可以理解的，毕竟他自己也曾亲手杀害这两个年轻人的家人。加卢斯很快遭到了处决，而他那位同父异母的兄弟——彼时被派往高卢担任"恺撒"的尤利安，则面临着致命的两难困境。作为统治者和指挥官，无论他是失败还是成功，都会激起君士坦提乌斯的狂怒猜疑之心，这已是在所难免的局面。

---

[1] 君士坦提乌斯是与戴克里先共治的另一位"奥古斯都"马克西米安（Maximian）所任命的"恺撒"。

回头看来，尤利安倒是一位富有才干的指挥官，他在斯特拉斯堡击败阿勒曼尼人的胜绩就是明证（见后文）。他的成绩颇为卓著，因而无论是发于本心还是受人操纵，总之没过多久他的士兵就拥立他为"奥古斯都"，给予他与君士坦提乌斯平等的地位，而这正是大皇帝所害怕的。内战的再次爆发看起来已是不可避免。尤利安带领他的士兵闪电般地沿着多瑙河向下游冲去，意在先发制人。君士坦提乌斯却在两军冲突之前就一命呜呼，这才得以避免流血伤亡。罗马永远也找不到能够确保帝位顺利继承或稳定控制军队的可靠手段。

232　　如果说3世纪的伊利里亚士兵算得上最为坚韧强悍、最有战斗力的一代罗马军人，那么4世纪的罗马士兵则常常被认为是逐步野蛮化、能力逐渐下降的一批。无疑，到了4世纪50年代，罗马军队在外观上有了进一步的改变。在阿米安笔下，军队护送君士坦提乌斯进入罗马的场面（见边码第224页）几乎就像是在描写萨尔马提亚或萨珊战士。[7]这样的士兵战斗力如何？尤利安在高卢的战绩，特别是在斯特拉斯堡（古称阿根图拉图姆，Argentoratum）对日耳曼人展开的行动，生动地展现了4世纪罗马军人在战斗中的表现。[8]

357年，正当君士坦提乌斯进入罗马之时，身在高卢的尤利安正要迎战一支危险的阿勒曼尼军队。敌人在罗马一侧的莱茵河岸集结，聚集在阿根图拉图姆。[9]此前的一年，罗马军队对莱茵河边境以外的土地肆意劫掠，而今轮到日耳曼人重返攻势了。他们前不久刚刚挫败了罗马的夹攻计划，该作战行动是尤利安的军队与驻扎在意大利的另一支部队协同执行的，后者被日耳曼人击败，落荒而逃。[10]大喜过望的日耳曼人此时打算将尤利安也打败，而尤利安的部队只有13 000人，一个罗马逃兵还将这个秘密泄露给了敌人。尤利安暴露出的明显弱点，再加上阿勒曼尼人最近对战其他罗马士兵时的胜绩，促使他们向尤利安提出要求，令对方割让阿勒曼尼人已经"用勇气与利剑"征服的土地。尤利安人马数量虽不多，却相当精锐，队伍中还配置了重骑兵，于是他决心迎战。他接受了抓住蛮族聚集的机会发动袭击的建议，也收到了警告——如果他放任敌人散去重新开始抢劫掠夺，他的士兵会因为错失获得荣耀的机会而叛变，也许还会将他本人处决。根据历史学家阿米安的记录，尤利安用古老的习俗鼓舞麾下士兵去战斗，而他们则以长矛击打盾牌的方式来表示赞同。

日耳曼人建立起营地，并挖掘好野外防御工事。当罗马人逼近时，已经收到侦察兵警告的阿勒曼尼军队摆出了楔形阵迎战。他们观察到尤利安将手下的重装矛兵布置在右侧，于是便安排己方最优秀的骑兵迎战他们，队列中间还穿插着步兵——或许他们能够凭借捅刺坐骑来化解重型甲胄带给罗马人的优势。据记载，日耳曼军队足有 35 000 人的兵力，几乎是尤利安部队人数的 3 倍。两位阿勒曼尼国王——切诺多玛（Chnodomar）和他的侄子塞拉皮奥（Serapio）指挥下的军队可不是蛮族的乌合之众，而是一支复杂且纪律良好的军队。它由步兵、骑兵和侦察兵构成，能够以不同的战斗队形进行战术响应，队形变化依靠军旗和战号来控制指挥。毕竟，这支队伍中的士兵所属的社群与罗马人世代交战，有时也为罗马人而战，他们从这些经历中学到了很多东西。[11]

为了迎战日耳曼军队，罗马军队一上午都在长途跋涉。这时尤利安试图让手下在交战前扎营休息一晚，但士兵们要求立即开战，他便让步了。[12] 队伍向前推进，然后便与埋伏在战壕中、企图打罗马人一个措手不及的阿勒曼尼人相遇了。日耳曼人的领袖对胜利充满信心，但手下士兵却要求他们下马，以免他们在事态恶化时逃跑。两军阵线相撞，沙尘滚滚。在随后的战斗中，罗马的重骑兵一度露出溃败的迹象。尤利安迅速赶到现场，恢复了战线。与此同时，罗马步兵发出了自己的战斗呐喊——声浪一浪高过一浪的罗马战吼（*barritus*）。罗马人用标枪、长矛和剑与敌人进行短兵相接的战斗——阿米安描述道，罗马人又是砍杀，又是"用……剑（*gladii*）向敌人胁下戳刺"[13]——如此持续了很久之后，阿勒曼尼人开始溃败逃窜，罗马人则乘胜追击，奋勇杀敌。当他们的剑因砍杀逃跑的敌人而变钝，或是如阿米安所说的那样"不时"出现弯曲，他们就把日耳曼人的武器拿过来继续杀戮。胜利的罗马人留下了堆积如山的尸体，他们还把逃跑的敌人赶到河里，那些无法用盾牌当成浮板逃生的人就在河中被射杀或淹死。根据阿米安的记录，罗马一方只损失了243名士兵，而阿勒曼尼人光是在战场上的阵亡者就达到了6000人，另外还有不知多少人被淹死。切诺多玛被活捉并押送给君士坦提乌斯，而尤利安则越过莱茵河，到对岸实施又一轮讨伐行动。

和以往一样，我们需要对此类历史记载保持谨慎，不能直接将其中所有细节当成事实来看待（阿米安是尤利安的支持者，他盛赞尤利安的战术领导力，而对他在战略上稍欠沉着的把握则予以粉饰）。[14]不过整体概况还是较为可信的，伤亡数字亦然：加上伤员，罗马人损失的总数可能更接近1000人，日耳曼人不成比例的伤亡也符合发生溃败时逃跑一方被屠杀的一般情况。毫无疑问的是，新邦联下的日耳曼人在战争中确实比他们的先祖要老练得多。同时，从尤利安在斯特拉斯堡战役的获胜，以及其他类似的胜利中也可以明确地获知，罗马军队的战斗力的确还是更胜一筹。

他们仍然可以迎战人数更多的蛮族部队并取得胜利，因为现在除却数量上的劣势，他们通常在其他所有领域都保持着优势：装备、训练、士兵的纪律和士气、指挥官可以运用的战术、战略和后勤技能，以及军队背后的资源基础。总的来说，在4世纪的大部分时间里，罗马成功地抵抗了敌人，维护了帝国的完整和势力。然而，敌我差距也正在缩小。至于东部，罗马和波斯的力量基本维持着均势。即便罗马人在与蛮族对阵时通常仍然可以期待获得胜利，发生在斯特拉斯堡战役之前的一系列事件却表明，罗马人已经发现，保持各行省完全不受入侵者掠夺侵扰已经成了一件越来越困难的事。

士兵、刀剑和防御工事

比起帝国中期，我们对帝国晚期士兵个体的了解比较少，关于那些有助于建立其职业身份认同的制服和装备的考古资料也很稀少；到了5世纪，此类信息变得更加缺乏。这在一定程度上是由于相关研究（尤其对罗马东部地区的研究）较为匮乏，但归根结底主要还是在于军队和士兵本身发生了变化。就元首制时期的个体罗马士兵而言，有大量铭文和墓志可以展现他们的生活；然而到了帝国晚期，很少再有士兵选择通过刻有铭文或人物形象的墓碑来纪念自己或战友，因此我们也就缺乏类似的资料。极少有描绘帝国晚期士兵形象的"官方"作品得以存世。同时，驻扎在永久边境基地的军队也变少了，然而正是这类基地为早期帝国研究提供了丰富的考古发现。从有过军队驻留的基地中出土的物品也变少了，这不是因为士兵的物品装备减少了，而是因为它们被掩埋的可能性降低了。一部分原因在于人们在行为和信仰上的变化，因而沉积在河流中的剑

234

也明显比以前少。话虽如此，我们确实还是拥有描绘士兵形象的精彩逼人的浮雕、马赛克和绘画作品，还有一些能够提供大量信息的墓群，以及一些从蛮族地区发现的重要罗马武器。在阿米安的著作中，我们也找到了关于士兵作战场面的描述，其生动性和信息量不亚于此前几个世纪中的任何作品。[15] 来自帝国晚期的还有其他一些解读起来更有难度的重要文本，尤其是上文提到的韦格蒂乌斯在4世纪晚期的作品——《兵法简述》（*Epitoma Rei Militaris*）。该作品的目的在于向当时的读者介绍昔日罗马士兵的装备，以及他们如何训练和战斗；该书中称，过去的做法才更加优越，而韦格蒂乌斯抱怨说，与他同时代的人们已经不再使用这套组织方法。

人们普遍认为帝国晚期是罗马士兵和武器的品质下降的时期，韦格蒂乌斯观点的广泛影响力尤其促使人们抱定这种看法。然而，我们所拥有的关于4世纪的军事装备、军队组织的证据，以及有关军队战斗力的大致记录却并不支持任何类似的说法。[16] 在装备方面，我们仍然看到了熟悉的模式——传承延续与渐进式的设计演变相结合，再加上一些匠心独运的革新，比如投射武器上就出现了创新。步兵开始配备一种带有倒刺和铅质配重的威力十足的新式飞镖，称为铅头飞镖（*plumbatae*），也被称作"战神的尖刺"（*martiobarbuli*）；而工兵则继续对重型扭力远程武器进行改良，这是一个属于野驴式单臂投石机（*onager*）[1] 的时代。[17]

另一方面，延续自过去的元素也很多。尤其是士兵制服，在进入4世纪很久以后仍旧保持着上世纪的总体风格和配色（图

---

[1] *onager* 意为"野驴"，一说是这种投石机在发射后尾端会弹起，与野驴后踢的姿势相似。

87）。标志性的腰带，即"戎带"，变得非常复杂精致；腰带通常很宽，带有华美的金属配件，其中也包括一种装饰着对视动物头颅造型的独特搭扣。他们还开始重视固定斗篷的胸针，特别是所谓的十字弓造型胸针，有证据表明它是军人专用的（图76）。此时的士兵还经常佩戴一种"药盒帽"，它是源自多瑙河流域的一种时尚（图74、75）。

　　大多数4世纪和5世纪的罗马剑都出土于北部蛮族地区的沼泽地和坟墓，不过还有一些则来自帝国范围内日耳曼风格的士兵坟墓。[18] 我们目前所掌握的关于帝国晚期罗马剑的知识，几乎无一例外地只适用于西部帝国。因为实际上我们根本没有找到来自晚期东部帝国的剑，而且我们对4到6世纪萨尔马提亚剑的设计和制造技术知之甚少。至于可能出现在东部边境地区的，关于剑的设计和技术的进一步跨境交流，我们也了解甚微。[19] 目前人们只发现了几柄早期萨珊帝国的剑。[20] 好在还有许多细节翔实的绘画，特别是来自皇家岩石浮雕上的作品（图72），在一定程度上补救了实物资料的贫乏。有两件已知的武器实物，带有宽大的十字护手和

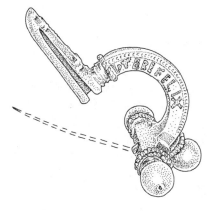

图76. 匈牙利阿奎肯出土的4世纪军用"十字弓形"胸针。胸针为银质，印有"福运随身"（*VTERE FELIX*）字样，图中展现的是它被佩戴在右肩显眼处时所呈现的角度。

细长的双刃剑身，没有剑槽也没有中脊，剑身朝着拉长的剑尖略微收窄，与年代归为帕提亚晚期的武器剑身几乎没有区别（见边码第 214 页和图 68），并且总体上与当时的罗马武器很相似（图 77）。二者剑身长度分别为 700 和 720 毫米，与萨珊浮雕上描绘的类似武器尺寸相符。浮雕还展现了圆盘状的"蘑菇形"剑首和末端呈方形、但稍有外扩而呈喇叭状的剑鞘，剑鞘用滑扣悬挂在搭在髋部的腰带上，这也是对帕提亚时代习惯的延续（图 72、77）。此外，这些浮雕中还绘有若干手柄较长的武器，看上去应该是双手武器；人们发现了一件这样的实例，但已被严重损坏，其剑身长度为 860 毫米。[21]

进入 4 世纪后，罗马剑柄仍然是由三个组件拼合而成的，剑身的长度则继续增加。在 4 世纪期间，平均剑身长度看起来已经突破了 800 毫米这道关卡，然后在 5 世纪期间又回落到略短于此的水平。图案焊接此时仍然是常用的武器制造方法。剑的加长可能反映出，人们对武器强度的信心随着图案焊接

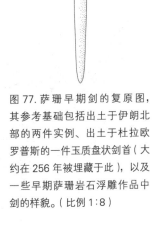

图 77. 萨珊早期剑的复原图，其参考基础包括出土于伊朗北部的两件实例、出土于杜拉欧罗普斯的一件玉质盘状剑首（大约在 256 年被埋藏于此），以及一些早期萨珊岩石浮雕作品中剑的样貌。（比例 1∶8）

技术的经验积累而有所提升。此外，在经历匈人兴盛与衰落的过程中，骑兵作战在西部地区的重要性也上升了，这恰与剑身长度增加的趋势相一致（见边码第 264 页）。

从形状上来看，在 4 世纪武器的剑身上能够看到对 3 世纪期间确立的两种剑型的大致延续，它们分别是：相对较窄的"施特劳宾－尼达姆式"系列武器和通常更宽更扁平的"劳瑞艾克姆－赫罗莫卡式"。

传统的"施特劳宾－尼达姆式"剑身相对较窄，该类型通过"艾斯博尔"变体直接延续至帝国晚期。"艾斯博尔"变体从 3 世纪后期一直持续存在到 4 世纪（图 78）。除此之外，3 世纪末的动荡、绝对君主制的建立，以及也许最重要的——4 世纪初国家对武器制造业的接管，似乎带来了以两个既定主要武器类型为基础的一系列新变体。大多数新的帝国制造局很可能都会造剑（见边码第 246 页），不过我们了解到有三家被称为制剑厂的专项生产工坊。其中两家位于高卢，几个世

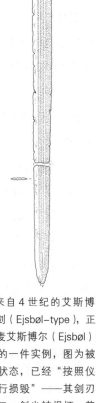

图 78. 来自 4 世纪的艾斯博尔式罗马剑（Ejsbøl-type），正是来自丹麦艾斯博尔（Ejsbøl）沼泽贡品的一件实例，图为被发现时的状态，已经"按照仪式标准进行损毁"——其剑刃被砍出豁口，剑尖被损坏，整个剑身折成两段，然后被扔进沼泽。（比例 1：8）

纪以来最为卓越的武器制造技术都集中在该地区（见边码第 149 页）。

在这个时代，无论是剑身更宽还是更窄的武器变体，其剑身都越来越多地保持两刃平行的形状，或者最多顺着剑尖方向略微收窄，剑尖呈"哥特拱门形"。这两大类变体的横截面呈现的几何形状很相似（此时的武器大多都带有剑槽，或是采用平整的剑身表面造型），因此主要通过二者的比例来区分它们。在延续性的"艾斯博尔"变体之外，偏窄的"施特劳宾 – 尼达姆式"剑型还催生了另一个系列的武器——伊勒河上游 – 威尔式。在 5 世纪期间，这个类型中的武器剑身宽度趋于增加［逐渐从"伊勒河上游 C 变体"（图 79 中左剑）向着宽度超过 50 毫米的"威尔变体"（图 79 中右剑）演变］。[22]

在 4 世纪初，"劳瑞艾克姆 – 赫罗莫卡"式的罗马剑似乎催生了剑身宽

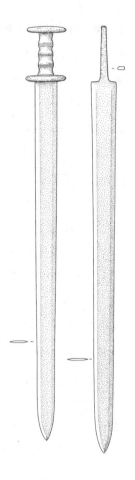

图 79. 对米克斯所研究的伊勒河上游 – 威尔式系列武器的若干早期实例复原图，该系列的罗马剑来自晚期罗马帝国。伊勒河上游 C 变体（左）的代表性实例来自丹麦的尼达姆（Nydam），这是一把从沼泽中出土的剑（来自 3 世纪末或 4 世纪）。据记载，这把武器的剑柄是用动物的角制成的。这类形状的剑在 4 世纪越来越多地被剑身更宽的威尔变体（右）所取代，后者的典型实例为一把来自 300 年左右的剑柄缺失的断剑，出土于艾斯博尔。（比例 1:8）

阔的"奥斯特布尔肯-凯马森"
（Osterburken–Kemathen）式，该类
型在整个 5 世纪持续存在。这类罗
马剑中有一些剑尖角度特别钝，几
乎相当于没有剑尖，看来应该是专
门的斩击武器（图 80）。[23] "奥斯特
布尔肯-凯马森"的剑身宽度为 60
到 77 毫米。至于那些数量相对较少
的超宽武器（凯马森变体）是所有
罗马剑类型中最宽的。不过大多数
（奥斯特布尔肯变体）的宽度在 60
到 65 毫米之间。

　　到了 5 世纪，罗马剑的剑柄在
形状上发生了变化，使得没出鞘时
的武器外观发生了极大改变。通常带
有圆形护手和剑首的传统剑柄设计，
此时被更容易让人联想到蛮族和萨
珊武器的造型所取代。例如，在一
幅现存的斯提里科（Stilicho）象牙

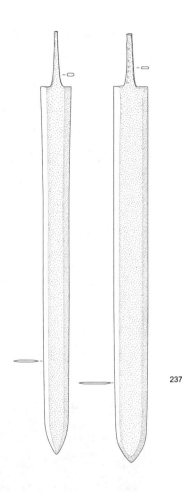

图 80. 奥斯特布尔肯 – 凯马森式系列罗马剑的剑身，来自 4 至 5 世纪。左图是
在尼达姆沼泽中发现的一柄"有奥斯特布尔肯式倾向"的断剑实物的复原效果，
可能来自 4 世纪后期。右图为一把稍有损坏的罗马剑实物的复原图，它是若干
柄"有凯马森式倾向"的、带有超宽剑身的武器之一，时代为 4 世纪末至 5 世
纪上半叶，（令人困惑的是）这几柄武器来自位于德国奥斯特布尔肯的一处金
属制品贮藏点。（比例 1:8）

浮雕像（大约来自公元400年）中，这位杰出的将军所佩之剑的剑首与伊朗浮雕中描绘的萨珊剑首颇为相似（图81）。在这一时期，人们仍然借助剑鞘上的滑扣来悬挂剑，但佩带位置已经重新变回腰带，至少军官是这样佩剑的。这正是剑鞘滑扣最初的使用方式，而且草原上和伊朗的人们一直是这样佩剑的——像佩六发左轮手枪一样固定在右侧腰部，让剑鞘自然下垂至左侧臀部，或许是另一个能够折射出当时罗马世界里骑兵威望不断提高的外在特征。

此时的人们在使用剑和矛的时候仍然会配合带有盘状凹陷的宽大椭圆形盾牌。从埃及出土了这样的盾牌碎片，上面带有彩绘（见彩图XII）。[24] 帝国晚期的盾牌纹章是对应到特定部队的，图案元素包括由环形和星形构成的大胆几何图形、神灵或海格力斯、鹰、狼头形象，在装饰图形上则应和着当时人们所用的动物头颅造型皮带扣和龙头旗标。[25]

从考古学上我们对盔甲获知甚少，不过还是有所发现。[26] 初看

图81. 斯提里科的象牙浮雕像，5世纪初西罗马帝国的杰出将领。注意看他的（无疑是金的）十字弓胸针，带有盾帽的椭圆形盾牌——盾上带有霍诺里乌斯（Honorius）和阿卡狄乌斯（Arcadius）这两位皇帝的肖像，还有他的剑。剑柄的形状、用腰带来固定剑鞘的佩带方式，当然还有制作他身上衣装的带有复杂花纹的织物，都能证明萨珊人对罗马帝国晚期军队用品流行款式的影响。

之下，这印证了韦格蒂乌斯做出的著名论断——据他说，与他同时代的罗马士兵已经基本放弃了重型盔甲。然而，我们同样也缺少出土于帝国境内的剑和其他武器。所以，出土物品的匮乏可以用"前人没有将它们埋入地下或墓葬"来解释，而非用"前人不使用这些物品"来解释，何况许多生产盔甲的国立制造局仍在运作。其他文本证据表明，纵观整个时期，大多数部队都会穿着链甲，又或许是鳞甲；与此同时，按照阿米安的说法（见边码第224页），重装骑兵仍然会使用薄片状的肢体护甲。韦格蒂乌斯本人显然不是一名士兵，他夸大了士兵对盔甲使用的减少，以此来为他所主张的倒退式改革辩护。也许有一些部队的防御装备有所简化，又或者他写下这些观点的时间是在罗马遭受了阿德里安堡战役的巨大损失之后，那段时期的装备短缺问题十分严重。[27]

在4世纪罗马人的装备大集合中，有一个领域里出现了显著而惊人的革命性创新，就是头盔设计。这一时代的头盔呈现出与以往设计的完全断裂。我们现在已经发现了相当数量的年代确定的罗马头盔，来自4世纪初至5世纪初。它们均为铁制头盔，看起来与传统帝国设计大相径庭。要不是因为其中一些头盔上刻着铭文，而另一些头盔的出土地点极为清晰明确，我们可能不会认出它们是罗马物品。这些头盔不再采用罗马传统的整片式护颅头盔结构或碗型盔帽加一体式护颈的设计，而是全部采用复合型结构。[28]护颅部分由两半组成（每一半都是一片单独的铁板，或三块铆接在一起的铁板），这两半都铆接在一条纵贯整个头盔的"盔脊"上。在这个组合的基础上再安装上单独的护颈和护颊，少数情况使用铰链连接，多数时候用皮革带子把它们组装在一起。一部分头盔上——尤其是那些采用多片式护颅结构和较大护颊板、被认定为骑兵专用的头盔——还带有一种此前未曾在罗马护具上出现过的额外防御结构：通过向外突出的横向"护眉"铆接到头盔正面的护鼻板（图70中的左下图）。许多这类头盔最初都带有镀银层，更精致的会以冲压凸纹装饰，有时还会镀金；少数特别华丽夺目的头盔实例甚至还镶嵌着以玻璃仿制的宝石（见彩图 XI）。特别是最后提到的这些头盔，看起来更像是来自亚瑟史诗或瓦格纳歌剧里的东西，而不像是我们期待中的罗马军备。

罗马的武器装备还在持续受到外来影响，此类头盔就构成了最突出的证据。最上乘的头盔所显露的艳俗绚丽的风格，特别是对金银和"宝石"的运用，与萨尔马提亚带来的持续影响相吻合。[29] 不过还需要指出的是，沙普尔二世在阿米达城围攻战[30]时（见边码第 240 页）戴着一顶镶有珠宝的金色头饰或头盔。至于罗马帝国晚期的碗型盔帽基本设计和 T 形护鼻，肯定也是源自帕提亚－萨珊人。有一顶大约在 256 年杜拉欧罗普斯围城战期间被埋入地下的"波斯"头盔，它为几十年后出现的新式罗马头盔结构提供了清晰的原型（图 70）。[31] 罗马军械匠人不过是对护颅部分的设计稍作修改，并且用罗马士兵喜欢的护颊板和护颈板取代了垂挂在头盔下的锁甲片。

武具外观进一步发生了显而易见的"蛮族化"，但这仍旧符合罗马的传统精神——仿制令人敬畏的外敌的装备，并将其融入罗马军队文化不断发展的定义中。多瑙河部队和他们的时尚仍然占据着主导地位，这为来自萨尔马提亚的持续影响提供了主要传播途径。同时，从 4 世纪后期开始，匈人作为一个新的因素出现，这使得弓箭的地位变得突出，也让弓箭在人们眼中的重要性有所提高。不过，波斯作为贯穿整个时代的最重要也最强大的敌人，对罗马皇室的文化有着巨大的影响，与此同时，它也强烈地影响了士兵文化，而且并不仅仅在头盔设计方面。与之前环形皮带扣的例子一样，4世纪常见的以动物头颅为造型的罗马军用皮带扣，我们也在帕提亚－萨珊世界中找到了相似实例。二者互相呼应，又或许这些帕提亚－萨珊出土的实物正是罗马皮带扣的原版。[32]在戴克里先发布于301年的定价诏书中，军用腰带被称为"巴比伦尼亚腰带"（*zona Babulonica*）。[33]

如果说武器和装备反映的是士兵本身和士兵生活的传承与变化，那么出现在晚期罗马世界中的其他重要物质发展则更加戏剧性地展现出，军事暴力的性质和分布发生了怎样根本性的转变。因为城堡这种建筑实际上正是在这一时期被引入欧洲。

在东方，筑有防御工事的城市和真正意义上的军事堡垒——这里指的是依靠精心的选址和难以突破的建筑防御体系，专门用来抵抗真正的围攻战的要塞——几个世纪以来一直是此地的景观特色。在建筑师和攻城技术专家之间缓慢进行的"军备竞赛"中，这道"风景线"被持续逐步完善，特别是在事实已经证明萨珊人比帕提亚人更擅长攻城战的时候。然而在欧洲各省，这样的建筑在3世纪之前几乎不存在。西方城市的城墙首先是地位的象征，这些城墙往往过长而军事价值有限。士兵们通常能保证城市免于战争，所以切实的城市防御并无必要；而且出于方便和重力供水系统的考虑，人们还是偏爱将城镇建在山谷位置。同样，正如我们此前所了解到的，指挥官们通常期望在开阔地带与来自欧洲的敌人作战，而且战场最好是敌人的领土。因而军事基地的设计目的是防范敌人的突袭，而不是抵抗长期的包围封锁。北方蛮族并不具备实施围城战的能力，不过若是哨兵有所倦怠，他们可能会趁机突破城墙。

在3世纪，敌人跨越莱茵河和多瑙河对罗马进行入侵，这让一切都改变了。尽管在战场上取得了成功，但伊利里亚的皇帝们明白自己已经不可能时刻确保所有边境都安全无虞。甚至就在奥
勒良带着手下的野战部队乘胜横扫整个帝国的时候，他还命人对罗马城进行大规模重新加固。从3世纪后期开始，欧洲的城市被各种东方式的防御工事包围起来，它们有着坚固的城门、高耸的城墙，还有将攻城者暴露于交叉火力下的外突塔楼。这样的城墙防守起来变得更容易了。但出于战术上的优先考虑，围墙的长度往往被大幅缩减，这意味着城市面积的大幅度萎缩。许多这样的围墙从此以后就被保留下来，一直持续存在到中世纪后期。

欧洲的军事基地也首次拥有了坚固的防御工事。人们所熟知的"扑克牌"布局让位于正方形（图82）或顺应地势的不规则形

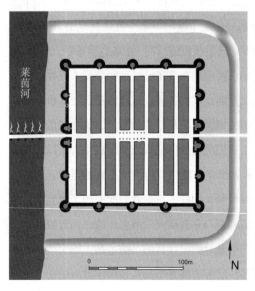

图 82. 位于德国，与科隆隔着莱茵河对望的晚期罗马桥头堡军事基地——迪维提亚（*Divitia*）的平面图。它的围墙上布满了塔楼，构成了强大坚固的周边防御设施，恰如后来出现的中世纪欧洲城堡。它的内部布局是两排几乎完全相同的矩形建筑，这也与布局变化更丰富的早期罗马兵营不同，而更像是最近才得到勘探的萨珊边境基地。不过，是谁在模仿谁呢？

374　罗马与剑

状，带有高墙和外突塔楼。有些基地的规模被缩小了，这是为了让人数较少的驻军也能对其进行防御。许多基地看起来像是中世纪的城堡（图 83），后来其中一些的确作为城堡被重新利用。大多数军事要塞仍然位于旧有边境区域内，但也有一些建在遥远的后方，比如高卢的若干条道路旁。[34] 与此同时，在不列颠和高卢的沿海地区也建起了对抗海上袭击者的坚固的海军基地。

矛盾的是，向欧洲引入坚固城墙的原因并非蛮族已经获得了攻城的能力，而恰恰是他们不具备这样的能力。城市的围墙为平民提供了避难所，新的军事基地则为罗马军队的通信、供给和住宿提供了额外据点。基地强大的防御措施让规模相对较小的驻军也能保障驻地安全，将大部分兵力解放出来用于野外作战行动，同时也让蛮族不能再肆意横行乡野。然而它们的存在也相当于默认，农村在外敌来袭时可能不再是安全的，处于城市避难所之外

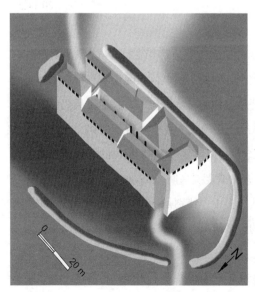

图 83. 位于德国境内的贡德雷明根附近的比格勒要塞（Bürgle-bei-Gundremmingen），来自 4 世纪，是一座建在小山丘上的小规模防御型罗马军事基地。它看起来更像一座中世纪城堡，而不是我们所熟悉的"古罗马兵营"。

的人员和财产便会暴露在危险中。即使侵略行动被击退，反复的入侵还是可能逐渐侵蚀帝国和士兵自己所仰赖的经济基础。一些地区已经遭受了不可挽回的损害，比如高卢北部饱经蹂躏的乡间庄园景观；不过大多数地区在进入 4 世纪很久以后仍保持繁荣，也包括特里尔附近的摩泽尔河谷等靠近边境的地区。

军队的战斗力和组织结构

当（君士坦提乌斯）来到（阿米达）城墙附近，却只见遍地灰烬时，他想到了这座悲惨城市所遭受的灾难，大声地悲泣叹息起来。财政大臣乌尔苏卢斯（Ursulus）……大喊："瞧瞧这些保卫我们城市的士兵吧，看他们有多勇敢。帝国财政为了支付他们的高额军饷已经捉襟见肘了。"

——阿米安　20.11.5[35]

由于上文所提及的原因（见边码第 233 页），我们对这一时期的士兵个人了解较少，即便士兵群体在晚期罗马社会中举足轻重。在诸如阿米安著作这样的文本资料中，普通士兵仍然像过去一样是无名大众；献给士兵的或士兵本人留下的铭文也比以往少得多。确实有一些纪念碑得以留存，但它们提供的信息却比以前少，例如在斯特拉斯堡发现的莱庞提乌斯（Lepontius）墓碑（图 84）。[36]然而我们还是可以从历史中，特别是还可以从晚期罗马法典中了解到关于士兵群体的许多情况，这些法典对他们的活动和行为多有记录或暗示。

乌尔苏卢斯在 359 年对士兵发表了那样一番议论（上文中是

图 84. 罕见的葬礼石碑实例，描绘的是一位具名的士兵——来自 4 世纪的莱庞提乌斯，他被葬在斯特拉斯堡。碑上的浮雕画稍显粗糙，刻画了死者的剑和其他武器、头盔、固定斗篷的胸针和显然象征着高卢的雄鸡军旗杆首。

他说的话被阿米安所引用），几十年后的韦格蒂乌斯也对他们有所指摘。然而尽管存在着此类非议，在整个 4 世纪期间的罗马士兵作战表现中，却并没有真正的迹象能表明他们的纪律、训练或战斗能力有所下降，而东部地区士兵的状态则一直保持到更晚的时代。阿米安还为阿米达守城卫队英勇抵抗萨珊人的行动写下过一段证言，鉴于此，乌尔苏卢斯的议论就显得尤为偏颇。阿米安亲眼见证了沙普尔二世为期 73 天的围城战役，并侥幸大难不死，他留下的这段记录成为最生动的古代战争记述之一。[37] 的确，还有另一个事实凸显出乌尔苏卢斯所言不公——阿米达驻军队伍中的高卢士兵曾经大胆夜袭沙普尔二世的营地。为了纪念这份骁悍勇猛，君士坦提乌斯曾下令在埃德萨树立一块不同寻常的纪念碑，那就是领导这次行动的操练教官们（*campidoctores*）的塑像。[38]

后来，其他士兵让乌尔苏卢斯为诽谤付出了生命的代价。[39]

在对外战争中，4世纪的罗马士兵往往比早期帝国士兵面临更艰巨的任务，因而他们不可避免地常常处于下风。在378年的阿德里安堡战役惨败之后（见边码第261页），罗马士兵的人数也出现了永久性的减少，特别是在西部地区——西部帝国无力补充折损的人员，也无法重新获得昔日积淀的实践经验。因此，罗马不得不将资源不足的边防部队抽调过来填补野战部队的空缺。从此以后，罗马西部军队的质量无疑变得愈加参差不齐，但他们仍然是有实力的队伍，仍然让敌人心头生惧。

人们通常认为罗马士兵在4世纪和5世纪发生了深度"蛮族化"，因为证据显示罗马军队越来越依赖于招募日耳曼人、萨尔马提亚人和其他民族的人来充实队伍。有一些引人注目的迹象表明，罗马军队开始采纳一些蛮族习俗。罗马帝国晚期出现的战吼就来自日耳曼人。[40]在尤利安的部队拥戴他为奥古斯都时，士兵们用步兵盾牌将尤利安高高托起——根据塔西佗的记录，这是巴达维人选举领袖时的习俗，然后用掌旗官呈上的金属项环[1]为他加冕。[41]如我们所见，罗马的武备也在继续"萨尔马提亚化"和"波斯化"。不过总的来说，这些变化代表的是悠久传统的延续，这便是将外来之道吸收到罗马武者文化中的传统。这份武者文化的罗马属性是刻意的、自觉赋予和规定的，它在这个时代里仍然是独特而充满活力的，也是骄矜自傲的。与其说罗马军队在"蛮族化"，倒不如说他们在继续成功地吸收许许多多的蛮族。不过，在军队容纳蛮族的过程中，持续演变的军人"罗马性"与非军事

---

[1]　这种项环（torc）本身是古代高卢人和不列颠人特别钟爱的饰品。

行省的"罗马性"之间的差异继续拉大。

也许比所谓的"蛮族化"更重要的,是出现在罗马士兵群体结构及其文化中的其他内部变化。罗马放弃了传统的诸神而转为信仰基督教,这是与过去的决裂,而且是从表面上非常彻底的一次决裂。当时的人们为了几百年前奥古斯都设于罗马元老院中的古老胜利女神雕像而争执不下,这正是这场变革进程的象征。根据推估,君士坦提乌斯在357年访问罗马时曾将雕像撤下,但回归多神教的尤利安又将它复位;382年,格拉提安(Gratian)不顾仍以多神教信仰为主的元老们的抗议,再次将雕像移除;但到了392年,篡位者欧根尼乌斯(Eugenius)在位时又将它复原;它可能曾在狄奥多西(Theodosius)统治时期再次被拆除,但显然又被斯提里科恢复了。此后这座雕像再未被提及,很可能是在410年罗马被洗劫时损毁失落。[42] 对基督教的拥护逐渐成为帝国服役人员获得晋升的必要条件,因此军队(虽然到4世纪末时大部分士兵仍是多神教徒)开始接受公开信仰基督教的军官和士兵。令人吃惊的是,这个看上去事关重大的变革在实施过程中几乎没有任何内部受阻的迹象。在某种层面上,就和在更广泛的社会中一样(见边码第255页),这种变化"不过就是"将帝国意识形态核心的主神之名从卡皮托里尼山三主神(朱庇特、朱诺和密涅瓦)改为圣三一。至于人们对基督教的皈依则是这样被推动的——对士兵而言尤其如此:作为对皈依者的回报,基督徒接受他们对信仰的合理化解释,就算不去积极赞扬为耶稣杀戮的行为,也会对武装暴力予以许可(不过,在哥特人等敌人加入"异端"基督教派时,认可杀戮无疑变得容易起来)。[43] 此外,放弃旧信仰并不意味着否认多神教罗马的神话传说或历史成就;对基督徒士绅的教育和罗马士兵的意识形态动因而言，这一切仍然是必不可少的文化财富。

军队的另一个根本性变化发生在结构上：一支完全职业化的军官队伍终于成形了。在元老以往的职业生涯中，他们会在军职与文职之间交替任职；然而随着元老逐渐被排除在军队指挥席位之外，军官团从3世纪开始发展起来。于是逐渐地，士兵开始接受出身卑微却富有才干的职业军官的领导。这些军官凭借勇气、能力或狠辣的手段而升迁。一些人得以进入最高层，晋升为禁卫军长官；然后他们往往会再前进一步（或是被拥立，或是靠暗杀），紫袍加身。鉴于帝国晚期军队中更推崇任人唯贤的风气，军队指挥权不再仅仅是地位稳固的帝国精英的专利；才干出众者可以从普通士兵的行列向上爬，这种晋升方式在奥古斯都时代是绝无可能的。第一代和第二代蛮族移民在军队中表现突出，而且其身份不仅限于普通士兵和分队指挥官。在卓有成就的将军之中颇有一批出身于蛮族血统 [大部分是日耳曼人，但也包括一位萨尔马提亚血统的大将军（Master of the Soldiers）]；[44] 其他一些则是受过古典教育的移民之子。[45] 虽然帝位本身还是与这些新贵隔着寸步千里的距离，但是从4世纪末开始，有几位身为蛮族后裔的大将军成了实质上的西罗马帝国统治者，仅在名义上身居傀儡皇帝之下——出生在罗马的斯提里科就是其中一例，他是一位汪达尔部军官的儿子。

在3世纪，枢密大臣（即上文所谓"禁卫军长官"）的职责实质上已经从卫队指挥官扩大为在皇帝手下统领所有军事和民事事务的大宰相。然而，由于这个职位对皇帝构成了极大的威胁，君士坦丁将其权限缩紧，削减其军务职责，裁撤了禁卫军，并以新的卫队取而代之。此时各军队由若干名被称为"大将军"（即前文所提到的 Master of the Soldiers，拉丁语为 *magistri militum*）的战区司令官所统御。规模较小的野战部队编组也可能会由职位更低的将军来指挥，他们的头衔是"（御前）伴侍"［*comes*，复数 *comites*；法语的"伯爵"（*comte*）一衔便由此而来］。边防部队不再由行省总督指挥，每支边防军都由一个单独的将军或统领［*dux*，中世纪的"公爵"（duke）一衔便由此而来］负责。在君士坦丁统治时期，军务指挥和民事管理的分离宣告完成。

军事和民事从此成了平行但独立的领域，这在共和国时期是不可想象的。不仅是普通士兵，连许多军官都缺乏古典教育、与家庭的联系、公民政治的教育，而这都曾是元老阶将军们与生俱来的权利。出身蛮族的军人自是如此，就连出身行省的也是一样。在这一时期，军队演变成了一个界限愈益清晰明确的社会阶层。如今军官也像士兵一样被包含在这个阶层中，它有着自己的法律，帝国的大多数人日益将它视为威胁而非保护者。"军人的罗马"与"平民罗马"之间的分歧继续增大。

军人与平民的关系一如既往地充满摩擦，士兵因傲慢自大和贪婪狠毒而为人所惧怕。里巴尼乌斯（Libanius）在 4 世纪后期的作品中提到了自己在叙利亚的故乡安提阿，他在文中记录了市场中的商人在遭到士兵粗暴对待时所面临的危险：商人们不敢反抗，因为他们害怕被拖到军营里去，到那时他们只能靠收买行贿才不至于被活活打死。[46]

4世纪，罗马军队中的结构和指挥方式与元首制时期截然不同。[47]

军队的结构自奥古斯都改革以来一直在逐步发展，而 3 世纪晚期的惨痛败局破坏了大部分的军队组织。此外，在重建军队的过程中，从伽利埃努斯到戴克里先再到君士坦丁的诸代皇帝面对的战略环境已经改天换地。历史学家彼得·希瑟令人信服地指出，萨珊伊朗的崛起尤其对罗马构成了巨大威胁，不仅罗马军队因此发生大规模重组，就连整个帝国体系都出现巨变。[48]

245　　　其结果是，大量军队被重组。军队中仍然有军团和辅助部队，但同时还出现了诸如骑兵尖兵队（cuneus）这样的新式编制，以及此时被称作分遣团（即 vexillatio，在此之前这个术语指的是临时分遣队，类似于今日的"特遣部队"）、骑兵团（equites）或辅军团（auxilia）[在这个时代之前，这两个术语是骑兵部队和辅助部队的总称，也就是指昔日的步兵大队（cohortes）和骑兵翼队（alae）]的既有编队。有些部队是新组建的，有些则如"分遣团"这个名字所暗示的那样，显然是以旧有部队派出的分队为核心骨干组建的，此时已成为永久编制的独立部队。[49]

　　总的来说，重装步兵军团不再是罗马战斗序列的主宰：步兵编队此时规模缩小，可能通常只有 1000 人，不过这个说法有很大的争议。帝国晚期军队中的骑兵比例无疑高于过去，不过尽管如此，步兵在罗马的战争中仍然举足轻重。[50]可以说，4 世纪的罗马军队在步兵的稳健和骑兵的冲击力之间找到了更好的平衡。

　　军队仍然分为两个基本群体，但这种新的群体划分跨越了旧有的军团 / 辅助部队的界限。在这个时代，最主要的区别在于被称作"边疆部队"和"野战部队"的群体之间。前者，至少在稍晚的时代里被称为边防军（limitanei）或河防军（ripenses）。这些部队成了次级部队，有时还被人嘲笑是民兵，不过在战斗力上他们还是强于民兵的。[51] 此类编队中有不少是从元首制时期幸存下来的。至于野战部队［被称为"亲军"（comitatenses），衍生自"扈从"（comitatus）一词；所谓"扈从"指的是直接与皇帝接触的亲卫（comites）群体］则享有更优渥的工资，更精良的装备，新兵中的佼佼者也会被分配到这类部队。[52] 由于相关证据稀少且模棱两可，人们对以下问题争论不休：从奥勒良所指挥的新成立的机动部队到君士坦丁时代及其后的"亲军"，二者之间存在多少承继延续的关系？尤其有争议的问题还有：戴克里先曾力求将军队恢复为以边境为首要驻扎地的武装，他的这种诉求究竟有多强烈？[53]

除了在军队中新出现的这种"阶级区隔"之外，罗马军队在其他方面也仍然保持着多重和分裂的特点，仍旧是多支军队并存，并由多个部分组成。不过相当罕见的是，君士坦丁所铸造的几种硬币赞颂的是"军之荣耀"（gloria exercitūs），其中"军队"一词以单数所属格。这类硬币来自君士坦丁单独为帝执政的那几年（图 85）。在该时期的几乎所有剩余时间里，罗马一直同时拥有多位皇帝（无论是因为他们获得了任命还是篡夺了皇位）；每个朝廷都拥有同样的军事指挥架构，分别控制着多支军队。来自一省或多省的常备驻军会被编入各个边防军；与此同时，作为野战军队的亲军也分属不同的皇帝，并逐渐被进一步细分为直接随附于不同皇帝的部队和分属各战略性区域的野战军。还有一些规模较小的野战军特遣部队，如在 367 年被派到不列颠处理被称作"蛮族阴谋"（Barbarian Conspiracy）的事件的部队，或是后来在不列颠岛上建立的规模不大的常设部队。[54]

一个主要的疑点在于帝国后期罗马军队的真实规模。[55] 6 世纪的作家约翰·吕杜斯（John Lydus）曾经引用过一个精确度堪

图 85. 一枚纪念君士坦丁大帝的小铜币，上面铸有"军之荣耀"（*gloria exercitūs*）字样，此处的军队为单数所属格。铜币可以追溯到 4 世纪 30 年代；当时是君士坦丁执政后期，比较特殊的是那时只有一位奥古斯都兼最高统帅。

称诱人而（对我来说）又可信的数据，是戴克里先时期军队的总人数：共计 435 266 人，其中包括 45 562 名舰队人员。[56] 其他一些古代权威人士也给出了帝国后期的军队数据，其中人数最多的高达 645 000。[57] 然而，这些数字都来源于撰写时间远远晚于罗马帝国后期的资料。我们还拥有珍贵的《百官志》（*Notitia Dignitatum*），这看上去是一本记录罗马文武官员职位的官方手册，其中列出的部队数量明显多于帝国早期。然而，这个问题重重的文本并不是对单一时刻战斗序列的简单记录，而是一份重写本，其中充满了叠加改写且前后不一的修订信息；这本手册的最后一次修订发生在 5 世纪初，其意图或许是记录"应该存在"而非修订时"实际存在"的官阶体系。除了这些问题，我们还必须在两类数据之间做出区分：编制数字（即计划中的各单位规模）和实际兵力。我们有充分的理由认为，帝国晚期部队编制人数对比早期已大幅缩减。例如，阿米安在作品中提到东部的两支伊利里亚骑兵部队总计有 700 名骑兵；但是这些都是完整的单位且都是满编状态吗？[58] 有证据表明，一些单位的编制人数在帝国后期可能经历了大幅削减。边防部队和部署在平静后方的部队很可能已经正式缩编——如果这不是因为他们为了增援亲军而主动让人员外流，就是因为他们没有通过招募新兵来补充人员损失，尤其是在新兵越来越难找的 5 世纪。至少边防团的编制人数看起来下降到了 1000 人左右。[59] 不仅如此，涉及部队规模的若干不同文献也表明，许多部队的真实兵力其实比理论编制人数要少很多，而兵力的回升可能也被故意夸大了（见边码第 253 页）。一般来说，一个在公元 200 年需要克服困难才能负担并维持大约 45 万军人的帝国，在 150 年后似乎不太可能负担得起规模显著扩张的军队。罗马帝国的生产能力并没有明显提高，而且比起 2 世纪的水平可能还有所下降。总而言之，正如记录中的四帝共治时代的数据显示，4 世纪军队似乎与塞维鲁王朝时期的军队整体规模相当；四帝共治和君士坦丁统治时期的军队中可能确实出现过显著的人员增加，但这看上去很可能只是因为军队补充了在 3 世纪中叶惨败中损失的人员。

同时代的人们之所以感觉到军队规模比以前更大，可能是因为军队越来越多地被人们所看到。在大部分时间里，大多数士兵在远离边境的地方活动，而且御前卫队定期在行省城市过冬（这对罗马统治下的欧洲来说是新鲜事）。军队看起来规模增加的另一个原因在于"兵役"概念的扩延。在帝国早期，各省总督和帝国财政官员不仅会雇用一些士兵作为保镖，还会雇用他们担任书记员、会计等职位。到了绝对君主制时期，帝国的官僚机构如雨后春笋般出现，帝国官员的数量也随之增加，他们中许多人的工作仍然被官方定性为服兵役。这些人穿着制服，在法律上享有与士兵一样的特权，尽管他们是公务员而非战斗人员（图86）。这标志着国家的进一步军事化，但也是对"士兵"一词含义的稀释。

这样的观念——由自由人向帝国提供的几乎任何形式的服务，都可以被归为服兵役——也体现在武器制造上。证据显示，在戴克里先统治期间罗马对武器生产行业实施了"国有化"。[60]由中央管理的国有工厂，即制造局，构成的新系统在帝国各主要城市中建立起来。《百官志》列出了它们的位置和产量（包括边码第149页提到的专门造剑的制造局）。似乎所有的平民军械匠人都被征召到了以军团制作局的人员为骨干建立的新工厂里。理所当然地，这些工厂是以军事模式运作的。自此以后，军备工人（fabricenses）从技术层面上说也算是军人，拥有军队式的阶衔，尽管他们（和公务员一样）不是战斗部队的直接组成部分。[61]我们从墓志铭中了解到军备工人作为个体的一些情况，并从管理其

图86. 图为一位4世纪官员墓中的画作，他被埋葬在保加利亚的锡利斯特拉。阵中，他身穿军装，他的仆人们捧着他的戎带（右）和别着十字弓造型胸针的斗篷（左）。

工作环境和约束其行为（有时可能会相当嚣乱）的法律中了解到他们作为集体的情况。[62] 在整个帝国中无疑存在着成千上万的军备工人。可以推测，当他们不在锻炉旁工作时，许多大城市的人们便会在街道上看到这些驻扎在此地、身着军装的工人们。这让帝国晚期公共事业中与军队相关的事物看上去比例更大了。

帝国晚期的人们之所以经常在内部腹地看到士兵，还有另一个原因："野战军"在3世纪刚出现时，中央帝国统治者们本打算既用它来发动对外战争，也用它来应对内战；既利用它驱逐入侵者，也要用它粉碎行省叛乱分子，制服那些率领着"变节的"罗马士兵的篡位者。尽管戴克里先实现了国家的总体稳定，但在实践中野战军的双重使命仍未改变。毫无疑问，由君士坦丁发展起来的常备御前卫队还是梦想着主要依靠击败外敌来争取荣耀；但像以往一样，他们的实际首要任务仍是保护政权。于是他们的部署位置往往远离边境，其存在目的既是保障内部安全，也是护卫帝国。[63]

如果说在3世纪早期，罗马世界在军人的推波助澜下被撕成了碎片；那么在3世纪后期的几十年里，军人和诞生于这个队伍中的皇帝彻底夺取了这个国家，他们重新统一了帝国，并在很大程度上依照自身想象对帝国进行了改革。戴克里先的四帝共治体制标志着"军人的罗马"已走上巅峰，这一制度让边疆罗马文化和士兵的价值观，特别是伊利里亚人的价值观进入朝廷，并得以确立。正如他们在彻底改革政府的过程中带入了军队的思维方式，在涉及帝国的宣传艺术时，他们也摒弃了帝国旧贵族的古典主义审美品味，取而代之以此前常见于边疆士兵墓碑上的更加大胆、写实程度较低的行省风格。帝国的肖像作品描绘的不再是可以辨别身份的个人。无论是硬币还是如今保存于威尼斯的令人称奇的群像雕塑，通过面孔是无法区分作品中的四位皇帝的（图75）；恰恰相反，这些比例失调的人物互相拥抱，这样的姿势强烈地传达出一种简单的信息：这些手持鹰头剑、头戴多瑙河式"药盒形"军帽的强悍的军人皇帝彼此团结。"军人的罗马"获得了成功，从此之后，随着帝国公共事业普遍被归入兵役范畴，"军人的罗马"的影响力也席卷整个罗马社会。于是士兵的着装风格——长筒袜、戎带、十字弓造型胸针——作为权力的显眼标志而传播开来。

随着军人的罗马在国家中占据主导地位，拥有强大政治影响力的军人也开始与非军事背景的贵族和官员频频互动。边境地区的军民社群昔日曾是某种带有独特军事属性的"罗马性"分支的核心，特别是不列颠到黑海的军民社群。然而随着亲军队的壮大，军队的重心也从边境地区向后方移动，这些军民社群也随之凋敝，逐渐走向贫穷，日益暴露在蛮族侵袭的危险中。虽然士兵们持续主动强调自身的独特属性，但"军人的罗马"所享有的自主权却逐渐销蚀，因为它已经部分重新融入了罗马主流文化。

4世纪的帝国：动态稳定

4世纪的军人占据着罗马的核心地位，也是他们看管护卫着罗马，所以那时的帝国究竟是何种光景？军人和其他人的关系是什么样的？很难不把4世纪的帝国与它之前的混乱时代以及我们

249

知道（或认为）的 5 世纪的情况联系起来进行解读，于是我们会倾向于做出这样的推断：即便罗马军队大体上牵制住了波斯人和蛮族，但帝国已经滑向了崩溃。这正是历史学家 A. H. M. 琼斯（A. H. M. Jones）在 20 世纪 60 年代写下有关这个时代的巨著时所选取的观点，它在英语国家的学术界长期保持着影响力。他认为 4 世纪是内忧外患滋生蔓延的时期：军队在进行大规模扩张，加之占统治地位的贵族的财富与权力也在无节制地增长，而这一切都以牺牲农村地区的大众利益为代价，他们陷入贫困，成批死去，心灰意冷而怨气满腹；这削弱了本就较为脆弱的西部地区，令其更无力抵抗随即出现在 5 世纪的来自蛮族的压力。[64] 与此相似的是，历史学家拉姆塞·麦克莫兰（Ramsay MacMullen）也认为 4 世纪罗马社会高层的腐败现象规模巨大，而且后果极为恶劣。[65]

　　然而，琼斯似乎严重高估了军队的规模；此外，新一代的历史学家从更为宏观的视角出发，也针对琼斯关于 4 世纪罗马社会功能严重失调的撰述提出了质疑，其中以布赖恩·沃德－珀金斯（Brian Ward–Perkins）和彼得·希瑟尤为引人注目。[66] 希瑟尤其对 4 世纪及此后的帝国提出了详细而令人信服的全新描述，为本书的这部分讨论奠定了良好的基础。在对该时期罗马历史观点进行修正的过程中，考古学发挥了关键作用。近期的一些测绘显示，在帝国后期，至少有一些地区——从 4 世纪时不列颠境内的建有大量乡间庄园的带状区域，到 5 世纪叙利亚的乡村景观——非但没有出现贫困和人口减少的情况，反而变得前所未有地人丁兴旺，物质上也比以往更加繁荣。希瑟还进一步提出，受到马克思主义思想影响的琼斯严重夸大了下层阶级所遭受的压迫与苦难，也夸大了它们所造成的影响。他提出了另一种令人信服的观点：虽然

4世纪的罗马对大多数人来说并非轻松美好的安乐窝，但国家总体上是平稳且能够运行发展的，直至5世纪外敌的刀剑让帝国四分五裂；西罗马帝国的灭亡其实来得让人猝不及防。[67]

那么谁才是正确的呢？虽然考古发现揭示了一些地区在公元300年后的显著繁荣，但它也证实了包括高卢北部大片土地在内的其他地区确实遭到了破坏。这种混合错杂的考古图景再加上现存文字证据的局限性（来自贵族和政府立场的文本资料占据了压倒性的绝大多数），使得我们一方面很难评估（可能是局部性的）经济恢复净增长所产生的综合结果，另一方面也很难评估社会和经济的两极分化程度。不过，尽管希瑟的观点非常夺人眼球，于我而言，他所提供的证据却并不足以支持他对琼斯观点矫枉过正的批评。如果说我们可以批评琼斯是在通过马克思主义的棱镜来看待那个时代的帝国，那么希瑟提出的新见解则相反地带有一种资本主义视角的温存味道，特别是在对待极端不对称的财富与权力所造成的冲击及其背后含义这一问题上，他表现出了一种过于宽容的态度。我认为，在大多数时候对于许多地区的大多数人来说，那个时代的文献所折射出的图景看上去确实很残酷，这一点在留存下来的法律文本中尤其明显，新的考古勘查证据弱化了这种情况的严重程度，但并没有予以否定。这些证据表明，"军事－贵族复合体"（此处化用艾森豪威尔的说法）的支配地位在不断深化，对于那些被排除在由特权阶层及其恩主构成的高贵小团体之外的大众而言，这产生了严峻的社会影响。

财富和权力的差距从未像此时这样极端，这就是由主宰各行省社会的强大地主与皇帝及其士兵所缔结的核心"帝国契约"所产生的长期结果。大人物们会维护当地的公民秩序，为皇室库房提供黄金和粮食，为军队输送新兵；作为回报，士兵们则会确保大人物们的安全。税收和政府消费是帝国运作动态的中心。

诚然，大家都会为纳税而叫苦连天，如果可以的话，大家都会避免纳税。但来自罗马帝国后期的文献表明，那里的可怕情况远不止于此。这套专制政体由皇帝及其亲信管理，它存在的意义正是为这些人服务。在这样的政体中，从制度或宪法上节制支出的措施是不存在的。没有投票权的纳税人除了向朝廷请愿，恳求他们减轻自己的负担以外，没有任何其他正式的匡救手段。从根本上说，有太多人认为顶层对自己需索过多：许多人已不肯再支付，许多人已无力再支付。我们听说过土地被抛荒的情形，有时是因为此地的农民已经逃亡。最令人惊诧的是，我们还听到过不太富裕的地主为了逃避担任市议员的职位，甚至不惜放弃财产而逃跑。这是由于任职者需要将国家税收的征集当成自己个人的财务责任，因而这份职位已不再是一种社会特权，而是成为一种难以承受的负担。日甚一日地，罗马政府试图迫使人们去承担这种责任，通过严刑峻法和武力威胁向人们索取政府所需的货物、钱财、人员和服务。

在饱受战争困扰的 3 世纪，军事化的政府通过临时征用物资、征兵和徭役来维持自身运转。随着稳定局势恢复，货币税收也有了实质性的回升，但国家对粮食和基础原材料的征用，以及运输征收而来的货物等国家强制性服务名目已经被制度化。以戴克里先为开端的各代军人皇帝试图将帝国当成规模庞大的军事后勤业务来管理，这反映了他们的军事思维模式。统治者在社会控制和社会强制上使出了浑身解数，手段包括官方宗教和国家宣传，他们还试图去制约人们的生活和工作，有时也包括控制物价和工资标准。为了阻止人们逃离不合意的生活，许多职业在法律上被规定为世袭，也包括当兵。如前文所述，包括武具生产在内的一些职业被纳入国家直接管理的范围内。果如所料，许多人试图逃避这些强加在他们头上的千钧重负。

这些变化之所以会发生，或许并不是因为（用现代人能理解的简单说法来解释）保卫帝国免遭不断滋生的外敌侵扰的实际成本已经超出了帝国经济能力可以满足的水平。在 3 世纪的混乱时期，这也许会构成真正的问题；但 4 世纪的帝国绝不是贫穷的。一边是这一时期罗马的经济规模，另一边是因政府所需而征收的资源（主要就是军需资源）规模，对于这二者之间的收支平衡，我们根本没有数据能够予以精确量化。然而我们有理由得出这样的结论：无休无止的压力迫使政府需求不断拉高，终于达到了使纳税人拒不履行义务或开始出现煽动叛乱行为的临界点。唯有现实能限制政府的预算额度，这个现实就是，收上来的钱款往往不能满足政府的需求；另一道不言自明的阀门则是盘旋在统治者心头的一股难以摆脱的焦虑不安，担心这一切最终会突破行省人的忍耐限度（以及对武力的恐惧），刺激他们公开造反。

有一种说法认为，晚期的罗马军队之所以会扩张成超大规模，更多是为了政权的风光，而不是出于真正的边防需要。这种说法可以追溯到基督教的宣传者拉克坦提乌斯（Lactantius）对戴克里先及其所作所为的攻击。[68] 就眼前或未来可能出现的战争任务而言，军事预算规模或许有时确实超出了合理比例。最近有人提出，在 4 世纪的大部分时间里，为了证明军队和官僚机构的规模是合理的，罗马政府至少故意夸大了莱茵河边境上"来自日耳曼人的威胁"。[69] 削减开支会削弱皇帝自己的权力和地位，他们当然没有什么动力这样做；至于他们的士兵则更不会心甘情愿地接受"国防开支削减"。

然而在实践层面，我们无法隔着如此大的历史跨度去评估罗马帝国的防御需求"究竟"是什么。就算在当时，这个问题也不可能得到客观的评估。即使拥有发达的战略和财务分析理论，现代国家也还是没完没了地为同样的问题而焦心劳思。因为在4世纪就和在21世纪一样，随着不可预见的危机爆发或是威胁的突然消散（比如在下文提及的匈人帝国的兴衰变化），每一年人们感知到的或是真实存在的防御需求都会发生难以预测的变化。和平时期的人们可以举出昔日的危机，并（像过去的韦格蒂乌斯和我们今天的将军们一样）主张，"如果想要和平，就要做好战争的准备"。[70]这种说法是很有道理的：即使莱茵河上风静浪平，士兵也还是随时可能需要应对多瑙河或美索不达米亚的战事。在危急关头，皇帝和将军们自然用得上每一个能用的人。总而言之，帝国防务的真实情况和相关的表达修辞都推动着军事预算无休无止地向上攀升。它总是膨胀得恰到好处——在不引发民众起义的前提下尽可能多地从帝国提取的资源刚好可以满足它。在一个纳税人无法投票将政府赶下台的世界里，没有任何手段可以阻止军费这样抬升。

不过归根结底，帝国要求人民为之买单的，可不仅仅是维持士兵作为抵御外敌的堡垒的费用。远远不止于此。第一，即使罗马不再像3世纪那样内斗无休，皇帝和士兵也还是经常性地将生命与钱财浪费在同室操戈上。第二，朝廷本身（通常还不止一个）也是要花钱的，他们需要更气派的排场和更显著的奢丽，这样才能树立起准神的统治者形象。此外，在滋长的行政部门和征税系统中，出现了越来越多夹在纳税人和朝廷、军队之间的中间人。戴克里先的改革制造了更多规模较小的行省，这些小省被划归为大区，而大区又构成了地域更大的枢密大臣管区。这样一来，新增的管理层级就需要更多的行政人员。[71] 自 3 世纪的战乱以来，皇帝们在榨取行省的财富和资源时总是面临困难，这是导致上述变化的主要原因。[72] 他们的诉求是利用数量更多的政府授薪官员进行更密切的监管，以此来迫使人们服从统治，目标是创造一种接近于"指令性经济"的体制。为了给自己的工资锦上添花，许多官员还会对经手的资金抽取老式的"佣金"（这被看成是从事政府公务的合理福利）。[73]

在当时的罗马，缴税责任的社会分配存在着严重的不平等，这令前文提及的一切问题雪上加霜。特别是，皇帝和地主阶级之间达成的"帝国契约"在 4 世纪发生了本质层面的重要变化。许多大人物越来越亲密地融入到不断膨胀的国家政府体系中，他们与自己所属的行省社群之间却不具备这样紧密的关系；他们越来越多地通过就任帝国官职来逃避自己作为市议员的公务责任（在地方层级对行省进行管理）。或者还有更让人称心的方式——争取一个荣誉职位，这样就能获得政府公职所带来的声望和特权，尤其是税务减免，还不用承担令人厌烦的实际工作。向民众征税这一日益繁重的责任终归得有人来承担，因此地方民政管理的责任被甩给了在相关个人财务责任上较为缺乏承担能力的小产业主。于是，那些处于特权小团体之内的大人物可以从帝国的食槽中取食，却无须为其做出任何贡献；他们还可以利用自己受保护的财富和地位，一边从他们遍布帝国各地的各式产业中获取数额巨大的私人租金收益，一边抢购更多的土地。他们中有些人的生活比帝国早期的皇帝还要奢华气派。[74]剥削使得许多农民沦为原始的农奴——在法律上与土地绑在一起的隶农（*coloni*）。占越来越大比例的帝国财富集中到了越来越少的人手中。

在 4 世纪的帝国等式中还有一个新出现的重要系数，那就是新成立的、拥有国家支持的教会。基督教究竟是在精神上给了帝国更强大的力量，还是像吉本认为的那样，削弱了帝国的斗志干劲，是一个值得商榷的问题。但土地、物资和人口都流入了教会的控制范围，而主教辖区则会形成贵族权力的另一套基础。

不仅如此，从税款被征收到被用于朝廷、政府公务或军队的过程中，每一个阶段都存在一些常规之外的操作——就连内部人士都会将这些做法视为赤裸裸的勒索、欺诈或不当牟利。作为这一制度的担保人和参与者，士兵也是其中一部分受益者。他们获益的方式包括军饷、御赏饷金，以及"自助取款"。委派士兵负责治安维持和在税收系统中担任警卫和督察仍然是普遍做法。这部分人员及其他许多士兵如今驻扎在城市中，以平民家宅为临时营舍。他们会以一种古老的方式来确保自己也能分一杯羹，就是直截了当的勒索。有些人甚至使用听起来非常官方的术语对平民征收虚构名目的税款，用拉姆塞·麦克莫兰的巧妙说法，这暴露了他们"对官僚主义那贪得无厌的高亢音调有多么熟门熟路"。[75]然而也有其他士兵成了这套制度的受害者。因为看起来有很多费用是专门为军队，或许特别是为边境驻军而征收的，然而这些钱从未真正交到士兵手上。除了在征收和运送到军队的过程中的抽成，甚至还有更多的钱是在军队内部被贪墨的。

正如我们所了解到的，罗马确实面临着压力，需要尽可能增加士兵的人数。无论任何军队，其理论上的兵力与实际可用于战争的人数之间总有差异。即使在和平时期，也很难确保征募和训练所补充的人员总能与死亡、逃兵或退役所造成的人员损失保持平衡，很难保证所有部队在所有时间里总是完全满编，存在一些兵员空缺是正常的。[76] 然而就罗马帝国晚期的军队而言，我们需要考虑的数据有三组：军队在纸面上应该有多少士兵和战马，将军们认为自己手下有多少人马，以及实际存在的兵力数据。由于军队内部的腐败现象，后两个数字之间有时可能存在巨大的差异。

我们手上的一些令人震惊的证据能够证明，帝国晚期的军队中确实存在着贪污腐败问题，而且人手极端不足。在 5 世纪初的非洲昔兰尼加，一位名叫西奈修斯（Synesius）的主教在信件中提到一起惊人的军队指挥官腐败案件。他记录了克瑞阿利斯（Cerealis）是如何卖掉了贝拉盖尔骑兵队（Balagritae）的所有马匹，把这支弓骑兵部队变成了步兵弓箭手部队！[77] 另一个在军队中牟取暴利的手段是把死人留在部队花名册里，从而把不存在的士兵的工资装进自己的口袋。按照西奈修斯的记录，匈人骑兵团（Unnigardae）实际上只有 40 人，这件事上级部门是否知道？[78] 这些极端案例都发生在偏远行省，对于那些处在高级指挥官眼皮底下的地区而言，这肯定不属于典型事件。但还有一些腐败行为是以较为低调巧妙的方式进行的，对这类腐败的严重程度我们根本无从知晓。无论如何，昔兰尼加的案例凸显出罗马后期军队实际兵力与纸面数据不符的疑窦。如果部队因腐败而缺少新兵、装备和物资，那么一些士兵无疑会因其他人捞的油水而付出生命的代价。

在这样一套体系中，国家的财政需求持续增加，已经超出了纳税人能够负担的水平，或者说至少也超出了他们在帝国的规劝或威胁下愿意负担的水平。阿米安称，尤利安在高卢担任"恺撒"时曾尝试大幅度减税，将每年的税额从每人25金币减少到7金币。据称减税后的国库仍然相当殷实，因为这样一来交得起税而且确实去交税的行省人增多了。[79] 然而大多数皇帝还是缺乏解决这些问题的动力，他们的想法恰恰相反。如果不能说恩庇制传统和体制内人员的相互依赖助长了对权力滥用的纵容，它至少也促使人们对权力滥用的后果视而不见。

✝

从某种重要意义上说，广大行省人民是否有能力缴税在这里其实无关紧要。他们生活在日渐升高的专制制度压迫下，这个制度将越来越多的帝国财富重新分配给了国库和权贵的库房。现代研究表明，人们对自我价值及生活质量的感受并非主要取决于他们的绝对财富，而是取决于他们的相对富裕程度、他们所感受到的自由和公正的待遇。[80] 在物质层面，许多罗马的行省人或许确实比前罗马时代的祖先更富裕。他们使用的是工坊里打造的锅，甚至能用上玻璃窗户，是帝国整体繁荣下的"涓滴效应"的受益者。[81] 但这并不意味着他们对自己的生活现状感到满意，也不意味着他们完全处于消极被动的状态中。在他们生活的世界里，富人和穷人真正遵守着不同的法律。晚期罗马帝国政权企图把人民关到笼子里。即使镀了金，笼子也还是笼子。

与以往一样，帝国的统治者试图通过各种手段，尤其是通过意识形态的灌输来引导民众接受现状。然而在绝对君主制下，地位稳固的统治阶层不再像以前那样仰赖"面包与竞技场"来赢得群众的顺从，而是愈发依靠思想灌输、恐吓和利剑。

在帝国宣传和仪节的描述中，现有局面是天意神授、天命注定且天长地久的。人们被要求心甘情愿地接受现状，或者至少也是委曲求全地顺从。彼得·希瑟生动地将罗马描绘成一个一党制国家。到了 350 年，帝国已经对民众进行了数个世纪的洗脑，而他们从未有机会接触任何其他与帝国竞争的意识形态。[82] 奴隶、穷人和被边缘化的人无疑对自己的命运感到怨忿，但除了现有罗马的统治之外，其他情形几乎是他们根本无法想象的。不过，处于帝国意识形态核心的宗教信仰却经历了一场革命。

包括奥勒良在内的 3 世纪罗马军人皇帝尝试用"不可战胜的太阳神"（Sol Invictus）作为罗马传统神明的补充，并逐渐取而代之。这个准一神论的帝国信仰对士兵们尤其有吸引力。戴克里先试图通过宣传和强制来恢复对罗马传统神明的崇拜，他是下令对不遵从帝国信仰的人实施暴力惩罚的几位皇帝之一，因为对罗马秩序的忠诚正是通过指定的宗教崇拜行为来表达的。此等反叛者，尤其是基督徒，会被视为无神论者，他们的行为会招来神的怒火。由于危及国家和公共利益，他们面临的是迫害或死亡。军队中的基督徒被清洗，士兵则被用作迫害行动的执行者（图 74）。

随后君士坦丁采取激进措施，完全放弃了传统的罗马诸神，采用基督教一神论作为新的国教。[83] 到了 400 年，各类传统宗教信仰遭到查禁，而信仰基督教的暴民则以多神教信仰为靶子展开暴力袭击，他们自己内部同样如此（以"异端"为由）。"带有颠覆性质的"基督教转变为国家权威宗教；坚定严厉的全能者基督、"万物的主宰"在一场宗教革命中取代了朱庇特。总的来说，这场革命相对和平地完成了。[84] 与其说这是奇迹，倒不如说这是出现在帝国内部的合理进程，这里长期存在着越来越强大的一神教倾向，[85] 因为帝国隔壁出现了一个拥有强大宗教意识形态的危险新邻居。[86] 在一定程度上，君士坦丁实行的宗教革命是在借鉴萨珊伊朗以"国教"拜火教作为皇权统治工具所取得的明显成功经验。[87] 随后，信仰基督教的皇帝们将皈依基督教作为兵役生涯中职位晋升的一项标准，这大大推动了人们的皈依。[88] 于是，罗马的统治如今是因为上帝有此旨意。当皇帝本身（在四帝共治时期）成了活在人间的神明，或是（从君士坦丁统治时期开始）神的代理人时，反抗就不仅仅是犯罪，而且是渎神了。"罗马信仰"（religio，也称"正信"），即所谓对统治权威的敬畏，无论它是世俗的还是神圣的，仍然都是政治统御的核心工具。

另一个工具就是法律的威严。地主阶级对自身财富与权力的维护已经正式依赖于一套由帝国之剑所支持的不公正的法律体系。[89] 罗马法始终以维护社会阶级秩序和财产权为主要目的。在这样的法律中，公民群体内上等人和下等人之间的不平等关系已经被制度化（见边码第 199 页）。基督教结束了竞技场角斗和十字架刑，但那些触犯权贵的人却面临着更多其他形式的暴力刑罚，从肢解之刑到酷刑折磨致死。暴力犯罪者会受到公开处刑，尸体被悬挂在位于犯罪现场的绞刑台上。[90]

权贵们不仅能依靠有倾向性的法律制度来确保自己的意志被执行，他们还越来越多地雇佣武装人员组成私人的武装单位，以便采取不太正规的直接行动。[91] 有时他们的手段强硬得过了头。384 年，普勒尼斯特城（Praeneste）的瑟尔提乌斯（Scirtius）声称自己的一处地产被一位元老的爪牙以武力强行夺取，这位元老名叫 Q. 克洛狄乌斯·赫尔莫杰尼安·奥利布里乌斯（Q. Clodius Hermogenianus Olybrius），受害者试图诉诸法律拿回这处产业。

随着事实的揭开，人们发现该元老的手下还关押了整个普勒尼斯特市议会，以防他们为瑟尔提乌斯做证。[92]

统治者拥有各式各样的压迫手段，而在这个强大的"兵器库"中，士兵的刀剑仍然拥有终极的震慑力量。人们会经常在城市街道和公路上见到这种威慑工具；在宗教迫害行动或动乱发生期间，刀剑的威力也会对越轨者和异见者释放。

整体而言，意识形态的灌输、法律以及棍棒、鞭子和剑投下的阴影共同构成了一套残酷而有效的统治体系，大致上成功维持了4世纪罗马帝国的运转。皇帝渴望建立类似于极权主义体制的国家，而权贵们的行径就像黑手党头目一样。话说回来，虽然384年瑟尔提乌斯的世界又危险又可怖，但它与《1984》中的温斯顿·史密斯（Winston Smith）所面对的世界——奥威尔（Orwell）笔下的"一只皮靴踩在一个人的脸上，就永远那样踩着"——全然不同。晚期罗马帝国缺乏今天的通信、监视、数据存储及处理的技能和技术，无法实施极具侵入性的社会控制，因此它远远达不到奥威尔所描述的极权主义政权或这部作品参考的真实政权所具有的效率。

对各种行为不轨者施以各类野蛮刑罚的严厉法律一再被颁布，或许是因为皇帝想要显示出自己时时保持着警惕之心，又或许是因为法律并不十分有效。由于缺乏严谨、彻底的执法手段，国家只能试图通过引发恐惧来迫使人们遵守法律。

在实践层面上，4世纪的绝对君主制之所以能够发挥作用，一部分原因在于这套机制允许一定程度的协商，人们普遍拥有一些操纵扭曲的空间，而且偷漏税在这种体制下相当容易。人们其实有一定的机会可以逃避纳税的重负，或完全逃脱这张罗网。社群可以向皇帝恳求税务减免；个人则可以寻求有权势的恩主庇护，进行虚假纳税申报或采取其他消极对抗手段。其他人则干脆逃跑，到其他地方寻求新生活。他们寄希望于当局无法追踪自己，或者期求在缺乏照片或指纹技术的情况下，自己的身份无法被确定，这种想法是相当合理的。一些背负巨大压力的市议员放弃了自己的财产，非法在军队中寻求庇护。另一些逃亡者则让肆虐的强盗犯罪愈演愈烈，而这可能会蔓延成政治暴力冲突。

民众针对晚期帝国统治发起的暴力反抗究竟有多强烈？关于这个问题仍然存在着激烈的争论。在帝国的一些地区出现了非军事性质的重大起义事件。特别是在高卢，神秘的巴高达运动（Bagaudae）隔三岔五地在此地爆发，造成了相当严重的问题，政府被迫开展国内军事行动予以镇压。地主阶层变得前所未有地强势霸道，导致昔日将农民与地主捆绑在一起的传统恩主庇护体系走向崩溃，这些群众起义可能正是由此引发的。[93] 彼得·希瑟认为 4 世纪期间的骚乱并没有比以往更加严重，对这类事件的规模和影响都采取淡化态度。但是他也承认，即便罗马帝国晚期的大多数农民没有真正参与造反，他们也并未对政府抱有多少信念。[94] 在这个时代的罗马，"涉及犯罪的"强盗行为和政治叛乱之间其实并没有明确的界限，而且大量民众很可能已经与国家离心离德。因此无论国内暴力冲突的真实水平和性质究竟如何，当局的行为反映出的都是他们面对帝国统治遭遇阻力时的焦虑心情。在一定程度上，4 世纪帝国的稳定是统治者和被统治者彼此高度恐惧的制衡（图 87）。

在这种境况下，面对前所未有的内忧外患，军人们作为晚期罗马政权的缔造者，在维持罗马帝国秩序上表现得比以往任何时

图 87. 图为一幅马赛克作品，来自西西里岛阿尔梅里纳广场的宏伟别墅。画面中一名 4 世纪的罗马士兵（可能是普通士兵，也可能是帝国官员，总之他身穿军装）正在殴打一名仆人。这种士兵向罗马平民施暴的事件时有出现，而这幅马赛克可能是独一无二地以视觉手段呈现此类事件的作品。

候都要突出。总的来说，4 世纪的罗马军人是成功的。希瑟认为罗马帝国在 4 世纪保持住了稳定局面，这个观点是能站住脚的。然而这是一种动态的稳定，就像一辆飞驰摩托车的稳定状态一样，它需要时刻警惕和积极干预才能维持，而且它总是面临着潜在的突发外来冲击。从 4 世纪 70 年代起，来自外部的冲击开始在边境地区劈头盖脸地袭来，而这又让国内压力加剧，终于导致罗马帝国在 4 世纪结束前永远地一分为二：一边是专注于与北方蛮族作战的西罗马帝国，另一边则是聚焦于萨珊伊朗的东罗马政权。

✝

　　要理解罗马与萨珊的长期对峙，我们就必须也看一看边界的另一侧。[95] 因为两个帝国之间关系的发展走向和结果也同样取决于这样一番事实：波斯也像罗马一样是一个帝国强权，易于受到王位继承问题引发的冲突和远方行省起义活动的影响；此外，除去它与罗马的边境，它的其他边境上也存在着严重的外部威胁（这些威胁在 3 世纪和 4 世纪期间一直存在，尤以贵霜帝国为主）。[96] 由此说来，3 世纪中叶的罗马在东部遭遇的麻烦主要在于沙普尔大帝[1] 不仅长寿，而且牢牢掌控着权力；至于在 4 世纪中叶，罗马的苦恼则来源于强大的沙普尔二世（309—379）长达七十年的统治。相反地，发生在这两位君王统治期间的萨珊王朝内乱和行省起义，则为罗马东部地区在四帝共治下的休养生息提供了便利。

　　沙普尔二世还与日渐强大的阿拉伯部落联盟展开了激烈的战争。这些事件也为边缘势力国家的发展提供了实例——它们在此受到两个相互竞争的帝国的威胁、操纵和激励。随着伊斯兰教的发展，阿拉伯势力的崛起将改变世界历史，其影响力丝毫不逊于崛起的欧洲蛮族。

　　在沙普尔二世时期，萨珊王朝的军队仍然以其装备长矛的装甲骑兵团为中心，这批骑兵是沙阿在战争时期专门从伊朗的武士贵族中征召而来的。[97] 不过，此时他们的队伍中还包括大批直接受雇于皇家的职业士兵。比起帕提亚时代的军队，他们如今与罗马军队接近了许多。精悍卓异的萨珊帝国骑兵团"不死军"重新

---

[1]　此处应该是沙普尔一世，后文的沙普尔二世才是"大帝"。

启用了旧时波斯皇家卫队的称号，直接照应着萨珊王朝自称阿契美尼德继承者的说法。他们还部署了战象，并一直保有相当成熟完善的攻城技术，阿米安曾于359年在阿米达亲眼见证他们的攻城能力，并对此有过生动描述（见边码第241页）。萨珊人在建造防御工事方面也同样出色，他们在靠近罗马的边境地区建立了与之对峙的堡垒体系。他们还修建了线性戍边系统，也许是部分模仿了罗马人的做法（见边码第122页）。

此时的萨珊军队中也配有得力的装甲步兵，与罗马军队的惯例配置相一致，只是这些步兵从未获得过与长矛骑兵和弓骑兵同等重要的地位，后两者仍然是萨珊军事力量的核心。4世纪萨珊骑兵的武装看起来比以往任何时候都更加周全齐备，就连弓骑兵此时也穿上了甲胄。至于在与罗马人进行近距离战斗时，萨珊军队则似乎更依赖矛兵来击破敌人的战线。这些变化主要是萨珊人针对与罗马人作战的经验所做出的实验性反馈。这些新打法限制了人和马的耐力，在和尤利安对战时似乎并未完全奏效（见下文），对匈人作战时的效果也并不好。[98]

4世纪50年代，波斯领土被来自中亚匈人分支的匈尼特人（Chionite）入侵，对萨珊人构成了严重的威胁，迫使他们放弃了近来刚对罗马取得的战果。他们经过了多年搏杀才重新稳定了与中亚的边界。[99]沙普尔随即找回了对罗马的攻势，而如今他的盟军战队中也有了匈人的身影。他们在359年围攻尼西比斯，然后又在历经旷日长久的鏖战之后攻下了阿米达。君士坦提乌斯二世企图反击，却因尤利安发起的挑战而计划流产。正如我们所知，这个事件最终因君士坦提乌斯的死亡而化解。在东部地区对抗沙普尔的任务即将落到尤利安头上。

作为唯一的皇帝，此时的尤利安梦想着赢得更高的荣耀，他对萨珊帝国发起了反制性的入侵行动。这究竟有几分是被模仿亚历山大的夙愿冲昏了头脑，又有几分是在追求表面上更容易实现的战争目标，我们并不清楚。沙普尔的兄弟霍尔木兹（Hormuz）已经与萨珊精锐骑兵队的重要组成人员一起投靠了尤利安，因此这位罗马皇帝即使不能彻底征服波斯，他至少也有希望实现"政权更迭"——用一个依靠着罗马的傀儡沙阿取代一个危险的敌人。[100]

像之前的许多罗马军队一样，尤利安的士兵入侵了美索不达米亚，但既没能消灭萨珊军队的主力，也没能攻占泰西封。面对萨珊人的焦土战略，这场战役再次以罗马人颜面扫地的撤退而告终，尤利安在此过程中还遭人杀害（363 年）。与以往一样，罗马的军事侵略行动折载于巴比伦尼亚。面对落败的、饥肠辘辘的罗马野战军活着回家的要求，沙普尔狮子大开口。罗马不得不放弃大片领土和底格里斯河流域的若干处重镇要塞。

在 4 世纪，罗马人将波斯当成主要威胁；北方蛮族则被视为严重的麻烦，但构不成致命危险。[101] 对罗马在欧洲的那些邻国而言，罗马帝国既是富有的潜在目标，也是一个通过战争、外交和补贴来主动施加干涉的强大邻国。仅仅是地理位置上与罗马接近，也使得这些邻国始终处于罗马的深远影响之下。蛮族地区内较大规模的政治单位在与罗马交涉谈判，或是抵制其入侵，或是掠夺其领土方面拥有共同的利益，这一切都促使它们彼此串联。在不列颠北部的自由地区，帝国的干预无意中推动了一个更强大、更集中的蛮族势力——皮克特人——的出现。[102] 罗马也影响了爱尔兰，使其内部在 4 世纪出现政治变革，导致了爱尔兰的"斯科特人"对不列颠沿海地区袭击活动的增加。这些斯科特人将会带回战利品和来自罗马治下的不列颠地区的奴隶，其中也包括圣帕特里克。[103]

4 世纪的欧亚大陆各民族受到的影响甚至更大，特别是黑海以西和以北新出现的多个哥特族王国。[104] 和罗马人及后来的人们心目中"野蛮部落"式的刻板印象形成鲜明对比的是，这些小国建立的基础是改良的农业生产组织和能够与罗马行省相当的人口密度。这是一些多种族融合的社会，经济发达，军事强大。它们由自称为哥特人的日耳曼语群体统治，受到萨尔马提亚文化的强烈影响（特别是在军队事务方面），同时还融入了达契亚的卡尔皮部（Carpi）、被征服的希腊沿海城市以及祖先是 3 世纪被俘的罗马行省人的社群。来自罗马行省的这一部分人将基督教带给了哥特人，也带来了玻璃生产等先进制造技术。他们自己不铸造硬币，但广泛使用罗马钱币。日耳曼人普遍钟爱罗马的剑、硬币和饮具，但哥特人的领袖们还对罗马生活方式的其他许多方面喜爱有加。[105] 这些王国建立了世袭统治，但没有单一的至高王。[106] 君士坦丁大帝打败了它们，并将它们视为附属国。然而，罗马与哥特人的关系中出现了一次危机，从而引发了若干起军事事件。这些事件给罗马的军事实力和威望造成了灾难性的打击，并最终为西罗马帝国的政权画上了句号。

第六章 上帝之剑

376—565 年：倾覆与转变

378 年的阿德里安堡战役惨败

女战神贝罗娜，燃起比平时更加狂暴猛烈的怒火……

——阿米安 31.13.1[1]

君士坦丁家族随着尤利安的辞世而消亡，但这并没有带来内战，而是出现了和平的帝位继承，这可能是因为当时大多数主要将领正在美索不达米亚并肩作战。又是两位来自多瑙河的将官披上了紫袍：瓦伦提尼安（Valentinian）受到众人拥戴，选择统治西部，他又任命自己的兄弟瓦伦斯（Valens）为统率东部的共治奥古斯都。瓦伦提尼安通常被视为西部帝国最后一位真正有实权的军人皇帝，他在 375 年因被几位蛮族使臣无礼冒犯而死于中风，他的儿子格拉提安（Gratian）继位。

376 年，大批哥特人向瓦伦斯请愿，恳请允许他们跨越多瑙河下游，在罗马这一侧定居。瓦伦斯应允了。他麾下的军队正忙于与萨珊人厮杀，所以他本来也无力阻挡哥特人渡河，倒不如接收他们。罗马以前也有过接收多瑙河对岸民众的先例。[2] 这些人可以耕垦闲置的土地，还能为部队提供有用人手。[3] 然而罗马官员的苛待凌虐引发了一场暴动，使色雷斯惨遭捣毁。瓦伦斯面前则突然多了一场重大战争，危急的事态迫使他向西方的共治同僚请求军事援助。格拉提安自己也在打仗，因此有所延误，但他在378年时已经动身驰援。到了8月，瓦伦斯受到小规模胜利的鼓舞，在冲动之下对等待西来援军的建议置若罔闻，在色雷斯的阿德里安堡对哥特军队发起袭击，妄图独吞胜利的荣耀。[4]

瓦伦斯的军队，也就是他统领的御前卫队可能得到了来自色雷斯军队的人员补充，总计2万到4万人，据信在人数上超过了哥特人。这促使瓦伦斯拒绝了哥特人领袖菲列迪根（Fritigern）的谈判提议。然而此处罗马人的情报出现了灾难性的双重错误。他们严重低估了已然安营扎寨的敌军规模；更糟糕的是，他们竟未发觉还有一支规模庞大的哥特骑兵队正在外搜寻粮秣。这队人马离此地足够近，完全可以加入战斗。

262　　哥特人的营地是设在一座山丘上的车城（wagon-laager），位于阿德里安堡以北8罗里（约合7英里或12公里）处。瓦伦斯打算发动快速进攻，于是他让没有饮食的士兵在炎热的白天以战斗队列行军，让他原本的失误雪上加霜。当萎靡不振的罗马人挣扎着组成战线时，哥特人在周围的田野上点起了火，烟雾让饥渴交加的帝国士兵苦不堪言。菲列迪根也再次提出和谈，想拖延时间，让自己的骑兵能及时赶回。而一些气急败坏的罗马士兵在没有得到命令的情况下就发起了攻击，战斗一触即发，双方展开激烈交战。哥特骑兵有阿兰人助阵，在罗马人进攻哥特营地时对其进行突袭和包抄，使罗马部队陷入了一定的混乱。被包围的罗马步兵被驱赶到一处，许多人无法挥舞手中的剑，也无法举起盾牌拦截箭矢，就这样被诛戮屠杀。瓦伦斯在战场某处丧生，死不见尸。根据阿米安的说法，除了坎尼会战，罗马人还没有在任何战役中遭遇过这样的灭顶之灾。

✝

阿德里安堡战役的确是一场弥天大祸，其惨烈程度堪比坎尼会战。而且在事后看来，其后果比卡莱战役和瓦鲁斯之祸还要严重。这场战斗成了一个转折点，因为它标志着罗马在欧洲无可匹敌的军事优势已不复存在，也开启了一个世纪后以西罗马帝国灭亡为顶点的一段历程。带着回溯的眼光来审视这一切时，人们难免会认定在阿德里安堡惨遭失败的那支军队已经"衰退"和"堕落"了。然而正如我们所看到的，并没有什么证据能够支持这种观点。像许多军事上的重创一样，阿德里安堡战役的惨败是由多个不可预见的因素叠加而来的：霉运和误判——就连拥有最先进技术的军队也会遭遇灾难性的情报失误——再加上我们在卡莱见识过的那种指挥官的愚蠢行为；罗马士兵总是有失控的倾向。这都未必意味着他们的战斗素质，或是罗马野战军的战斗力在378年之前有过明显的"下滑"。毋宁说，它标志着全球均势出现了根本性转变——在这个时代，罗马多条战线上的若干强大敌人都处在这个天平上，而局势已不再对罗马保持绝对利好。

自3世纪以来，罗马一直无法保证边界的安稳；但直到378年前，它起码还可以期待在战争中取得胜利。然而在阿德里安堡战役里，一支帝国野战军却被蛮族的部队打得落花流水。更糟糕的是，不同于瓦鲁斯之祸或3世纪罗马经历的那些败仗，如今的罗马人甚至无法对哥特人的逞性妄为施加恰如其分的报复。最后的结果是，哥特人和东部帝国的新皇狄奥多西（Theodosius）在382年达成了和解协议。协议条款是史无前例的：罗马要接受哥特人作为自治性群体在罗马行省的土地上定居，并且要允许他们保留自己的统治者和身份认同。他们是罗马的盟友［foederati，来自条约（foedus）一词］，除了为正规部队提供新兵之外，在战争中他们还可以在本族指挥官的领导下为罗马效力。但与早期联盟的不同之处在于，如果哥特人违背帝国的旨意行事，罗马人已不再能确信自己可以打败他们——而且双方都知道这一点。[5] 阿德里安堡战役没有摧毁帝国军队的力量，但它永久地损害了罗马在军事和士气上对欧洲蛮族的关键优势地位。

从绝对数字上看，罗马人在阿德里安堡的损失不太可能和在坎尼一样大。人们估算的损失人数中最低的"只有区区"10 000人，不过还有许多人的估计数字更高。[6] 然而与坎尼战败的余波形成鲜明对比的是，阿德里安堡的惨败让罗马的军队永久地被削弱了。事实证明，尽管坐拥整个帝国的资源，但罗马永远无法弥补哥特人造成的损失，整团身经百战的职业军人被敌人消灭。这透露出4世纪帝国的一些重要问题。作为西罗马帝国资源基础的土地、生产能力和人力后来均遭到严重破坏，将帝国推入了滑向最终毁灭的旋涡。然而，在这一切尚未被破坏的几十年间，有某种内部制约因素阻碍了帝国的复苏。这很可能是包括腐败、资源挪用、人民离心疏远和逃避兵役在内的多种原因所引起的国家全面失能的结果。

阿德里安堡战役背后还有另一个严重的长期诱因。为什么在376年有这么多哥特人不顾一切也要跨越多瑙河？这是因为有一群比罗马人更可怕的凶狼正在追赶他们，那就是匈人。

"外生冲击"：匈人和他们所推动的蛮族浪潮

帝国采取的种种行动促进了邻邦的崛起，它们的集体力量强大到帝国也无法予以剪除，但罗马保持着足以遏制它们的雄厚实力。而且，若非出现了一个与欧洲、地中海和中东的态势无关的偶然因素，罗马或许能无限期地保持这样的实力——这个偶然因素，就是至今仍然没有得到解释的匈人的突然出现。在这里，我主要遵循彼得·希瑟的观点，即西罗马帝国的衰亡在当时并非不可避免，它的结局其实来得十分突然，主要是由匈人引发的多起外部入侵所造成的。[7]事实证明，被彼得·希瑟称为"外生冲击"的这些事件对西部帝国造成了太过沉重的打击；而东罗马帝国则失去了罗马城和意大利，随着它演变为一个讲希腊语的中世纪基督教帝国，它也失去了那份拉丁文化传承。逐渐地，除了名称之外，东罗马帝国的一切都不再与罗马有关。然而，如果说蛮族的入侵是西罗马帝国衰亡的催化剂和直接原因，那么也应该说，这些入侵事件与罗马的内在动力发生了相互作用，而我们已经在上文看到，正是这些内在动力此前让帝国维持着稳定。

4 世纪后期，来自外部的诸般压力导致罗马内部出现了影响深远的重要变化——罗马的欧洲部分无法再方便地利用亚洲部分的资源了，这是改变罗马帝国命运的一个重要因素。

从 3 世纪以来，皇帝们面临着来自外敌和内部的多重威胁。由于缺乏高速的通信手段，过于庞大的帝国陷入尾大不掉的窘境，单一的统治者和朝廷无法对其进行控制。多名皇帝通过任命、王朝世袭继承或者凭借武力披上了紫袍，在他们的领导之下，各式各样的区域性权力集团并存成了4世纪的常态。363年的尤利安之死让君士坦丁家族的血脉从此断绝，随后在罗马西边的瓦伦提尼安和东边的瓦伦斯之间一分为二，这一拆就成了永久的分裂。在395年，罗马最终正式分为两个帝国：一个是讲拉丁语的西罗马帝国，以罗马城为国家的精神基础（不过当时的朝廷设在拉文纳）；一个是讲希腊语的东罗马帝国，以君士坦丁堡为基础。[8] 这两个罗马帝国很快就各奔东西，不时也会向彼此伸出援手。不过有时东部帝国为了保护自己，也会盘算着将蛮族引向西方。与亚历山大的帝国相比，罗马帝国要持久得多，但最终还是走向了长期的分裂。

从阿德里安堡战役到476年西罗马帝国灭亡的这段时间里，罗马的欧洲部分所遭遇的战争和入侵太过复杂，本书无法在此详述。不过有若干重大事件尤为值得注意。随着382年哥特人的定居，罗马恢复了一定程度上的稳定，但405年哥特人对意大利的进攻结束了这一局面。紧随其后，在406年和407年之交，一场大规模的蛮族入侵，或者说是一次全民族的大移民，在封冻的莱茵河上爆发了。[9] 不列颠的军队推举了几个篡位者，他们介入了高卢的事务，并试图驱逐入侵者。但无论是这些人还是拉文纳的法定真皇帝（或者应该说是他手下那些大多出身自日耳曼民族的将军及其麾下人数不断萎缩的士兵们）都做不到这一点。法兰克人和勃艮第人在高卢永远扎下了根；苏维汇人和汪达尔人则向西班牙推进。410年后，罗马对不列颠的统治及其在当地的军队迅速土崩瓦解。

与此同时，罗马世界还遭受了另一场毁灭性打击：410年，罗马城被阿拉里克（Alaric）领导下的哥特人攻陷。这一事件在军事上的重要性微乎其微，但在心理上却具有惊天动地的意义：永恒之城陷于蛮族之手，这对帝国的威望造成了不可估量的重创。这些攻破了罗马的哥特人随后在高卢建立了自己的势力，然后又迁移到西班牙，在那里建立了一个长期存在的西哥特（Visigothic）王国。到了429年，罗马在战略上遭遇了真正的重挫——汪达尔人占领了罗马统治下的大部分非洲地区，而意大利长期以来一直依赖着来自那里的巨大财富。[10]

在这些日耳曼群体活动的背后，是匈人不断扩张的势力。匈人的起源、种族归属，以及他们突然出现在竞争舞台上的原因，到现在仍然是未解之谜。[11]但笼统地来看，他们不过是又一波来自亚洲大草原的骑射游牧民族"浪潮"，和萨尔马提亚人、帕提亚人（不过匈人不使用他们偏爱的重型长矛）以及后来的土耳其人、蒙古人一脉相承。匈人令所有遇到他们的人感到胆寒。不仅如此，彼得·希瑟还提出了一个很有说服力的观点：他认为，匈人在西罗马帝国毁灭过程中所起的作用甚至比人们目前意识到的还要重大。多个匈人群体约在350年到达黑海地区，他们对该地区的萨尔马提亚各族、哥特人及其他民族构成了军事上的压力。匈人对东欧造成的影响之所以大于此前萨尔马提亚人的类似活动，其中一个原因是：在匈人铁蹄蹂躏之下的，已不再是早期时代的那些低人口密度的小型酋长国，而是富裕的、已经具备雏形的蛮族国家。其中一些国家被匈人摧毁，另一些则沦为他们的属邦，但更多的政权以移民的方式来寻求生路。阿德里安堡战役正是哥特人逃离匈人袭击所产生的结果。[12]

大约在公元400年的某个时候，大量匈人向西迁移到匈牙利平原。[13] 这一决定性举动为匈人对罗马帝国发起的凶残劫掠提供了便利——他们移动的速度比预告他们到来的消息还要迅猛；与此同时，他们的行动可能也引发了其他民族在406到407年跨越莱茵河的大规模迁移。这其中包括日耳曼的汪达尔部和苏维汇部，也包括似乎在匈人袭击下从喀尔巴阡山脉一路向西逃窜的萨尔马提亚的阿兰人。[14] 这批入侵者中甚至还包括"敌对的潘诺尼亚人"。他们或许是心怀不满的罗马行省人和受压迫的农民（也许更多的是特权阶级中的异见人士？），这些人加入了蛮族的行列——在后来引发阿德里安堡战役的哥特人入侵罗马的行动中，该现象可能是影响因素之一。[15]

主宰蛮族地区，对各行省发起冲击，"匈人成功将罗马在欧洲的大批邻国联合起来，组成了一个可与罗马匹敌的、近乎超级帝国的国家，这在罗马帝国历史上还是第一次"。[16] 这个匈人创造的帝国在阿提拉（Attila）时期达到了鼎盛。与罗马和萨珊波斯一样，这是一个多民族帝国，其支流民族包括许多日耳曼民族，于是哥特语便成了帝国的通用语言。[17] 时下的罗马要面对两个庞大的帝国——萨珊和匈人帝国。罗马没有能力同时击败它们，更不用说予以征服了。

✝

他们轻装上阵，因此动作敏捷，行动起来更是出人意料。他们会故意突然分散，化为零散的小团队发起攻击，在混乱中四处奔突，实施凶狠的屠戮……你会斩钉截铁地将他们称为最可怕的战士，因为他们能从远处用投射武器作战……随后他们又飞驰着穿越两军之间的空地，推锋争死，和敌人短

图 88. 在匈牙利潘诺恩哈尔姆镇（Pannonhalma）的斯杰尔索哈罗姆山 [1] 曾出土过来自 5 世纪中期的剑，图为其中之一。剑身截面为透镜形状。这种剑在匈人帝国一度很流行。（比例 1:8）

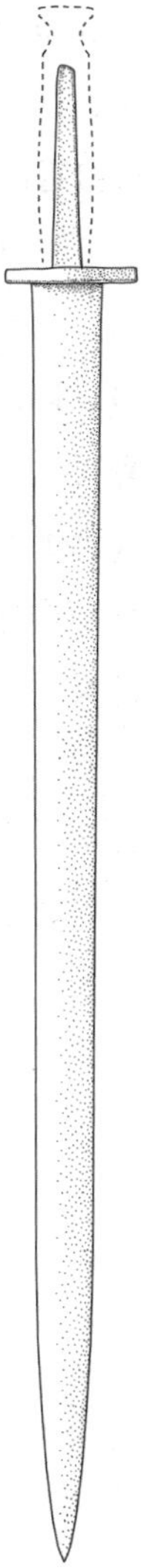

兵相接。当敌人对利剑刺击有所防备时，他们便将布条编成的套索抛到对手身上，把敌人捆得四肢不得动弹……

——阿米安　31.2.8-9[18]

匈人的士兵以弓骑兵为主，他们似乎没有重甲矛骑兵（尽管他们的萨尔马提亚属邦部队会采用此类骑兵），但正如阿米安绘声绘色的记录所谈及的，匈人确实还会使用套索和剑进行近身战斗。在 4 世纪末，一种新型的剑身出现在多瑙河流域，后来又出现在远至西班牙的其他一些地方，所以它毫无疑问是匈人及其属民从草原带来的武器（图 88）。[19]它的剑身很长，平均长度约为 830 毫米，有些武器能超过 900 毫米，这也符合主要供骑兵使用的武器之特点。它的轮廓特征是双刃，基本保持两刃平行，然后在逐渐接近剑尖的位置出现平缓的弧线，收成一个形状接近抛物线而又非常细长的剑尖，类似于罗马的伊勒河上游威尔式罗马剑。不过它的剑柄部分带有一个单独的菱形铁制护手，和早期以萨尔马提

---

[1]　Szélsòmalom，疑为 Szélső-halom 之误。

亚武器为起源的环首剑的护手相似，只是剑柄在形状上整体拉长了，这一点又很像帕提亚－萨珊的武器。或许后者正是与这种剑最接近的类型。

不过对匈人而言，在弓箭方面的精湛技术才是最值得称道的。最近有人提出，他们的秘诀主要在于一种新式的不对称复合弓设计，据说威力拔群（图89）。[20]然而，似乎没有证据表明它算得上什么"秘密武器"，我们并不能证明这种复合弓在威力上大大优于帕提亚－萨珊人和罗马人长期使用的、发展成熟的复合弓。它至多算是在历史悠久的古老设计基础上实施渐进式改进的成果。可以肯定的是，就像之前罗马展现出的强大力量一样，匈人的战力取决于富有成效的军事科技，也取决于战士在使用这些技术时的个人和集体能力。但是，从射箭和骑术相辅相成的角度可以更好地解释匈人所取得的胜利，或许至关重要的恰恰是骑术，

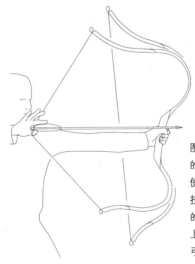

图89. 根据欧洲和亚洲的考古发现重建的不对称式匈人弓。弓箭手借助扳指使用"蒙古式撒放"，到2世纪时这种技法在西亚地区广为流传。图为放弦的瞬间，射手伸直其余四指，让拇指上的弓弦回弹。图中也可以看到这张弓在松弛时的状态。

因为正是匈人格外出众的速度和移动范围让他们比敌袭预警更快一步，使他们的战斗力格外恐怖。

因此我认为，就像后来的蒙古人一样，匈人之所以在战争中占据绝对优势地位，同样也是依靠着胜人一筹的气魄。战争技术和战斗技能给了匈人速度和冲击力；相当重要的是，他们还拥有出众的耐力；而这一切再与纯粹的嗜血无情和凶悍天性相结合，让他们在士气上获得了极大的优势，甚至在交战前就让敌人心生畏惧而赢得了一半胜利——而罗马人曾经也是这样。匈人还获得267了"蛮族"此前从未掌握过的其他战争技能：在围攻战中使用机械来突破防御工事，更是让他们声威大震。在5世纪，甚至连主要的核心城市都不能保证安全：阿提拉在5世纪40年代攻占了奈苏斯（Naissus）、费米拉孔和尼科波利斯。[21] 匈人展现出的这种能力可能意味着，罗马人训练出来的炮兵和攻城技术专家一度曾为匈人服务。这些人或许是见风使舵的叛徒，或许是遭人胁迫的俘虏。匈人对行之有效的外来理念非常开放，这一点也与罗马人十分相似。[22]

来自亚洲的复合弓的威名在欧洲暂时超越了剑，这体现出了罗马世界因和匈人作战而受到的深刻影响。在匈人中，弓是军事能力的最高象征，也是政治权力的最高象征——匈人坟墓中曾经出土过包金装饰的仪典弓。弓的地位意义也被罗马世界所接纳。[23] 阿提拉死后，据说皇帝马尔西安（Marcian）曾梦见这位匈人国王的弓断成两截。[24] 5世纪的罗马人延续了过去的传统，仍然对外来武者文化中的有益之物保持着开放的心态，于是他们也将此前一直只是辅助性武器的弓箭变为了罗马军人技能的核心。455年，瓦伦提尼安三世（Valentinian Ⅲ）在罗马的战神广场被杀，当时他正准备演武——不是用剑，而是用弓箭。[25] 在 5 世纪 40 年代，不久后会成为阿提拉克星的罗马将军埃蒂乌斯（Aetius）"……是个老练的骑手，也是技艺精湛的弓箭手，总是不知疲倦地练习着长矛"。[26] 这些变化之所以出现，是因为几个世纪以来罗马人一直在与来自多瑙河和幼发拉底河对岸的矛兵和弓骑兵作战，更是因为近来他们还要与匈人作战。

268 　　在西罗马帝国的士兵处于帝国解体的最终阶段时，剑在一定程度上丧失了它在罗马军队中的重要地位。然而，一个奇特的故事还是流传了下来：有个人追寻着一头受伤的牛留下的血迹，找到了一柄砍伤它蹄子的被掩埋的剑。他将这把武器献给阿提拉，阿提拉便把此事当作神的信号："……他得出了这样的结论——他已被任命为整个世界的统治者，这柄战神之剑会保证他从此在战争中所向披靡。"[27] 虽然这个故事是虚构的，但它表明剑对罗马人而言仍在很大程度上保持着原有象征意义的光环。如果这个传说拥有真实事件的基础，那么这说明阿提拉也了解剑的意义。

士兵与盟军

　　　　我是一名法兰克公民，但也是一名手持武器的罗马士兵。在战争中，我总是身携（？）诸般武器，心怀非凡勇气。
　　　　　　　　　　　　　　——布达佩斯阿奎肯的无名士兵墓志铭[28]

　　在 5 世纪，罗马军队通常是联合混编部队，很多时候队伍中都包括由自愿程度不一的盟友或雇佣军组成的分遣队。这是一种历史悠久的罗马式做法。但是在这一时期，混编部队的人员组成发生了真正意义上的质变与量变，特别是在西罗马帝国。越来越多的盟军士兵——作为罗马盟友的日耳曼族或其他国家的人，也包括匈人——接受的是本族指挥官的领导，而队伍中常规的罗马士兵人数则在不断减少。

《百官志》（见边码第 246 页）揭露了 5 世纪初西部帝国军队出现的重大人员损失。作为野战部队的西部帝国御前卫队累积损失的士兵数量大概达到了 3 万人，这个数字可能比阿德里安堡战役造成的损失还要大。一些部队整个消失了，他们的传统也随之消失，队伍不再被承继延续。自 395 年以来大约出现了 97 支新的部队单位，其中三分之二左右是从边防部队升格而来的，其余的则是新的编队，有些部队还取了蛮族番号。[29]

这些兵力折损在很大程度上可能是罗马自己造成的，它们发生在东西部帝国间最后一次惨痛的内战战役中。东部帝国皇帝狄奥多西力图镇压西部帝国的篡位者尤吉尼厄斯（Eugenius），于是冷河（Frigidus）战役在 394 年 9 月爆发，西部帝国的野战军在战役中蒙受了巨大的损失。随后，罗马帝国出现了最后一次短暂的统一。狄奥多西任命了自己的儿子们来接替皇位：霍诺里乌斯统治西边，阿卡狄乌斯统治东边。随着二人在 395 年登基，罗马帝国永久性地分裂为两个国家。

如果西部政权有财力供养盟军，为什么它不能组建正规部队呢？军队越来越依赖准雇佣兵，这显然是由于招募罗马行省人入伍的困难增大而不得已为之，这种情况在那些长期去军事化的核心行省尤为严重。[30] 在 5 世纪，西罗马帝国陷入了军事衰退的旋涡，这是因为蛮族占领了高卢和巴尔干的大部分地区，来自行省的收入中断使得西部帝国的资源基础被侵蚀殆尽，重要的征兵来源地也就此失去。汪达尔人征服非洲造成了尤其糟糕的后果，因为罗马和西部帝国政权依赖着来自非洲的产品和税收，正如君士坦丁堡依赖着埃及。[31] 罗马内部征召和供养士兵的能力下降，因而必然越来越多地需要依赖盟友。蛮族反正多的是，很可能工资也更低，就算战斗能力差一些，选择牺牲他们无疑比牺牲正规士兵来得容易。不过，蛮族士兵不断进步的军事技能和成熟度不该被低估：随着西部帝国自己军队编制规模不断下降，而且可能在战斗素质上也终于出现下滑，蛮族士兵和正规士兵的质量差距也在缩小。

此外，在阿德里安堡战役发生之后的几十年里，罗马高人一等的声威走向衰落，于是许多蛮族"盟友"分遣队干脆做了雇佣兵在布匿战争之前就跃跃欲试之事：背叛自己被雇来保卫的人，勒索黄金或强夺土地。[32] 除了试图挑唆蛮族彼此争斗，以及向保持着较强军事地位的东部帝国呼吁，请求其伸出援手之外，眼下的西部帝国对这类问题束手无策。

君士坦丁堡政权在士兵招募和维持自身防御力量方面处于更有利的地位，因而能够减少对蛮族盟友的依赖。不过东部帝国仍在广泛地使用蛮族的军事力量，尽管在阿德里安堡战役之后，他们以"安全性措施"为由屠杀了在东部军队服役的哥特人。

罗马帝国晚期军队中的蛮族生来就是麻烦吗？人们通常认为罗马的军队已经严重"蛮族化"，帝国的军事传统尤其是罗马人尚武的勇德随之被稀释，而这是非常危险的；（考虑到西部帝国的最终命运）"蛮族化"还意味着"非我族类的"蛮族士兵可能有直接变节谋逆的严重风险。[33] 一些蛮族士兵是在"有限期合约"

下受雇的，他们会就近服役，可能也与本族社群一直保持着密切联系。[34] 在 378 年，一名返乡的日耳曼士兵向同胞透露了莱茵河驻军的人员枯竭问题。[35] 到了尤利安统治时代，许多罗马最资深的将军都是一代或二代蛮族移民。[36] 在 5 世纪，西方军队的指挥权（以及往往随之而来的对拉文纳傀儡皇帝的实际控制权）已经落到了蛮族血统的大元帅身上，如斯提里科。我们忍不住想要向前回溯寻找这种"腐化"的迹象，即使不是 3 世纪，也可以追溯到 4 世纪，毕竟当时哥特人和其他民族的分遣队已经开始以盟友身份在帝国军队中服役。

但这种描述是错误的。现存的文本证据显示，虽然日耳曼及其他蛮族名字在军官团和其他军衔中都占有相当可观的比例，但罗马人的名字始终占据多数，一直到进入 5 世纪都是如此。[37] 正如历史学家休·埃尔顿（Hugh Elton）所言，斯提里科在各方面都是罗马人，只是少了一个罗马父亲；他绝非什么蛮族，视其为蛮族的只有我们现代的作家，以及偶尔出现的那些利用他父母身份来对付他的同时代政敌。[38] 许多蛮族真心希望成为罗马人，就像今时今日一样——许多人来自曾经与美国敌对甚至此刻正与其敌对的国家，而他们渴望成为美国人。那些在军中服役的日耳曼人和其他民族的人，无论高低贵贱，大都对他们的移居国表现出同样的高度忠诚。实际上，在来自罗马的资料中很少看到这些人叛国的事例，尽管有证据表明他们会回故乡探望，或证明有些军人退伍后会返乡。[39] 与以往一样，罗马兵役吸引着拥有一腔雄心壮志的年轻战士，军队能提供军饷、声望、一个新的身份和一次博得荣耀的机会。晚期罗马的军队文化继续演变着，并且继续一如既往地吸收着外来新兵的一部分装备和传

270

统。因此在行省人看来，罗马军队确实变得越来越野蛮。但是，4世纪及以后的罗马士兵仍然是一个对自己的罗马身份拥有自觉认知的社群。话说回来，虽然4世纪的皇帝仍会亲临战场，人们也仍然期望着他们表现得像是士兵们的"战友"；但到了5世纪，大多数皇帝都把指挥权留给了将军，而更多地依靠自己的准神地位来把握权威，他们与士兵的关系变得相当疏远了。

罗马的军事威望和人力均因阿德里安堡战役而蒙受损失。不过，即使这意味着欧洲的罗马军队逐渐不再能迫使蛮族群体屈从于帝国的意志，他们也仍然有能力向对手施加严厉的反制压力。蛮族群体对此的反应是进一步的团结融合，在规模和军事力量上都发生了相对和绝对层面的增长——当这些民族意识到自己被夹在了罗马帝国和新出现的匈人威胁之间时，这一过程加速了。[40] 看起来正是这些变化导致了西哥特人的出现，还不是在蛮族地区，而是在罗马的土地上，这是395年哥特人在战争领袖阿拉里克的领导下发动起义的结果。这是帝国境内现有族群中诞生新的种族群体身份认同的过程，他们在阿拉里克的领导下为了共同生存而联合起来，对抗罗马双生政权的威胁。[41] 这样的变化使得如新兴的西哥特人这类联盟与罗马皇帝之间的权力天平不再是严重倾斜的状态，这一点也反映在他们所获得的盟友地位上。这场结盟的条约意味着一场罗马政权自共和国时代以来在正常情况下除了与帕提亚和波斯之外所接受过的最为平等的交易。

从罗马指挥官的角度来看，即便这些变化并非他们所愿，其影响也绝不是全然负面的。由罗马人和盟邦蛮族构成的联合军队可以发挥出极高的战斗力。在451年的高卢，他们在对抗阿提拉麾下的匈人时就证明了这一点。

376—565年：西部帝国的衰亡，东部帝国的存续

在5世纪40年代，新的匈人帝国看起来已经成了地缘政治中的一个固有因素。但在451年的高卢，罗马人和西哥特人的联合军队在埃蒂乌斯的领导下击败了阿提拉。不出几年时间，匈人帝国就覆灭了，这甚至比它出现的速度还要快。然而到了这个阶段，仍将朝廷设在拉文纳的皇帝已经失去了罗马在西方的大部分地区，开始取而代之的，是一个由新兴"亚罗马"继业者或日耳曼人统治下的若干继承国所组成的拼盘。476年，最后一位名义上的罗马皇帝罗慕路斯·奥古斯都路斯（Romulus Augustulus）被废黜，西部帝国灭亡。到了500年，罗马城本身成了新的"东哥特"（Ostrogothic）意大利王国的一部分。

然而，在西罗马帝国解体的时候，东部帝国却幸存了下来。无论人们更接受哪一种关于西部帝国衰亡的解释，它必须也能用来解释"拜占庭"帝国后来为什么能长期延续。东西部帝国在阿德里安堡战役之前拥有相同的社会政治结构和内在动态，这在前文有所提及。因此，想要寻求它们在军事上拥有不同命运的主要原因，从其他方面入手才是合理的。二者在经济和人口方面存在着重要的差异：东部帝国长期以来的高度城市化使其比西部更富裕，人口更稠密，因此也更有能力维系贵族的生活方式和日益强大的教会，并持续支撑皇帝的战争。关键在于，

由于地理和政治上的巧合，也由于士兵、工程兵和外交官对这些巧合的利用，东部帝国政权在保护自身后勤基地方面拥有更优越的条件。

尽管东部帝国位于巴尔干地区的行省被席卷而来的匈人和受其推动而来的西方蛮族浪潮所摧毁，但其他地区相对而言基本没有受到损害。在 5 世纪初，狄奥多西二世（Theodosius Ⅱ）以眩目惊心的宏大工程规模重修了君士坦丁堡城墙，阻止了欧洲敌人对罗马亚洲部分的陆上入侵，而在黑海巡逻的罗马海军也基本将蛮族阻截在门外。再往东，罗马和波斯对彼此仍然是致命的潜在威胁（6 世纪的萨珊人差一点摧毁了当时已被称作拜占庭帝国的东罗马帝国），但是这两个国家至少拥有业已确立的政权，双方可以进行谈判。比起罗马和波斯分别与其他不稳定的蛮族政权所达成的协定，它们二者间的约定可能更持久一些。双方也曾有过重要的和平时期，甚至有过关系友好的时期，因为两个帝国偶尔会合力在高加索地区对抗共同的蛮族威胁。[42]

相比之下，西罗马帝国的边境要长得多，也更容易暴露在袭击之下。西部帝国试图应对不断变化的蛮族联盟模式，而这些联盟也在对罗马、对彼此以及对植根于中亚的外部势力做出反应，而罗马人对此只有模糊的认识。如我们所知，希瑟最近在有关该时期的概述中提出，西部帝国的崩毁并非不可避免；而且，倘若当初那些军事事件的进展有所不同——这是极有可能的——帝国的垮台在非常晚期的阶段都还有可能被阻止或被大大推迟。例如，埃蒂乌斯在 5 世纪 40 年代不得不集中精力应付来自匈人的威胁，这让他无力恢复对西班牙的完全控制，还痛失非洲。[43] 顺着希瑟的观点看，如果西部帝国以合理方式尝试重新征服非洲，并在此过程中更走运一些，那么他们直到 5 世纪 60 年代仍有希望凭借武力稳住西部帝国的不少地区。对西罗马大部分地区而言，倾覆的结局来得猝不及防。[44] 它是由偶然性的军事事件导致的直接结果。然而，当时的情况之所以变得不可收拾，是因为这些事件彻底破坏了帝国集团所依赖的核心关系。当皇帝及其士兵无力再充1

2当保护伞时，地主们很快便另谋出路，开始与闯入罗马的蛮族势力做起了交易，而且他们其实也是不得已而为之。蛮族则通常想要维持和享受罗马的财富和生活方式，而不是毁掉它。[45] 而今保障地主们利益的已不再是他们与皇帝和士兵的共生关系，而是付给日耳曼的国王们及其战团的钱款。蛮族用剑夺取了胜利，而行省的巨头们忙着谋求自身利益，于是这一切的结果就是"政权更迭"。西部帝国皇帝和士兵的实权消失，成了多余之人，于是便一起走向了消亡。

这种临机应变的策略使得罗马行省生活的许多方面得以延续到中世纪早期，包括土地所有权、法律、基督教会和已经演变为罗曼语的拉丁方言。[46] 但不列颠除外。早在 5 世纪初，罗马在这里的权力结构，包括地主阶级和行省军人群体，看起来就已经陷入了崩溃，或被改造得面目全非了。当时日耳曼族战士尚未大批来袭，因而此地的人还不能达成前文提及的那种在罗马欧洲大部分地区确保现状得以延续的交易。于是，罗马文化从这个昔日的罗马行省中失落了：城镇和庄园消失了，基督教和拉丁语也几乎消失了。哈德良长城上的堡垒或被荒弃，或成为蛮族战团的据点。[47] 中世纪早期的人口说的是作为英语祖先的日耳曼方言，而不是后续发展为法语、西班牙语等语言的拉丁方言。有一种观点认为，只有在政治权威能完全掌握武力之利剑时——其形式可以是帝国

272

的士兵，也可以是易于管理的蛮族战士——等级森严的罗马行省生活才能保持稳定。不列颠和邻近的高卢所拥有的截然不同的命运印证了这种观点。

✝

在罗马的统治能够延续时，许多城镇都拥有以公费供养的士兵，负责护卫边疆防线（limes）。后来这种常规做法不复存在，防卫部队和边疆防线也一起被抹去。然而巴达维斯（Batavis）的部队却坚持了下来。该团的一些士兵为了领取战友们的最后一笔报酬动身去了意大利，但无人知晓他们已经被蛮族半路杀害。有一天，圣塞维里努斯正在监狱的牢房里读书，他突然合上书本，开始发出沉重的叹息并哭泣起来。他命旁人速速赶去河边，他宣称那一刻河面上漂满人的鲜血。消息旋即传来，说前面提到的士兵们的尸体被河水带到了岸边。

——欧吉皮乌斯《圣塞维里努斯生平》

（Eugippius, *The Life of St. Severinus*）第 20 节 [48]

《圣塞维里努斯生平》（圣塞维里努斯，Saint Severinus，约410—482）一书中记录了发生在巴达维斯［今德国帕绍（Passau）］的故事，巴达维斯地处多瑙河上游的雷蒂亚防线上，靠近雷蒂亚与诺里库姆（Noricum）的分界线。这个故事让我们得以最后一次在历史中近距离瞥见普通的西罗马帝国士兵，以及罗马边境驻军解散的真实瞬间。士兵们在发现被害战友的尸体时才意识到，不会再有拉文纳的皇帝发放的军饷了。他们只能靠自己了。

据知，这些事件发生在 450 至 475 年间，这支部队随之解散。其中的人员可能会接着寻找别的出路：或是寄希望于加入尚存的其他罗马部队；或者更有可能的是，脱下军装，留在当地，因为他们之中无疑有不少本地人。果然，在紧接其后的文段中，"巴达维斯的人民"已经不再涵盖任何被称作士兵的人，而包括许多不久前从周边地区来到长城内避难的人。他们在那位圣人的指引下组成阵线，迎战气势汹汹的阿勒曼尼人，不过他们的胜利主要依靠的是祈祷，而非手中利剑。但是，塞维里努斯随后敦促所有人转移到更安全的地方——诺里库姆的劳瑞艾克姆。当图林根人攻破巴达维斯时，所有留下的人要么被屠戮，要么沦为了奴隶。[49]

巴达维斯的守军是众多边疆军团中的一员，拥有令他们自豪的悠久历史——在《百官志》中被列为第九巴达维亚大队的部队自3世纪起就驻扎在此地，该镇似乎正是因这支部队而得名。[50]不过近三百年来，这支部队在实质上早就已经与巴达维亚毫无关系了，只是徒有名号而已。但由于惊人的巧合，我们对这支雷蒂亚边防军的早期历史知之甚多，那是在公元100年左右，他们还身处文多兰达的时候（见边码第146页）。

这支部队的命运展现出5世纪末最后的西罗马帝国士兵被解散的普遍过程。真是这样吗？在普罗柯比（Procopius）对查士丁尼战争的记叙中，一段引人注目的文字表明，在西部帝国最后一个皇帝垮台后，高卢地区的大批罗马边防部队在此后几代人的时间里继续保持着自己的凝聚力和身份认同：

> 也有其他一些罗马守军被派驻在高卢边界……他们已经无法返回罗马，但同时也不愿投降于那伙信奉阿里乌派

的（西哥特）人。于是他们将自己、部队的军旗和他们长期为罗马人保卫的这片土地都交给了阿博利卡人［原文为 *Arborychi*，疑为阿莫利卡人（*Armorici*），早期的布列塔尼人］和日耳曼人（此处可能是法兰克人）。至于父辈的生活习俗，他们承袭如初并世代沿袭。这一族人怀着巨大的崇敬之意保卫着这些传统，甚至直到我生活的时代。因为，即使时至今日，他们也能被明确确认出是来自其祖辈在古代所隶属的军团，他们在投入战斗时总会高举自己的军旗，永远遵循着祖辈的传统。他们也完全保持着罗马装束中的每一个细节，甚至连鞋子也没有丝毫改变。

——普罗柯比《战史》（*History of the Wars*）5.12.17[51]

274　　在高卢，帝国军事传统的力量似乎比帝国本身存活得更为长久。若干代自认是罗马人的士兵继续传承着这些传统，使之至少延续到了 6 世纪中期。让人急切的是，我们并不知道这些人如何看待自己在这个由蛮族王国构成的转型世界中的位置，也不知道这些残存的罗马部队维系了多久。

✝

在西罗马帝国的军队步履蹒跚地走向消亡时，东部帝国的军队却保持着完整的实力和传统。尽管巴尔干半岛遭到了破坏，但在君士坦丁堡的长城、黑海舰队以及收买蛮族的黄金的庇护下，东罗马基本上并未遭受来自北方的风暴摧残。而且由于当时波斯人也同样处于烦忧之中，罗马与邻国萨珊的关系在大部分时间里还更加和平稳定了。

总的来说，虽然罗马与萨珊在 4 世纪期间发生过大规模战争，但在东部地区，战略僵持局面才是这段时期的基调，这继而又带来了 5 世纪期间的和平以及两国之间日益发展的友好关系。[52] 沙阿伊嗣俟一世（Yazdegird[1] I，399—420 年在位）和阿卡狄乌斯的关系是如此之好，乃至皇帝将伊嗣俟一世指定为自己儿子，也就是后来的狄奥多西二世（408—450 年在位）的监护人。[53] 尽管在伊嗣俟死后发生了短暂的战争，但罗马和萨珊的关系仍然是合作性而非对抗性的。新国王巴赫拉姆五世（Bahram V）与君士坦丁堡签署了一项百年和平协议，其中包括罗马人向波斯人出让高加索通道的防御权，还同意资助其驻军。这些变化反映出一个严峻的现实：两个帝国面临着具有潜在致命性的共同威胁，尤以匈人为甚。

罗马人在 5 世纪 40 年代因建设防御工事而破坏了和平条约，他们的毛躁粗心引发了新的战争。但双方很快就结束了纷争，因为两个帝国都忙于应付烧杀掳掠的蛮族——欧洲的阿提拉和波斯北部的寄多罗人（Kidarites）。对抗这些民族及白匈人（Hephthalite）的战争长期困扰着沙阿们。最终在 484 年发生的一场惨败令萨珊帝国几近摧毁，并使其陷入衰弱几十年。[54]

总之，东边的罗马一直到 6 世纪都保持着相对完整的军队兵力和军事机构。然而，尽管士兵们仍然认为自己是罗马人，但西部帝国的失落意味着他们不再能与讲拉丁语的欧洲罗马士兵交流。在与哥特人、匈人和伊朗人的交流影响下，东部帝国士兵的文化像过去一样继续发生着变化。

---

[1] 也作 Yazdegerd。

西部帝国皇权及军队均已崩解，但这并不是罗马势力在西方地区的故事尾声。533年，查士丁尼皇帝在（自认）确保罗马与波斯的边界安全无虞后，便派遣了一支强大的军队，他们在皇帝的大将军贝利萨留（Belisarius）的带领下开始了以收复失落的西部帝国为目标的大规模远征。拜占庭的士兵以斐然的胜绩夺回了汪达尔人控制下的非洲，随后他们又收回了西班牙的部分地区。东哥特的国王们统治下的意大利当然也是远征的一个主要目标。东哥特政权保留了罗马大部分的政府治理体系、法律和公民生活，包括人们所熟悉的城市生活方式、导水渡槽、浴场等等。起初查士丁尼的军队斩获胜利，贝利萨留在536年"夺回"了罗马，又在540年夺回了东哥特的首都拉文纳。但是东哥特人坚持奋战。并且，由于萨珊人在君士坦丁堡负担过重时趁火打劫，使东罗马的兵员和资源消耗殆尽，这导致了进一步的长期战争。与此同时，瘟疫之苦也蹂躏着帝国。难分胜负的鏖战在意大利绵延数十年。终于在554年，东哥特政权被击败。从长期角度来看，君士坦丁堡成功控制的只有亚平宁半岛的部分地区。查士丁尼重新夺回西部的雄图陷入了进退维谷的境地。

收复西部帝国的计划中道而废，最后以苦涩的讽刺告终。当时君士坦丁堡的军队尚且保留着被称为"军团"的编制，他们派来收复西方的士兵恰恰是在这样的军队中服役的最后几代罗马士兵。然而，在经年累月地破坏农村、围攻城市的过程中，他们在无意间毁坏了意大利境内残存下来的罗马生活方式及文化，也毁坏了罗马城本身，而他们所造成的破坏比前一个世纪的蛮族征服活动还要严重。这是罗马的武力与生俱来的双刃属性的终极体现。

✝

我们很难为罗马剑的历史划定一个有意义的终止年代，无论是在物品层面还是隐喻层面，无论是在西部帝国还是东部帝国。如果说西部帝国士兵及其生活习俗在 5 世纪随其政权消亡，那么罗马剑在欧洲消失的实际时间则充满疑团。进入 5 世纪后，欧洲的帝国制造局仍在生产武器，因此罗马制造的剑仍在武装着日益凋零的西部帝国军队。同时它们也继续流向蛮族手中：阿拉里克麾下的哥特人虽不能被消灭，但可以被利用——君士坦丁堡在 397 年将阿拉里克任命为军事长官，罗马的武器制造工厂直接为他手下的哥特人提供了装备。[55]

当西部帝国政权解体，出身于制造局的技术娴熟的制剑匠人和其他军械工匠发现自己在这个新的欧洲世界里并不会失业。例如，意大利的东哥特王国在很多方面延续了罗马做法，在武器获取上也是一样：他们直接雇佣军械工匠（*armifactor*），其中许多人无疑是帝国军备工人的后代。[56] 这样一来，罗马制剑的传统方法直接流传到中世纪的欧洲。在一些年代为公元 500 年左右的考古背景中仍然能够找到伊勒河上游－威尔式罗马剑的出土实物，其中较宽和较窄的变体皆有出现，而更宽一些的不同版本的奥斯特布尔肯式剑在数量上还要更多一些。由此可见，这两个系列的罗马剑都比西罗马帝国存续到了更晚的时代。[57]

欧洲各地的人们在继续制造彼此非常类似的图案焊接武器，但在这样一个充满融合、延续和遗忘的过程中，这种武器在何时

276

已不再是罗马剑，而成了罗马式的法兰克武器或盎格鲁－撒克逊武器？在位于英格兰东部的来自 7 世纪初的萨顿胡（Sutton Hoo）船棺墓葬中埋藏有一把精美的图案焊接剑，这是一位盎格鲁－撒克逊国王的随葬品。它耀眼的金柄呼应着出现在《贝奥武夫》中的闪亮武器和对剑术的痴迷之心——这部史诗以充满英雄主义的、异教的斯堪的纳维亚为背景；镶嵌在剑首上的血红色石榴石能够证明，某种特定的审美品味从草原上传播到了日耳曼世界。但当时的人可能并没有完全遗忘这把剑与罗马人的联系，因为与剑埋在一起的还有一顶头盔，它所模仿的显然是晚期罗马风格的前身。[58]

在东部帝国这边，我们不知道 5 至 7 世纪的罗马／拜占庭武器是什么样的，我们还没有发现过保存完好的实例。无论是关于剑，还是关于相当重要的、挥舞着剑的士兵，都是有待他人日后书写的故事篇章。和共和国或帝国早期的军队相比，从文本角度对晚期东部帝国军队进行的研究目前非常缺乏，从考古学出发的探索更是不足。然而，我们对这个古代晚期的世界存有一些生动的印象。据记载，萨珊王朝的沙阿巴赫拉姆五世在 421 年对抗罗马军队时认输。当时来自他麾下的精锐骑兵队"不死军"的阿尔达赞（Ardazan）代表他参加一对一决斗，却被罗马派出的战士阿雷奥宾杜斯（Areobindus）击败并杀死。[59] 这个故事很可能只是个广为散播的讹传，它回应的是两个帝国共有的古老英雄战争传说，是马凯路斯在克拉斯提狄乌姆赢得"最高战利品"的故事，是阿契美尼德不死军的历史，以及萨珊王朝的骑兵决斗传统。[60] 无论历史上是否确有其事，这个故事也展现出那个时代武者的真实面貌：阿雷奥宾杜斯是一个哥特人，他同时也是一名使用中亚式套索的骑手。这个故事还预示着未来：这种单挑战斗和中世纪的马上枪术比武很相似。经常有人提出这个观点：萨珊是一个由拥有土地的贵族重骑兵主导的社会，它是后来出现的提倡骑士精神的欧洲的前身，[61] 也与随后出现的改革后的拜占庭军事组织的特点相呼应。阿雷奥宾杜斯和阿尔达赞之间的决斗恰好发生在东罗马帝国军队变革的关键节点上，这场变革让他们走向了不同的新时代，其标志正是罗马武者文化中出现的根本性变化。

277

在接下来的近一千年里，"拜占庭人"一直自称罗马人。东罗马帝国的军队维持着原有结构与战斗力，直至 6 世纪末在与伊朗的殊死斗争中被击溃。是罗马与伊朗间的这些战争推动了伊斯兰势力在 7 世纪对中东地区各帝国的征服，这些帝国已经因彼此争斗而虚弱不堪。伊朗萨珊王朝屈服在了穆斯林军队面前，势力折损的罗马政权倒是得以幸存，只是埃及和叙利亚被夺走了。无论是正处于这些危机之中还是在远离危机的年代，君士坦丁堡一直留聘着一支正规军，它保持着许多双面神雅努斯式的罗马军事传统，这其中有纪律、训练、战略和疑兵之计，但也有桀骜难驯的士兵、军事政变和暗杀。[62] 然而，东部帝国的政权及士兵在为生存而斗争的过程中经历了彻底的转变，这令他们的"罗马"标签不再具有意义。到了 7 世纪，君士坦丁堡的军队讲的是希腊语，其主要力量逐渐变为骑兵，军队的基础也已经是全新的区域性组织结构。他们的精神思想已经在演变中失去了所有古典主义的痕迹，可以说，甚至在最后一批西罗马帝国军人消隐之前，这个转变过程就已经开始了。[63]

也许看起来有些自相矛盾，东罗马士兵其实很好地证明了人

图 90. 一把晚期萨珊王朝的武器，带有造型不对称的"枪柄式握柄"，并采用了新式的两点悬挂配件，整个剑鞘的外壳都以镀银装饰。它的时代为 6 世纪末至 7 世纪初，出土于伊朗（？）的切拉哈里丘（Tcheragh Ali Tepe）。（比例 1:8）

们最近提出的一个说法——古典文明并未"衰亡"，而是分阶段地转变为中世纪基督教世界的文明。

这些动荡带给罗马剑一种象征性的故事结局。6 世纪时，最后残存的名唤军团的编队也消失了，东罗马帝国的军队放弃了拉丁语。至此，帝国士兵终于不再自称"罗马士兵"（*milites*），也不再以"战友"（*commilitones*）相称。另外，到了 6 世纪，马镫已从中亚传到西方世界。大约在同一时间，萨珊人也采用了一种与马镫同源的全新佩剑方式：古代的剑鞘滑扣被淘汰了，取而代之的是两个位于剑鞘同侧的凸出配件，通过将这两个配件和腰带上的两个带头垂饰相连，将剑悬挂在腰带下方。更重要的是，在这些萨珊式的鞘内装着一种全新的武器。萨珊传统的双刃剑被一种握柄形状类似枪柄的武器所替代，它是单刃的波斯弯刀（scimitar）和弯刃马刀（sabre）的前身（图 90）。[64]拜占庭士兵接受类似装备的广泛程度和速度还有待确定，但到了公元 700 年它们已经完全成

图 91. 一个变化中的
世界：图中描绘的是
一位使用新式剑和剑
鞘悬挂配件的骑射手，
他的坐骑还配有马镫。
这是现存于俄罗斯圣
彼得堡冬宫的一个萨
珊风格银盘上的装饰
画。银盘的来源不明，
其年代可能为 7 世纪
萨珊人屈服于伊斯兰
军队不久之后。

为中世纪伊斯兰军队的一部分（图 91），后来又成为新出现的欧洲
骑士精神的一部分。

278

结语　罗马与剑

　　大多数罗马剑的命运是作为金属材料被回收。在战斗中或在其他一些意外中丢失的剑就那样锈蚀，直至成为尘土。这种武器取人性命的属性赋予了它在象征层面的影响力，因此人们按照仪式性的习俗处了许多把罗马剑。罗马士兵和蛮族都会这样做，有些剑是体面荣耀的死者的随葬品，有些剑则作为胜利之神的祭品被摆放在神龛或沉入湖中。最终结果是，成百上千的罗马剑得以留存至我们生活的时代。它们或从淤泥中被打捞出来，或从地下被发掘出土，好奇的人便能在博物馆里对着它们观察思索。即便隔着两千年的时光，这些遗宝仍然传达着关于力量与权势的信号。

　　在制作一些帝国中期的罗马剑时，人们会在靠近持剑者手部的位置添加装饰图案——战神玛尔斯、朱庇特之鹰和军旗标志。他们将形象镌刻在黄铜材料上，再镶入铁质或钢质的图案焊接剑身，将罗马及其士兵的宇宙观和价值观刻印在这些武器之上。罗马的"正信"意味着对神明与世俗权威的双重敬畏，这种敬畏之心的核心就是对皇帝的忠诚。在提比略之剑闪亮的剑鞘上，皇帝的形象居于最显眼的位置。这把剑的西班牙"血统"人尽皆知，体现出罗马将外敌和属民的特色并入本国武者文化的传统做法。提比略之剑最终被放置的位置也体现出这种传统——在北方蛮族的仪式举行完毕之后，一名士兵将它沉入河中。像其他许多罗马武器一样，它被沉入了莱茵河，当时那是一条军用要道，也是帝国征伐霸业的实际终点线。

虽然罗马一度在莱茵河、多瑙河或幼发拉底河对岸很远的地方挥动利剑，但是，在伴随利剑的融合接纳之手还没有找到稳妥的抓握之处时，利剑的力量是无法维持的。罗马武器的影响力能够触及非常遥远的地方，有时它会借他人之手发挥威力，从人们在蛮族地区的沉积沼泽，比如丹麦的伊勒河上游，发现的几十把帝国武器中，就可以看到这一点。显而易见的是，这些从沼泽中打捞到的罗马剑曾被斯堪的纳维亚战士视若珍宝。不过其中许多都按照日耳曼人的审美进行了装饰，这本身又证明了一个事实：两种彼此对抗的文化背景下的战斗人员被一种致命的关系捆绑在一起，而这种关系具有真正的两面性。想要理解罗马士兵，我们也必须研究他们的对手。

以上这一切都是保存在我们的考古藏品中的这些杀戮工具告诉我们的；它们还能提供其他许多信息——关于挥动这些工具的人和打造它们的社会。这些考古发现证实了有关罗马士兵、萨珊士兵和蛮族战士的事实、事件及经过，将这一切直接呈现在我们面前，填补了现存历史文献证据中的空白，同时又在一定程度上避开了文献的偏见和过滤作用。它们帮助我们尽可能地接近约瑟夫斯等人所经历的古代现实。

> ……（罗马人）仿佛永远将武器拿在手中，从不间断战斗操练……
>
> ——约瑟夫斯《犹太战记》（*Jewish War*）3.5.[1]

曾与罗马士兵交战的弗拉维乌斯·约瑟夫斯为我们留下了最生动的、关于战争中的士兵的描述，这些记录构成了我们一代代建立的军团形象的宝贵组成部分。在古代的战士和士兵中，罗马军人的表现是首屈一指的，他们展现出堪称楷模的勇气和尽忠职守的精神，这其中包含共和国时期军人在战争中真正以自身作为祭品的自我献祭行为（devotio）。跟随朱庇特之鹰旗，身披厚重的盔甲，运用他们奉为至宝的利剑，就算面对着倒山倾海的困难，罗马的士兵仍然期待着胜利；即便落败，他们也会拒绝承认失败。若叫他们蒙羞受辱，他们宁愿选择赴死。为了保护军旗、家园和祖国，许多罗马士兵会战斗到最后。在危急关头，一些人会举剑自戕。为罗马政权带来荣耀，争取个人荣誉、财富和烙印在战友心灵和记忆中的声名，通过一同劳作，一同经历苦难、快乐和恐惧，士兵们建立起情感纽带，与战友们结为骨肉相连的兄弟：这些都是罗马士兵在描述自己时喜欢带入的情形。一些人的事迹被历史学家所记录，成为不朽的记忆，由此将激励他们身后一代代的罗马人，以及他们未曾想象过的后继社群。

上文的描述在古代已是一种高度选择性的观点，后来时代的人更是加重了这一倾向。两千年来，罗马人的卓越战功激起了西方的诗人、历史学家、教育家和政治家的仰慕之情，也吸引着士兵和将军学习效仿。然而就像雅努斯不可分割的双面一样，战争中的士兵总会露出另一副面孔。罗马人在历史叙述中会承认它的存在，有时还会公开颂扬它；但现代人在讨论中通常会淡化它，或将它彻底抹去。因为头顶罗马鹰旗或烈烈龙旗的罗马士兵奸掳烧杀的规模几乎是任何罗马的敌人都不可企及的。很多时候他们就是彻头彻尾的侵略者（即便他们会小心翼翼地在仪式中将敌人描绘成妨害和平之人），在指挥官的命令下，他们洗劫城市，破坏乡村，对当地的全部人口实施屠杀、奴役和驱逐。罗马人之所以会对一些社群发起攻击，是因为他们害怕对方，有时甚至达到了偏执妄想的程度。其他社群之所以遭到袭击，则只是因为罗马人有能力这样做，他们将对方看作产生战利品、权力和荣耀的源头。在此类行动中，罗马人的所作所为在性质上并无特别之处。对罗马的迷恋促使人们将一个事实抛在了脑后，那就是：罗马的大多数敌人也同样凶暴而勇猛，无论他们是"文明"的士兵还是"野蛮"的战士。事实上，正是凶残的敌人首先创造了孕育罗马人好战天性的温床。这种天性的特别之处主要在于罗马人好战的程度，更在于他们总能在战斗中获胜。罗马人的军事能力绝非诸神赋予的独有特质，而是在与异族的血腥斗争中发展而来的。罗马人在战场上逐渐成为同辈中最杰出的存在（*primus inter pares*）。

在古代，只要是在执行任务的前提下，罗马和其他国家的人就普遍认为抢劫掠夺是值得称道的，它绝对是战争带来的关键好处之一。虐待和屠杀平民都是不可避免且合法（或者最坏的情况下也只能说是令人反感）之事，如果杀虐行为还能令他人产生恐惧从而屈服的话，那么它就具有潜在的益处。战神的儿子们在敌人面前仿佛是凶狼。在尝到血腥带来的前所未有的巨大好处时，他们也时不时像狼一样对自己的同类下手。从罗马历史早期开始，罗马人就一直担心双刃剑会反过来攻击本国政权。这种隐患多次成为现实，最终摧毁了共和国，并让帝国周期性地陷入动荡。

就像在战役中一样，其他情境中的罗马士兵可能也会在英雄和恶魔之间交替切换。帝国士兵在生活中是关爱家庭的男人和忠诚的朋友，尤其是对他们的战友。同时他们之间也存在着激烈的竞争，而士兵或军队之间的争锋有时会变得极为致命。在我们看到的资料中，作为和平维护者的罗马士兵在执勤时却经常表现出颐指气使和凌驾于法律之上的一面，这还是最好的情况；更多时候他们扮演的是危险和邪恶的角色：执法者、狱卒、施刑者、刽子手，还经常充当欺凌和敲诈他人之人。在最坏的情况中，他们曾短暂地陷入完全失控的状态，集体将整个社会当成可供捕食的猎物。发生在战场之外的军事暴力其实和发生在战场之上的一样多。

罗马士兵与现代西方士兵截然不同；而古时人们观念中的罗马士兵形象本来也与现代西方士兵迥然相异。在我们的期待中，后者的行为起码应该受到那些从基督教传统观念、启蒙运动及平等主义民主思潮中演变而来的正义和人道准则的约束。然而，即便罗马军队的根本特征和基础实践预示并启发了我们时代的军队，罗马军队里的士兵本身看起来却是危险的异类。倘若我们试图在现代军人中寻找与战斗中的罗马士兵相似的形象，那么比起任何西方军队来，罗马士兵所展现出的侵略性、残酷性和宁死不屈的决心更接近于二战中日本人的狂热状态——这尤其突出了人们尚未充分认识到的罗马的"他者性"。[2]

罗马文明和拉丁语的确给予了西方英语文明许多最珍贵的概念、最受人尊敬的制度机构或是描述它们的词汇：合法性、正义、政府、宪法、共和国、参议院/元老院、总统、军事、军队、士兵、勇气、牺牲、宗教。然而，还有一些让人相当不愉快的词汇也源自罗马文明的遗产：帝国和帝国主义、统治、入侵、征服、压迫、强奸、酷刑、十字架刑、杀人、手足相残、自杀、种族灭绝，以及暴力这个词本身。罗马士兵可以成为鹰，但狼的影子始终阴魂不散（图 92）。

　　如果说，西方对罗马剑的敬仰致使人们淡化了它所造成的麻烦和它令人不快的方面，那么同样也导致人们对其他一些问题关注不足，包括锻造罗马剑的时代，更大范围的罗马社会，特别是与罗马打过交道的、无论是敌是友的各个民族——很多时候甚至是彻底忽视。即便那些反对罗马的陈述认同其敌人，并强调其帝国主义扩张之恐怖，也经常存在着无意识地滑向罗马必胜主义的危险倾向。因为当人们把关注的焦点放在罗马一边时，当他们把罗马的对手看作受害者，而非独立主动的行动主体，更非加害者时，他们就可能像其他任何人一样严重扭曲历史事实。

　　现代人错误地认为，只需要在几乎彻底割裂的条件下单独研

图 92. 罗马的双面：马可·奥勒留是最文雅的一位皇帝，在人们的记忆中，他是希腊文明熏陶下的"帝王哲学家"。但这幅画面描绘的是马科曼尼战争期间，他的部下正为他献上俘虏和砍下的人头。

究罗马自身的特质，就能找到解释它"成功秘诀"的答案，这使其在叙述中往往忽略了罗马获胜的其他一些根本性因素，它们与军事暴力同样重要，并与之结合，共同作用，构成了一个相互加强的胜利公式。

在一个到处都是手艺精湛的军械匠人和强悍刚毅的战斗人员的世界里，良兵利剑和勇猛气势并不能永远确保罗马人取得胜利。不少罗马的敌人在战争的某些方面远超他们。在罗马人真正有优势的领域里，他们的卓越之处也在于程度或数量，而非特质或本质。他们拒绝承认失败，对胜利执着痴迷；对此他们在意识形态层面表现出强烈的、有时是自杀式的奉献精神。不过即便他们在这方面比其他人更胜一筹，通常也并未胜过太多。迦太基人在狂热和残忍方面可以超越罗马人。公元前 3 世纪的马其顿人很可能会在单兵作战上胜过同时代的军团士兵，后者有时也会看到高卢人的护甲比自己的更高级。面对帕提亚的弓骑兵和装甲矛兵，罗马共和国晚期的士兵一筹莫展；而四个世纪后的罗马士兵则发现与匈人作战也同样棘手。

至少从公元前 3 世纪开始，支持罗马人克服这些困难的核心要素就是他们手中规模巨大的资源：仿佛不计其数的士兵和几乎无穷无尽的物资让罗马人能够压垮或者拖垮敌人——若不能在战场上打赢敌人，那就在长期的战争状态中拖赢敌人。这种基础性优势本身又是罗马文化中另一个更深层的特征所带来的效果，是它的副产品日积月累而产生的优势——如果要说有什么真正特殊的要素让罗马人胜人一筹，便是它了。颇具矛盾性的是，它在政治和外交上比在战场上得到了更强的凸显。

让罗马人真正区别于同时代其他人的特征，是他们开放和接纳他人的尺度（从接纳统治阶级贵族开始）。起先，罗马人将异族人当作从属于自己的盟友，而不是受自己压迫的属民，这就已经很不寻常了；但更不寻常的是，他们最终接受了异族人成为罗马同胞。这种激励措施对异族人的忠诚起到了正向的鼓励作用，而这份忠诚绝不仅仅基于对罗马人报复的恐惧（尽管恐惧对人们的思想也有凝聚作用）。罗马权力的这一公开秘密产生了惊人的政治后果和同样重要的军事成果。一个无比顽强和富有凝聚力的盟友体系应运而生，又被逐渐纳入不断扩张的罗马政体中。成功的多民族政治融合使共和国军队和帝国军队拥有大量的人力和资源储备。罗马的军事力量是统一意大利的工具，但同样也是它的产物，实现统一的是利剑与接纳之手的共同力量。在此后几个世纪里，是这对不可分割的组合支撑着罗马的成功。

被我们比作"开放接纳之手"的策略也有助于剑的持续再造，这指的既是比喻意义上的剑，也是字面意义上的剑。这是因为，罗马人在意识形态层面对他人——无论是敌是友——抱有无人能及的开放心态。这种态度为罗马人在战争中的其他关键特征奠定了基础：他们非常灵活变通，并且显示出勇于模仿、创新和融合的倾向。而这在自认固守祖先之道的罗马人身上似乎很是矛盾。大多数（也许是所有）古代社会都会从他们的敌人那里复制武技特征，但没有其他民族比罗马人更愿意从敌人那里学习如何更好地作战，复制他们的战术和武器，甚至将他们招募入伍，将这一切纳入不断被重新定义的罗马武者文化和战争之道。这一特点使罗马人具有极强的适应性，也使他们最有能力学习如何在战败的情况下扭转局面。

大约从公元前 200 年到公元 200 年，罗马的武装力量一直主宰着整个已知世界。在这四百年中的前半段，罗马的扩张似乎是不可阻挡的。然而到了千年之交，扩张速度已经开始放缓，因为它向西走到了海洋，向南顶到了沙漠；至于在北边和东边遇到的那些社群，它又发现自己既不能吸收也无力摧毁，因为即使它的武装力量可以到达那些地方，接纳之手也找不到可以抓握之处。不过，面对喀里多尼人或马科曼尼人、萨尔马提亚人或帕提亚人时，罗马仍然保留着侵略性的意识形态，仍然预期在战争中获得胜利，而且一有机会便会继续占领新的土地。

如果说剑与接纳之手的巧妙结合为罗马确立了其惊人的权力范围，那么对这份权力同样令人赞叹的持久性而言，二者的配合也至关重要。非军事化行省的辉煌文明，包括道路、城市、乡村庄园、不断扩大的贸易和经济增长，还有人们的读写能力、新思想及宗教的传播，这一切都是地方的地主阶级贵族与罗马政权长久保持和睦所带来的结果。从奥古斯都时代开始，这份文明蓬勃发展为一种新的、普世性的帝国文明。罗马的开放包容态度是真诚的（虽然是有条件的），这份态度创造了联结帝国中强权者的关系网。但是这种秩序有利于少数人而不利于多数人，因而它必须依赖皇帝和他的士兵来保障。其与地主阶级之间的契约，对皇帝和士兵自身而言同样至关重要，因为它能确保他们继续获取帝国的巨大财富和人力。这份契约被小心翼翼地守护着，因为正是各行省的生产能力和边境上征兵地区的人口为罗马的成功提供了基础。它让罗马在西部地区持续获得胜利，直到4世纪末，也让它在这很久之后仍然在东部屹立不倒；它使罗马军队规模巨大且兵强马壮，这股强大的冲击力能够战胜除帕提亚／波斯以外的任何敌人。反过来，资源优势又为罗马在战争中提供了经久不衰的优胜士气。长胜的历史让罗马人期待着更多的胜利，也使它的敌人在进入战斗之前就处于心理劣势。当然，要保持军事上的冲劲，还需要持续展示以传统武者意识形态为基础的勇武之气，即便对战争的积极参与已经逐渐成为皇帝与边疆军团的专有权利。

军事暴力从一开始就塑造着罗马人的身份认同，正如许多当代民族一样。它在男子气质的概念中占据着核心地位，而胜利在共和国时代的罗马国家意识形态中也同样居于核心地位。在奥古斯都时代，在共和国制度的废墟中诞生了不是一个而是两个新的罗马文化，它们均超越了罗马这座城市本身。随着地主精英在诸核心行省领导着去军事化的"共同化"罗马文明的发展，士兵们同样也在边境行省的军事基地和发展中的城市里，构建着另一种同等重要的、独特的"军人的罗马"。罗马的利剑在开疆扩土之后还能产生自相矛盾的建设性结果，以军事为中心的边境地区发展就是证明这一点的重要例子。在帝国历史和罗马士兵的故事中，这个"军人的罗马"目前仍是未被人们重视的一个方面。

在创建帝国的血腥过程中，罗马的军事力量也直接摧毁（如厄勃隆尼斯人、塞琉西王国和托勒密的各城邦，尤其是迦太基）或间接破坏了（首当其冲的，罗马加速了帕提亚帝国的崩塌）一些国家、民族和身份认同群体。然而，罗马的行动也以新的方式在有意（例如对巴达维人）或无意中（对犹太人）重铸了其他一些国家、民族和身份认同群体。在我们这个纪元最初的几个世纪里，从伊朗到爱尔兰，从苏格兰和斯堪的纳维亚到黑海，罗马的军事和政治活动也在不知不觉中催生了一个个更大也更危险的新政体。

公元 9 年发生在北方的瓦鲁斯之祸让罗马意识到，他们无法

284

依靠现有的威逼利诱之法来吸收像日耳曼这样的民族。事实也证明草原上的萨尔马提亚半游牧民族同样难以对付。罗马人与他们的往来大体上都是军事层面的，这对罗马武者文化产生了深刻的影响。然而，在剑拔弩张和冷热战争之外，通过为罗马青睐的领导人提供补贴，也通过经济交流和招募蛮族士兵，皇帝和边疆的"军人罗马文化"在自由日耳曼地区取得了巨大成功，他们的影响力甚至到达了斯堪的纳维亚。罗马的行动，还有仅仅是物理空间上与其他族群的毗邻，产生了甚至连它自己都未能知晓的连锁反应，造成了难以预料且事与愿违的结果。在罗马攻击一些蛮族群体并支持其他群体的过程中，它不知不觉激发对方打造出新的、规模更大的共同身份，以及军事实力不断增长的、体量更大的政体，这一切再加上匈人造成的冲击，最终压垮了西罗马帝国。

在东部，罗马与帕提亚帝国的关系表现出类似的模式，双方之间存在着一定的友好关系，彼此均会招募对方国家的人员（例如政治流亡者），在武者文化方面也有着重要的交流。然而罗马的政治干预破坏了帕提亚帝国的稳定，特别是罗马士兵对帕提亚一再侵略，但又未能将其吞并。这在无意间催化了帕提亚帝国的倾覆，致使其被更强大的萨珊伊朗所推翻和取代。随之而来的是，罗马与它的一个邻国陷入了最为漫长的僵局，即与萨珊人之间长达四个世纪的共同历史：从"大地上的两只眼睛"的睦邻友好关系，以及重新塑造彼此的深远相互影响，急转直下到两国几乎相互毁灭的境地。

✝

如果说，罗马帝国起初是由罗马传统贵族及其麾下士兵所创造的，那么晚期的专制帝国则是一个主要由罗马军人自己创造，并为他们自己服务的国家。当 3 世纪的军事危机有造成国家永久分裂的危险时，多瑙河流域的各支军队用武力重新统一了帝国。他们的军人皇帝随后重建了晚期的罗马政权，确保帝国与地主间的契约得到延续，而他们的持续存在仰赖的正是这份契约。这份胜利属于边境行省的"军人的罗马"，它成就了一个军事化政权。即便该政权仍旧饱受皇位继承危机和军事叛乱的困扰，它还是奋力将萨珊人和北方蛮族拒之门外，并压制被剥夺权利的大多数——在好几代人的时间里都做到了。

到了 4 世纪，罗马人的侵略和干涉已经造就了罗马周围的一圈敌人。摧毁他们已经超出了罗马士兵的能力范围，他们只能勉强遏制住敌人，而这种摇摇欲坠的平衡局面又被匈人不可预见的介入所打破。在西罗马，当军人和皇帝逐渐式微，再无能力保卫边境，也无力信守与各省地主的契约时，他们终于一起倒了台。在更富裕、更易防守的东部，帝国专制统治者继续与士兵和将军死死捆绑在一起，直至在这些徒有其名的罗马人身上已彻底看不出罗马的痕迹。这个政权经历了无缝演变的过程，成了仍然强大的、讲希腊语的中世纪基督教继承国，也就是我们所知的拜占庭帝国。

如此说来，剑不仅在最初开辟罗马帝国的过程中发挥了重要作用，它还具有一种间接的创造性力量，在国界内外皆是如此。在国界线外，罗马士兵的行动在不经意间推动了新民族和新国家的崛起，正是那些民族和国家未来将会摧毁西部帝国，撼动东部帝国。在帝国内部，它带来了极具影响力的、以士兵社群为基础的罗马文明分支。此外，是罗马士兵成就了罗马和平的时代，是他们使战火远离地中海世界。那样的和平场面令后来的社会羡慕不已，即使这份非比寻常的成功也意味着罗马内部存在着远比人们通常意识到的更严重的暴力镇压。然而，公民社会发展所带来的补偿性收益，或许还是超过了建立和维系罗马帝国主义所花费的残酷成本，不是这样吗？

✝

罗马作为一个文明和军事的强国仍然具有现实意义，许多人仍然会在讨论自己时代的问题时把罗马当作一个积极范例，特别是那些生活在曾被其统治过的土地上，或一定程度上是仿效它而建立的国家（例如美国）里的那些人。罗马在人们心目中的文化成就、规模和历史让它在西方世界的记忆中木秀于林。我们仍然惊叹于它的物质遗迹：帝国中各个城市的成熟精巧、豪宅的奢华、军事基地的规整，以及体现于从水渠到戍边系统的种种工程建设中的雄心。对古代地中海世界和欧洲的大部分地区来说，以上这一切都明确地证明了人类的生存条件出现了重大进步，这一点又有谁能质疑呢？诚然，东部帝国的大部分地区早已城市化；但在罗马之前，温带地区的欧洲还未拥有文字，尚处于"部落"状态。即使承认征服往往伴随着血流成河，但在各行省随即出现了令人眼花缭乱的进步发展，这必定意味着征服带来了重大的净提升，不是吗？我们从一开始就看到许多人对此并不接受，他们选择从负面立场看待罗马。例如，通俗犹太史学指责罗马将犹太人逐出故土，开启了犹太人两千年的流亡。人们总是倾向于在他们使用的语言中或明确或隐含地对罗马和剑做出价值判断。专家们不该退出这一讨论领域，而是一定要投身其中。因为有关罗马历史的这些表述即便不是彻头彻尾的谎言，充其量也是半真半假。我们理应根据实际证据及其背后的含义，对那些深入人心的观点提出挑战。

有人说，根据我们自己的价值观来评判过去的文化，是不公正而无意义的，犯了时代倒错的错误，毕竟以前的人们并不赞同我们时代的价值观。这在一定程度上是正确的：在纯粹的学术讨论中追求完全的客观超然，努力地以冷静的态度原原本本地描述古代，这是一件好事，这正是我在书写"罗马士兵"而不是"罗马军"时想要做的事。但历史不是"发生在过去的事情"；希腊语中"历史"（ίστορία，historia）一词的本义是"研究"，而研究以研究者的存在为前提。历史是我们对过去的解释。在最好的情况下，历史是我们以能够找到的证据和对人类行为的揣测为基础，对所发生之事及其过程和原因做出的推断。在最坏的情况下，历史是我们选择相信的过去，它可能会滑向被人为扭曲的伪历史，滑向带有民族主义色彩或带有其他沙文主义倾向的荒诞之说。对于历史的仿真陈述（factoid，通常被视为事实的、广泛传播的谣言），上文提到了一个重要的例子：人们断言罗马对"犹太人被流放出犹太地区 / 巴勒斯坦"负有责任。罗马的确犯下了许多真正的暴行，但上述说法根本是谎言：罗马人没有驱逐过犹太人。发生在地中海各地和巴比伦尼亚的主要犹太社群的"大流散"早就已经确立。[3]

对于像罗马世界这样庞大、复杂和多变的事物，这样一个在创造力和残酷性上都达到了极致的存在，或许任何人在看待它时都不可能做到完全公道和冷静。我们从罗马世界获得的证据，其背后的含义有时是出乎意料、令人讨厌或不适的。因此，自由派人士（我自认也属于这种人）可能会很难接受这样的事实：罗马士兵的一系列暴力行为并非只有破坏性影响——军队服役的共同经历和战争的磨炼，铸就了新的罗马人与外国人的身份认同，影响了整个西方的历史。相反的，保守派可能会发现支撑罗马帝国主义和罗马和平的深刻黑暗现实同样令人不快。在尝试了解过去的过程中，我们应当下定决心，对所发现证据的意义尽可能保持开放的心态，即使是，也尤其是在这些证据挑战了固有论断的情况下。同时我们也必须认识到，即使我们力求尽可能全面而诚实地理解过去的真实面貌，作为人类的我们也无法避免对所学所知产生发自肺腑的情感反应。一位研究不列颠铁器时代的考古学领军人物曾对我说："我讨厌罗马人。"

287 　　在我看来，罗马帝国主义显然有其积极的一面。罗马在地中海和西欧建立了某种独特而令人惊叹的新事物。有些人在承认帝国主要是为居于统治地位的地主阶级、朝廷和士兵而运作的同时，也强调它在更大范围内带来了利益。帝国社会无疑提供了社会地位向上流动的新机会，允许雄心勃勃之辈摆脱传统社会的束缚。社会金字塔的各个层级中均有人抓住了新的机会来改善自己的命运，有些人的命运巨变令人啧啧称奇。昔日的奴隶中有惊人数量的人成了罗马公民。尽管存在固有的职业风险，但军队本身在日积月累中为数百万士兵提供了相对的繁荣、安全和晋升机会，并为更多依赖于士兵的人提供了生存空间。

　　笔者在前文中论述过，"军人的罗马"是挥动罗马武力之剑所产生的一个重要建设性成果，它推动了罗马帝国大部分地区的城市和经济发展，这与人们更熟悉的在非军事行省令人赞叹的以城市为中心的文明进程相互照映。为罗马辩护的人们认为：大体而言，尽管在罗马和平时期存在着很多问题，但它为惊人的经济扩张、人口增长和蒸蒸日上的繁荣提供了条件，而这一切所产生的"涓滴效应"又浸润了整个社会，使农民在物质上甚至比其祖先更加富裕。[4]这可能都是事实。然而，这些变化趋势真的是罗马的征服所带来的积极结果吗？还是说，它们是在征服完成前就已开始的变化过程？换句话说，或许它们其实从一开始就是建立帝国的先决条件？

东部地区的城市化早已完成，富裕殷实；而欧洲大部分地区的人口增长和农业集约化的出现也早于罗马统治时期。帝国的统一可能确实为进一步的快速增长提供了基础：它让人口、生产力和专业化分工的水平大幅提高；而在多个政体交战的情况下，这种提升幅度是不可能实现的。然而，即使我们可以将这一发展的大部分成绩归功于罗马和平，也还是可能犯另一个严重错误，那就是简单化地将更高的整体繁荣水平等同于各行省人民生活质量和幸福感的普遍提高。公共建筑、城墙、别墅、军事基地——这些罗马帝国最历久弥坚而引人注目的考古遗迹与现存的历史记录彼此交织，反映的主要是有权有势者的视角。它们至今仍然令西方人倾倒和折服。然而，我们对人类行为和反应的认知又告诉我们，当财富和权力如此极端地集中在处于社会金字塔闪亮塔尖的少数人手中时，下方的阴影中也必定相应地存在着痛苦和绝望的深壑。

一些普通人可能获得了数量更多、品质更好的锅和金属制品，或许甚至能够为自家窗户装上玻璃，但我尚未看到任何证据表明他们比前罗马时代的祖先身体更健康或寿命更长，或在整体上更加快乐。事实上，就相对和绝对生活水平而言，罗马时期的许多人过得比铁器时代的农民要差。最浅显的事实是，如果有许多奴隶取得了自由，那是因为首先有那么多的人遭到了奴役；何况共和国时期的大多数奴隶从未得到解放，他们参与着前所未有的准工业化规模的劳动，在庄园和矿场里辛劳至死。即便在随后几个世纪里有一部分农民获得了玻璃窗之类的便利设施，但帝国时代的其他人（比如生活在罗马治下的不列颠北部地区的人）获得的物质改善，就算有的话，也微乎其微。

大多数时候，人们对罗马统治所抱有的默然顺从的态度，在一定程度上是统治者通过激励手段博得的。这些手段包括"面包与竞技场"[5]，以及顺着社会阶梯登高的希望。罗马帝国主义统治下的生活就像是彩票，购买彩票的人中当然会产生大赢家，但"彩票就是对世间所有傻瓜征收的税款"；[6]无论当时还是现在，彩票之所以能够运作，是因为人数庞大的输家夸大了自己能够真正中奖的渺茫机会。这种希望就像胡萝卜，鼓励人们对帝国秩序保持顺从。统治者也会通过意识形态灌输（罗马是永恒的，是获得了神明认可的）来强调这种秩序，然而逐渐地，他们不得不越来越多地通过压迫和威逼来强制人民服从统治。他们依靠的是以暴力为基础的威胁，或是由地主阶级直接施加暴力，或是由不公正的司法系统代替地主施加暴力，从根本上说，捍卫这套司法制度的正是士兵手中的剑。按照现代标准，所有古代社会都是缺乏保障且充满危险的。但在罗马世界，生活的彩票风险巨大，这场赌局不仅凶险重重，而且背后还有人在操纵作弊。

帝国并非为大多数人而存在，其存在也没有征得大多数人的同意。帝国存在的目的是为享有特权的少数人谋取利益，让他们得以剥削那些被夺去了权利的城市人口、奴隶和日渐失势的农民的经济产出。在帝国与民间权贵的联盟中，我们可以看到"军人的罗马"本身对内部非军事行省和外部邻国而言都是掠夺者。罗马的帝国统治者与本就相当强大的贵族所达成的交易正是帝国统治的前提，这进一步深化了贵族的特权，将他们与整个政权绑在一起。然而与此同时，这也使统治者与被统治者间旧有的互惠关系变得疏远松散，帝国统治开始越来越多地依赖胁迫手段。

我们甚至不能确定罗马和平降低了大多数人遭遇暴力的风险。尽管起义和内战还会发生，但在此期间战争数量确实有所减少。然而，其他形式的暴力却增加了，比如蓄奴，还有向东西方传播的角斗士比赛。就连突袭劫盗行为也没有停止，它只是被重新命名为强盗犯罪。这个时代的行省人民经常面临着肆虐的强盗问题，国家无力镇压，除非对帝国秩序构成威胁，才会对强盗犯罪采取报复性的野蛮司法暴力手段。事实上对许多人来说，法律和政府当局构成了比土匪更直接的威胁。他们的祖先面临的是战争的危险，而对他们来说，这份危险被来自愈发贪婪的权贵与军人的威胁和暴力压迫所取代。最终的结果不是暴力减少，而是暴力——还有恐惧——的重新分配、重新定义和重新置构。[7]

在皇帝、士兵和地主达成契约以后，人口和财富总量持续增加，但大多数人所享受的自由程度和相对地位也相应逐步下降，这可能延续了前罗马时期就已经出现的趋势——从不列颠南部和高卢到意大利，再到更远的地方，许多地区都确立了这样的发展曲线。普通的行省人获得了罗马公民身份，或许也能买到更多的"消费品"了。然而与此同时，他们也被贴上了"下等人"的标签，这证明他们与自封为"上等人"的统治阶级之间的差距越来越大。权力不对称的急速加剧为欧洲封建主义奠定了基础。无权无势的穷人被常态化的恐惧和屡见不鲜的羞辱所侵蚀。[8]这几乎一定会对他们的生活产生隐蔽的影响，虽然不像直接压迫带来的危害那样明显，但积累起来的破坏性却可能有过之而无不及。

跨文化研究表明，对人类福祉而言——从幸福感、健康和罹患疾病的倾向性乃至预期寿命本身——存在着一个比单纯的物质富裕程度更加重要的关键因素，那就是一个人在社会中的地位。财富和权力的相对差距，尤其是人们在多大程度上感到自己在社会上拥有一席之地，受到重视，且能控制自己的生活和命运，比绝对财富水平重要得多。如果财富、地位和权力的差距加大，那么无论物质繁荣的绝对水平如何，社会底层人的生活都会恶化。[9]影响全部人口的危机即使是不流血的，也会对社会产生破坏性影响。苏联解体后的十年间，发生在俄罗斯的一切就是一个极端的例证。当时，一个存在着严重弊病，但已为人们所熟悉的世界消失了，取而代之的是一个让人更加缺乏安全感的、财富与权力的极端集中化更加显而易见的世界。在那些年里，私有化迅速加剧，人们心中生出一种令人绝望的集体无助感和民族耻辱感。出于各式各样的原因——特别是暴力事件的增加——俄罗斯的"超额死亡"人数达到了 400 万。超额死亡，意即超出基于此前或此后的历史数据所估算的死亡人数的数字。[10]对处在创伤性环境中的俄罗斯社会中的大多数人所感受到的压力、痛苦和颓丧萎靡而言，这个骇人的统计数字只展现出了冰山一角。而在罗马，人们不可避免地、越来越深地陷入了拥有严刑峻法和国家武力支持的地主阶级权贵的控制。对大多数人而言，这种变化趋势和罗马的征伐行动也构成了与俄罗斯情况相近、但时间跨度要长得多的过程，并且可能会对人们的生活和福祉产生类似的长期恶劣影响。

在罗马士兵的保障下，内战通常不会爆发，这很可能令经济和人口得以大幅增长，达到在内乱下绝无可能达到的水平，此后一千年内的欧洲都没有再出现过这样的人口经济增长。然而，就该时代的进步幅度而言，罗马获得的赞誉可能大大超出了其所应得的。在我看来，在公元前最后一千年期间，一些重要的变化就已然启动了——在持续几个世纪的有利气候条件的推动下，欧洲和地中海地区的许多铁器时代社群得以"腾飞"，发展到了能够支撑起帝国的规模，而罗马政权正是对这种变化趋势加以驾驭、引导和大幅度地放大。罗马并没有对普遍富裕起到守护和担保的作用，而是更像一个无良工头；它让不成比例的利益流向极少数的幸运儿——权贵和士兵，对多数人则加以威胁恐吓。对农村的大众来说，帝国统治带来的往往只是一些零零星星的由工场制造的锅具和胸针，这点物质利益远抵不过他们的权利和自主权所受到的持续侵蚀，这让他们灰心、绝望或不满。

290

那么，罗马帝国主义统治真的产生过净收益吗？像在其他帝国主义政体中一样，这个问题的答案取决于你是谁，但大多数人都是吃亏的一方。[11] 可以肯定的是，如果罗马不存在，古代的欧洲和地中海地区也不会成为和平与爱的天堂。不过，就算是在一个由多个规模偏小、彼此争斗无休的国家拼凑起来的世界里，在一个没有罗马的世界里，大多数人的生活会更好吗？或许他们在物质上会比较贫穷，但大体上至少拥有更多自由？这并不是为罗马的存在而发出无谓慨叹，而是一个"思想实验"。如果这个实验提出的是一个根本没有答案的修辞性问题，那么至少它迫使我们对"光荣属于罗马"的传统评价进行反思。特别是，这个实验应该也会让那些自称热爱自由（liberty，这又是一个来自拉丁语的单词）之人在为罗马高唱赞歌之前陷入犹豫。它促使我们提问："谁拥有自由？对什么人做什么事的自由？"

在我看来，对于毫无保留地仰慕罗马的观点，任何有思想的人都很难认同。诚然，罗马的时代并不只有无休无止、遍布各地的流血冲突。在很多地区，很多时候，人们都有机会获得满足和欢笑。然而就像普劳图斯的许多笑话一样，有很大一部分幽默都带着残酷色彩（幸灾乐祸）或充满焦虑，那时的人们认为笑声可以抵御厄运。[12]到了今天还有这样一些人，即使他们（在追问之下）对罗马之剑与罗马帝国主义所造成的苦难表示承认，偶尔还会用空泛的言辞谈及那些用脊背托起帝国大厦的人们所遭受的痛苦，但他们仍然只会关注那些罗马让人认同的方面，同时可能还会咕哝着什么"只有打碎鸡蛋才能做出蛋卷"。这种表达充其量只会让人们批评他们师心自用。他们要么是没有全盘考虑证据，要么是更不可原谅地，故意忽视受害者的凄厉惨叫，譬如那些仍然躺在瓦伦西亚被掩埋的街道上的人，或是那些曾在从卡普阿到罗马沿路树起的一座座十字架上垂死挣扎的人。

在三十余年中，我寻找相关证据并力图直面其背后的意义。在此期间我亲身经历了一个漫长的旅程，从少年时对"罗马军"力量的满腔钦佩逐渐转向较为负面的观点。如今我看待罗马帝国主义的态度，就与看待我们共同历史中的其他重要方面——近来那些极权主义政权和殖民主义——的态度基本相同：从带着惊骇的迷恋转为厌恶反感。如果人们不赞同我对罗马的糟糕评价，那么他们也应该对积极崇拜罗马权力的普遍观点进行反思——那往往是一种不假思索的赞美之情，要么天真地为罗马的权势所倾倒，要么有选择地认同少数的赢家。

正如我们所见，罗马的成就及其军事暴行的逾常之处在于其规模，其性质并无任何特异之处。对比我们自己的世界，古代世界更为公开地建立在控制和胁迫之上，那些成就和暴行正是古代世界固有的标志：在一片处处游动着鲨鱼的海洋中，罗马不过是最大的那一只。虽然罗马帝国在经济和政治发展、文学和视觉艺术、建筑和技术方面取得了人类历史上堪称卓越的成就，但对大多数人来说，生活在那里是一种折磨。话虽如此，作为西方历史的一个核心现象，罗马塑造了从阿拉伯、苏丹到摩洛哥，到爱尔兰和斯堪的纳维亚，再到南俄罗斯和伊朗的各个民族的命运。我们理应特别重视这段历史，务须对其进行批判性分析，既不能简单予以崇拜，也不能出于敌意而不予理睬。

罗马帝国的权势、罗马士兵及其武器是西方世界的不朽记忆。即便匈人的弓箭曾让罗马之剑暂时黯然失色，在中世纪早期的"欧洲民族大迁徙"时期，或所谓"黑暗时代"，剑又重新发挥出重要作用。正如我们在萨顿胡所看到的那样，人们仍在继续制造罗马风格的图案焊接武器，仍在当时如《贝奥武夫》这样的诗歌作品中赞美着剑和剑术。罗马剑的相关术语也被延续到了后来的时代，"格拉迪乌斯短剑"这个词派生出"长柄剑刃戟"（glaive）和苏格兰"笼手阔剑"（claymore）；"斯帕塔长剑"则派生出意大利语的"长剑"（spada）和法语的"重剑"（epée）。

这是有关帝国武装传奇力量的某种概括化记忆的一部分——在西罗马帝国消亡很久之后，欧洲人心中仍然保存着对它的记忆，从查理大帝（Charlemagne）重新建立帝国的企图中也可见一斑。在后来的几个世纪里，人们提出了许多复兴罗马式军队和士兵的建议，也做出过许多尝试，包括：16世纪马基雅弗利（Machiavelli）的《论战争艺术》（*Art of War*），17世纪出现的、在纪律训练方面受韦格蒂乌斯启发的新式欧洲军队，还有萨克斯元帅（Marshal de Saxe）在《我的沉思》（*Reveries*，1757）中对理想军队的遐想，罗马共和体制思想在法国大革命的革命军中的复现，以及拿破仑帝国的鹰旗。后来还出现了若干以"军团"为名的军事编队，如希特勒在西班牙的"秃鹰军团"，而在我们今天这个时代里仍然存在着"法国外籍军团"这支部队。

罗马士兵也已成为现代流行文化的一部分，特别是在那些扭曲他们形象的"罗马剑加罗马鞋"的电影中，比如《宾虚》《斯巴达克斯》《角斗士》和《迷踪：第九鹰团》。自20世纪70年代以来，在学术界的启发下，越来越多的人试图更真实地再现罗马武者的物质文化和实践。利用基于真实文物的现代考古研究成果，人们让罗马武器得以再现。技艺精湛的现代铁匠们成功地复制了罗马人的剑，也包括若干精美的图案焊接剑实物（见彩图XIII）。人们随即测试了这些复刻装备的性能（测试方法符合道德规范！），以了解它们的重量和在耐久性等方面的表现。笔者发现，亲自骑马、射箭、穿戴盔甲和亲手挥

图93. 描绘庞贝式罗马剑及其剑鞘和腰带的浮雕画，来自克罗地亚普拉，1世纪末。

剑是非常有价值的，它能给人带来基本的身体层面的体悟，这是坐在扶手椅里不可能收获的。同样有价值的是与那些态度较为严肃、精益求精的军事重演团体就实操问题进行讨论，尤为值得一提的是受到众多人效仿的英国白鼬大道护卫队，他们模拟的是维斯帕先统治时期的帝国军团。[13]

类似于白鼬大道护卫队的团体会举办罗马武器、军事操演和战术的公众展示活动。这些大受欢迎的表演技术含量很高，精彩而激动人心，且含有相当丰富的信息，当然同时又绝对确保不会造成伤亡。这类展示大体上被归入"文化遗产行业"，在这个行业中，"历史"只是"全球化世界"（这是个语义重复的说法）里的另一种商品而已。通过互联网，你可以买到属于自己的印度制造的仿真罗马剑，无论是共和国时代的提洛岛式西班牙短剑，还是美因茨式或庞贝式的罗马剑，或是各类斯帕塔长剑。或者，如果负担得起，你也可以委托一名真正的制剑匠人打造一把图案焊接剑复制品。

和电影一样，所有这一切都成为"罗马幻想"的素材，它可以是富有教育意义的，带着善意的，也可能成为某种更加危险的东西。毫无疑问，我们会继续铭记罗马军队的力量，铭记罗马士兵的勇气与凶狠。但是，如果我们想要理解罗马帝国，就必须也记住那些倒在罗马剑下的人，或那些在帝国阴影下饱受磨难的人。在帝国犹太行省的耶路撒冷客西马尼园中，手持棍棒和利剑的人前来逮捕耶稣，随后他被交给了代表皇帝和地方当局行使权力的罗马士兵，他们对耶稣实施酷刑并将他处决。西门彼得拔出自己的剑，砍掉了大祭司的仆人马勒古的右耳。"耶稣对他说：'收刀入鞘吧。凡动刀的，必死在刀下。'"[14]

耶稣所知的罗马世界确实主要是由剑创造、以剑维持并最终因剑毁灭的。战略上更为脆弱的西罗马帝国的倒台，主要是罗马自身的军事侵略行动，以及它在边境外蛮族中引发的变化所造成的长期后果。[15] 随后东罗马帝国同样遭到了打击和削弱，先是在6世纪受到萨珊人（他们的崛起也是由罗马促成的）的冲击，然后又因阿拉伯人而震荡——后者因紧邻这些交战的帝国而发展出新的强大军事力量。十字军刀剑的劈砍让东罗马帝国伤上加伤，最终在奥斯曼帝国的炮火下倾覆。对西方世界而言，作为令人胆寒的物品，也作为残忍冷酷的隐喻，罗马剑始终是我们共同历史的核心。

时间线

公元前 753 年　传说中罗马建城的时间

前 509 年　驱逐诸王；罗马共和国建立

前 508 年　民主政治在雅典建立

前 499 年?　雷吉鲁斯湖之战

前 491 年?　科利奥兰纳斯和沃尔西人攻打罗马

前 396 年?　维爱城被毁

前 390 年?　高卢的塞农部落攻陷罗马

前 343—前 341 年　第一次萨莫奈战争

前 340—前 338 年　拉丁战争

前 334—前 323 年　亚历山大大帝征服波斯帝国，征服的领
土包括从安纳托利亚和埃及到伊朗
及更远的地区

前 332 年　亚历山大之死：他的帝国分裂为多个
希腊化继承国

前 326—前 304 年　第二次萨莫奈战争（也称大萨莫奈战争）

前 298—前 290 年　第三次萨莫奈战争

前 295 年　森提努姆战役

前 280—前 275 年　皮洛士战争

前 288 年　马麦丁人占领墨西拿

前 264—前 241 年　第一次布匿战争

前 247 年　安息王朝建立：帕提亚王国开始崛起

前 88—前 30 年　罗马的内战时代

67 年　庞培镇压海盗

前 66—前 62 年　庞培"平定"东部地区

前 64 年　吞并叙利亚：消灭塞琉西王国

前 58—前 50 年　恺撒征服高卢

前 53 年　帕提亚人在卡莱歼灭克拉苏的军队

前 49—前 45 年　恺撒和庞培两派之间的内战

前 44 年　恺撒遇刺，又一轮内战爆发

前 31 年　亚克兴战役，屋大维击败马克·安东
尼和克娄巴特拉七世

前 30 年　吞并埃及：消灭托勒密王国

前 27 年　奥古斯都成为第一位罗马皇帝；
创建帝国常备军团和军队

公元前 12—公元 7 年　征服潘诺尼亚，多次入侵日耳曼地区

公元 6 年　潘诺尼亚爆发重大叛乱

9 年　日耳曼地区发生瓦鲁斯之祸

14 年　奥古斯都去世

43 年　吞并不列颠南部地区

60—61 年　不列颠爆发布狄卡起义

66—74 年　犹太起义

68 年　尼禄之死，奥古斯都王朝绝灭

69 年　"四帝之年"，内战

69—70 年　巴达维和高卢叛乱

70 年　耶路撒冷陷落

101—106 年　图拉真的达契亚战争：吞并达契亚

113—117 年　图拉真的帕提亚战争

122 年　哈德良下令修建横贯不列颠的长城

131—135 年　犹太发生巴尔·科赫巴起义

162—166 年　在路奇乌斯·维鲁斯（Lucius Verus）
领导下与帕提亚交战

167—180 年　多瑙河上爆发马科曼尼战争

193—197 年　内战：塞维鲁获胜

194—198 年　塞维鲁的帕提亚战争

216—217 年　卡拉卡拉入侵帕提亚并遭到刺杀：
内战爆发

224 年　阿尔达希尔推翻最后一位安息王朝的
国王：帕提亚政权被萨珊帝国所取代

235 年　亚历山大·塞维鲁遇刺

235—284 年　罗马内部出现为期半个世纪的“军事
无政府状态”，遭到蛮族跨越北方
边境的入侵，同时还与伊朗进行大
规模战争

260 年　埃德萨战役：瓦勒良被俘

260—274 年　“高卢帝国”独立

261—273 年　帕尔米拉控制罗马帝国东部

260—268 年　在伊利里亚人的支持下，伽利埃努斯
开始尝试重新统一帝国

270—275 年　奥勒良在位：粉碎帕尔米拉

284—305 年　戴克里先及共治皇帝统治时期（四帝
共治时期），重建边境防线，恢复
内部稳定，建立绝对君主制，军队
改革

312 年　君士坦丁成为罗马西方的统治者

324—337 年　作为整个帝国的统治者，君士坦丁建立了君士坦丁堡，并将基督教确立为国教

337—360 年　波斯战争

357 年　斯特拉斯堡战役

363 年　尤利安死于波斯，瓦伦提尼安和瓦伦斯将帝国一分为二

约 370 年　黑海北侧出现匈人

378 年　阿德里安堡战役

406 年　蛮族越过莱茵河大举入侵

410 年　阿拉里克攻陷罗马

429 年　汪达尔人入侵非洲

451 年　阿提拉战败，匈人势力迅速垮台

476 年　最后一位西罗马帝国皇帝被推翻

502—561 年　拜占庭与萨珊交战

533—544 年　查士丁尼试图重新征服非洲、意大利和西班牙

565 年　查士丁尼之死，从此再没有人尝试去收复罗马的西部

603—628 年　拜占庭与萨珊交战

632 年　穆罕默德去世

634—640 年　穆斯林征服叙利亚和埃及

642—644 年　穆斯林征服萨珊帝国

注 释

前 言

1. Caesar *Gallic War* 2.7–10.

2. 中国古代早期帝国的军队规模也很大，而且发展成熟：Lewis 2007 pp. 30–50；Rosenstein 2009。

3. 参看意大利语中的 *soldi* 一词，意为"金钱"。

4. Beard 2007. 罗马帝国时期举办凯旋式的次数比共和国时期少得多——从公元前 31 年到公元 235 年一共只举办了 13 次，参见 Campbell 1984 pp.133–42。

5. 如需要关于罗马剑的时代较近且较为详尽的研究信息，可参考：Miks 2007。至于有关所谓"罗马军"的论述，可参考的高质量入门性著作有很多。比如关于共和国时代的可参考：Keppie 1984；关于帝国早期的可参考：Goldsworthy 2003，Le Bohec 1994 or Webster 1985；关于罗马帝国晚期/拜占庭的军队可参考：Southern and Dixon 1996，Le Bohec 2006 and Treadgold 1995。还可见 Erdkamp 2007。

6. 关于兵营和边境系统的文献数量极多。关于西罗马地区的兵营：Johnson 1983，Bidwell 2007；关于因奇塔瑟尔要塞：Pitts and St Joseph 1985；关于埃尔金豪要塞：Hanson 2007。有关边境系统的文献：Whittaker 1994；还有研究不列颠的哈德良长城的著作，例如：Breeze and Dobson 2000。

7. 关于情报工作的研究：Austin and Rankov 1995；Sheldon 2005。

8. Caesar *Gallic War* 2.19–2.8.

导语　剑与兵

1. 约翰·德莱顿的英语译文来自：http://classics.mit.edu/Virgil/ aeneid.html。

2. 比如："奥古斯都的和平已经遍及东方与西方，延伸至南北边界，让世界每一个角落里的人都不必再担心遭遇劫掠盗抢……"，Velleius Paterculus 2.126.3。

3. 例如 Woolf 1998；Wallace-Hadrill 2008.

4. 在犹太人的视角中，罗马军队是外来的占领军：Isaac 1992。

5. Josephus *Jewish War* 5.2–6.9.3. "……罗马对耶路撒冷的围攻很可能是

古代历史上规模最大的一次屠杀活动", Lendon 2005 p. 256。

6. 此处需要加上双引号，因为"不列颠地区的人属于凯尔特人"是一个现代观念。不过，生活在该地区的那些社会群体确实与真正被称作凯尔特的民族有关联，后者居住在包括高卢（法国）在内的一些地区：James 1999；Collis 2003.

7. Trans. Canon Roberts, 1912, *Livy*, *History of Rome*, London, Dent. 另有一版（Aulus Gellius 9.13）称曼里乌斯还取走了敌人的头颅。

8. 笔者无意将此书写成一本罗马剑考古研究专著，如需此类著作可参考：Miks 2007。

9. 阿基米德之死：Livy, 25.31；Valerius Maximus 8.7 and Plutarch *Parallel Lives*：*Marcellus* 19.4，该文献中明确提到阿基米德是死于一把剑下。

10. Plutarch *Parallel Lives: Antony*, 76–77. 然而，在内战以外的情境下，共和国晚期或帝国时期的军队将领很少会自杀，但瓦鲁斯是个例外：Goldsworthy 1996 p. 165 fn. 87。

11. Josephus *Jewish War* 7.9.1–2.

12. 公元前 54 年，恺撒经历了征服高卢期间最严重的一次挫折，厄勃隆尼斯部落在阿杜亚图卡（Atuatuca）击败了科塔（Cotta）和萨比努斯（Sabinus）的部队，

幸存下来的士兵选择了自杀：Caesar *Gallic War*, 5.37。在 47 年，被弗里斯兰人截断后路的 400 名罗马人不肯投降，宁愿自杀：Tacitus *Annals* 4.73；Goldsworthy 1996 p. 262。

13. 《牛津英语词典》（*Oxford English Dictionary*）对"暴力"（violence）一词的定义是：以造成人身伤害或财产损失为目的地使用武力；以此为特征的行为举止；易于引起身体伤害的对待或处置方式，或者用武力干涉他人的自由。

14. Juvenal 16.10–13, 24–25. 文多兰达木牍中有一封投诉信，写信的平民被一名士兵（用）棍棒殴打：Bowman and Thomas1994, p.344。一些士兵会随身携带一种可用于攻击的带圆头的棍棒：Speidel 1993。

15. Horace *Satires* 1.2.41, 1.3.119；在《圣经》中，耶稣就承受过这种罗马鞭：Mark 15.15。

16. "……罗马政府主要依靠的是武力和武力的侍仆——恐惧。" Lendon 1997 p. 3.

17. 引自 Dalrymple 1994 pp. 266–67。

18. 比如英军的徽章上有两柄交叉的阔剑，美国陆军骑兵部队的徽章上则是两柄交叉的马刀。

19. 西班牙斗牛中使用的是特殊的剑。此外，在一些展现萨珊人

狩猎场景的作品中，画中的国王们使用剑来猎杀狮子。但那都是比喻皇权和勇气的寓言式作品，而非对真实场景的描摹——除非狮子被下过很重的药。

20. 罗马时代是有战斧的，但很少有人使用（Bishop and Coulston 2006 p. 205, fig. 133）。即便在有人使用的年代，比如维京时代，战斧也很少能挑战剑至高无上的地位。它也不能用来刺击。

21. 此处不包括如弩炮或战舰之类需要团队操作的机械。

22. 关于罗马帝国早期的格拉迪乌斯短剑装饰的探讨，可参考：Künzl 1996，也可参考 Künzl 2008。

23. 关于此类现象在有文字记载以前的欧洲的情况，可参考：Bradley 1998。

24. 书中插图里的许多武器都出土于河床、湖底或沼泽。

25. Livy 5.34–49.

26. 剑在隐喻中是和平的反面，例如 Matthew 10.34。圣保罗曾多次使用铠甲和剑的隐喻（*Epistle to the Ephesians* 6）。

27. Trans. C. D. Yonge, 1888, *Cicero's Tusculan Disputations*, New York: Harper.

28. 从史实上看，当时斧子并没有被用于行刑。

29. "掌握着惩罚恶人的剑之权力（*potestas gladii*），便拥有了纯粹的治权（*imperium*）……"摘自 Ulpian, in Justinian *Digest* 2.1.3；"统治整个行省的那些人也完全掌握着剑之正义（*ius gladii*）……"摘自 Justinian *Digest* 1.18.6.8, trans. Mommsen *et al.* 1985。一般观点认为，我们所熟悉的蒙着双眼、手拿利剑与天平的"正义"的人格化形象来源于罗马。但这种造型其实出现在罗马时代之后——大部分罗马硬币上的正义之神（*Iustitia*）手中拿的是节杖和奠酒碗。

30. Suetonius *Twelve Caesars: Vitellius* 8.1.

31. 剑作为没有获得官方认可的暴力的象征，见：Horace *Satires* 2.3.276；或象征武装危险分子，见：Cicero *Phillipics* 2.106。

32. Skinner 2005 p. 210.

33. Hallett and Skinner 1997; Walters 1997; Skinner 2005. 关于罗马文化中使用暴力的权力与性的关系，现在可参考：Mattingly 2010 pp. 94–121。

34. Plautus *Pseudolus* 4.7.85. 在普劳图斯和其他作家的作品中，用军队事物表达爱与性的这类隐喻相当丰富，这里只谈及了其中的一部分。这些作家在讲述追求和诱惑的过程时会使用与服兵役（*militia amoris*）或战斗有关的语言，特别是会使用与围攻战相关的语汇。在拉丁语军事词汇中表达围攻战的多个词语之间是有区别的，表达围困封锁的（*obsidio*）和表达进攻袭击的（*oppugnatio*）是不同的词汇：Cloud 1993；Roth 2006.根据《牛津英语词典》的记录，用 vagina 这一术语表示女性性器官的用法直至 1682 年才首次在英语中出现。

35. 这有时还包括作品的题目，例如：Peddie 1994. "Roman military machine"：Tomlin 1999；Brewer 2002。

36. 驳斥"战争机器隐喻"的论述，可参考：Goldsworthy 1996 pp. 283-85；James 2002。或许我们需要思考的问题是，如果"罗马军：战争机器"这个双生概念的不恰当之处是如此显而易见，那么它是从哪来的呢？简而言之，我认为事情是这样的：自文艺复兴以来，罗马军队一直被当作新的国家军队的模板，被视作现代武装力量的鼻祖，因此人们便倾向于认为，反过来说，"罗马军"也必然与现代军队大体相似——而这是个不合逻辑的推论。

37. 分别读作"米-雷斯"（*mee*-lays）和"米厄-伊-忒斯"（mill-*ee*-tays）。

38. 发音为"艾克斯-尔-奇图斯"（ex-*er*-kitooss），单数形式中的"-oo-"类似于英语的"书"（book）的元音发音，复数形式中的"-oo-"则和"靴子"（boot）一词的元音发音相似。

39. 比如，哈德良曾为自己检阅过的不同行省的部队发行硬币（塞斯特提铜币），包括：不列颠军（EXERCITUS BRITANNICUS），达契亚军（EXERCITUS DACICUS），毛里塔尼亚军（EXERCITUS MAURETANICUS），叙利亚军（EXERCITUS SYRIACUS）。

40. 帝国时代的硬币中也存在个别使用军队单数形式（the army）的特例，但这些硬币上通常镌刻着特定领袖的形象，而它们针对的也只是目前忠于他的这一部分军人（比如来自 69 年的最早的此类硬币实物就属于这种情况）。埃拉伽巴路斯和阿拉伯人腓力（Philip the Arab）曾铸造"军之忠诚"（*Fides exercitus*）硬币；而君士坦丁则发行过"军之荣耀"（*gloria exercitus*）硬币，值得注意的是，这批硬币的发行是在他统治晚期的 4 世纪 30 年代，在这几年中，君士坦丁终于将完整的罗马帝国掌握在自己一人手中，因此在一段相对较短的时期里，他的军队就是唯一的罗马军队。当时的战舰部队被视为军队中的一些单位，并不存在独立的

"罗马海军"。

41. 这个概念最初是在阐释民族主义的语境中被提出的（Anderson 1991），但在谈及其他包括大型军队在内的集体时也很适用。

42. 这并不仅仅是什么时髦的修正主义，也不是"为解构而解构"。所有的研究领域都需要研究者时不时地对其基础理念进行重新检验和全面更新，并且需要他们做好准备，随时放弃不够充分的过时观念，接受可能发生了彻底转变的更好的观点，并且改善自己的思考方法。

43. 实际中的现代军队究竟离这种理想状态有多远，这又是另外一个问题了。

44. 著名的发明家——亚历山大的赫伦（Heron of Alexandria）曾就自动机这一主题写过一本书，他还对精巧的机器进行过很多其他的研究工作。复杂的机械对富人们而言是非常流行的玩物，见：Petronius *Satyricon* 54.4。

45. 在亚里士多德的观念中，奴隶就是有生命的工具（*Politics* 1.4），而罗马人也真的是这样对待他们的。比如老加图曾建议将有缺陷的牲畜、用坏了的设备和衰老或患病的奴隶按照此处列具的优先级顺序卖掉：*On Agriculture* 2.7。

46. 比如，年幼的帝国王子盖乌斯就曾经引发士兵们内心的柔情。他的迷你军服让士兵们给了他一个昵称："小军靴"——卡利古拉（Suetonius *Twelve Caesars*：*Gaius* 9）。

47. 即便是对机械化程度最高的军队而言，士气也是至关重要的。因此，就算谈及的是现代军队，讨论"战争机器"这一称呼的恰当程度也是无甚意义的。

48. Trans. B. O. Foster 1922, *Livy, History of Rome*, vol. II, Loeb Classical Library, Cambridge MA, Harvard University Press.

49. 根据老普林尼的说法，军团的鹰旗直到公元前104年才在马略的统率下启用，替代了人身牛头的弥诺陶洛斯、马和公牛标志的军旗。公元前82年的第纳尔银币是最早描绘军团鹰旗的物品（图3）：Bishop and Coulston 2006 p. 68。

50. Caesar *Gallic War* 4.25.

51. Polybius 6.22：除却熊皮和狮皮之外，我们尚不清楚晚期旗手和军队乐手穿着的动物皮是否确实包括狼皮。

52. Horace *Epistles* 2.2.37–40.

53. Livy 1.4.

54. Livy 1.7.

55. Petronius *Satyricon* 62（first century AD）.

56. Suetonius *Twelve Caesars*：*Ti-*

berius 25.1.

57. 希腊乃至斯巴达的军官们在试图迫使战斗中的士兵服从指挥时也会遇到困难，关于这个问题可参见：Lendon 2005 pp. 71–77。

58. 关于罗马军队好胜、热爱竞争的天性，可参见：Lendon 1997，特别是 pp. 237–66。

59. 比如，将军德西乌斯在向士兵讲解自己的计划之前，曾告诫他们在聆听时保持安静，"不要像平时的士兵那样欢呼叫喊"。见 Livy 7.35.

60. 人们对维多利亚时代的英军士兵抱有类似的情感，参见：Kipling's poem "Tommy"。

61. Livy 1. 19. 这座共和国时代的神庙昔日位于艾米利亚巴西利卡和朱利亚元老院之间的道路旁，但现在已经找不到它的任何痕迹。

62. 相关事例见：Goldsworthy 1996 ch. 2。

63. 但是至少在英语中，用双刃剑的意象来表达双重危险的用法显然在中世纪之后才出现。笔者所知有记录的类似表达最早出自 1535 年的托马斯·莫尔（Thomas More）：Ackroyd 1998 pp. 377–84。也可参见约翰·德莱顿在 1687 年的作品《牝鹿与豹》（*The Hind & the Panther*

III. 192），这段话指的是那段模棱两可的神谕："你的德尔斐之剑……是一柄双刃剑，两边皆能砍切伤人。"

64. 如需了解罗马剑在罗马军备整体背景下的发展，可参见：Bishop and Coulston 2006。现在还出现了一部分为上下两册的、以罗马剑为主题的大体量德语专著：Miks 2007。这部著作主要关注帝国时代，不过也涵盖了共和国背景下的罗马剑。它将已出土的罗马剑实物登记编目并加以讨论。这本专著对专家而言至关重要，不适合胆怯软弱之人！还有一本非常重要的作品也在同年出版，探讨的是出土于伊勒河上游、来自帝国中晚期的精良罗马剑，以及其他一些出自蛮族地区的武器：Biborski and Ilkjaer 2007。

65. Varro *On the Latin Language* 5.116; Bishop and Coulston 2006 p. 54.

66. Tacitus *Annals* 12.35. 作者翻译。

67. Bishop and Coulston 2006 p. 41.

68. Columella *On Agriculture*, 12.22.1; Pliny the Elder *Natural History* 23.139; 关于英语中"锹"（spade）一词及其指小形式"锅铲"（*spatula*）：Celsus 8.15.4; 7.10.

69. Apuleius *The Golden Ass* (*Meta-*

morphoses) 1.4; 9.40.

70. Youtie and Winter 1951 no. 467.

71. Tomlin 1999 128–29.

72. Vegetius 2.15. 米克斯曾提议将所有剑身长度（不包括剑柄部分）在 350/400—500mm 范围内的剑称作格拉迪乌斯短剑，超过 600mm 的称作斯帕塔长剑，500—600mm 范围内的称作半长剑：Miks 2007 p. 435。这样划分确实非常清晰，但（即便米克斯也表示这样的区分方式需要一定的灵活性）却可能引起混乱。这套体系将那些来自共和国时代晚期的、剑身较长的考古实例从"格拉迪乌斯短剑"的行列中排除了，但大多数专家都认同这部分武器正是文本中所说的"西班牙短剑"（不过对此米克斯确实也反驳过，他认为这种分类发生了错误，但在笔者看来这种说法可信度不足：Miks 2007 pp. 435–36）。

73. 参见注释 64。

74. Purdue 2000 p. 135.

75. 一柄装饰着鸟头造型的短剑（*parazonium*），灵感可能来自希腊化时代的希腊：Barnett 1983。唯一的考古实例来源不明：Miks 2007 A203。

76. 出土于卡莱尔的一柄剑可能是此类训练用剑的实例：McCarthy 2002 fig. 33。在位于德国奥贝拉登（Oberaden）的罗马兵营曾出土过一把木剑，但上面的纹饰属于角斗士武器，而不像军用武器：von Schnurbein 1979。

77. Martial *Book of Spectacles* 31（Coleman's numbering）.

78. 除了一个描绘独臂的 M. 塞尔吉乌斯（M. Sergius）形象的硬币，笔者已知范围内没有其他证据证明罗马时代有人用左手使用武器，因为那样会破坏盾阵。在古代，左利手士兵大概不得不学习用右手作战。

79. 未佩戴盔甲者在拔剑时会将斗篷缠绕在手臂上，然后身体下沉，做出下蹲的战斗姿势，参见：Petronius *Satyricon* 80。

80. Vegetius 1.12. Bishop and Coulston 2006 p. 56.

81. Plutarch *Parallel Lives: Caesar* 45; *Pompey* 69. 在战斗中，庞培手下的士兵也会瞄准脸部攻击——恺撒的一名百夫长被杀死时，一柄剑从他的口腔刺入，穿过脖子刺出，参见：Plutarch *Parallel Lives: Caesar* 44。

82. Trans. E. Cary, 1950, *The Roman Antiquities of Dionysius of Halicarnassus, Books XI-XX*, Loeb Classical Library, Cambridge MA, Harvard University Press; Pleiner 1993 p. 26.

83. Polybius 2.33. Trans. E. S. Shuck–

burgh, 1889, *The Histories of Polybius*, London and New York, Macmillan.

84. 根据波利比乌斯的记录，在公元前225年的泰拉蒙，高卢人的剑在两面都会出现弯曲，必须要靠踩踏才能恢复平直（Polybius 2.33.3）。金属分析表明，出土于拉坦诺的若干柄剑其实在质量上参差不齐: Pleiner 1993 pp. 156—59。一些文献反复提到高卢和不列颠的剑是纯粹的斩击武器，没有剑尖；比如关于高卢剑可参考: Polybius 2: 30；关于不列颠的喀里多尼人武器可参考: Tacitus *Agricola* 36。关于考古发现，参见: Pleiner 1993; Stead 2005。

85. Polybius 3.114: "这是因为，**罗马人的剑在刺击时能发挥出与斩击同等的致命效果**，而高卢人的剑只能用来斩击，而斩击是需要动作空间的（黑体是笔者的特别强调）。"改编自 trans. E. S. Shuckburgh, 1889, *The Histories of Polybius*, London and New York: Macmillan。

86. 从伊特鲁里亚－罗马的弗朗索瓦墓葬到阿达姆克利西，再到马可·奥勒留纪念柱（图17、48 和 53），皆展现了这种下刺动作。大英博物馆里藏有一尊密特拉屠杀神牛的雕像，正是采用了这种反手握剑的姿势。

序章　震慑人心｜意料之外的罗马崛起

1. "布匿的"（Punic），意为"腓尼基的"（Phoenician）。

2. 波利比乌斯曾亲眼看到罗马士兵在名画上玩投骰子的游戏: Polybius 39.13。

3. Polybius 29.27; Livy 45.12.

4. 约翰·曼（John Mann）认为，罗马共和国军人取得了惊人的成功，而共和国的制度却只能勉强跟上他们的步伐: Mann 1974 p. 509。

5. Erdkamp 1998.

6. Trans E. Sage 1935, Livy, *History of Rome, Books XXXI—XXXIV*, LOEB Classical Library, Cambridge MA: Harvard University Press; London: Heinemann.

7. 关于共和国时代罗马人的侵略性，尤其可以参考: Harris 1985。

8. Livy 1.16. Trans. Rev. Canon Roberts, 1912, *Livy's History of Rome*, New York, Dent.

9. Pers. comm.

10. Livy 5.21—23.

11. Walbank 2002.

12. Polybius 1.1.

13. 伊庇鲁斯的皮洛士在汉尼拔之前就已经发现了这一点（见边码第60—61页）。

14. 笔者对罗马权力崛起在政治层面

的阐释，即有关"开放接纳之手"的论述主要基于尼古拉·泰雷纳托的观点，他在这一方面的研究成果尚未完整出版，但可参见：Terrenato 1998a, 1998b, 2001; Terrenato 2007a。

第一章　锻造罗马之剑

1. Livy 10.27–29.
2. 当时的人们认为意大利止于亚平宁山脉，波河流域并不包含在其中，直到帝国时代，波河平原才成为意大利的一部分。
3. Livy 10.26.14–15.
4. Livy 10.26.11.
5. Livy 10.27.
6. Livy 10.27.8–9. Trans B. O. Foster 1926, *Livy, History of Rome Books VIII-X*, Cambridge MA: Harvard University Press; London: Heinemann.
7. 340 BC: Livy, 8.9.
8. Livy 10.28–29. Trans B. O. Foster 1926, *Livy, History of Rome Books VIII-X*, Cambridge MA: Havard University Press; London: Heinemann.
9. Livy 10.29.11–15. Trans B. O. Foster 1926, *Livy, History of Rome Books VIII-X*, Cambridge MA: Harvard University Press; London: Heinemann.
10. Livy 10.30.8–10. Trans B. O. Foster

1926, *Livy, History of Rome Books VIII-X*, Cambridge MA: Harvard University Press; London: Heinemann.
11. 这是常常出现在古代战役记载中的遗漏。据笔者所知，森提努姆的实际战场位置至今仍未确定。
12. Livy 10.26, 30.
13. Livy 8.9.
14. Keegan 1988 pp. 35–41.
15. Miks 2007 pp. 30–33, 435.
16. 所有的剑身长度数据都不包括剑脚。
17. Livy 2.46.
18. Cornell 1995 pp. 135–41.
19. 人们在英国的古萨奇诸圣村（Gussage All Saints）发现了一些来自铁器时代的碎片，这些碎片是在生产一批战车配件时留下的，该发现印证了流动的专精工匠们从一个委托制作方流转到下一个的说法：Wainwright 1979; Foster 1980。
20. Bishop and Coulston 2006 p. 233；关于公元前 210 年罗马人在西班牙的新迦太基城（Carthago Nova）的武器制造：Livy 26.47.2；关于第三次布匿战争期间在迦太基本地的武器制造：Appian *Punic Wars* 8.93。
21. Bishop and Coulston 2006 p. 232. 关于帝国早期时代的信息有更

多得以留存。

22. 最早的相关详细记载的时代背景是皮洛士战争，两段史料中分别记叙了不同的情节：在一份文献里，罗马人在马尔文图姆战役之后复刻了皮洛士营地的通常布局样式（Frontinus *Stratagems* 4.1.14）；而在另一份里，皮洛士对罗马营地的秩序表示赞叹（Plutarch *Parallel Lives*：*Pyrrhus* 16.4–5）。然而，据说马其顿的腓力五世在公元前 200 年左右也说过与皮洛士基本相同的话，这表明同一个故事被贴在了不止一个罗马的敌人身上（Livy 31.34.1–5）。那两段提到皮洛士的史料中想必有一个出现了错乱，但二者都能表明罗马人在布匿战争中用到了行军营。

23. Goldsworthy 1996 p. 113.

24. Polybius 6.26–36.

25. 李维以对比的手法刻画了两位执政官采取的行动和二人的个性，但他的描写可能带有传统贵族对平民行政官员的偏见。

26. 相关例子可参见：Polybius 2.33。

27. 这与相关考古学证据大致相符。从证据上看，似乎有一批铁器时代村庄在公元前 7 世纪时开始融合成一个具备城邦特征的群落。

28. Treherne 1995.

29. 如需一些关于遗骸的数据，可

参考：Robb 1997。

30. Lendon 1997 p. 32；Péristiany 1966.

31. 家族世仇问题曾让西西里岛饱受煎熬，而现在它仍然困扰着阿尔巴尼亚。

32. Smith 2006.

33. Motta and Terrenato 2006.

34. 即使现在，这种权利也尚未彻底让渡给国家。公民仍然保留着使用"合理武力"乃至致命暴力去保护自身生命财产的权利，尤其是在美国。

35. Harries 2007.

36. 拉丁语中的"*latro*"一词原意是"雇佣兵"，但随着这一变化，它的词义也改为专指"土匪"：Grünewald 2004 p. 5。

37. 例如，在约公元前 500 年的萨特里库姆（Satricum）的一处铭文中，曾提到一位名叫 P. 瓦莱里乌斯的人，全名可能是 P. 瓦莱里乌斯·普布里科拉（P. Valerius Publicola），他拥有一个名为"战争之团"（companions of war）的私人战团：Cornell 1995 p. 144.。

38. Livy 2.48–49；特定的元老院家族逐渐垄断与特定外敌的往来事务，起初仅限于战场上的往来，后来则是作为被征服者的恩主。此处提到的事件便是这种趋势的早期表现。

39. Livy 2.34–40.

40. Eckstein 2006：该作者也在文中提出，罗马在这方面并未表现出特殊之处，但他过分淡化了武力的作用。

41. Eckstein 2006 p.85。关于用"以长矛赢得的土地"来形容被亚历山大征服的地区：Diodorus Siculus 17.17.2。

42. 祭司团神官和宣战仪式的程序：Livy 1.32.13–14。

43. 这反映了罗马宗教的"契约"性质（寻求与神灵达成半合法的互惠交易，用供品或庙宇来换取神明护佑），以及恐惧在罗马文化中的重要性——在此表现为对神明的恐惧。

44. 可参考 Eckstein 2006，但相关信息见注释 40。和许多"新"观点一样，人们此前就发现了罗马在建立和管理联盟网络方面的技能的重要性，但普遍忽视了它。卡尔·冯·克劳塞维茨（Carl von Clausewitz）写道："罗马之所以能变得伟大……与其说是依靠实际的征服行动，倒不如说是依靠它所构建的联盟。凭借此类联盟，邻近的各个民族逐渐与罗马融合成一个整体。直到罗马以这种方式将自身扩展到整个意大利南部之后，它才开始作为一个真正拥有征服力量的强者迈进。"*On War*（*Vom Kriege*），1832，8.3，trans. by J.J.

Graham 1873，London，N. Trübner and Company。

45. 见本书边码第 41 页及与之对应的注释 14。埃克斯坦（Eckstein）重点关注国家层面的关系，而他也认为联盟在其中是至关重要的。但由于他的研究从国际关系的视角出发，因而观点过于"现在中心观"，对那些在我看来是各政体内部社会政治动态的关键因素的关注太少。当时的政体与现代民族国家截然不同，特别体现于贵族们跨越政体边界的准私人性质的往来。

46. 克劳狄乌斯氏族的迁徙：Livy 2.16.3–5。关于或许已成为传奇的科利奥兰纳斯的流放：Livy 2.35–40。

47. 譬如一位罗马富人斯普流斯·密留斯（Spurius Maelius），他在伊特鲁里亚拥有"朋友和家属"：Livy 4.12 or 13。关于"通过私人层面的友好款待和亲属关系（与罗马人）产生联系"的坎帕尼亚人：Livy 8.3。

48. 泰雷纳托提出的"精英谈判模式"：见本书边码第 41 页及与之对应的注释 14。

49. Livy 4.9–10。

50. 图斯库卢姆的事件提供了一个很好的例子：Livy 6.26。

51. Livy 7.29–31。

52. Livy 2.31–33。

53. Livy 6.38.

54. Livy 4.49–50; 7.12–14.

55. Livy 7.38–42.

56. 比如关于侵害公众的暴力行为（公开暴力）的尤利亚法（*Lex Julia de vi publica*）: Justinian *Digest* 68.6.1；Harries 2007 pp. 106–11。

57. 对于罗慕路斯建立城界: Tacitus *Annals* 12.24。关于城界的规则，参见: Varro *On the Latin Language* 5.143。关于城界的本质和定期发生的城界扩展: Livy 1.44。

58. 公元前 296 年建立的一座胜利纪念神庙（Livy 10.19.17），笔者认为罗马人的凶残勇猛正是在这一时期达到了顶峰。

59. 小号净化庆典（*tubilustrium*，3月23日）和战神庆典/武器净化庆典（*armilustrium*，10月19日），是为接触过血液和异乡人的军队和武器"净化去污"的仪式: Scullard 1981 pp. 94–95，195。

60. 为纪念这一事件，他们将马尔文图姆（意为"恶风"）改名为贝内文图姆（*Beneventum*，意为"良风"）。

61. Trans. E. S. Shuckburgh, 1889, *The Histories of Polybius*, London and New York: Macmillan.

62. Harris 曾对罗马人那种极端的强悍气性与高水平的政治文化相结合的特征发表过评价: Harris 1985 p. 53。

63. Welch 2006 p. 7.

第二章　为胜利执迷

1. Trans. E. S. Shuckburgh, 1889, *The Histories of Polybius*, London and New York: Macmillan.

2. Polybius 3.110–17, Livy 22.44–51。如需一份有关该战役的"基根式的"（Keegan 1988）详细描述，参见: Daly 2002。

3. Polybius 1.7.1–4.

4. Polybius 3.90.

5. Polybius 18.28.

6. 关于"更高层次的战术"或"大战术调度"，参见: Sabin 1996。

7. Polybius 18.28.

8. Polybius 1.21, 37.

9. Frontinus Stratagems 3.18.2; Livy 26.11.

10. Polybius 15.13.

11. *Candide*, chapter 23.

12. Polybius 6.25. Trans. E. S. Shuckburgh, 1889, *The Histories of Polybius*, London and New York, Macmillan.

13. Polybius 1.21.

14. 波利比乌斯著作片段 22（见本章注释 22）。

15. 关于西班牙短剑的起源，见: Connolly 1997；Quesada Sanz 1997。对于将人们所发现的考古实例与文献中的西班牙短剑对应起来的说法，米克斯提出了异议（Miks 2007 pp. 435–36），但他的观点——早期帝国的"美因茨式"罗马剑起源于希腊–意大利，系从西弗斯短剑进化而来——并不令人信服。特别是，用他的说法很难解释为什么晚期共和国武器被称作"西班牙式"。

16. 出土于提洛岛的剑：Siebert 1987。出土于什米海尔：Horvat 1997；Bishop and Coulston 2006 p. 56。关于出土于瓦赫尼卡（Vrhnika）、卡明雷阿尔（Caminreal）和阿莱西亚的实例：Rapin 2001。还可参考出土于杰里科的实例：Stiebel 2004 p. 230。

17. 比起本书的观点，米克斯对西班牙短剑的特性和演变的看法更为谨慎（Miks 2007）。

18. 提洛岛剑的尺寸是较为精确的估算数据，特别是其宽度，因为它的剑鞘尚未取下。

19. Bishop and Coulston 2006 pp. 82–83.

20. 正如李维所描述的：Livy 22.46.5.

21. 直至 5 世纪，希腊仍有人使用装有挂环的剑鞘。比如，大约来自公元前 460 年的红绘陶器上就出现了这样的剑鞘（参见 Miks 2007 Abb.6.E. 以及图 16），但挂环与带金属框的剑鞘相结合似乎仍是伊比利亚特有的设计，尤其是在与带有明确伊比利亚风格的普吉欧匕首成套携带的情况下——匕首本身也带有风格类似的刀鞘。

22. 在拜占庭时代编纂的《苏达辞书》（Suda）中有一段讨论"剑"（machaira）的文字，人们认为其中保存了波利比乌斯的《通史》中的一个文段，称之为片段 22（Fragment 22）。该文段的翻译由格雷厄姆·希普利（Graham Shipley）提供，我也要感谢他对这段话的含义提出的相关建议。

23. Polybius 15.15.

24. "使用盾牌时，他们还会配一柄剑，挂在右侧大腿外侧，这把剑被称为西班牙剑。这种剑拥有卓越的剑尖，使用任何一侧劈砍也都有威力，因为它的剑身坚韧，不易弯曲。" Polybius6.23. 改译自 E. S. Shuckburgh, 1889, *The Histories of Polybius*, London and New York: Macmillan。

25. Polybius 2.33. Trans. E. S. Shuckburgh, 1889, *The Histories of Polybius*, London and New York: Macmillan.

26. 波利比乌斯特别指出，罗马人的剑对两种攻击方式都很合适（6.23）。

27. Polybius 3.114.

28. Livy 30.36.10–11.

29. 根据李维著作遗失的第 67 卷中一个现存片段记录，罗马当时损失了 8 万名士兵和 4 万名"仆役及随军平民"。

30. 在公元前 222 年的克拉斯提狄乌姆战役中，马凯路斯亲手杀死了高卢国王维瑞多玛鲁斯（Viridomarus），成为第三个也是最后一个有记录的赢得最高战利品荣誉的人（Plutarch *Parallel Lives*: *Marcellus* 6–7）。据称第一位是罗慕路斯本人，第二位是公元前 5 世纪的 A. 高乃留斯·科苏斯（A. Cornelius Cossus）（Livy 1.10）。

31. 无论这次游行是正式的凯旋式或"仅仅"是一次热烈的欢迎，马塞勒斯都表现得像一个赢得了凯旋式的统帅。有观点认为公元前 3 世纪的罗马在物质上很贫穷，但这是后世罗马道德理论家们的虚构。当时的罗马在物质层面上是富有的，其艺术也已精妙成熟，只是雕像作品体量还较小，而且多为赤陶。但在公元前 211 年，罗马出现了大量真人大小的古典和希腊风格的大理石和青铜雕像，品质极佳，一时间蔚为奇观。这样的雕塑在当时是新奇之物，给人们留下了极为深刻而持久的印象：McDonnell 2006。

32. Welch 2006 p. 17.

33. Polybius 10.40.

34. Appian *The Spanish Wars*. 34–36; MacMullen 1984 p. 454.

35. Polybius 1.7.

36. Trans. E. S. Shuckburgh, 1889, *The Histories of Polybius*, London and New York: Macmillan.

37. Chaniotis 2005.

38. Keppie 1984 pp. 33–35; Polybius 6.19–21.

39. 人们普遍认为运气在战争中是另一项重要的宝贵资源。苏拉的绰号是费利克斯（Felix），意为"幸运之人"。

40. Polybius 18.29–31.

41. Polybius 15.15. Trans. E.S. Shuckburgh, 1889, *The Histories of Polybius*, London and New York: Macmillan.

42. Polybius 18.30. Trans. E.S. Shuckburgh, 1889, *The Histories of Polybius*, London and New York: Macmillan.

43. Sekunda 2001. 几代人的时间之后，随着加拉提亚（Galatia）国王戴奥塔鲁斯（Deiotarus）麾下的罗马风格的士兵直接被纳入罗马军队，成为帝国的第二十二戴奥塔鲁斯军团，东方希腊化世界对罗马作战方式的模仿也达到了顶峰。

44. 从 18 世纪中叶到整个 19 世纪期间，英国皇家海军在面对其敌人时，也在士气上拥有类似的优势: Rodger 2004 p. 272。

45. 关于欧洲的气候数据，参见：Büntgen *et al.* 2011。

46. Polybius 2.38.

47. Sidebottom 2004.

48. Welch 2006 p. 7.

49. Plutarch *Parallel Lives: Titus Flamininus* 10.3–5.

50. 斯特拉波的原话就是每天有"10 000"名奴隶被贩卖（*Geography* 14.5.2），但这个数字太大也太规整，可信度不高，它很可能只是意味着被交易的奴隶"非常多"：Trümper 2009 p. 32，fn 119。

51. Livy, 42.34.

52. Polybius 6.19.4.

53. Rosenstein 2004.

54. Terrenato 2007b.

55. 见注释29。

56. Valerius Maximus 2.3.2. 这一事例与没有土地的公民开始应征入伍的时间大致吻合。这些人过去并未被期望未来会当兵服役，故而此前接受的武器训练可能通常比较少。另见：Frontinus *Stratagems* 4.2.2。

57. Keppie 1984 pp. 59–68.

58. 不过，出于行政管理之目的，中队（由两支百人队构成）在帝国时期还存在过相当长的一段时间。

59. Keppie 1984 pp. 67–68; Pliny the Elder *Natural History* 10.4.

60. 同盟者战争（Social War）中的"Social"来自"盟友"（*socii*）一词。这场战争也被称为意大利战争（Italian War）或马尔西战争（Marsic War）。

61. Appian *Civil Wars* 1.5.38–1.6.53.

62. Lendon 2005 p. 219.

63. Plutarch *Parallel Lives: Marius*, 7. 4–5; Campbell 1984 pp. 17–18, 32–58.

64. Suetonius *Twelve Caesars: Caesar* 67.

65. Polyaenus *Stratagems* 8.23.22.

66. Lendon 1997 pp. 240–42. 后来的卡拉卡拉就因为套近乎过了头而付出了生命的代价。

67. Ribera i Lacomba and Calvo Galvez 1995; Lacomba 2006.

68. Leach 1978 p. 48.

69. Rich 1993.

70. 第三次奴隶战争（Third Servile War）: Plutarch *Parallel Lives: Crassus* 8–11; Appian *Civil Wars* 1.116–121。

71. Appian *Civil Wars* 1.120.

72. 不过作为"新人"的 M. 图利乌斯·西塞罗（M. Tullius Cicero）的职业生涯明显缺乏军事方面的经历，这也表明通往执政官职位的新道路正在铺就。

73. Keaveney 2007.

74. Plutarch *Parallel Lives: Sertorius*.

Spann 1987 pp. 80–86.

75. Reddé 1996.

76. Plutarch *Parallel Lives: Caesar* 15.5.

77. 恺撒在这段文字中非常坦率地阐述了自己在此次行动中的动机：Caesar *Gallic War* 8.44。

78. Caesar *Gallic War* 5.24–41, 6.34.

79. 关于出土于瑞士尼道的实例：Wyss *et al.* 2002。

80. Brunaux 1999.

81. Caesar *Gallic War* 2.10.

82. Caesar *Gallic War* 1.18.

83. 通常被等同于考古学中所提及的"拉坦诺文化"（La Tène culture）。

84. 征服行动及其后续影响不仅意味着高卢人成了罗马的属民，而且也意味着他们会成为恺撒的后裔——尤利亚·克劳狄王朝的门客。许多家族都被赐予尤利乌斯的姓氏。尤利乌斯·因杜斯是一名辅军骑兵指挥官，而克拉西阿努斯则成了不列颠的帝国行省监察（*RIB* 12）。

85. 如需关于该时代的通俗易懂的现代著作，参见：Holland 2003。

86. Keppie 1991.

87. 该军团的别称是第十骑兵团（X *Equestris*），"*Equestris*"意为"骑马之人，充满骑士气概的"：Caesar *Gallic War* 1.42；Keppie 1984 pp. 83–84, 209。

88. Messer 1920.

89. Appian *Civil Wars* 3.94–95; Cassius Dio 46.47–49.

90. Chrissanthos 2001 p. 68.

91. Suetonius *Twelve Caesars: Julius Caesar* 69; Cassius Dio 41.26–35.

92. Chrissanthos 2001; Suetonius *Twelve Caesars: Julius Caesar* 70; Cassius Dio 42.52–55.

93. Chrissanthos 2001.

94. Plutarch *Parallel Lives: Crassus* 24–25.

95. 关于罗马文化的"全球化"，参见：Hingley 1989。

96. Caesar *Civil Wars* 3.4.4, 103.5, 110.2.

第三章 "我们的武器与盔甲"

1. Becker *et al.* 2003.

2. 瓦鲁斯之祸：Cassius Dio 56.18–24；Suetonius *Twelve Caesars*：*Augustus 23*, *Tiberius 17–18*。关于来自卡尔克里泽战场遗迹的证据：Schlüter 1999；Schlüter and Wiegels 1999；Wells 2003.

3. 常常被误译为"德国人赫尔曼"（Herrmann the German），这个误译令人过目难忘。

4. Trans. F. W. Shipley, 1924, *Velleius Paterculus*, Loeb Classical Library, London, Heinemann and Cambridge MA: Harvard University Press.

5. Suetonius *Twelve Caesars: Augus-*

tus 26.

6. Lendon 2005 pp. 11–12.

7. Woolf 1998; Hingley 2005; Wallace-Hadrill 2008.

8. Cassius Dio 51.22. Pohlsander 1969.

9. Ulbert 1969.

10. Bishop and Coulston 2006 p. 78. Miks 2007 pp. 57–64, 436–37, Vortafel C. 1–7. Tafn 8–22.

11. Miks 2007 pp. 58–65.

12. 例如现存于大英博物馆的富勒姆剑，参见：Manning 1985 no. V2，148–49，pl. xix–xx. Miks 2007 p. 437. 从奥古斯都时代到1世纪中叶，最常见的相关变体是略带弧形、两刃逐渐收窄的"哈尔滕－卡姆罗多努式"（Haltern-Camulodunum）。出现于1世纪三四十年代的两刃平行的"维德拉特"变体，是我们所熟悉的庞贝式罗马剑的前身。

13. Bishop and Coulston 2006 p. 78.

14. Klumbach 1970；Walker and Burnett 1981 pp. 49–55. 米克斯将其归类为"富勒姆"变体：Miks 2007 A465。

15. Bishop and Coulston 2006 pp. 34，246.

16. Suetonius *Twelve Caesars: Julius Caesar*, 67.

17. Bishop and Coulston 2006 p. 78.

18. Miks 2007 pp. 77–80, 436.

19. Robinson 1975 pp. 45–61.

20. Beck and Chew 1991.

21. 例如 Miks 2007 中的 A814 和 A815，两件均为出土于斯洛伐克泽姆普林（Zemplín）的奉蒂埃式剑身，长度分别约为 730 毫米和 770 毫米。

22. Bishop and Coulston 2006 pp.107–9. 用"剑蛙"，即将剑鞘上的环与腰带铆钉连接起来的补充配环，将匕首固定在腰带上，剑可能也是用这种方式佩带的。

23. 比如，朱文纳尔曾将士兵称为"携带武器、佩戴腰带的人"（他在原文中使用的是"剑带"一词）：*Satires* 16.48。

24. Pliny the Elder *Natural History* 33.152.

25. Bishop and Coulston 2006 pp. 109–11.

26. Bishop and Coulston 2006 p. 110.

27. Bishop 2002 pp. 18, 20.

28. 关于卡尔克里泽的面罩，它的前身和与之类似的实例，参见：Franzius 1999。

29. 公元前 10 年建造的穆纳提乌斯·普朗库斯（Munatius Plancus）的陵墓浮雕表明，那时的人们已经开始使用两端为方形的盾牌：Fellmann 1957。

30. Speidel 1991.

31. Campbell 1984 pp. 164–65.

32. 在 1 世纪，各军团可能常规性地拥有特定辅助部队作为正式的附属单位。例如，根据塔西佗的记录，科尔布罗曾率领一个军团前往东部地区，"随行的还有军团的骑兵翼队和步兵大队"（*Annals* 13.35）；他还证实有 8 支巴达维人的大队附属于第十四军团（*Histories* 1.59）。两个事例均来自公元 1 世纪 60 年代。然而到了后来，辅助部队似乎通常变得较为独立，不再像之前那样明确从属于特定军团。辅军中的队伍和队伍的一部分会被灵活编队，以完成特定的驻军任务或参与特定野战行动。

33. 考古学家伊恩·海恩斯指出，辅军步兵并不能算"轻装"步兵，他们的装备几乎和军团步兵一样重（pers. comm.）。只是他们所使用的武器和战术不同。

34. Zahariade 2009.

35. Tacitus *Histories* 1.59.

36. Brunt 1974. 另见注释 32。

37. 人口统计学研究表明，大约 40%的罗马新兵会在完成 25 年的服役期之前死亡，还有 15% 的新兵会提前离开部队，原因包括伤病、被部队除名或擅自逃离：Scheidel 1996，特别参见第 124 页。

38. 第五云雀军团：Suetonius *Twelve Caesars: Caesar* 24；在波河以北招募的军团：Caesar *Gallic War* 5.24。

39. 这一转变很可能发生在公元前 25 年，当时加拉提亚被吞并为罗马的行省：Parker 1958 p. 89。

40. Mann 1983.

41. Speidel 1970, Connolly 1988a, 1988b.

42. MacMullen 1984 p. 441; Tacitus, Annals 4.4.2; 14.18. 虽然许多辅军人员是被征召入伍的，但在帝国早期的几位皇帝统治期间，大多数军团士兵似乎至少是自愿服役的。尽管国家会在战争爆发时采用征兵的方法来迅速增加军团兵力：Brunt 1974; Goldsworthy 1996 p. 28。

43. http://classics.mit.edu/Virgil/ aeneid.html.

44. 中国的长城在此时已初具雏形。罗马人对中国有朦胧的认识，富人会穿着中国丝绸。汉朝时代的中国作为一个社会，拥有的职业军队似乎比罗马的规模更大。罗马的军团从未受到过与汉朝军队作战的考验，这或许对罗马而言是一件好事。

45. Millar 1977.

46. Cassius Dio 62.17.16.

47. Whittaker 1994.

48. 罗马军团到达里海：Jones 1992 pp. 156–57; Bosworth 1976 pp. 74–76。

49. Plutarch *Parallel Lives: Antony,* 42–51.

50. Becker *et al.* 2003; von Schnurbein 2003.

51. Wells 2003.

52. Tacitus *Annals* 2.88.

53. Creighton 2000, Creighton 2005; Henig 2002.

54. Millett 2001.

55. 改译自 A. J. Church and W. J. Brodribb 1893，*The Agricola and Germania of Tacitus*，London：Macmillan。

56. Roymans 2004.

57. Tacitus *Histories* 1.59; Holder 1980 Appendix 3; Spaul 2000 p. 206.

58. 另一个是后来的帕尔米拉第二十辅兵大队（Kennedy 1994），在叙利亚的杜拉欧罗普斯发现了许多与这支部队有关的莎草纸记录。

59. Bowman and Thomas 1983; Bowman 1994; Birley 2009.

60. Speidel 1994.

61. 英军与廓尔喀人的关系十分密切，因此即便在撤出印度 60 年后，英军中仍然保留着昔日这些坚韧的尼泊尔士兵的营队番号。

62. 关于年代更晚的相似实例，参见：Van Driel-Murray 2002；Van Driel-Murray 2005；Abler 1999。

63. Lang 1988 p. 205.

64. 富勒姆剑的剑身和"提比略之剑"使用了这种淬火工艺，其他几柄武器可能采用了该工艺（Lang 1988 pp. 205，208）。人们会用油淬来处理更精细的锻件，关于这一做法可参见：Pliny the Elder *Natural History* 34.144，146，149。

65. Lang 1988 p. 208.

66. 比起使用水石，用油石可以获得更锋利、精细的刃口：Pliny the Elder *Natural History* 34.145。

67. 从奥格斯特出土的一柄斯帕塔长剑看上去就经历过类似的加工处理，目的是提高剑身的柔韧度和强度：Bishop and Coulston 2006 p. 241；Biborski *et al.* 1985。

68. Lang 1988 pp. 205, 209–10.

69. Cassius Dio 69.12.2.

70. 参见边码第 30 页及与之对应的注释 71。关于阿利安向哈德良报告的武器检验情况：*Guidebook to the Black Sea*（*Periplus*）6.9。

71. 关于从事剑的制造和贩卖的人：*CIL* 11.7125, 6.1952；关于从事斯帕塔长剑相关生意的人：*CIL* 6.9043, 9898。

72. Bishop and Coulston 2006 pp. 233–40, *contra* MacMullen 1960 and Robinson 1975.

73. Bishop and Coulston 2006 p. 236; *P. Berlin* inv. 6765: Bruckner and Marichal 1979 no. 409.

74. Justinian *Digest* 50.6.7.

75. Bishop and Coulston 2006 p. 236; Justinian *Digest* 50.6.7.

76. Richmond 1943; Bishop and Dore 1988.

77. Bishop and Coulston 2006 p. 238.

78. *CIL* 13.6677. 关于武器上的铭文等，参看 MacMullen 1960。

79. *CIL* 13.2828.

80. Tacitus, *Annals* 3.43.

81. *Notitia Dignitatum: Occidens* 9.33–34.

82. 有两家位于法国的兰斯和亚眠，第三家位于意大利的卢卡：*Notitia Dignitatum: Occidens* 9.29, 36, 39。

83. Bishop and Coulston 2006 pp. 80–81.

84. 关于庞贝式罗马剑：Ulbert 1969。关于在赫库兰尼姆海滩发现的实例：Miks 2007 no. A151: pp. 437, 577–78。

85. Miks 2007 pp. 65–68.

86. Bishop and Coulston 2006 p. 80. 这种"经典"的庞贝式有一种变体，叫作"普滕森－维摩斯"（Putensen-Vimose）变体，其"哥特拱门"形的剑尖可能承继自高卢人的剑，它也与后来常见的帝国武器形状相照映。

87. Schoppa 1974.

88. Selzer 1988 no. 87.

89. 该武器剑身长度为 650 毫米，宽度 为 33 毫米。Planck 1975 pp. 183–84, pl. 79,3. Miks 2007 A617.

90. Curle 1911, p. 183, pl. XXXIV, nos. 6 and 7.

91. 其中一把剑带有常规的罗马风格骨质握柄和剑首，其他剑则配有不列颠本土装饰风格的铜质护手。在不列颠的罗马军事遗址发现的很多剑都带有这一特征，它突出了文化交流在武器方面的重要影响。Curle 1911, p. 185, pl. XXXIV, 8, 10 and 13.

92. 关于战斗方式上可能发生的变化，参见：Bishop and Coulston 2006 p. 78。

93. 这种剑尖不仅仅出现在剑上，出土于荷兰莱文（Leeuwen）的一把军用匕首也带有该特征：Feugère 2002, fig. 171d.

94. 镐（*dolabrae*），挖掘战壕的工具：Tacitus, *Annals* 3.43, 46。

95. 发生在行省监察库马纳（Cumanus）在任的公元 48 至 52 年之间：Josephus *Jewish War* 2.12.1（224）。

96. Suetonius *Twelve Caesars: Nero*, 49.

97. Goldsworthy 1996 pp. 84–92.

98. 参见 Yadin 1966，阅读时应结

合文献：Ben-Yehuda 2002。关于攻城设施，参见：Richmond 1962。

99. 如需较为通俗易懂的相关因素和事件概述，参见：Millar 1993 pp. 337-86。

100. Josephus *Jewish War* 5.550-58.

101. 提图斯凯旋门上的浮雕就是对这一事件的纪念，目前在罗马仍然可以看到这幅作品。

102. Tacitus *Histories* 2.88-89.

103. Tacitus *Histories* 2.68, 2.88; Lendon 1997 p. 250.

104. Tacitus *Histories* 1.64, 2.27, 66, 69; Lendon 1997 p. 250.

105. Trans. C. H. Moore 1925, *Tacitus, Histories, Books I-III*. Loeb Classical Library, Cambridge MA: Harvard University Press.

106. Tacitus *Histories* 3.24.

107. Tacitus *Histories* 3.33.

108. *Histories* 3.72（关于最终导致圣殿被毁的一系列事件的描述：3.67-72）。Trans. C. H. Moore 1925, *Tacitus, Histories, Books I-III*. Loeb Classical Library, Cambridge MA: Harvard University Press.

109. 改译自 A. J. Church and W. J. Brodribb 1893, *The Agricola and Germania of Tacitus*, London: Macmillan。

110. Epictetus *Discourses* 3.13.9. See also Aelius Aristides *Oration* 26: Campbell 2002 p. 77.

111. Campbell 2002 p. 77: Dio of Prusa 1.28-29.

112. Heather 2005 p. 439.

113. Breeze and Dobson 2000.

114. 曼在论述中（1990）将哈德良长城视为一种帝国修辞。

115. 该标题来自一本讲述美国权力崛起的书：Boot 2002。

116. 勒特韦克对罗马"大战略"的分析（Luttwak 1976）很有影响力，但这种影响力主要体现为：激发他人进行研究撰述，以论证他的错误之处。笔者更推荐的文献为：Whittaker 1994；特别是关于东方地区的研究，参见：Isaac 1992。

117. Hanson and Haynes 2004.

118. Cassius Dio 68.32; Campbell 2002 p. 82. 在此期间犹太地区似乎并未受到影响，考虑到这一时期前后的事件，这一点或许很奇怪。不过这可能部分是因为居住在圣地的社群和大流散中的社群之间存在差异：Aubrey Newman, pers. comm。

119. Cassius Dio 69.14.

120. 然而，与现代犹太"神话历史"的说法不同，罗马人并没有大规模驱逐犹太人，开启犹太人的"大流亡"；这个故事是现代人编造的：Sand 2009。

121. Grünewald 2004 p. 20.

122. Tacitus *Annals* 3.43.

123. Krinzinger 2002; Kanz and Grossschmidt 2006.

124. Tacitus *Annals* 14.17.

125. 我们发现，埃及的"执剑人"会负责协助农村警察（*archephodoi*）的工作，甚至还有"首领执剑人"也曾提供协助，至于农村警察自己肯定也是持有武器的：Alston 1995 pp. 92 and 224–25, fn 126。

126. Matthew 27.26–37; Mark 15.15–27; Luke 26.36–37, 47; John 19.1–3, 16–34.

127. 看起来，维斯帕先军队在镇压亚历山大城的骚乱时实施了一场大屠杀。后来在卡拉卡拉和戴克里先统治时期，那里又发生了更多的暴行：Isaac 2002 p. 182。

128. 关于在提比略统治下的波伦蒂亚（Pollentia），可参见：Suetonius *Twelve Caesars: Tiberius* 37.3。此外，关于在尼禄统治下的普特奥利（Puteoli），可参见：Tacitus *Annals* 13.48; Isaac 2002 p. 182。

129. Isaac 2002 p. 190; *ILS* 6870（AD 180-83）; Campbell 1984 p. 252.

130. Isaac 2002.

131. Juvenal *Satires* 16.

132. *Tab. Vindol.* II 344: Bowman and Thomas 1994.

133. Apuleius *The Golden Ass* 9, 39–42.

134. Epictetus *Discourses* 4.1.79. Translation by Campbell 2002 p. 177.

135. Campbell 1984 p. 251. 此类住宿要求可能是由临时设营的军官合法下达的命令，但那些士兵却提出了种种未经上级认可的私人要求。

136. Campbell 1984 p. 249.

137. Bennett *et al.* 1982 pp. 44–45.

138. 皇帝们总会谈到士兵头脑简单的特质（*simplicitas militaris*），比如他们会以此为借口，为士兵在诉讼中或在订立遗嘱时未能遵守相应法定形式而开脱，坚称无论如何这些遗嘱都应该被维持。Justinian *Digest* 29.1.1, *Code of Justinian* 1.18.1.

139. Tacitus *Annals* 1.34.

140. Suetonius *Twelve Caesars: Caligula* 9.

141. Suetonius *Twelve Caesars: Claudius* 13.2; Cassius Dio 60.15.

142. 参见现代人的表达"这不归我管／这不是我的专业领域"（'that's not my province'），意即"我在这件事上不具备专业知识或相关权力"。

143. 关于科尔布罗在亚美尼亚的作

为：Tacitus *Annals* 13.6–9, 34–36。

144. Phang 2008 pp. 201–48.

145. Speidel 2006 pp. 14–15, Field 30: translation adapted from Speidel's.

146. 例如参见：*Tab. Vindol.* II nos. 225, 250。

147. Suetonius *Twelve Caesars: Augustus* 25.1.

148. Cassius Dio 68.8.2; Campbell 1984 pp. 45–46.

149. Campbell 1984 pp. 32–59; Lendon 1997 pp. 253–66.

150. Frontinus *Stratagems* 4.1.15.

151. 关于罗马共和国的军事基地，在西班牙努曼提亚周围发现的 2 世纪的遗址就是最好的考古证据：Dobson 2006。

152. 相关例子列举如下。关于驻防地：Tacitus *Annals* 13.36, Bishop 1999；关于作为冬季营房（*hiberna*）的文多兰达"辅军兵营"：*Tab. Vindol.* II no. 225；关于营寨城（*castra*）：Tacitus *Histories* 2.6；关于小堡垒（*castellum*）：Tacitus *Annals* 15.17。

153. 军事基地作为强化凝聚力的场所：Driessen 2005。

154. 关于逃兵：Campbell 1984 pp. 303–14；Goldsworthy 1996 pp. 30, 113。关于罗马人叛逃，加入耶路撒冷守军一方的事件：Cassius Dio 65.5.4。德凯巴鲁斯将逃兵送回：Cassius Dio 68.9.5。科尔布罗对逃兵的严厉态度：Tacitus *Annals* 13.35。

155. Pliny the Younger *Letters* 7.31.2; MacMullen 1984.

第四章 致命的拥抱

1. Petersen *et al.* 1896; Ferris 2008.

2. Cassius Dio 74.11.2.

3. Dignas and Winter 2007 pp. 159–61.

4. 可参考：Le Bohec 2009。该研究针对 3 世纪的罗马军队。和本书一样，该文献也强调了不断变化的敌人在罗马所经历的危机中所起的作用。但在其他部分中，它将"罗马军"作为一个机构，对其进行了较为传统的军事史研究。文献对士兵作为帝国内部政治参与者的作用关注较少。

5. Bishop and Coulston 2006 p. 129.

6. Bishop and Coulston 2006 p. 144; James 2006.

7. Bishop and Coulston 2006 p. 173.

8. Bishop and Coulston 2006 p. 140.

9. Bishop and Coulston 2006 p. 179; Jørgensen *et al.* 2003 p. 322.

10. Bishop 2002.

11. 关于米克斯提到的"普滕森－维摩斯"和"哈姆费尔德"变体，可分别参见对应内容：Miks 2007 pp. 67–70。

12. 米克斯所命名的"'斯帕塔'式格拉迪乌斯短剑之'施特劳宾'变体"令人极为困惑: Miks 2007 p. 72。

13. "'斯帕塔'式格拉迪乌斯短剑之'尼达姆'变体"的命名同样非常令人困惑: Miks 2007 p. 73。

14. Pleiner 1993 pp. 142–43.

15. 需要特别说明的是，对于同时代萨尔马提亚人和帕提亚人等群体的剑术技巧，我们目前几乎一无所知，而他们从其他方面对罗马的武器产生了影响，特别是剑。

16. Watson *et al.* 1982; Webster 1982.

17. Biborski *et al.* 1985 pp. 73–80; Maryon 1960; Rosenqvist 1968; Biborski and Ilkjaer 2007.

18. Peter Johnsson, pers. comm.

19. Bishop and Coulston 2006 p. 46; Miks 2007 pp. 135–39.

20. 如图 8 所示，看起来在 3 世纪曾出现过一次极短武器的复苏，其实这部分数据大多来自人们在昆辛（Künzing）发现的一批有趣的实例（Schönberger and Herrmann 1968），它们很可能是用折断的长剑重新磨锐后制成的临时匕首（长度与同批埋藏的普吉欧匕首相似）。

21. 可能它最广为人知的称呼是"美因茨－坎特伯雷"式。

22. 此处我采用了米克斯的分类方法（Miks 2007）。而几乎同一时间，在 Biborski 和 Ilkjaer 所发表的关于伊勒河上游武器及其相似实例的杰出研究著作中，他们二人提出了另一种完全不同的帝国中晚期罗马剑的分类方式（Biborski and Ilkjaer 2007）。然而，米克斯分类法的优点在于它相对简洁，而且它更多地建立在既已存在于其他文献中的名类基础之上，所涉的文献例如: Ulbert 1974; Bishop and Coulston 2006 pp. 154–57。

23. Miks 2007 pp. 92–98, 444.

24. Miks 2007 pp. 80–92, 443–44; Ulbert 1974; Biborski 1994.

25. Miks 2007 pp. 177–87, 446. 参见 Kellner 1966; Biborski 1994。Bishop and Coulston 2006 pp. 132–33.

26. Bishop and Coulston 2006 p. 157.

27. 哈德良在兰贝西斯的演讲中提到了这个变化: Speidel 2006 p. 13, Field 25。

28. 至少有少量的长方形盾牌被保留下来：一个完整的实物（见彩图 VI）和若干碎片在 3 世纪 50 年代被埋藏在了杜拉欧罗普斯: James 2004 no. 629。

29. 墓碑位于阿奎肯（布达佩斯）: Bishop and Coulston 2006 p. 134, fig. 79。

30. 当塞维鲁裁撤禁卫军时，他没收了他们的匕首：Herodian 2.13.10。

31. Bishop and Coulston 2006 p. 164. 人们在位于德国昆辛的堡垒中发现了一批古物，其中有若干柄这样的匕首：Herrmann 1969 p. 133, Abb. 3。

32. 可能被称为剑带（*balteus* 或 *balteum*），与许多现代文献中的说法不同——它们称其为戎带（*cingulum*）。毕晓普和库尔斯顿（Bishop and Coulston 2006 p. 106）利用文献资料和同时代的信件提供了有力的证据，证明在整个 1 世纪期间和 2 世纪的部分时间里，人们的叫法是剑带，到了 3 世纪才称戎带。在 1 世纪，人们通常佩戴两条军装带，一条用来挂剑，另一条悬挂匕首。

33. 不过也存在过其他名称，如 "*zona*"：*Edict of Diocletian*, 10.8。剑带（*Balteus*）一词可能也被用来指代一般意义上的"皮带"：Bishop and Coulston 2006 p. 226。我们目前还不清楚《罗马君王传》中提到的"银镀金剑带"究竟是腰带还是佩剑的肩带（*Augustan Histories*：*Claudius Gothicus* 14.5）。戎带（*Cingulum*）也不是一个专门的军事术语。罗马人在使用术语时很不精确，而且经常前后不一致，对此我们很可能不会喜欢！

34. *Augustan Histories*：*The Two Maximini*, 2.5, 3.4. 大多数"福运随身"的铭文出现在腰带上，但也有一些斗篷胸针带有该字样（图 76）。镌有同样铭文的还有一枚徽章，其主人名叫奥勒里乌斯·切尔维安努斯（Aurelius Cervianus）（Bishop and Coulston 2006 pl. 3a），它在用途上（根据库尔斯顿的说法：Coulston 1990 p. 153, note 70）是一枚固定肩带的大扣子，因此与之配套的可能是一条展示性的肩带，或许还有一柄展示用的剑？

35. *Optime Maxime, conserva numerus omnium militantium*：Allason-Jones（1986 pp. 68–69）将这段话译为："（朱庇特）给予了（我们）队伍中所有战斗人员最好的（和）最大程度的保护。"

36. 关于罗马武器装饰和象征意义的精彩综述，参见：Künzl 2008。

37. Herodian 2.13.10.

38. Hornus 1980.

39. Speidel 1992; Vishnia 2002; MacMullen 1984 pp. 444–45.

40. 麦克莫兰认为军奴在出生时是自由人身份：MacMullen 1984 p. 444.

41. 马克西米努斯·特拉克斯在还没有成为皇帝时，曾在入伍之前试图通过与士兵摔跤向塞维鲁展示自己的力量。但为了维护军纪（担心他获胜），塞维鲁让他与"男性仆从（*lixae*）较量——他们虽非军人，但仍旧是十分英勇之辈"：*The Augustan Histories: The Two Maximini*, 2.6；MacMullen 1984 pp. 444–45。

42. Speidel 1992.

43. Frontinus *Stratagems* 2.4.5–6.

44. Tacitus *Histories* 2.87.

45. Trans. C. H. Moore, 1931, *Tacitus: Histories, Books IV–V, Annals Books I–III*. Loeb Classical Library, Cambridge MA: Harvard University Press.

46. 2 世纪为服役期满退役的辅军士兵所颁发的公民权证书，说明官方对他们在实际上很可能已婚的事实是承认的，并对其一位妻子授予公民权，而这也意味着一些士兵实行的是一夫多妻制。关于士兵婚姻的相关信息，参见：Phang 2001。

47. Van Driel-Murray 1995；关于在位于德国埃林根的堡垒内发现的"女性"制品和婴儿墓葬，参见：Allison 2006。

48. Herodian 3.8.4.

49. 相关资料参见：Rostovtzeff *et al.* 1944 pp. 115–18, 166–67, 以及此处墙面上的文字，参见 pp. 203–65；关于这批人员可能接受军队管理的相关信息，参见：Pollard 2000 pp. 53–54, 188.

50. Pollard 2000 pp. 44–59, etc. 笔者会对位于杜拉欧罗普斯的军事基地进行新一轮的田野调查：James 2007。

51. 在一方面，大多数士兵无疑都寝于军事基地的围墙内；但在另一方面，还有一些、或许是许多非战斗人员也是睡在基地内的——这不仅包括指挥官和百夫长的家人，还包括军中的仆人，或许还有一些士兵的家人（见注释 47）。相反地，有些士兵因职责需要或享有相关特权，居住在基地之外的定居点，这也是完全有可能的。

52. 征兵的补充很难赶得上减员的速度，尤其是在和平时期。麦克莫兰讨论了以往人们的估算数据、相关证据和各种造成不确定性的因素，并提出塞维鲁王朝时期的罗马实际兵力在 338 000–438 000 人：MacMullen 1980 p. 454。Le Bohec 则在提到另一个估算数据——456 000 人的同时指出该数据"恐怕过高了"：Le Bohec 1994 p. 33。

53. *Tab. Vindol.* II, no. 118.

54. *P. Dura* 54; Welles *et al.* 1959 pp.

55. Livy 2.19–21.

56. Harries 2007 pp. 33, 36; Mac-Mullen 1986.

57. Justinian Digest 49.16, 18.1; Campbell 1984 p. 261.

58. In 177: Eusebius *History of the Church* 5.1.

59. *ILS* 8504. Trans. Campbell 2002 p. 176.

60. Grünewald 2004 p. 21.

61. *ILS* 1140, dating post-198，提到了西班牙出现的"大批反叛的敌人"［*rebelles h（ostes）p（ublicos）*］。

62. Grünewald 2004 p. 17. 法律关注的是可被察觉到的针对国家的威胁，而不是针对人民安全的威胁。

63. *Augustan Histories: Commodus* 16.2; *Augustan Histories: Pescennius Niger* 3.4; Herodian 1.10; Alföldi 1971.

64. 这些意大利青年男子被剥夺了担任禁卫军职位的机会，于是转而开始从事强盗活动：Cassius Dio 75.2.5。

65. Grünewald 2004; Cassius Dio 76.7.1–3, 10.

66. Trans. Campbell 2002.

67. 关于士兵盗窃和虐待问题的请愿和投诉，参见：Robert 1943; Robert 1989; Millar 1977 p. 646。

68. Campbell 1984 p. 272; Campbell 1994 No. 301; *CIL* 3.12336.

69. *P. Dura* 55; Welles *et al.* 1959 pp. 213–17.

70. Cassius Dio 73.9.

71. Cassius Dio 80.4.1–5.1.

72. *Augustan Histories: Pertinax* 3, 11.

73. Shaw 1983 pp. 144–48.

74. Tacitus *Histories* 3.47; Sidebottom 2004 p. 12; Speidel 1984; Wheeler 1996.

75. 康茂德在 185 年不列颠起义后铸造了"军队之忠诚"［*fides exerc（ituum）*］硬币；伽利埃努斯铸造了"士兵之忠诚"（*fides militum*）、"忠诚、勇武、和平"（*fides*，*virtus*，*pax*）及"骑兵之和睦"（*concordia equitum*）的硬币，这反映出他麾下骑兵的重要性。奥勒良铸造了"士兵之和睦"（*concordia militum*）硬币。

76. 伽利埃努斯让这种趋势进一步深化，在他进行军事改革的过程中，他用禁卫军长官取代了元老阶的军团指挥官，这些禁卫军长官中的一些人可能是从职业百夫长晋升而来。

77. 关于 3 世纪军事的研究调查，参见：Le Bohec 2009。

78. Ghirshman 1962; Colledge 1967; Campbell 1993; Kennedy 1996;

Curtis 2000; Sheldon 2010.

79. 有观点认为帕提亚人从本质上是罗马的受害者，当时两国大体上处在冷战关系中，对这一观点的驳斥，参见：Wheeler 2002。

80. Cassius Dio 78.7.1–4, 18.1; Herodian 4.8.1.3.

81. 我们并不清楚萨珊王朝究竟在多大程度上认同阿契美尼德帝国，也不确定它重建帝国的决心究竟有几分是真实的，特别是在地中海东部地区：Daryaee 2009, e.g. pp. 105–6。然而这一愿景无疑让罗马人十分恐惧，萨珊王朝也明白这一点。

82. 这句话出自伯纳德·蒙哥马利将军。

83. Du Mesnil du Buisson 1936; Du Mesnil du Buisson 1944; Leriche 1993; James 2011.

84. Dignas and Winter 2007.

85. Dignas and Winter 2007 pp. 24, 27, 210–16.

86. Herodian 6.5.5–10.

87. 其中最著名的作品，见：Tacitus' *Germania*。

88. 他被深深触动，因而评论说这些房屋是"按照罗马风格精心建造的"：Ammianus 17.1.7。

89. Heather 2005 pp. 86–87.

90. Heather 1996.

91. Wells 1999; James 2005.

92. 关于罗马3世纪在东部地区对哥特人进行的征兵：Parker 1986 pp. 129–31。关于在3世纪初驻扎在东部地区的一支哥特人部队：Speidel 1977 p. 712。

93. Heather 2005 p. 97.

94. Geschwinde et al. 2009.

95. Heather 2005 pp. 84–85.

96. 如需概述，可参见：Ilkjaer 2000。未来将会有一系列探讨这些考古发现的大部头著作出版。关于剑和剑鞘：Biborski and Ilkjaer 2007。

97. Jørgensen 2001.

98. Storgaard 2001.

99. Kahaner 2007.

100. 在马可·奥勒留时期，法律专家斯凯沃拉（Scaevola）提到了关于叛逆罪的尤利亚法（*lex Iulia maiestatis*）中规定的武器出口禁令，该法条或许可以追溯到公元前8年：Justinian *Digest*, 48.4.4。

101. Erdrich 1994.

102. 正如1941年入侵俄罗斯的希特勒一样，他因意识形态原因而鄙视共产主义政权，坚信对方存在弱点。

103. Whitmarsh 2005. 关于卡拉卡拉对亚历山大的痴迷：Lendon 2004 p. 279。另见阿利安在2世纪撰写的《应对阿兰人的军阵》（*Order of March against the Alans*），这位希腊裔的罗马指挥官在书中以自己崇拜的英雄之名——"色诺芬"自称，效仿那位雅典士兵的典范，并使用古老的希腊马其顿术语来描述自己的罗马军队：Lendon 2005 pp. 267–68。

104. Balty 1988 p. 101.

105. Batty 2007.

106. Trousdale 1975.

107. Bishop and Coulston 2006 p. 134.

108. Bujukliev 1986; Werner 1994.

109. Coulston 1991.

110. 这类长矛骑兵的地位在 2 世纪初无疑已经确立：见注释 27。阿利安记录道，在哈德良时代的罗马有一类长矛骑兵，他们"进攻的方式就像阿兰人和萨尔马提亚人一样"，*Tactical Handbook* 4。

111. Coulston 2003.

112. 在杜拉欧罗普斯，人们在一处帕提亚人的遗址中发现了一枚扳指和若干罗马时代的箭矢，其羽毛部分看上去与使用扳指的射法相配套：James 1987。

113. Kennedy 1977.

114. Khorasani 2006 cat. nos. 52–55，均来自位于伊朗北部里海边的吉兰省戴拉曼。其中两件（nos. 52 and 53）是从诺鲁兹玛哈利亚（Nowruz Mahalle）出土的，其余的则是从赖希（Rashi）的

掠夺者处没收的。

115. Pliny the Elder *Natural History* 34.145.

116. Tacitus *Annals* 12.16. 关于黑海西北岸的罗马士兵：Maldur 2005；克里米亚的罗马驻军：Sarnowski 2005。

117. 也有学者认为"安东尼变革""与马科曼尼战争不无关系"：Bishop and Coulston 2006 p. ix, etc。

118. 见注释 103。

119. 携带罗马剑的帕尔米拉神明：Louvre ao19801；Nabatean altar, Dmeir, Syria, AD 94（Caubet 1990），no. 32。

120. 人们在黑海东北部地区的帝国早期墓葬中发现了若干萨尔马提亚人的遗体，他们被埋葬时还穿着长及脚踝的铁制链甲：Goroncharovski 2006 p. 446 and fig. 3。

121. 例如那些在亚历山大·塞维鲁统治时期派往萨珊的罗马士兵：Cassius Dio 80.4.1–2。

122. 例如伊朗的戈尔干长城，目前看来它是 5 世纪后期建成的：Nokandeh *et al.* 2006；Reka-vandi *et al.* 2007。

123. Cassius Dio 72.16.

124. Whittaker 1994.

125. Ilkjaer 2000.

126. 这个过程被称为"文化拼贴"（cultural bricolage）：Terrenato

1998a。

127. Arrian *Tactical Handbook* 33. Trans. by J. De Voto, 1993, *Flavius Arrianus, Techne Taktika（Tactical Handbook）*, Chicago: Ares.

128. Arrian *Tactical Handbook* 33.

129. Cassius Dio 75.2.6 Trans. E. Cary, 1927, *Cassius Dio, Roman History, Books LXXXI–LXXX*, Loeb Classical Library, Cambridge MA, Harvard University Press; MacMullen 1984 p. 440.

130. Found in 1992: AE 1993, 1231; Wamser 2000 no. 137, Abb. 57.

131. 这是罗马文献中未曾提及的几场战役之一，但萨珊人的文献证明了它的发生；反过来，萨珊人的文献又会对自己的战败闭口不提：Dignas and Winter 2007 pp. 77–80。

132. 这个拉丁语词汇化用了日耳曼语中的"全部的人"一词，同时也是法国人称呼日耳曼人的词汇"阿勒芒人"（*les Allemands*）的来源。

第五章　军人帝国

1. 人们为研究早期帝国军事所投入的精力与对其晚期军事的研究投入之间存在着巨大的失衡。这只能部分归因于可供研究的存留证据量的不同；而更多是两个时期的罗马在魅力和历史声望上的差距造成的。

2. Vegetius *Epitome of Military Science*.

3. 吉本在启蒙运动的影响下对中世纪社会抱有蔑视的态度，认为那是一个被神父破坏了的时代。因此显得颇为矛盾的是，吉本对拜占庭历史给予了极大关注，而人们却指责他的研究破坏了后来几个世纪的人们对它的兴趣。

4. Ammianus 16.10.1–10. Trans. J. C. Rolfe 1935, *Ammianus Marcellinus, Books XIV–XIX*, Loeb Classical Library, Cambridge MA: Harvard University Press.

5. 比如，在埃及的奥克西林库斯曾出土过一封来自公元 260 年的莎草纸公函，其中就出现过这样的表述：Parsons 2007 p. 119：P. *Oxy* 12.1411。

6. Dodgeon and Lieu 1991 pp. 126–27.

7. 而且很有可能的是，队伍里既有萨尔马提亚人，也有萨珊人。君士坦提乌斯手下有一名流亡的萨珊王子（Ammianus 16.10.16），此人可能拥有一支波斯贵族亲随骑兵队伍。也有一些身份相当高贵的罗马人投向对方，特别是曾为沙普尔二世效力的安东尼努斯（Antoninus）：Ammianus 18.8。

8. Ammianus 16.12. 在 4 世纪，只有

为数不多的若干战役留有较为充分的细节记录，能够允许后人略有把握地复原战斗概况，斯特拉斯堡战役和阿德里安堡战役便是其中的两场：Elton 1996 p. 250；Nicasie 1998 p. 219。

9. Ammianus 16.12.

10. Ammianus 16.11.1–14.

11. 塞拉皮奥之所以拥有一个希腊－罗马风格的名字，是因为他的父亲长期在高卢充当罗马的人质：Ammianus 16.12.25。

12. Ammianus 16.12.7–19. Nicasie 认为，这是因为这些士兵理所当然地渴望"赶紧了结这一切"（Nicasie 1998 p. 223），但这也是罗马士兵们不守规矩的表现，他们总有逼迫指挥官做决定和失控的倾向，这些习惯成了阿德里安堡惨败的一部分因素。

13. Ammianus 16.2.49（编译自 J. C. Rolfe 1935，*Ammianus Marcellinus*，*Books XX–XXVI*，Loeb Classical Library，Cambridge MA，Harvard University Press）；亦参见 16.2.36：Roman 'sword-thrusts'。

14. Nicasie 1998 p. 232.

15. 其中一部分乃是他亲眼所见，特别是萨珊人围攻阿米达的情景：Ammianus 18.9–10, 19.1–8。

16. 如需帝国晚期罗马军队的概括性研究，参见：Southern and Dixon 1996；Le Bohec 2006。

17. 阿米安也称其为"蝎子"：Ammianus 19.7.6, 23.4.4。

18. Miks 2007 pp. 99–103, 453.

19. Miks 2007 pp. 453–54.

20. Khorasani 2006 cat. nos. 61 and 62，均出土于伊朗北部里海边的吉兰省尼阿沃（Niavol）。

21. Khorasani 2006 cat. no. 63，出土于伊朗北部里海附近的吉兰省阿尔玛卢（Amarlu）。剑身带有一道中脊，剑柄长 310 毫米。

22. Miks 2007 pp. 104–5, 454.

23. Miks 2007 pp. 132, 454.

24. Goethert 1996.

25. 日耳曼人认得出对应到罗马不同部队的盾牌纹章：Ammianus 16.12.6. 从《百官志》中绘有的不同罗马部队盾牌设计中，可以获得一些大致概念，但这些信息看起来存在混淆错乱的问题：Grigg 1983。

26. 比如从特里尔出土的 4 世纪鳞甲和锁甲；出土于维莱尔拉图尔和独立乡（Independenta）的来自 4 世纪末或 5 世纪初的锁甲：Bishop and Coulston 2006 p. 208；Zahariade 1991 p. 315。

27. Elton 1996 pp. 110–14.

28. Klumbach 1973. 人们还在继续提出更多相关发现，例如：Lyne 1994。

29. Bishop and Coulston 2006 p. 214.

30. Ammianus 19.1.3.

31. James 1986.

32. 从赫德恩海姆出土的一项 3 世纪头盔的背面出现了面对面的动物头像（Robinson 1975 pl. 275），雕塑中也出现过类似造型［比如作为献纳铭牌（*tabulae ansatae*）或小皮盾的握把］。关于帕提亚或萨珊风格的兽首扣，见：James 2004 p. 251, fig. 141 D and E；Ghirshman 1979 pp. 176–82, pl. 4。在阿米达战役中，沙普尔二世戴着公羊头造型的头盔，反映出动物形象在萨珊人武器装备中的重要性：Ammianus 19.1.3；James forthcoming。

33. *Edict of Diocletian* 10.8a.

34. Elton 1996 p. 156.

35. Trans. J. C. Rolfe 1935, *Ammianus Marcellinus, Books XX–XXVI*, Loeb Classical Library, Cambridge MA: Harvard University Press.

36. *CIL XIII*, 5980；Strasbourg Museum, Inv.Nr.20984（该物品成了战争的牺牲品，目前仅有一件得以留存）。

37. Ammianus 18.8–19.8.

38. Ammianus 19.6.7–12.

39. Ammianus 22.3.7–8.

40. 描述罗马战吼时，塔西佗说它与帝国早期的日耳曼战吼相同：Tacitus *Germania* 3。

41. Ammianus 20.4.17–18. 关于用盾牌将领袖托起的做法：Tacitus *Histories* 4.15；Nicasie 1998 p. 107。

42. Pohlsander 1969.

43. 关于早期基督教徒对战争和服役的态度，参见：Harnack 1981；Hornus 1980。

44. Ammianus 24.1.2, 24.6.4, 27.5.1.

45. Heather 2005 p. 215.

46. Libanius *Orations* 47.33. MacMullen 1963.

47. 关于时代较近的"修正主义"叙述，参见：Elton 1996 and Nicasie 1998。

48. Heather 2005 p. 65.

49. Nicasie 1998 pp. 43–65.

50. Nicasie 1998 pp. 184–98.

51. Nicasie 1998 pp. 18–22.

52. 372 年颁布的一项法律要求将素质较差的新兵派往边疆部队：*CTh* 7.22.8, Nicasie 1998 pp. 14–18；Treadgold 1995 p. 11。

53. 关于这部分变化及后续的发展，特别是据推测发生在罗马的重大变革［到了 4 世纪中叶，许多野战军部队在此次改革中被进一步细分编队或扩充至双倍，组成带有"资深队"（*seniores*）或"资浅队"（*iuniores*）后缀的分队］参见：Nicasie 1998 pp. 40–42。

54. 关于"蛮族阴谋"：Bartholomew

1984。此前在卢皮奇努斯（Lupicinus）的带领下，四支野战军部队在360年被派往该地：Ammianus 20.1.2–3。关于后来接受不列颠成兵长官（*comes Britanniarum*）指挥的常备部队：*Notitia Dignitatum*: *Occidens* 29。

55. 如需参考文献和相关讨论，可参见：Nicasie 1998 pp. 74–76, Lee 2007 pp. 74–77。不过无奈的是，这些讨论恐怕是缺乏定论的。

56. John Lydus, *On the Months* 1.27.

57. Agathias, *History* 5.13. 希瑟认为萨珊人的威胁使得罗马需要大幅增加军规规模，因此他似乎能够认可这个人数最多的数据：Heather 2005 pp. 62–64。

58. Ammianus 18.8.2.

59. 例如，可参考不列颠的第二奥古斯塔军团（*legio* II *Augusta*），他们在2世纪时还需要一座位于卡利恩的占地20公顷（50英亩）的军事基地。但到了4世纪末，该军团已被安置在位于里奇伯勒的"撒克逊海岸"兵营，其面积仅略大于原有基地的十分之一：*Notitia Dignitatum*: *Occidens* 28.9。

60. James 1988.

61. James 1988. 帝国的金/银匠和织金工匠（*barbaricarii*）也会参与到武器装备的生产中，尤其是有镀层的头盔的制造。

62. James 1988 pp. 280–81.

63. Nicasie 1998 p. 8, 引自 Ferrill 1986 pp. 46–50.

64. Jones 1964；相关论述的总结，参见：Jones 1966, 362–70。

65. MacMullen 1990.

66. Ward-Perkins 2005; Heather 2005.

67. 即使如此，罗马文化的许多内容（从土地所有权和法律到基督教会）并没有在西部帝国政权走向倾覆的过程中消亡，那段时期如今被称为"古代晚期"。

68. 作为一名与君士坦丁一世关系密切的基督教皈依者，拉克坦提乌斯特别厌恶戴克里先和伽列里乌斯对基督教的打击。他指责戴克里先将军队的规模扩大到原有的四倍：Lactantius *On the Deaths of the Persecutors* 7.2。

69. Drinkwater（1996）认为，当时需要多个皇帝只是为了控制军队，而不是因为遭遇外部威胁。例如，在他看来，阿勒曼尼人在很长一段时间内更像是一种实用的帝国构想之物，是便于帝国政府拿来吓唬大家的、虚构的妖魔鬼怪，他们其实并没有对罗马构成真正的危险：Drinkwater 2007。

70. 人们在引用这段话时通常表述为：*Si vis pacem, para bellum*。这是对韦格蒂乌斯名言的改写，他原本的表达是：*Igitur qui desiderat pacem，praeparet bellum*。意思是：因此，那些渴望和平的人，应该为战争做好准备。Vegetius *Epitome of Military Science* Book 3，preface.

71. 尽管按照现代标准来看，政府的规模仍然很小。

72. 在某种程度上，这些变化也是对塞维鲁的变革的延续：为了让争夺帝位的内乱密谋变得更加难以开展，他对管辖权加以分割，并进一步强化了相互监督的机制。

73. Heather 2005 pp. 102–3.

74. 在帝国晚期，财富的极度失衡令人惊骇。在西西里岛的阿尔梅里纳广场，有一座建于 4 世纪的元老宫殿。从这座富丽堂皇的建筑中就可以看出当年那个由顶级富豪权贵所构成的小圈子的富裕程度。在历史记录中，也可以从诸如梅拉妮娅（Melania）这样的贵族身上获得一些信息——这位女贵族同样在意大利、非洲和西班牙拥有众多各式各样的地产，这些财产为她带来了每年 12 万索里达金币的收入，相当于 660 公斤（1450 磅）黄金，但这样的财富仍然不足以让她跻身于帝国晚期的顶级元老阶，后者享有的财富大约是这个数字的三倍：Jones 1964 pp. 554–56。

75. MacMullen 1963 p. 61，关于纯属假立名目的"超法定餐费"（*cenatica superstatuta*）可参见：*CTh* 7.4.12。该税收项目可能是在 364 年创设的。

76. 关于罗马帝国部队中人员不足的迹象，参见：Goldsworthy 1996 pp. 22–23。

77. Synesius *Letters* 132（AD 405）.

78. Synesius *Letters* 78（AD 411），其中记录了关于申请将该部队的兵力提高到 200 人的计划。

79. Ammianus 16.5.9；虽然这段描述来自尤利安的狂热拥趸，但当时社会的其他迹象印证了其中的说法。

80. Marmot 2004; Wilkinson 2005.

81. Ward–Perkins 2005，该文献尤其支持这一论调。

82. Heather 2005 p. 132，希瑟在资料中生动地将罗马经历的过程比作长达若干世纪的苏联式宣传，而没有相当于 BBC 或美国之音这样能对它提出异议的声音。人们长期以来一直恐惧基督教，担心它带有颠覆性质，尽管它并没有鼓动人们反抗罗马，而是宣扬"让恺撒的归恺撒……"，这最终促进基督教被收编为国家的治理工具。

83. 在君士坦丁大帝治下的政府对基督教的利用方式中，显示出他们对基督教与当时存在的太阳神崇拜的混淆，这种混淆相当有趣。

84. Heather 2005 pp. 122–23. 大部分真正发生在君士坦丁时期以后的宗教暴力都是基于基督教教义问题的内斗。

85. 关于发生在基督教传播于罗马世界之前的广泛的犹太教劝诱改宗活动，参见：Sand 2009 pp.128–89；Millar 1993 pp. 344–46。

86. 在对其他信仰的态度上，早期萨珊政权及其拜火教的"国家教会"的宗教政策在包容其他信仰（主要是美索不达米亚地区的大量犹太人）和系统性迫害（例如有时针对犹太人、基督徒和摩尼教徒）：Dignas and Winter 2007 pp. 28，216，218；Daryaee 2009 pp. 77–79。

87. Hopkins 1999 pp. 280–81.

88. Heather 2005 pp. 127–28.

89. Heather 2005 p. 140.

90. Harries 2007 p. 36; *Digest* 48. 19.28.15; MacMullen 1986. 酷刑致死是官方禁止的，但其实仍然有人执行：Harries 2007 p. 41。

91. Lendon 1997 p. 6, 尤其是 fn.25.

92. Harries 2007 p. 116.

93. Alföldi 1971; Drinkwater 1984; Drinkwater 1989.

94. Heather 2005 pp. 114–15, 119, 134, 449.

95. Daryaee 2009.

96. Dignas and Winter 2007 p. 97.

97. The 'Savaran' : Farrokh 2007.

98. Farrokh 2007 p. 200.

99. Dignas and Winter 2007 p. 90.

100. Farrokh 2007 p. 205.

101. Heather 2005 p. 48.

102. Hunter 2005; Hunter 2007; Fraser 2009.

103. Adams 1996; Mattingly 2006 p. 452.

104. Heather 2005 pp. 84–85. 关于哥特人，也可参见：Heather 1996。

105. Heather 2005 p. 91.

106. Heather 2005 pp. 89–90.

第六章　上帝之剑

1. Trans. J. C. Rolfe 1939, *Ammianus Marcellinus, Books XXVII-XXXI*, Loeb Classical Library, Cambridge MA, Harvard University Press.

2. 例如，在尼禄时期，在默西亚有"数量超过 100 000 的多瑙河对岸的人"，"连同他们的妻子、孩子，或是领袖与国王一起，帝国将这些人全部纳入，以便向他们征税"，*ILS* 986；Campbell 2002 p. 169。

3. Heather 2005 pp. 159–60.

4. 关于该战役的基本描述，可参见：Ammianus 31.12–13；学者的相关探讨，参见：Burns 1973 and Nicasie 1998 pp. 233–56。

5. Heather 2005 pp. 185, 189.

6. Heather 2005 p. 181.

7. Heather 2005.

8. 位于巴尔干地区范围内的边界仍然大致保留着，它与划分使用拉丁字母的天主教地区和使用希腊或衍生的西里尔字母的东正教地区的界限一致。

9. 也可能是在前一年，即 405 年 12 月 31 日：Kulikowski 2000。

10. Merrills and Miles 2010.

11. Heather 2005 pp. 146–51.

12. 阿米安（Ammianus 31.3.8）责怪匈人令他的家园变得动荡危险，致使哥特人群体做出逃亡的决定：Heather 2005 pp. 145–46，153–54。

13. Heather 2005 pp. 202–3.

14. Heather 2005 pp. 194–95.

15. Heather 2005 pp. 173，194–95.

16. Heather 2005 p. 333.

17. Heather 2005 p. 329.

18. Trans. J. C. Rolfe 1939, *Ammianus Marcellinus, Books XXVII–XXXI* Loeb Classical Library, Cambridge MA, Harvard University Press.

19. 米克斯提到的"亚细亚式斯帕塔长剑"：Miks 2007 pp. 106，454, Tafn 143–45，282–85。

20. Heather 2005 pp. 156–58. Farrokh 同样选择了用技术原因来解释匈人对萨珊人取得的胜利（Farrokh 2007）。关于在欧洲和亚洲发现的匈人时代的弓的考古证据，见：Bona 1991。

21. Heather 2005 pp. 303, 311.

22. 这些匈人中也包括"叛逃"的罗马人，例如普里斯库斯（Priscus）在阿提拉的营地里遇到的一个讲希腊语、曾以经商为生的人。此人在 441 年于费米拉孔被俘，此后便为匈人作战，表现良好，并已归化为匈人：Heather 2005 p. 361。

23. 在波兰加库佐维斯（Jakusowice）曾出土一柄来自匈人时代的弓，关于弓上的镀金层，参见：Harmatta 1951；Laszlo 1951；Bona 1991 p. 259 and Abb 54。

24. Heather 2005 p. 369 note 40.

25. Heather 2005 p. 373–74.

26. Gregory of Tours, *History of the Franks* 2.8. 改译自 O. M. Dalton 1927, *Gregory of Tours*, *History of the Franks*, Oxford, Clarendon。

27. Priscus, 引自 Heather 2005 p. 320。

28. 关于位于阿奎肯（布达佩斯）的一位无名士兵在墓志铭上的自我介绍，参见：*ILS* 2814；Elton 1996 p. 141。Graham Shipley 提供了合理的翻译。

29. Heather 2005 p. 247.

30. 另一方面，埃尔顿（Elton 1996 pp. 152-54）却认为，罗马因人力短缺而需招募蛮族的说法是缺乏根据的。然而，对征兵的恐惧足以驱使一些人切掉自己的拇指，从而变得无法服役：Jones 1964 p. 618。阿米安将更重视武德的高卢人与切拇指的意大利人放在一起进行对比（Ammianus 15.12.3）。

31. Heather 2005 p. 296.

32. 例如由匈人组成的特遣队，他们本来是为赚取酬劳而服役，后来转变为用威胁来索取金钱：Heather 2005 p. 327。

33. Elton 1996 pp. 136–37, 144–45.

34. Ammianus 20.4.4; Elton 1996 p. 141.

35. Heather 2005 p. 177.

36. 例如，在高卢被绑架的阿勒曼尼人的国王瓦多马里乌斯（Vadomarius），后来在东部帝国被任命为统领（*dux*）。萨珊人也在军中服役：叛逃到罗马的萨珊人军官普赛乌斯（Puseaus）被任命为将军（military tribune）：Elton 1996 p. 135。

37. Elton 1996 pp. 145–52, 272–77.

38. Elton 1996 pp. 141–42.

39. Elton 1996 pp. 138–45.

40. Heather 2005 p. 450.

41. Heather 2005 p. 213.

42. 这看上去是从 4 世纪开始的，当然更晚一些的时代也出现过这类合作：Dignas and Winter 2007 pp. 34, 38。

43. Heather 2005 p. 344.

44. Heather 2005 pp. 397, 433.

45. Heather 2005 pp. 135ff, 421.

46. 这就是"古代晚期"的文化环境，这个时期被视为从罗马晚期跨入（被称为"黑暗时代"的）中世纪最早期的时代：Brown 1976；Webster and Brown 1997。

47. 在伯多斯瓦尔德，军用粮仓被巨大的木建大厅所取代，这座建筑很可能是一个战团的据点。可以想见的是，该战团可能由罗马驻军发展而来：Wilmott 1997 pp. 203–32, 408–9。

48. 改译自 G. Robinson 1914, *The Life of St. Severinus*, *by Eugippius*, Cambridge MA: Harvard University Press, and Oxford: Oxford University Press。

49. Eugippius *The Life of St. Severinus* 27; Ward–Perkins 2005 pp. 17–20, 134–36.

50. *Notitia Dignitatum: Occidens* 35.24.

51. Trans. H. B. Dewing, 1919, *Procopius*, *History of the Wars*, *Books V and VI*, Loeb Classical Library, Cambridge MA: Harvard University Press and London: Heinemann. 段落转引自 Casey 1992 p. 73。

52. Dignas and Winter 2007 pp. 34–37.

53. Dignas and Winter 2007 p. 35.

54. 虽然 Farrokh 也指出了相关证据的缺失，但他还是提出，匈人之所以能战胜萨珊人，在很大程度上要归功于马镫、新式的两点佩剑装置和据推测经过改进的匈人–阿瓦尔式弓（Farrokh 2007 p. 218）的引进。但这种说法并不太可信。没有证据表明弓的制造技术有任何突然的飞跃（应该说，那是对长期有效的设计进行的改进）。同时，也没有证据表明马镫已经出现在匈人地区——更没有证据能证明马镫的出现确实彻底改变了匈人的骑兵作战方式。早已为当时的人们所接受的四角马鞍为长矛、剑和弓的施展提供了非常有效的支持：Connolly and Van Driel-Murray 1991；Herrmann 1989。

55. *Claudian Gothic War* 535–39；James 1988 p. 285。

56. Cassiodorus *Letters* 18 and 19；James 1988 pp. 282–85。在东部帝国，武器制造局的存在至少延续到了查士丁尼统治时期：James 1988 pp. 281–82, 286–87。

57. Miks 2007 p. 454。

58. Bruce-Mitford 1978。

59. John Malalas *Chronicle* 14.23；Dignas and Winter 2007 p. 135。

60. Dignas and Winter 2007 p.135. 这些受规则约束的萨珊比武活动有时被视为原始版本的"马上枪术比赛"。

61. 例如，可参见：Farrokh 2007。

62. Treadgold 1995。

63. 在写到 6 世纪的东部帝国军队时，普罗柯比曾介绍说骑兵是当时的主力，这表明当时罗马军队已经越过转折点，告别了以步兵为主力的传统：Lee 2007 pp. 12–13。

64. Trousdale 1975 pp. 98–101, figs 79–86。

结语　罗马与剑

1. 改译自 W. Whiston, 1895, *The Complete Works of Flavius Josephus*, London, Nelson。

2. 关于赞同此观点的论述，可参见：Lendon 2004 p. 447。

3. Sand 2009。

4. 例如，可参见：Ward-Perkins 2005 pp. 87–88, etc。

5. Juvenal, *Satires* 10.81。

6. 此类数据来自 Henry Fielding。

7. 关于表达类似观点的文献，参见：Grünewald 2004 pp. 17–18。

8. 朱文纳尔认为，在因"不幸的贫穷"而遭受的痛苦中，受人嘲笑是最难以忍受的一种：*Satires* 3.147–53。

9. Marmot 2004；Wilkinson 2005。

10. 此处所调查的时间范围为 1989—1999 年：Marmot 2004 pp. 196–

220。

11. 关于罗马帝国主义所带来的"体验差异",参见: Mattingly 1997。

12. 关于笑声能保护人们不受背时逆运的普遍影响的说法,参见: Clarke 2002 p. 156。

13. 关于白鼬大道护卫队,参见: http://www.erminestreet guard. co.uk/ 我感到他们的活动和专业知识对研究和理解罗马士兵的体验非常有意义,这种意义既在于该团体在一些方面进行的成功复刻,也在于展示表演和历史原本的残酷现实之间存在着的、清楚无疑的反差。像欧洲其他严肃的重演团体或是"活历史"(Living History)团体一样,白鼬大道护卫队也对罗马军事研究有着必不可少的宝贵作用,我为自己是护卫队的一名附属成员而感到自豪。

14. 这句著名的格言只出现在《马太福音》(26:51-52:原文选取了钦定版《圣经》)中。只有《约翰福音》(18.10-11)指明了攻击者和受害者的名字。当耶稣让西门彼得收剑时,他反而说:"我父所给我的那杯,我岂可不喝呢?"《马可福音》(14:47)讲述了西门彼得挥剑一事,但没有谈到耶稣的反应。作为医生的路加则报告说耶稣奇迹般地治愈了伤者的伤处(22.49-52)。(正文与此注中的《圣经》引文均采用中文和合本。——译注)

15. Heather 2005. 该文献在结尾处对这种可能性进行了探讨,其他学者也有这种想法。

参考文献

古典文献

　　本书中引用的希腊语和拉丁语著作，以及关于这些著作最为通俗易懂的现代版本指南：由哈佛大学出版社（Harvard University Press）出版的洛布古典丛书（Loeb Classical Library）提供了最为详尽的一系列权威希腊语/拉丁语和英语双语文本，而企鹅经典系列（Penguin Classics）则提供了最为全面的英语译本（有时是节选本或删节本）。对于这两个系列未能涵盖的、知名度稍次的作者作品，如有其他可用版本，笔者也会提供相应的建议。在撰写本书时，许多文本和译本也可以在线获取，网址包括：

http://www.perseus.tufts.edu/ hopper/collection?collection=Perseus: collection: Greco-Roman

　　和

http://penelope.uchicago.edu/Thayer/E/Roman/Texts/home.html

Aelius Aristides, *Orations* (*Complete Works* trans. C. A. Behr, Leiden: Brill, 1981–6)

Agathias, *History* (*Corpus Fontium Historiae Byzantinae* vol. 2A, trans. J. D. Frend, Berlin: de Gruyter 1975)

Ammianus Marcellinus, *History* (Loeb, Penguin Classics)

Appian, *Civil Wars* (Loeb, Penguin Classics)

Appian, *Punic Wars* (Loeb)

Appian, *Spanish Wars* (Loeb)

Apuleius, *The Golden Ass* (*Metamorphoses*) (Loeb, Penguin Classics)

Aristotle, *Politics* (Loeb, Penguin Classics)

Arrian, *Guidebook to the Black Sea* (*Periplus Ponti Euxini*) (trans A. Liddle, London: Duckworth 2003)

Arrian, *Order of March against the Alans* (*Flavius Arrianus, Techne Taktika [Technical Handbook], and Ektasis kata Alanon [Expedition against the Alans]*, trans J. G. De Voto, Chicago: Ares, 1993)

Arrian, *Tactical Handbook* (*Tekne Taktika, aka Ars Tactica*) (*Flavius Arrianus, Techne Taktika [Technical handbook], and Ektasis kata Alanon [Expedition against the Alans]*, trans J. G. De Voto, Chicago: Ares, 1993)

Augustan Histories (Loeb)

Aulus Gellius, *Attic Nights* (Loeb)

Caesar, *Civil Wars* (Loeb, Penguin Classics)

Caesar, *Gallic War* (Loeb, Penguin Classics)

Cassiodorus, *Letters (Variae)* (*Cassiodorus: Variae* trans S. J. B. Barnish, Liverpool: University Press, 1992)

Cassius Dio, *Roman History* (Loeb, Penguin Classics)

Cato, *On Agriculture* (Loeb)

Celsus, *On Medicine* (Loeb)

Cicero, *Phillipics* (Loeb)

Cicero, *Tusculan Disputations* (Loeb)

Claudian, *Gothic War* (Loeb)

Columella, *On Agriculture* (Loeb)

Dio of Prusa (Dio Chrysostom) (Loeb)

Diocletian, Edict on Maximum Prices (text and trans by E. R. Graser in T. Frank, *An Economic Survey of Ancient Rome Volume V: Rome and Italy of the Empire,* Baltimore: Johns Hopkins Press 1940)

Diodorus Siculus, *Historical Library* (Loeb)

Dionysius of Halicarnassus, *Roman Antiquities* (Loeb)

Epictetus, *Discourses* (Loeb)

Eugippius, *The Life of St. Severinus* (trans G. W. Robinson, 1914, Cambridge MA: Harvard University Press and London: Oxford University Press)

Eusebius, *History of the Church* (Loeb, Penguin Classics)

Frontinus, *Stratagems* (Loeb)

Gregory of Tours, *History of the Franks* (Penguin Classics)

Herodian, *History of the Empire from the Death of Marcus* (Loeb)

Horace, *Epistles* (Loeb, Penguin Classics)

Horace, *Satires* (Loeb, Penguin Classics)

John Lydus, *On the Months* (no English translation available)

John Malalas, *Chronicle* (trans E. Jeffreys, M. Jeffreys, R. Scott and B. Croke, 1986, Melbourne: Australian Association for Byzantine Studies; Sydney: University of Sydney)

Josephus, *Jewish War* (Loeb, Penguin Classics)

Justinian, *Code of Roman Law* (T. Kearley's online revision of F. H. Blume's 1943 *Annotated Justinian Code*: http://uwacadweb.uwyo.edu/ blume&justinian/ Book%20I2.asp)

Justinian, *Digest of Roman Law* (Penguin Classics)

Juvenal, *Satires* (Loeb, Penguin Classics)

Lactantius, *On the Deaths of the Persecutors* (*de mortibus persecutorum*) (trans J. L. Creed, 1984, Oxford, New York: Clarendon Press)

Libanius, *Orations* (Loeb)

Livy, *History of Rome from the Foundation of the City* (Loeb, Penguin Classics)

Martial, *Book of Spectacles* (Loeb)

Notitia Dignitatum (W. Fairley's 1900 translation is available on http://www. fordham.edu/halsall/source/notitiadignitatum.html)

Petronius, *Satyricon* (Loeb, Penguin Classics)

Plautus, *Pseudolus* (Loeb, Penguin Classics)

Pliny the Elder, *Natural History* (Loeb, Penguin Classics)

Pliny the Younger, *Letters* (Loeb, Penguin Classics)

Plutarch, *Parallel Lives* (Loeb, Penguin Classics)

Polyaenus, *Stratagems* (P. Krentz and E. L. Wheeler, eds 1994. *Polyaenus, Stratagems of War, text and translation*, Chicago: Ares)

Polybius, History (Loeb, Penguin Classics)

Suetonius, *Twelve Caesars* (Loeb, Penguin Classics)

Strabo, *Geography* (Loeb)

Synesius of Cyrene, *Letters* (trans A. Fitzgerald, 1926, Oxford, Oxford University Press)

Tacitus, *Agricola* (Loeb, Penguin Classics)

Tacitus, *Annals* (Loeb, Penguin Classics)

Tacitus, *Germania* (Loeb, Penguin Classics)

Tacitus, *Histories* (Loeb, Penguin Classics)

Valerius Maximus, *Memorable Doings and Sayings* (Loeb)

Varro, *On the Latin Language* (Loeb)

Vegetius, *Epitome of Military Science* (Loeb)

Velleius Paterculus, *History of Rome* (Loeb)

缩写

AE l'Année Epigraphique, 1888–

CIL Corpus Inscriptionum Latinarum, Mommsen, T. *et al.* eds (1863–), Berlin, Walter de Gruyter & Co

CTh Codex Theodosianus. The Theodosian code and novels: and the Sirmondian constitutions. A translation with commentary, glossary, and bibliography, by C. Pharr, with T. Sherrer Davidson and M. Brown Pharr, 1952, Princeton: Princeton University Press

ILS Inscriptiones Latinae Selectae, Dessau, H. ed., 1892–1916. Berlin, Weidmann

P. Dura Excavations at Dura-Europos, Final Report Volume V, Part 1 The Parchments and Papyri, C. B.Welles, R. O. Fink and J. F. Gilliam, eds 1959. New Haven: Yale University Press

P. Oxy The Oxyrhynchus Papyri 1898–2010. London, Egypt Exploration Fund/ Egypt Exploration Society

RIB Roman Inscriptions of Britain, R. G. Collingwood, R. P. Wright *et al.* eds 1965–2009. Stroud, Alan Sutton and Oxford, Oxbow

Tab. Vindol. II The Vindolanda Writing Tablets (Tabula Vindolandensis II), A. Bowman and J. Thomas 1994. London, British Museum Press

现代文献

Abler, T. S. 1999. *Hinterland Warriors and Military Dress: European Empires and Exotic Uniforms,* Oxford and New York, Berg

Ackroyd, P. 1998. *The Life of Thomas More,* London, Chatto & Windus

Adams, C. 1996. '*Hibernia Romana*? Ireland & the Roman Empire', *History Ireland* 4:2, pp. 21–25

Alföldi, G. 1971. 'Bellum desertorum', *Bonner Jahrbücher* 171, pp. 367–76

Allason–Jones, L. 1986. 'An eagle mount from Carlisle', *Saalburg Jahrbuch* 42, pp. 68–69

Allison, P. M. 2006. 'Mapping for gender: interpreting artefact distribution in Roman military forts in Germany', *Archaeological Dialogues* 13:1, pp. 1–48

Alston, R. 1995. *Soldier and Society in Roman Egypt: A Social History,* London and New York, Routledge

Anderson, B. R. 1991. *Imagined Communities; Reflections on the Origins and Spread of Nationalism,* London and New York, Verso

Anonymous 1993. *Hofkunst van de Sassanieden,* Brussels, Koninklijke Muse voor Kunst en Geschiedenis

Austin, N. J. E. and N. B. Rankov 1995. *Exploratio: Military and Political*

Intelligence in the Roman World from the Second Punic War to the Battle of Adrianople, London and New York, Routledge

Balty, J.-C. 1988. 'Apamea in Syria in the second and third centuries AD', *Journal of Roman Studies* 78, pp. 91–104

Barnett, R. D. 1983. 'From Ivriz to Constantinople: A study in bird-headed swords', in R. M. Boehmer and H. Hauptmann, eds, *Beiträge zur Altertumskunde Kleinasiens 12, Festschrift für Kurt Bittel,* Mainz, pp. 59–74

Bartholomew, P. 1984. 'Fourth-century Saxons', *Britannia* 15, pp. 169–85

Batty, R. 2007. *Rome and the Nomads: The Pontic-Danubian Realm in Antiquity,* Oxford, Oxford University Press

Beard, M. 2007. *The Roman Triumph,* Cambridge MA and London, Harvard University Press

Beck, F. and H. Chew, eds 1991. *Masques de fer. Un officier romain du temps de Caligula. Musée des Antiquités Nationales, St. Germain en Laye, Paris, 6 nov. 1991 – 4 février 1992,* Paris, Réunion des musées nationaux

Becker, A., G. Rasbach and S. Biegert 2003. 'Die spätaugusteische Stadtgründung in Lahnau–Waldgirmes. Archäologische, architektonische und naturwissenschaftliche Untersuchungen', *Germania* 81:1, pp. 147–99

Ben–Yehuda, N. 2002. *Sacrificing Truth: Archaeology and the Myth of Masada,* Amherst NY, Humanity Books

Bennett, P., S. S. Frere and S. Stow, eds 1982. *Excavations at Canterbury Castle,* Canterbury, Kent Archaeological Society

Bersu, G. 1964. *Die spätrömische Befestigung 'Bürgle' bei Gundremmingen,* München, Beck.

Biborski, M. 1994a. 'Römische Schwerter im Gebiet des europäischen Barbaricum', *Journal of Roman Military Equipment Studies* 5, pp. 169–97

Biborski, M. 1994b. 'Typologie und Chronologie der Ringknaufschwerter', in H. Friesinger, J. Tejral and A. Stuppner, eds, *Markomannenkriege: Ursachen und Wirkunken,* Brno, Archäologisches Inst. der Akad. der Wissenschaften der Tschechischen

Republik Brno, 1, pp. 85–97

Biborski, M. and J. Ilkjaer 2007. *Illerup Ådal, Die Schwerter Und Die Schwertscheiden: 11, Textband, 12 Katalog, Tafeln Und Fundlisten,* Moesgard, Jysk Archæologisk Selskab

Biborski, M., P. Kaczanowski, Z. Kedzierski and J. Stepinski 1985. 'Ergebnisse der metallographischen Untersuchungen von römischen Schwertern aus dem Vindonissa–Museum Brugg und dem Römermuseum Augst', *Gesellschaft pro Vindonissa,* pp. 45–80

Bidwell, P. 2007. *Roman Forts in Britain,* Stroud, Tempus

Birley, R. E. 2009. *Vindolanda: A Roman Frontier Fort on Hadrian's Wall,* Stroud, Amberley Press

Bishop, M. C. 1999. '*Praesidium:* social, military and logistical aspects of the Roman army's provincial distribution during the early principate', in A. Goldsworthy and I. Haynes, eds, *The Roman Army as a Community,* Journal of Roman Archaeology Supplementary Series 34, Portsmouth RI, pp. 111–18.

Bishop, M. C. 2002. *Lorica Segmentata, Vol. I: A Handbook of Roman Plate Armour,* Chirnside, Armatura Press

Bishop, M. C. and J. C. N. Coulston 2006. *Roman Military Equipment,* Oxford and Oakville CT, Oxbow

Bishop, M. C. and J. N. Dore 1988. *Corbridge: Excavations of the Roman Fort and Town 1947–80,* London, English Heritage Archaeological Report 8

Bona, I. 1991. *Das Hunnenreich,* Stuttgart, Konrad Theiss

Boot, M. 2002. *The Savage Wars of Peace: Small Wars and the Rise of American Power,* New York, Basic Books

Bosman, A. V. A. J. 1999. 'Battlefield Flevum: Velsen I, the latest excavations, results and interpretations from features and finds', in W. Schluter and R. Wiegels, eds, *Rom, Germanien und die Ausgrabungen von Kalkriese,* Osnabruck, Universitätsverlag Rasch, 91–96.

Bosworth, A. B. 1976. 'Vespasian's reorganization of the north–east frontier'

, *Anticthon* 10, pp. 63–78

Bowman, A. K. 1994. *Life and Letters on the Roman Frontier. Vindolanda and its People*, London, British Museum Press and New York, Routledge (1998)

Bowman, A. K. and J. Thomas 1983. *Vindolanda: The Latin Writing Tablets*, London, British Museum Press

Bowman, A. and J. Thomas 1994. *The Vindolanda Writing Tablets (Tabula Vindolandensis* II*)*, London, British Museum Press

Bradley, R. 1998. *The Passage of Arms: An Archaeological Analysis of Prehistoric Hoards and Votive Deposits*, Oxford, Oxbow

Breeze, D. J. and B. Dobson 2000. *Hadrian's Wall*, London, Penguin

Brewer, R. J., ed. 2002. *The Second Augustan Legion and the Roman Military Machine*, Cardiff, National Museums and Galleries of Wales

Brown, P. 1971. *The World of Late Antiquity*, London, Thames & Hudson

Bruce–Mitford, R. 1978. *The Sutton Hoo Ship Burial Vol. II, Arms, Armour and Regalia*, London, British Museum Publications

Bruckner, A. and R. Marichal, eds 1979. *Chartae Latinae Antiquiores, Part X, Germany I*, Zürich, Urs Graf–Verlag

Brunaux, J.-L. 1999. 'Ribemont–sur–Ancre: Bilan preliminaire et nouvelles hypothèses', *Gallia* 56, pp. 177–283

Brunt, P. A. 1974. 'Conscription and volunteering in the Roman Imperial Army', *Scripta Classica Israelica* 1, pp. 90–115

Bujukliev, H. 1986. *La Necropole Tumulaire Thrace pres de atalka, Region de Stara Zagora,* Sofia, Izd-vo na Bulgarskata akademiia na naukite

Burns, T. S. 1973. 'The battle of Adrianople: a reconsideration', *Historia* 22:2, pp. 337–45

Campbell, B. 1984. *The Emperor and the Roman Army, 31 BC–AD 235*, Oxford, Clarendon Press and New York, Oxford University Press

Campbell, B. 1993. 'War and diplomacy: Rome and Parthia, 31 BC–AD 235', in J. Rich and G. Shipley, eds, *War and Society in the Roman World*, London and

New York, Routledge, pp. 213–40

Campbell, B. 1994. *The Roman Army 31 BC–AD 337: A Sourcebook*, London and New York, Routledge

Campbell, B. 2002. 'Power without limit: "The Romans always win"', in A. Chaniotis and P. Ducrey, eds, *Army and Power in the Ancient World*, Stuttgart, Steiner, pp. 167–180

Casey, P. J. 1992. 'The end of garrisons on Hadrian's Wall: an historical–environmental model', *Institute of Archaeology Bulletin* 29, pp. 69–80

Caubet, A. 1990. *Aux Sources du Monde Arabe: L'Arabie avant l'Islam; Collections du Musée du Louvre*, Paris, Réunion des musées nationaux

Chaniotis, A. 2005. *War in the Hellenistic World: A Social and Cultural History*, Oxford and Malden MA, Blackwell

Chrissanthos, S. G. 2001. 'Caesar and the mutiny of 47 BC', *Journal of Roman Studies* 91, pp. 63–75

Clarke, J. R. 2002. 'Look who's laughing at sex: men and women viewers in the *apodyterium* of the suburban baths at Pompeii', in D. Frederick, ed., *The Roman Gaze*, Baltimore and London, Johns Hopkins, pp. 149–81

Clausewitz, C.v. 1832. *Vom Kriege*, Berlin, Dümmlers

Cloud, D. 1993. 'Roman poetry and anti–militarism', in J. Rich and G. Shipley, eds, *War and Society in the Roman World*, London and New York, Routledge, pp. 113–38

Colledge, M. A. R. 1967. *The Parthians*, London, Thames & Hudson and New York, Praeger

Collis, J. 2003. *Celts: Origins, Myths and Inventions*, Stroud, Tempus

Connolly, P. 1988a. *Tiberius Claudius Maximus the Cavalryman*, Oxford, Oxford University Press

Connolly, P. 1988b. *Tiberius Claudius Maximus the Legionary*, Oxford, Oxford University Press

Connolly, P. 1997. 'Pilum, gladius and pugio in the late republic', *Journal of*

Roman Military Equipment Studies 8, pp. 41–57

Connolly, P. and C. Van Driel–Murray 1991. 'The Roman cavalry saddle', *Britannia* 22, pp. 33–50

Cornell, T. J. 1995. *The Beginnings of Rome: Italy from the Bronze Age to the Punic Wars (c. 1000–264 BC)*, London and New York, Routledge Coulston, J. C. N. 1990. 'Later Roman armour, 3rd–6th centuries AD', *Journal of Roman Military Equipment Studies* 1, pp. 139–60

Coulston, J. C. N. 1991. 'The "draco" standard', *Journal of Roman Military Equipment Studies* 2, pp. 101–14

Coulston, J. C. N. 2003. 'Tacitus, *Historiae* I.79 and the impact of Sarmatian warfare on the Roman empire', in C. von Carnap–Bornheim, ed., *Kontakt–Kooperation–Konflikt: Germanen und Sarmaten zwischen dem 1. and 4. Jahrhundert nach Christus*, Marburg, Wachholz, pp. 415–33

Creighton, J. 2000. *Coins and Power in Late Iron Age Britain*, Cambridge and New York, Cambridge University Press

Creighton, J. 2005. *Britannia: The Creation of a Roman Province*, London and New York, Routledge

Cumont, F. 1923. ' "Le sacrifice du tribun romain Terentius" et les Palmyréniens a Doura', *Monuments et Mémoires publié par l'Academie des Inscriptions et Belles Lettres* 26: 1–46

Curle, J. 1911. *A Roman Frontier Post and its People. The Fort at Newstead*, Glasgow, J. Maclehose

Curtis, J., ed. 2000. *Mesopotamia and Iran in the Parthian and Sasanian Periods: Rejection and Revival c. 238 BC–AD 642: Proceedings of a Seminar in Memory of Vladimir G. Lukonin*, London, British Museum Press

Dalrymple, W. 1994. *City of Djinns: A Year in Delhi,* London, Flamingo

Daly, G. 2002. *Cannae: The Experience of Battle in the Second Punic War*, London and New York, Routledge

Daryaee, T. 2009. *Sasanian Persia: The Rise and Fall of an Empire*, London and New York, I. B. Tauris

Dignas, B. and E. Winter 2007. *Rome and Persia in Late Antiquity: Neighbours and Rivals*, Cambridge, Cambridge University Press

Dobson, M. 2006. *The Army of the Roman Republic: The 2nd Century BC, Polybius and the Campsat Numantia, Spain*, Oxford and Oakville CT, Oxbow

Dodgeon, M. H. and S. N. C. Lieu 1991. *The Roman Eastern Frontier and the Persian Wars, A. D. 226–363. A Documentary History*, London and New York, Routledge

Driel-Murray, C. van 1995. 'Gender in Question', in P. Rush, ed., *Theoretical Roman Archaeology: Second Conference Proceedings*, Aldershot, Avebury, pp. 3–21

Driel-Murray, C. van 2002. 'Ethnic soldiers: the experience of the Lower Rhine tribes', in T. Grünewald and S. Seibel, eds, *Kontinuität und Diskontinuität: Germania Inferior am Beginn und am Ende der Römischen Herrschaft*, Berlin and New York, De Gruyter, pp. 200–17

Driel-Murray, C. van 2005. 'Imperial soldiers: recruitment and the formation of Batavian tribal identity', in Z. Visy, ed., *Proceedings of the 19th Congress of Roman Frontier Studies, Pécs 2003*, Pécs, University of Pécs, pp. 435–39

Driessen, M. 2005. 'Unifying aspects of Roman forts', in J. Bruhn, B. Croxford and D. Grigoropoulos, eds, *TRAC 2004: Proceedings of the Fourteenth Annual Theoretical Roman Archaeology Conference*, Oxford, Oxbow, pp. 157–62

Drinkwater, J. 1984. 'Peasants and Bagaudae in Roman Gaul', *Classical Views* NS 3, pp. 349–71

Drinkwater, J. 1989. 'Patronage in Roman Gaul and the problem of the Bagaudae', in A. Wallace-Hadrill, ed., *Patronage in Ancient Society*, London and New York, Routledge, pp. 189–203

Drinkwater, J. 1996. ' "The Germanic threat on the Rhine frontier" : a Romano-Gallic artefact?' in R. W. Mathiesen and H. S. Sivan, eds, *Shifting*

Frontiers in Late Antiquity, Aldershot, Variorum, pp. 20–30

Drinkwater, J. 2007. *The Alamanni and Rome 213–496. Caracalla to Clovis*, Oxford and New York, Oxford University Press

Eckstein, A. M. 2006. *Mediterranean* Anarchy, Interstate War, and the Rise of Rome, Berkeley CA, University of California Press

Elton, H. 1996. *Warfare in Roman Europe,A.D. 350–425*, Oxford, Clarendon Press and New York, Oxford University Press

Erdkamp, P. 1998. *Hunger and the Sword: Warfare and Food Supply in Roman Republican Wars (264–30 BC)*, Amsterdam, J. C. Gieben Erdrich, M. 1994. 'Waffen in Mitteleuropäischen Barbaricum: Handel oder politik', Journal of *Roman Military Equipment Studies* 5, pp. 199–209.

Erdkamp, P., ed. 2007. *A Companion to the Roman Army*, Oxford, Blackwell

Farrokh, K. 2007. *Shadows in the Desert: Ancient Persia at War*, Botley and New York, Osprey

Fellmann, R. 1957. *Das Grab des L Munatius Plancus bei Gaeta*, Basel, Verlag des Institutes für Ur–and Frühgeschichte der Schweiz

Ferrill, A. 1986. *The Fall of the Roman Empire: The Military Explanation*, London and New York, Thames & Hudson

Ferris, I. M. 2008. *Hate and War: The Column of Marcus Aurelius*, Stroud, History Press

Feugère, M. 2002. *Weapons of the Romans*, Stroud, Tempus

Foster, J. 1980. *The Iron Age Moulds from Gussage All Saints*, London, British Museum

Franzius, G. 1999. 'Maskenhelme', in W. Schlüter and W. R. Wiegels, eds, *Rom, Germanien und die Ausgrabungen von Kalkriese*, Osnabruck, Universitätsverlag Rasch, pp. 117–48

Fraser, J. E. 2009. *The New Edinburgh History Of Scotland Vol. 1 – From Caledonia To Pictland*, Edinburgh, Edinburgh University Press

Geschwinde, M., H. Hassmann, P. Lönne, M. Meyer and G. Moosbauer 2009.

'Roms Vergessener Feldzug: Das neu entdeckte Schlachtfeld am Harzhorn in Niedersachsen', in S. Berke, S. Burmeister and H. Kenzler, eds, *2000 Jahre Varusschlacht: Konflikt*, Stuttgart, Konrad Thiess, pp. 228–32

Ghirshman, R. 1962. *Iran: Parthians and Sassanians*, London, Thames & Hudson

Ghirshman, R. 1979. 'Le ceinture en Iran', *Iranica Antiqua* 14, pp. 167–96

Goethert, K.-P. 1996. 'Neue römische Prunkschilde', in M. Junkelmann, ed., *Reiter wie Statuen aus Erz*, Mainz, Von Zabern, pp. 115–26

Goldsworthy, A. 2003. *The Complete Roman Army*, London and New York, Thames & Hudson

Goldsworthy, A. K. 1996. *The Roman Army at War 100 BC–AD 200*, Oxford and New York, Oxford University Press

Goroncharovski, V. A. 2006. 'Some notes on defensive armament of the Bosporan cavalry', in M. Mode and J. Tubach, eds, *Arms and Armour as Indicators of Cultural Transfer: The Steppes and the Ancient World from Hellenistic Times to the Early Middle Ages*, Wiesbaden, Reichert, pp. 445–52

Grigg, R. 1983. 'Inconsistency and lassitude: the shield emblems of the Notitia Dignitatum', *Journal of Roman Studies* 73, pp. 132–42

Grünewald, T. 2004. *Bandits in the Roman Empire: Myth and Reality*, London and New York, Routledge

Hallett, J. P. and M. B. Skinner, eds 1997. *Roman Sexualities*, Princeton, Princeton University Press

Hanson, W. S. 2007. *A Roman Frontier Fort in Scotland: Elginhaugh*, Stroud, Tempus

Hanson, W. S. and I. P. Haynes, eds 2004. *Roman Dacia: The Making of a Provincial Society*, Journal of Roman Archaeology Supplementary Series 56, Portsmouth RI

Harmatta, J. 1951. 'The Golden Bow of the Huns', *Acta Archaeologica Hungaricae* 1, pp. 114–49

Harnack, A. 1981. *Militia Christi: The Christian Religion and the Military in the First Three Centuries*, Philadelphia, Polebridge Press Westar Institute

Harries, J. 2007. *Law and Crime in the Roman World*, Cambridge and New York, Cambridge University Press

Harris, W. V. 1985. *War and Imperialism in Republican Rome, 327–70 BC*, Oxford, Clarendon Press and New York, Oxford University Press

Heather, P. 1996. *The Goths*, Oxford and Cambridge MA, Blackwell

Heather, P. 2005. *The Fall of the Roman Empire: A New History of Rome and the Barbarians*, London, Macmillan and New York, Oxford University Press (2006)

Henig, M. 2002. *The Heirs of King Verica. Culture and Politics in Roman Britain*, Stroud and Charleston SC, Tempus

Herrmann, F. R. 1969. 'Der Eisenhortfund aus dem Kastell Künzing', *Saalburg-Jahrbuch* 26, pp. 129–41

Herrmann, G. 1981. *The Sasanian Rock Reliefs at Bishapur: Part 2, Bishapur IV, Bahram II receiving a delegation; Bishapur V, The Investiture of Bahr am I; Bishapur VI, the enthroned King*, Berlin, Dietrich Reimer Verlag

Herrmann, G. 1983. *The Sasanian Rock Reliefs at Bishapur: Part 3, Bishapur I and II, Sarab-i Bahram, Tang-i Qandil*, Berlin, Dietrich Reimer Verlag

Herrmann, G. 1989. 'Parthian and Sasanian saddlery', in L. de Mayer and E. Haerinck, eds, *Archaeologia Iranica et Orientalis. Miscellanea in Honorem Louis Vanden Berghe II*, Ghent, Peeters, pp. 757–809

Hingley, R. 1989. *Rural Settlement in Roman Britain*, London, Seaby

Hingley, R. 2005. *Globalizing Roman Culture: Unity, Diversity and Empire*, London and New York, Routledge.

Holder, P. I. 1980. *The Auxilia from Augustus to Trajan*, Oxford, British Archaeological Reports International Series 70

Holland, T. 2003. *Rubicon: The Triumph and Tragedy of the Roman Republic*, New York, Little, Brown

Hopkins, K. 1999. *A World Full of Gods: Pagans Jews and Christians in the Roman Empire*, London, Weidenfeld & Nicholson and New York, Free Press (2000)

Hornus, J.-M. 1980. *It Is Not Lawful for Me to Fight: Early Christian Attitudes Toward War, Violence and the State*, Scottdale, PA, Herald Press

Horvat, J. 1997. 'Roman republican weapons from Šmihel in Slovenia', *Journal of Roman Military Equipment Studies* 8, pp. 105–20

Hunter, F. 2005. 'Rome and the creation of the Picts', in Z. Visy, ed., *Proceedings of the 19th Congress of Roman Frontier Studies, Pécs 2003*, Pécs, University of Pécs, pp. 235–44

Hunter, F. 2007. *Beyond the Edge of Empire: Caledonians, Picts and Romans*, Rosemarkie, Groam House Museum

Ilkjaer, J. 2000. *Illerup Ådal–Archaeology as a Magic Mirror*, Højberg, Moesgård Museum

Isaac, B. 1992. *The Limits of Empire: The Roman Army in the East*, Oxford, Clarendon Press and New York, Oxford University Press

Isaac, B. 2002. 'Army and power in the Roman world: a response to Brian Campbell', in A. Chaniotis and P. Ducrey, eds, *Army and Power in the Ancient World*, Stuttgart, Steiner, pp. 181–91

James, S. T. 1986. 'Evidence from Dura–Europos for the origins of late Roman helmets', *Syria* LXIII, pp. 107–34

James, S. T. 1987. 'Dura–Europos and the introduction of the "Mongolian release"', in M. Dawson, ed., *Roman Military Equipment; The Accoutrements of War*, Oxford, British Archaeological Reports International Series, 336, pp. 77–83

James, S. T. 1988. 'The fabricae: state arms factories of the later Roman empire', in J. C. N. Coulston, ed., *Military Equipment and the Identity of Roman Soldiers*, Oxford, British Archaeological Reports International Series, 394, pp. 257–331

James, S. T. 1999. *The Atlantic Celts: Ancient People or Modern Invention?*, London, British Museum Press and and Madison, University of Wisconsin Press

James, S. T. 2002. 'Writing the legions: the development and future of Roman military studies in Britain', *Archaeological Journal* 159, pp. 1–58

James, S. T. 2004. *Excavations at Dura-Europos, Final Report Vol. VII, The Arms and Armour, and other Military Equipment*, London, British Museum Press

James, S. T. 2005. 'Large–scale recruitment of auxiliaries from Free Germany?' in Z. Visy, ed., *Limes XIX: Proceedings of the XIXth International Congress of Roman Frontier Studies, held in Pécs, Hungary, September 2003*, Pécs, Hungary, University of Pécs, pp. 273–79

James, S. T. 2006. 'The impact of steppe peoples and the Partho–Sasanian world on the development of Roman military equipment and dress, 1st to 3rd centuries AD', in M. Mode and J. Tubach, eds, *Arms and Armour as Indicators of Cultural Transfer: The Steppes and the Ancient World from Hellenistic Times to the Early Middle Ages*, Wiesbaden, Reichert, pp. 357–92

James, S. T. 2007. 'New light on the Roman military base at Dura–Europos: Interim report on a pilot season of fieldwork in 2005', in A. S. Lewin and P. Pellegrini, eds, *The Late Roman Army in the Near East from Diocletian to the Arab Conquest*, Oxford, British Archaeological Reports International Series, 1717, pp. 29–47

James, S. T. 2011. 'Stratagems, combat and "chemical warfare" in the siege-mines of Dura–Europos', *American Journal of Archaeology* 115: 69–101

James, S. T. forthcoming. 'Roman: Partho–Sasanian martial interactions: Testimony of a cheekpiece from Hatra and its parallels', in L. Dirven, ed., *Hatra. Politics, Culture and Religion between Parthia and Rome*

Johnson, A. 1983. *Roman Forts of the 1st and 2nd Centuries in Britain and the German Provinces*, London, A & C Black

Jones, A. H. M. 1964. *The Later Roman Empire. A Social, Economic and*

Administrative Survey, Oxford, Oxford University Press and Norman, University of Oklahoma Press

Jones, A. H. M. 1966. *The Decline of the Ancient World*, London, Longman

Jones, B. W. 1992. *The Emperor Domitian*, London and New York, Routledge

Jørgensen, L. 2001. 'The "warriors, soldiers and conscripts" of the anthropology in Late Roman and Migration Period archaeology', in B. Storgaard, ed., *Military Aspects of the Aristocracy in Barbaricum in the Roman and Early Migration Periods*, Copenhagen, National Museum of Denmark, pp. 9–19

Jørgensen, L., B. Storgaard and L. G. Thomsen, eds 2003. *The Spoils of Victory: the North in the Shadow of the Roman Empire*, Copenhagen, Nationalmuseet

Kahaner, L. 2007. *AK-47: The Weapon that Changed the Face of War*, Hoboken, NJ, Wiley

Kanz, F. and K. Grossschmidt 2006. 'Head injuries of Roman gladiators', *Forensic Science International* 160:2–3, pp. 207–16

Keaveney, A. 2007. *The Army in the Roman Revolution*, London and New York, Routledge

Keegan, J. 1988. *The Face of Battle: A Study of Agincourt, Waterloo and the Somme*, London, Barrie & Jenkins

Kellner, H.-J. 1966. 'Zu den Römischen Ringknaufschwerten und Dosenortbandern in Bayern', *Jahrbuch des Römisch-Germanischen Zentralmuseums*: 13, 190–201

Kennedy, D. L. 1977. 'Parthian regiments in the Roman army', in J. Fitz, ed., *Limes. Akten des XI Internationalen Limeskongress*, Budapest, Akadémiai Kiadó, pp. 521–31

Kennedy, D. L. 1994. 'The cohors XX Palmyrenorum at Dura Europos', in E. Dabrowa, ed., *The Roman and Byzantine Army in the East*, Krakow, Uniwersytet Jagiellonski, Instytut Historii, pp. 89–98

Kennedy, D. L. 1996. 'Parthia and Rome: eastern perspectives', in D. L. Kennedy, ed., *The Roman Army in the East*, Journal of Roman Archaeology Supplementary Series 18, Portsmouth, RI, pp. 67–90

Keppie, L. 1984. *The Making of the Roman Army from Republic to Empire*, London, Batsford and Totowa, NJ, Barnes & Noble

Keppie, L. 1991. 'A centurion of *legio Martia* at Padova?', *Journal of Roman Military Equipment Studies* 2, pp. 115–21

Khorasani, M. M. 2006. *Arms and Armor from Iran: The Bronze Age to the End of the Qajar Period*, Tübingen, Legat–Verlag

Klumbach, H. 1970. 'Altes und Neues zum "Schwert des Tiberius"', *Jahrbuch des Römisch-Germanischen Zentralmuseums Mainz* 17, pp. 123–32

Klumbach, H. 1973. *Spatrömische Gardehelme*, Munich, Beck

Krinzinger, F., ed. 2002. *Gladiatoren in Ephesos: Tod am Nachmittag*, Istanbul and Vienna, Österreichisches Archäologisches Institut

Kulikowski, M. 2000 'Barbarians in Gaul, usurpers in Britain', *Britannia* 31, pp. 325–45

Künzl, E. 1996. 'Gladiusdekorationen der frühen römischen Kaiserzeit. Dynastische Legitimation, Victoria und Aurea Aetas,' *RGZM Jahrbuch* 43: 383–474

Künzl, E. 2008. *Unter den goldenen Adlern: Der Waffenschmuck des römischen Imperiums*, Regensburg/Mainz, Schnell Steiner/Verlag des Römisch–Germanischen Zentralmuseums

Lacomba, A. R.i. 2006. 'The Roman foundation of Valencia and the town in the 2nd–1st centuries B.C.' in L. A. Casal, S. Keay and S. R. Asensio, eds, *Early Roman Towns in Hispania Tarraconensis*, Portsmouth RI, Journal of Roman Archaeology Supplementary Series 62, pp. 75–89

Lang, J. 1988. 'A study of the metallography of some Roman swords', *Britannia* 19, pp. 199–216

Laszlo, G. 1951. 'The Golden Bow of the Huns', *Acta Archaeologica*

Hungaricae 1, pp. 91–106

Laubscher, H.P. 1975. *Der Reliefschmuck des Galeriusbogens in Thessaloniki*, Berlin, Mann

Le Bohec, Y. 1994. *The Imperial Roman Army*, London, Batsford

Le Bohec, Y. 2006. *L'Armée Romaine sous le Bas-Empire*, Paris, Picard

Le Bohec, Y. 2009. *L'armée romaine dans la tourmente. Une nouvelle approche de la crise du troisième siècle*, Paris and Monaco, Rocher

Leach, J. D. 1978. *Pompey the Great*, London and Totowa NJ, Croom Helm

Lee, A. D. 2007. *War in Late Antiquity: A Social History*, Oxford and Malden MA, Blackwell

Lendon, J. E. 1997. *Empire of Honour: The Art of Government in the Roman World*, Oxford, Clarendon Press and New York, Oxford University Press

Lendon, J. E. 2004. 'The Roman Army now', *Classical Journal* 99, pp. 441–49

Lendon, J. E. 2005. *Soldiers and Ghosts: A History of Battle in Classical Antiquity*, New Haven and London, Yale University Press

Leriche, P. 1993. 'Techniques de guerre sassanides et romains à Doura–Europos', in F. Vallet and M. Kazanski, eds, *L'Armée Romaine et les Barbares du IIIe au VIIe siècle*, Rouen and Saint–Germain–en– Laye, Association Française d'Archéologie Mérovingienne and Musée des Antiquités Nationales, pp. 83–100

Lewis, M. E. 2007. *The Early Chinese Empires: Qin and Han*, Cambridge MA and London, Harvard University Press

Luttwak, E. N. 1976. *The Grand Strategy of the Roman Empire from the First Century AD to the Third*, Baltimore and London, Johns Hopkins University Press

Lyne, M. 1994. 'Late Roman helmet fragments from Richborough', *Journal of Roman Military Equipment Studies* 5, pp. 97–105

MacMullen, R. 1960. 'Inscriptions on armour and the supply of arms in the

Roman empire', *American Journal of Archeology* 64, pp. 23–40

MacMullen, R. 1963. *Soldier and Civilian in the Later Roman Empire*, Cambridge MA, Harvard University Press

MacMullen, R. 1980. 'How big was the Roman Imperial Army?', *Klio* 62:2, pp. 451–60

MacMullen, R. 1984. 'The legion as a society', *Historia* 33, pp. 440–56

MacMullen, R. 1986. 'Judicial savagery in the Roman empire', *Chiron* 16, pp. 147–66

MacMullen, R. 1990. *Corruption and the Decline of Rome*, New Haven, Yale University Press.

Maldur, V. 2005. 'L'armée romaine entre Prut et Nistru I–IIIe siècles (à la recherche de nouvelles frontières)', in Z. Visy, ed., *Proceedings of the 19th Congress of Roman Frontier Studies, Pécs 2003*, Pécs, University of Pécs, pp. 121–29

Mann, J. C. 1974. 'The frontiers of the Roman principate', in H. Temporini, ed., *Aufstieg und Niedergang der Römischen Welt II.i*, Berlin and New York, Walter de Gruyter, pp. 508–33

Mann, J. C. 1983. *Legionary Recruitment and Veteran Settlement during the Principate*, London, UCL Institute of Archaeology Publications

Mann, J. C. 1990. 'The function of Hadrian's Wall', *Archaeologia Aeliana* 5th series 18, pp. 51–54

Manning, W. 1985. *Catalogue of the Romano-British Iron Tools, Fittings and Weapons in the British Museum*, London, British Museum Press

Marmot, M. 2004. *Status Syndrome: How Your Social Standing Directly Affects Your Health*, New York, Times Books and London, Bloomsbury

Maryon, H. 1960. 'Pattern–welding and Damascening of sword–blades, Parts 1–2', *Studies in Conservation* 5, pp. 25–60

Mattingly, D. J., ed. 1997. *Dialogues in Roman Imperialism. Power, Discourse and Discrepant Experience in the Roman Empire*, Journal of Roman

Archaeology Supplementary Series 23, Portsmouth, RI

Mattingly, D. J. 2006. *An Imperial Possession: Britain in the Roman Empire*, London and New York, Penguin/Allen Lane

Mattingly, D. J. 2010. *Imperialism, Power and Identity: Experiencing the Roman Empire*, Princeton, Princeton University Press

McCarthy, M. 2002. *Roman Carlisle and the Lands of the Solway*, Stroud and Charlston SC, Tempus

McDonnell, M. 2006. *Roman Manliness: Virtus and the Roman Republic*, Cambridge and New York, Cambridge University Press

Merrills, A. and R. Miles 2010. The Vandals, Oxford and Malden MA, Wiley–Blackwell

Mesnil du Buisson, R. du 1936. 'The Persian mines', in M. I. Rostovtzeff, A. R. Bellinger, C. Hopkins and C. B. Welles, eds, *The Excavations at Dura-Europos, Preliminary Report of Sixth Season of Work, October 1932–March 1933*, New Haven, Yale University Press, pp. 188–205

Mesnil du Buisson, R. du 1944. 'Les ouvrages du siège a Doura–Europos', *Mémoires de la Société Nationale des Antiquaires de France, 9th Series* 1, pp. 5–60

Messer, W. S. 1920. 'Mutiny in the Roman Army. The Republic', *Classical Philology* 15, pp. 158–75

Miks, C. 2007. *Studien zur römischen Schwertbewaffnung in der Kaiserzeit*, Rahden, Westphalia, Leidorf

Millar, F. 1977. *The Emperor in the Roman World*, London, Duckworth

Millar, F. 1993. *The Roman Near East, 31 BC–AD 337*, Cambridge MA and London, Harvard University Press

Millett, M. J. 2001. 'Roman interaction in north–western Iberia', *Oxford Journal of Archaeology* 20:2, pp. 157–70

Mommsen, T., P. Krueger and A. Watson, eds 1985. *The Digest of Justinian*, Philadelphia, University of Pennsylvania Press

Motta, L. and N. Terrenato 2006. 'The origins of the state *par excellence*: power and society in Iron Age Rome', in C.C. Haselgrove, ed., *Celtes et Gaulois, l'Archéologie face à l'Histoire, 4: les mutations de la fin de l'âge du Fer. Actes de la table ronde de Cambridge, 7–8 Juillet 2005*, Glux–en–Glenne, Bibracte, Centre archéologique européen, pp. 225–34

Navarro, J. M. de 1972. *The Finds from the Site of La Tène: Vol. 1, Scabbards and the Swords Found in Them*, London, Oxford University Press, for the British Academy

Nicasie, M. 1998. *Twilight of Empire. The Roman Army from the Reign of Diocletian until the Battle of Adrianople*, Amsterdam, Gieben

Nokandeh, J., E. Sauer, H. O. Rekavandi, T. Wilkinson, A. A. Ghorban, J.–L. Schwenninger, M. Mahmoudi, D. Parker, M. Fattahi, L. S. Usher–Wilson, M. Ershadi, J. Ratcliffe and R. Gale 2006. 'Linear barriers of Northern Iran: The Great Wall of Gorgan and the Wall of Tammishe', *Iran* 44, pp. 121–73

Parker, H. M. D. 1958. *The Roman Legions*, Cambridge, Heffer and New York, Barnes & Noble

Parker, S. T. 1986. *Romans and Saracens: A History of the Arabian Frontier*, Winona Lake IN, American Schools of Oriental Research

Parsons, P. 2007. *City of the Sharp-Nosed Fish: Everyday Life in the Nile Valley, 400 BC–350 AD*, London, Weidenfeld & Nicolson

Peddie, J. 1994. *The Roman War Machine*, Stroud, Alan Sutton and Philadelphia, Combined Books

Péristiany, J. G. 1966. *Honour and Shame: The Values of Mediterranean Society*, Chicago, University of Chicago Press

Petersen, E., A. von Domaszewski and G. Calderini 1896. *Die Marcus-Säule auf Piazza Colonna in Rom*, München, Bruckmann.

Phang, S. E. 2001. *The Marriage of Roman Soldiers (13 BC–AD 235): Law and Family in the Imperial Army*, Leiden and Boston, Brill

Phang, S. E. 2008. *Roman Military Service: Ideologies of Discipline in the*

Late Republic and Early Principate, Cambridge and New York, Cambridge University Press

Pitts, L. F. and J. K. St Joseph 1985. *Inchtuthil: The Roman Legionary Fortress Excavations 1952–65*, London, Society for the Promotion of Roman Studies

Planck, D. 1975. *Arae Flaviae I. Neue Untersuchungen zur Geschichte des römischen Rottweil*, Stuttgart, Landesdenkmalamt Baden– Württemberg

Pleiner, R. 1993. *The Celtic Sword*, Oxford, Clarendon Press and New York, Oxford University Press

Pohlsander, H. A. 1969. 'Victory: the story of a statue', *Historia: Zeitschrift für Alte Geschichte* 18:5, pp. 588–97

Pollard, N. 2000. *Soldiers, Cities, and Civilians in Roman Syria*, Ann Arbor, Michigan University Press

Purdue, B. N. 2000. 'Cutting and piercing wounds', in J. K. Mason and B. N. Purdue, eds, *The Pathology of Trauma*, London, Arnold and New York, Oxford University Press, pp. 123–40

Quesada Sanz, F. 1997. '*Gladius hispaniensis:* an archaeological view from Iberia', *Journal of Roman Military Equipment Studies* 8, pp. 251–70

Rapin, A. 2001. 'Des épées romaines dans la collection d'Alise–Sainte–Reine', *Gladius 21*, pp. 31–56

Reddé, M. 1996. *L'Armée romaine en Gaule*, Paris, Éditions Errance

Rekavandi, H. O., E. Sauer, T. Wilkinson, E. S. Tamak, R. Ainslie, M. Mahmoudi, S. Griffiths, M. Ershadi, J. J. Van Rensberg, M. Fattahi, J. Ratcliffe, J. Nokandeh,A. Nazifi, R. Thomas, R. Gale and B. Hoffmann 2007. 'An imperial frontier of the Sasanian empire: further fieldwork on the Great Wall of Gorgan', *Iran* 45, pp. 95–132

Ribera i Lacomba, A. and M. Calvo Galvez 1995. 'La primera evidencia arqueológica de la destrucción de Valentia por Pompeyo', *Journal of Roman Archaeology* 8, pp. 19–40

Rich, J. 1993. 'Fear, greed and glory: the causes of warmaking in the middle republic', in J. Rich and G. Shipley, eds, *War and Society in the Roman World*, London and New York, Routledge, pp. 38–69

Richmond, I. 1943. 'Roman legionaries at Corbridge, their supply base, temples and religious cults', *Archaeologia Aeliana, Series 4* 21, pp. 127–224

Richmond, I. 1962. 'The Roman siege works of Masada', *Journal of Roman Studies* 52, pp. 142–55

Robb, J. 1997. 'Violence and gender in early Italy', in D. L. Martin and D. W. Frayer, eds, *Troubled Times: Violence and Warfare in the Past*, Amsterdam, Gordon and Breach, pp. 111–44

Robert, L. 1943. 'Sur un papyrus de Bruxelles', *Revue de Philologie* 17, pp. 111–19

Robert, L., ed. 1989. *Opera Minora Selecta, Épigraphie et Antiquités Grecques, Tom.6*, Amsterdam, Hakkert

Robinson, H. R. 1975. *The Armour of Imperial Rome*, London, Arms and Armour Press and New York, Scribner

Rodger, N. A. M. 2004. *The Command of the Ocean: A Naval History of Britain, 1649–1815*, London, Allen Lane and New York, W. W. Norton

Rosenqvist, A. 1968. 'Sverd med Klinger med Figurer; Kopperlegeninger fra Eldre Jernalder; Universitetets Oldsaksamling', *Universitetets Oldsaksamlings Arbok* 1967–68, pp. 143–200

Rosenstein, N. 2004. *Rome at War: Farms, Families and Death in the Middle Republic*, Chapel Hill and London, University of North Carolina Press

Rosenstein, N. 2009. 'War, state formation, and the evolution of military institutions in ancient China and Rome', in W. Scheidel, ed., *Rome and China: Comparative Perspectives on Ancient World Empires*, Oxford and New York, Oxford University Press, pp. 24–51

Rostovtzeff, M., A. Bellinger, F. Brown and C. Welles, eds 1944. *The Excavations at Dura-Europos, Preliminary Report on the Ninth Season, 1935–*

1936, Part 1: The Agora and Bazaar, New Haven, Yale University Press

Roth, J. P. 2006. 'Siege narrative in Livy: representation and reality', in S. Dillon and K. E. Welch, eds, *Representations of War in Ancient Rome*, Cambridge and New York, Cambridge University Press

Roymans, N. 2004. *Ethnic Identity and Imperial Power: The Batavians in the Early Roman Empire*, Amsterdam, Amsterdam University Press

Sabin, P. 1996. 'The mechanics of battle in the Second Punic War', in T. Cornell, B. Rankov and P. Sabin, eds, *The Second Punic War: A Reappraisal*, London, Institute of Classical Studies, pp. 59–79

Sand, S. 2009. *The Invention of the Jewish People*, London and New York, Verso

Sarnowski, T. 2005. 'Die Römer bei den Griechen auf der südlichen Krim neue Entdeckungen und Forschungen', in Z. Visy, ed., *Proceedings of the 19th Congress of Roman Frontier Studies, Pécs 2003*, Pécs, University of Pécs, pp. 741–48

Scheidel, W. 1996. 'The demography of the Roman imperial army', in W. Scheidel, ed., *Measuring Sex, Age and Death in the Roman Empire: Explorations in Ancient Demography*, Journal of Roman Archaeology Supplementary Series 21, Portsmouth RI, pp. 95–138.

Schlüter, W. 1999. 'The Battle of the Teutoburg Forest: archaeological research in Kalkriese near Osnabrück', in J. D. Creighton and R. J. A. Wilson, eds, *Roman Germany: Studies in Cultural Interaction*, Journal of Roman Archaeology Supplementary Series 32, Portsmouth RI, pp. 125–59

Schlüter, W. and R. Wiegels, eds 1999. *Rom, Germanien und die Ausgrabungen von Kalkriese*, Osnabruck, Universitätsverlag Rasch

Schnurbein, S. von 1979. 'Eine holzerne Sica aus dem Romerlager Oberaden', *Germania* 57, pp. 117–34.

Schnurbein, S. von 2003. 'Augustus in Germania and his new "town" at Waldgirmes east of the Rhine', *Journal of Roman Archaeology*, 16:1, pp. 93–

108

Schönberger, H. and F.-R. Herrmann 1968. 'Das Römerkastell Kunzing-Quintana', *Jahresbericht der Bayerischen Bodendenkmalpflege* 8/9, pp. 37–86.

Schoppa, H. 1974. 'Ein Gladius vom Typus Pompeji', *Germania* 52: 102–8

Schüle, W. 1969. *Die Meseta-Kulturen der Iberischen Halbinsel. Mediterrane und Eurasische Elemente in früheisenzeitlichen Kulturen Südwesteuropas*, Berlin, De Gruyter

Scullard, H. H. 1981. *Festivals and Ceremonies of the Roman Republic*, London, Thames & Hudson and New York, Cornell University Press

Sekunda, N. 2001. *Hellenistic Infantry Reform in the 160s BC*, Lodz, Oficyna Naukowa MS

Selzer, W. 1988. *Römische Steindenkmäler: Mainz in Römischer Zeit Landesmuseum Mainz, katalogreihe zu den Abteilungen und Sammlungem Begründet und herausgegeben von Berthold Roland, Band 1*, Mainz, Von Zabern

Shaw, B. D. 1983. 'Soldiers and society: the army in Numidia', *Opus* 2, pp. 133–57

Sheldon, R. M. 2005. *Intelligence Activities in Ancient Rome: Trust in the Gods, but Verify*, New York and London, Cass

Sheldon, R. M. 2010. *Rome's Wars in Parthia*, London and Portland OR, Vallentine Mitchell

Sidebottom, H. 2004. *Ancient Warfare: A Very Short Introduction*, Oxford and New York, Oxford University Press

Siebert, G. 1987. 'Quartier de Skardhana: la fouille', *Bulletin de la Correspondance Hellenestique* 111, pp. 629–42

Skinner, M. B. 2005. *Sexuality in Greek and Roman Culture*, Oxford and Malden MA, Blackwell

Smith, C. J. 2006. *The Roman Clan: The Gens from Ancient Ideology to Modern Anthropology*, Cambridge and New York, Cambridge University Press

Southern, P. and K. R. Dixon 1996. *The Late Roman Army*, London, Batsford and New Haven, Yale University Press

Spann, P. O. 1987. *Quintus Sertorius and the legacy of Sulla*, Fayetteville, University of Arkansas Press

Spaul, J. E. H. 2000. *Cohors* 2, Oxford, British Archaeological Reports International Series

Speidel, M. P. 1970. 'The captor of Decebalus: a new inscription from Philippi', *Journal of Roman Studies* 60, pp. 142–53

Speidel, M. P. 1977. 'The Roman army in Arabia', in *Aufstieg und Niedergang der Römischen Welt II:8*, pp. 687–730

Speidel, M. P. 1984. ' "Europeans" –Syrian elite troops at Dura– Europos and Hatra', in M. P. Speidel, ed., *Roman Army Studies I*, Amsterdam, Gieben, pp. 301–9

Speidel, M. P. 1991. 'Swimming the Danube under Hadrian's eyes', Ancient Society 22, pp. 277–82

Speidel, M. P. 1992. 'The soldiers' servants', in M. P. Speidel, ed., *Roman Army Studies II*, Stuttgart, Steiner, pp. 342–52

Speidel, M. P. 1993. 'The *fustis* as a soldier's weapon', *Antiquites Africaines* 29, pp. 137–49

Speidel, M. P. 1994. *Riding for Caesar: The Roman Emperors' Horse Guards*, Cambridge MA, Harvard University Press

Speidel, M. P. 2006. *Emperor Hadrian's Speeches to the African Army–A New Text*, Mainz, Romisch–Germanisches Zentralmuseum Mainz

Stead, I. M. 2005. *British Iron Age Swords and Scabbards*, London, British Museum Press

Stiebel, G. 2004. 'A Hellenistic *gladius* from Jericho', in E. Netzer, ed., *Hasmonean and Herodian Palaces at Jericho, Final Reports of the 1973–1987 Excavations, Vol. II*, Jerusalem, Israel Exploration Society: Institute of Archaeology, The Hebrew University of Jerusalem, pp. 229–32

Storgaard, B., ed. 2001. *Military Aspects of the Aristocracy in Barbaricum in the Roman and Early Migration Periods*, Copenhagen, National Museum of

Denmark

Terrenato, N. 1998a. 'The Romanization of Italy: global acculturation or cultural *bricolage*?' in C. Forcey, J. Hawthorne and R. Witcher, eds, *TRAC 97: Proceedings of the Seventh Annual Theoretical Roman Archaeology Conference, Nottingham 1997*, Oxford, Oxbow, pp. 20–27

Terrenato, N. 1998b. '*Tam firmum municipium:* the Romanization of Volaterrae and its cultural implications', *Journal of Roman Studies* 88, pp. 94–114

Terrenato, N. 2001. 'A tale of three cities: the Romanization of northern coastal Etruria', in S.J. Keay and N. Terrenato, eds, *Italy and the West: Comparative Issues in Romanization*, Oxford and Oakville CT, Oxbow, pp. 54–67

Terrenato, N. 2007a. 'The clans and the peasants: reflections on social structure and change in Hellenistic Italy', in P. Van Dommelen and N. Terrenato, eds, *Articulating Local Cultures: Power and Identity Under the Expanding Roman Republic*, Journal of Roman Archaeology Supplementary Series 63, Portsmouth RI, pp. 13–22

Terrenato, N. 2007b. 'The essential countryside: the Roman world', in S.E. Alcock and R. Osbourne, eds, *Classical Archaeology*, Oxford and Malden MA, Blackwell, pp. 139–61

Tomlin, R. S. O. 1999. 'The missing lances, or making the machine work', in A. Goldsworthy and I. Haynes, eds, *The Roman Army as a Community*, Journal of Roman Archaeology Supplementary Series 34, Portsmouth RI, pp. 127–38

Treadgold, W. 1995. *Byzantium and its Army, 284–1081*, Palo Alto CA, Stanford University Press

Treherne, P. 1995. 'The warrior's beauty: the masculine body and self-identity in Bronze–Age Europe', *European Journal of Archaeology* 3, pp. 105–44

Trousdale, W. 1975. *The Long Sword and Scabbard Slide in Asia*, Washington,

Smithsonian

Trümper, M. 2009. *Graeco-Roman Slave Markets: Fact or Fiction?*, Oxford and Oakville CT, Oxbow

Ulbert, G. 1969. 'Gladii aus Pompeji', Germania 47, pp. 97–128

Ulbert, G. 1974. 'Straubing und Nydam. Zu römischen Langschwerten der späten Limeszeit', in G. Kossack and G. Ulbert, eds, *Studien zur Vor- und Frühgeschichtlichen Archäologie. Festscrift für Joachim Werner zum 65. Geburtstag*, München, Beck, pp. 197–216

Vishnia, R. F. 2002. 'The shadow army–the Lixae and the Roman legions', *Zeitschrift für Papyrologie und Epigraphik* 132, pp. 265–72

Wainwright, G. J., ed. 1979. *Gussage All Saints: An Iron Age Settlement in Dorset*, Department of the Environment Archaeological Reports No. 10, London, HMSO

Walbank, F. W., ed. 2002. *Polybius, Rome and the Hellenistic World: Essays and Reflections*, Cambridge and New York, Cambridge University Press

Walker, S. and A. Burnett 1981. *Augustus: Handlist of the Exhibition and Supplementary Studies*, London, British Museum

Wallace–Hadrill, A. 2008. *Rome's Cultural Revolution*, Cambridge and New York, Cambridge University Press

Walters, J. 1997. 'Invading the Roman body: manliness and impenetrability in Roman thought', in J. P. Hallett and M. B. Skinner, eds, *Roman Sexualities*, Princeton, Princeton University Press, pp. 29–43

Wamser, L. 2000. *Die Römer zwischen Alpen und Nordmeer. Zivilisatorisches Erbe einer europäischen Militärmacht*, Mainz, Von Zabern

Ward–Perkins, B. 2005. *The Fall of Rome and the End of Civilization*, Oxford and New York, Oxford University Press

Watson, J., J. Anstee and L. Biek 1982. 'The swords and pieces of equipment from the grave: scientific and technological examination', in P. Bennett, S. S. Frere and S. Stow, eds, *Excavations at Canterbury Castle*, Canterbury, Kent Archaeological Society, 1, pp. 188–90

Webster, G. 1982. 'The swords and pieces of equipment from the grave; description', in P. Bennett, S.S. Frere and S. Stow, eds, *Excavations at Canterbury Castle*, Canterbury, Kent Archaeological Society, 1, pp. 185–88

Webster, G. 1985. *The Roman Imperial Army of the First and Second Centuries*, London, A & C Black and Totowa NJ, Barnes & Noble (3rd edn).

Webster, L. and M. Brown, eds 1997. *The Transformation of the Roman World AD 400–900*, London, British Museum Press and Berkeley, University of California Press

Welch, K. E. 2006. 'Introduction', in S. Dillon and K. E. Welch, eds, *Representations of War in Ancient Rome*, Cambridge and New York, Cambridge University Press, pp. 1–26

Welles, C. B., R. O. Fink and J. F. Gilliam, eds 1959. *Excavations at Dura-Europos, Final Report Vol. V, Part 1 The Parchments and Papyri*, New Haven, Yale University Press

Wells, P. S. 1999. *The Barbarians Speak: How the Conquered Peoples Shaped Roman Europe*, Princeton, Princeton University Press

Wells, P. S. 2003. *The Battle that Stopped Rome: Emperor Augustus, Arminius and the Slaughter of the Legions in the Teutoberg Forest*, New York and London, Norton

Werner, J. 1994. 'Chinesischer Schwerttragbügel der Han–Zeit aus einem thrakischen Häuptlingsgrab von Catalka (Bulgarien)', *Germania* 72, pp. 269–82

Wheeler, E. L. 1996. 'The laxity of Syrian legions', in D. L. Kennedy, ed., *The Roman Army in the East*, Journal of Roman Archaeology Supplementary Series 18, Ann Arbor MI, pp. 229–76

Wheeler, E. L. 2002. 'Roman treaties with Parthia: *Völkerrecht* or power politics?' in P. Freeman, J. Bennett, Z. T. Fiema and B. Hoffmann, eds, *Limes XVIII: Proceedings of the XVIIIth International Congress of Roman Frontier Studies held in Amman, Jordan (September 2000)*, Oxford, British Archaeological Reports

International Series 1084, pp. 287–92

Whitmarsh, T. 2005. *The Second Sophistic*, Oxford and New York, Oxford University Press

Whittaker, C. R. 1994. *Frontiers of the Roman Empire: A Social and Economic Study*, Baltimore, Johns Hopkins University Press

Wilkinson, R. G. 2005. *The Impact of Inequality: How to Make Sick Societies Healthier*, London, Routledge and New York, New Press

Wilmott, A. 1997. *Birdoswald: Excavations of a Roman Fort on Hadrian's Wall and its Successor Settlements: 1987–92*, English Heritage Archaeological Report 14, London, English Heritage

Wyss, R., T. Rey and F. Müller 2002. *Gewasserfunde aus Port und Umgebung*, Bern, Bernisches Historisches Museum

Woolf, G. 1998. *Becoming Roman: The Origins of Provincial Civilization in Gaul*, Cambridge and New York, Cambridge University Press

Yadin, Y. 1966. *Masada*, London, Weidenfeld & Nicholson

Youtie, H. C. and J. G. Winter 1951. *Papyri and Ostraka from Karanis, Papyri in the University of Michigan Collection, Vol. 8*, Ann Arbor, University of Michigan Press

Zahariade, M. 1991. 'An early and late Roman fort on the lower Danube limes: Halmyris (Independenta, Tulcea County, Romania)', in V. Maxfield and M. J. Dobson, eds, *Roman Frontier Studies 1989: Proceedings of the XVth International Congress of Roman Frontier Studies*, Exeter, Exeter University Press, pp. 311–17

Zahariade, M. 2009. *The Thracians in the Roman Imperial Army from the First to the Third Century AD, I Auxilia*, Cluj–Napoca, Mega

插图来源

除非另有说明，全部图画和照片均出自西蒙·詹姆斯之手。

左侧数字为图片编号。

11. Simon James, after De Navarro 1972

17. Museo Archeologico, Florence. Photo Alinari/ Bridgeman Art Library

20. National Archaeological Museum, Naples Soprintendenza alle Antichita della Campania, Naples

23. Simon James, after Connolly 1997

24. Simon James, after Miks 2007

28. Musée du Louvre, Paris

29. Simon James, after Ribera i Lacomba and Calvo Galvez 1995

31. Simon James, after Wyss *et al.* 2002

39. Simon James, after Bosman 1999

51. Simon James, after Hanson 2007

52. From Petersen 1896

53. From Petersen 1896

54. From Petersen 1896

60. Rheinisches Bildarchiv, Cologne

61. Simon James & Yale University Art Gallery, Dura–

Europos Collection

65. Courtesy the Herzfeld Archives, Freer Gallery of Art, Smithsonian Institution, Washington, D.C.

71. Grosvenor Museum, Chester

72. Photo Roger Wood

74. Museo Pio Clementino, Vatican City

92. From Petersen 1896

彩图

I Courtesy Achim Rost and Susanne Wilbers–Rost

II Private collection. Photo Christie's Images/Bridgeman Art Library, London

III Simon James

IV Simon James

V From F. Cumont 1923

VI Simon James

VII Jørgen Ilkjær

VIII Jørgen Ilkjær

IX Jørgen Ilkjær

X Simon James. Inset Jørgen Ilkjær

XI Vojvodjanski Muzej, Novi Sad. Photo akg–images

XII Simon James

XIII Top centre Simon James. Other photos Paul Binns

索 引

以下页码为原书页码，即本书边码。

斜体页码指该页中的插图和图说。